中国大典

传统文化常识

Traditional Chinese Culture

吕埴 编著
草涂社 绘

小猛犸童书

中国社会科学院 徐晓全 × 中国国家博物馆 海国林 × 语文特级教师 王大绩 联袂力荐

電子工業出版社
Publishing House of Electronics Industry
北京 · BEIJING

图书在版编目（CIP）数据

中国传统文化常识大典 / 吕埴编著 ; 草涂社绘. 北京 : 电子工业出版社, 2025. 6. -- ISBN 978-7-121-50107-4

Ⅰ. K203-49

中国国家版本馆CIP数据核字第20259A3R94号

责任编辑：赵　妍
印　　刷：孝感市三环印务有限责任公司
装　　订：孝感市三环印务有限责任公司
出版发行：电子工业出版社
　　　　　北京市海淀区万寿路173信箱　邮编：100036
开　　本：889×1194　1/8　印张：35.75　字数：617.1千字
版　　次：2025年6月第1版
印　　次：2025年7月第2次印刷
定　　价：298.00元

凡所购买电子工业出版社图书有缺损问题，请向购买书店调换。若书店售缺，请与本社发行部联系，联系及邮购电话：（010）88254888，88258888。

质量投诉请发邮件至zlts@phei.com.cn，盗版侵权举报请发邮件至dbqq@phei.com.cn。

本书咨询联系方式：（010）88254161转1852，zhaoy@phei.com.cn。

目录

第一篇 姓名称谓

第二篇 文字典籍

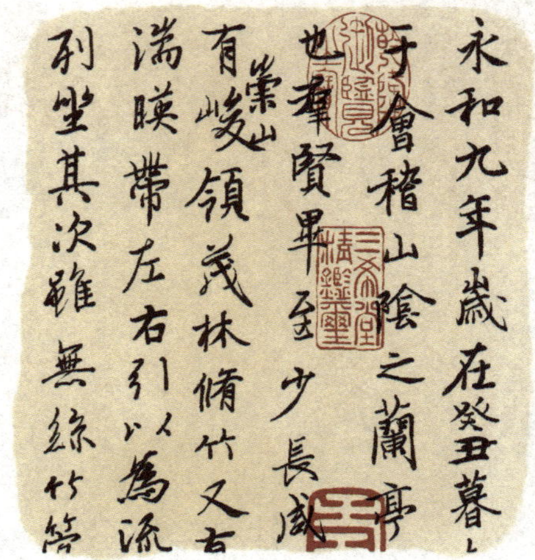

第三篇 思想学说

第四篇

历法节令

第五篇

政治律令

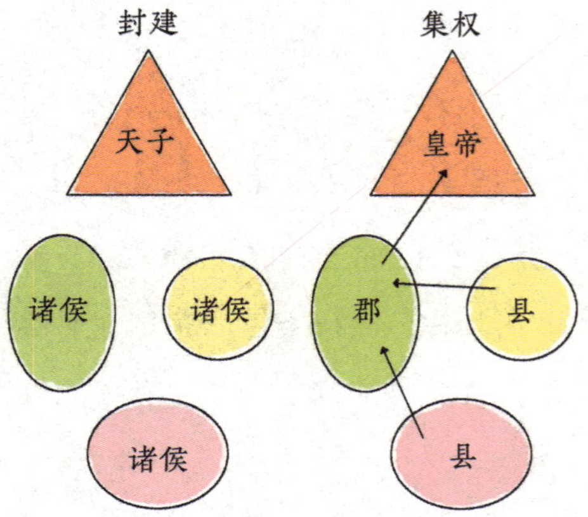

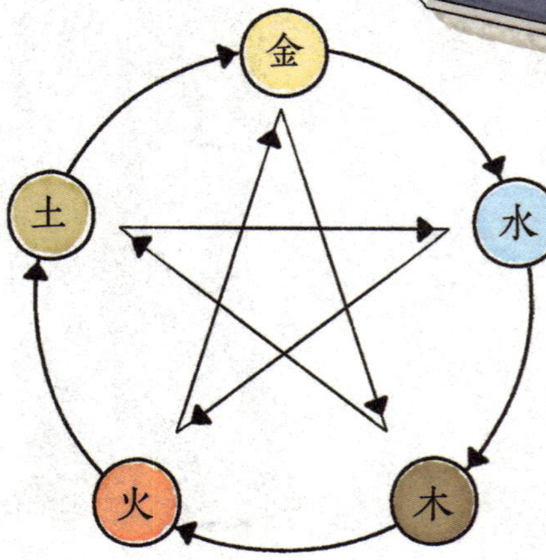

第六篇

宗法礼俗

第七篇 官职官制

第八篇 天文算术

第九篇 科举考试

第十篇 神话传说

第十一篇 衣裳饰物

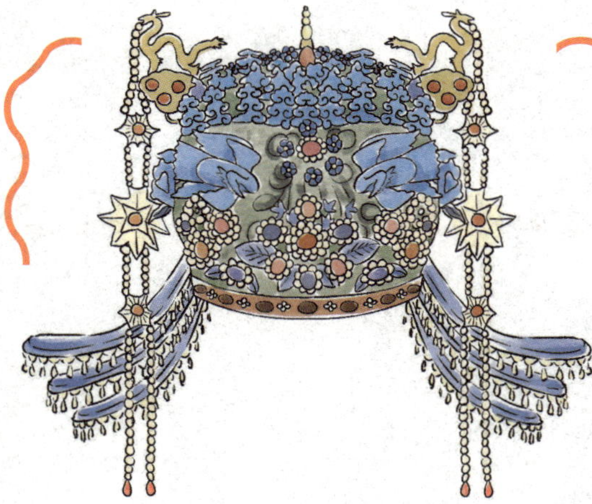

第十二篇 饮食医药

第十三篇

建筑遗迹

第十四篇

地理山河

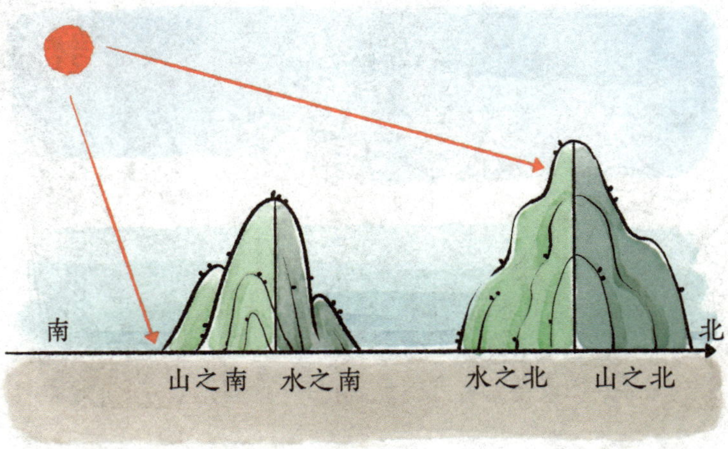

第十五篇

车马交通

第十六篇

什物度量

第十七篇

音律乐器

第一篇

姓名称谓

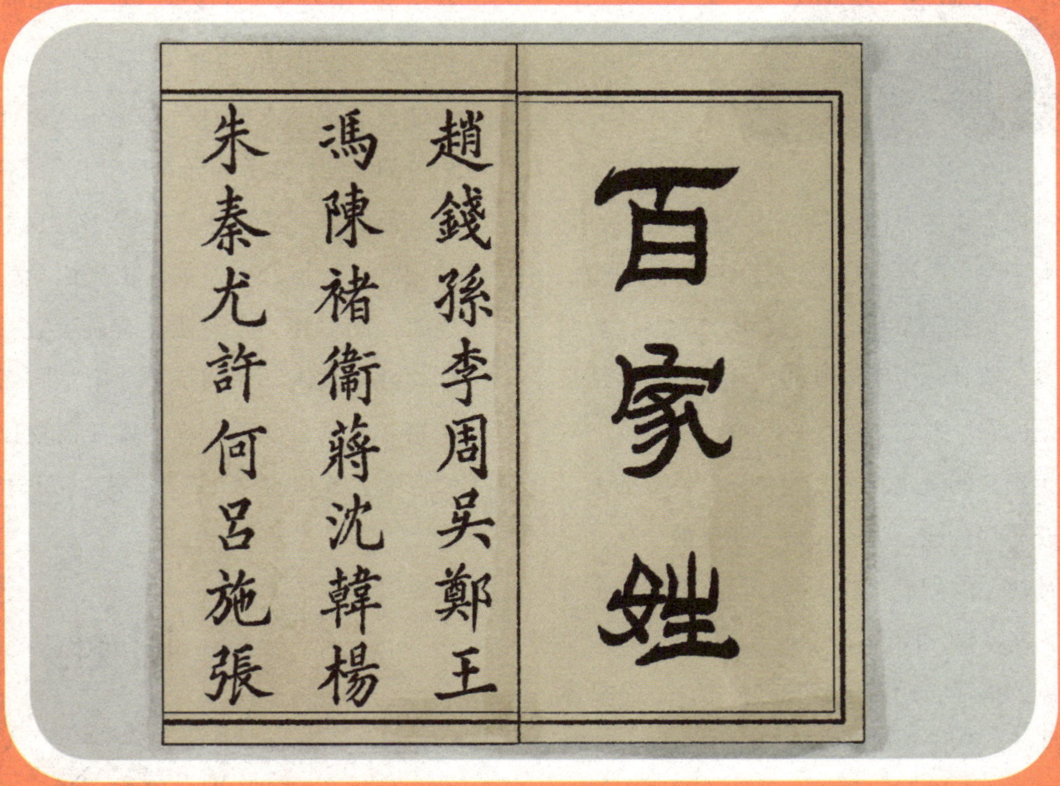

1. 姓和氏有区别

谈到“姓”，人们很容易就想到“氏”。很多人都觉得姓和氏是一回事。其实，在先秦时期，姓和氏有严格的区别，不能混淆。

姓是代表有共同血缘关系的族号，是氏族的标记，它标志着一个人出生于哪个氏族。《说文解字·女部》里说：“姓，人所生也。”“姓”字从“生”、从“女”，表明了出生的血缘关系，清楚地说明同姓的人都是一位女性祖先的子孙，这正是远古母系社会制度的反映。

氏是由姓衍生出来的分支。在古代，同一姓族的人，由于人口繁衍而迁居到各地，加上身份、职业的变化，同一祖先的后代子孙便逐渐分成一些支派，每支又用一个特殊的号来做标志，这就是“氏”。

随着宗法制度的崩溃，氏族贵族日趋瓦解，一个具体表现就是战国时期姓、氏制度变得混乱。秦始皇统一天下，基本结束了西周的宗法制度，旧的氏族及姓氏制度也被清除殆尽，姓和氏开始合二为一。西汉司马迁在作《史记》时，干脆把姓和氏混为一谈：在“本纪”中讲到秦始皇时就说“姓赵氏”，讲到汉高祖时就说“姓刘氏”。实际上，秦始皇嬴政为嬴姓，赵氏，名政（一说名“正”），所以又称“赵政”。

上古八姓

“姓”的起源可以追溯到人类原始社会的母系氏族时期，那时人们只知其母不知其父，所以中国最早的“姓”大多是女字旁或女字底，如上古时期著名的八姓：姬、姚、妫、姒、姜、嬴、姞、妘。

姓别婚姻，氏别贵贱

在秦朝以前，“姓”与“氏”的功能和作用完全不同。普通人有“姓”和“名”，贵族才能拥有“氏”，素有“氏别贵贱”的说法。毕竟一个“姓”的分支太多，只有“氏”才能代表这一支的身份与地位。因此，“氏”是身份与地位的象征，贵族男子都称“氏”不称“姓”。

而对于女子来说，“姓”比“氏”更重要，因为“姓”是用于区分血缘关系的。祖先们早就明白了近亲结婚的危害，同“姓”之间往往有血缘关系，因此不可通婚，即“姓别婚姻”。相反，“氏”同而“姓”不同的可以通婚。女子出嫁后，在“姓”前冠以国名或“氏”名，如晋文公重耳的夫人齐姜，就是齐国的姜姓女子的意思。

2. 命名之道

古人“三月剃发取名”。命名之道，各代不同。商朝常用天干地支取名，如盘庚、武丁、帝乙。春秋战国时，或以动物为名，如触龙、项燕、西门豹；或以外貌特点为名，如孔子出生时头顶略有凹陷，类似尼丘山顶地形，因而取名孔丘；或以职业为名，如庖丁、师旷、轮扁、优孟。魏晋时好用“之”字，如王羲之、王献之。

3. 字有说法

古人除了有“名”，往往还有“字”。“名”是刚出生或出生不久就取的，而“字”是举行冠礼时取的。“名”与“字”在意思上经常相辅相成、互为表里，所以“字”又叫“表字”。例如诸葛亮，复姓诸葛，名亮，字孔明，“孔”意为大，“明”指亮光，合起来就是极亮的意思；苏轼，字子瞻，取“凭轼而瞻”的意思；辛弃疾，字幼安，“弃疾”（抛弃疾病）与“幼安”（幼年安康）也有一定的联系。

4. 号是一个固定的别名

许多古人还有号，号就是一种固定的别名，因此又叫“别号”。号有自己取的，也有别人取的。苏轼的号“东坡居士”、李白的号“青莲居士”，都是自己取的。有的人还有多个别号，如欧阳修自号“六一居士”，又号“醉翁居士”；陶渊明自号“五柳先生”，他死后，朋友又给他赠号“靖节先生”。

自己命号主要有三种情况：（1）以居住地或环境自号。如李白，自幼生活在四川青莲乡，故自号“青莲居士”。（2）以旨趣、抱负自号。如欧阳修，晚年自号“六一居士”，即一万卷书，一千卷古金石文，一张琴，一局棋，

一壶酒，一老翁；南宋画家郑思肖，在南宋亡后自号“木穴国人”，表示不忘故国。（3）以生辰、年龄、文学意境、形貌特征等自号。如赵孟頫，甲寅年生，自号“甲寅人”。

别人赠号主要有三种情况：（1）以其轶事特征为号。如李白，人称“谪仙人”；宋代贺铸因写了“一川烟草，满城风絮，梅子黄时雨”的好词句，人称“贺梅子”。（2）以官职、任所或出生地为号。如王安石，人称“王临川”；杜甫，人称“杜工部”。（3）以封爵、谥号为号。如诸葛亮封武乡侯，人称“武侯”；岳飞，谥号“武穆”，人称“岳武穆”。

谥号

古代的帝王、诸侯及大夫等还有谥号（死后获得的评价性称号）。历代帝王的谥号多为“美谥”（有政治才华、擅长治理国家的，一般谥号为“文”；有平定祸乱、开疆辟土功绩的，一般谥号为“武”，也就是所谓的“经天纬地曰文，布义行刚曰景，威强睿德曰武，布德执义曰穆”），有“恶谥”的多半是亡国之君（如“杀戮无辜曰厉，乱而不损曰灵，好内远礼曰炀”）。

除了皇帝，谥号大都用两个字，如欧阳修的谥号为“文忠”，左光斗的谥号为“忠毅”。

庙号

皇帝还有庙号，开国皇帝一般称高祖、太祖或世祖等，后边的皇帝有太宗、世宗等庙号，我们熟悉的如汉太祖、唐太宗。

室号、斋号

古代的文人雅士还有室号、斋号，是他们为自己的书房取的名字，如蒲松龄的书室叫“聊斋”，梁启超的书室叫“饮冰室”，姚鼐的室号是“惜抱轩”。

5. 内外称呼大不同

古人对别人称自己长辈时，一般先冠以“家”字，如称父亲为“家父”或“家严”，称母亲为“家母”或“家慈”；对自己的儿子，一般谦称“犬子”；对自己的女儿，一般谦称“小女”；对妻子的称呼那就多了，有“娘子”“夫人”“内人”“糟糠”，还有谦称“荆人”“荆室”“荆妇”“拙荆”“山荆”“贱荆”“贱内”等。

古人称呼别人的家人，则冠以“令”字，如称别人的父亲为“令尊”，别人的母亲为“令堂”，别人的儿子为“令郎”，别人的女儿为“令嫒”。“令”是一个敬辞，意为“美好的”，用来表示对对方家人的尊敬。

6. 鄙人是在自谦

早在先秦时期，“鄙”指穷乡僻壤、不开化的地方，也指居住在郊野的人。后来，鄙人指知识浅陋的人，再后来，发展为对人自称的谦辞。

7. 什么时候用阁下

阁下是古代对人的敬称，常用于书信中，现在多用于外交场合。“阁下”原本是对“阁”主人的尊称，为了表达敬意，古人在称呼对方时，不直呼其人，而转呼其侍从者转告之。后来，“阁下”逐渐演化为对普通人的尊称。

8. 膝下指什么

子女幼时常依偎于父母的膝旁，因而“膝下”表示幼年。后来借指父母，有亲切之意，用以表示对父母的尊敬和孝顺。在与父母通信时，“膝下”也被用为敬辞。

承欢膝下，是指在父母跟前尽心侍奉，使父母过上欢乐的日子。

9. 麾下指什么

“麾”是将帅用以指挥的旗帜，“麾下”可以解释为在将帅旗帜之下。后来，“麾下”也成为对将帅的敬称。

10. 什么时候用在下

在下是用作自称的谦辞。古时坐席，尊长者在上，所以自称“在下”。古人常用“区区在下”表自谦，“区区”亦能代表“在下”。

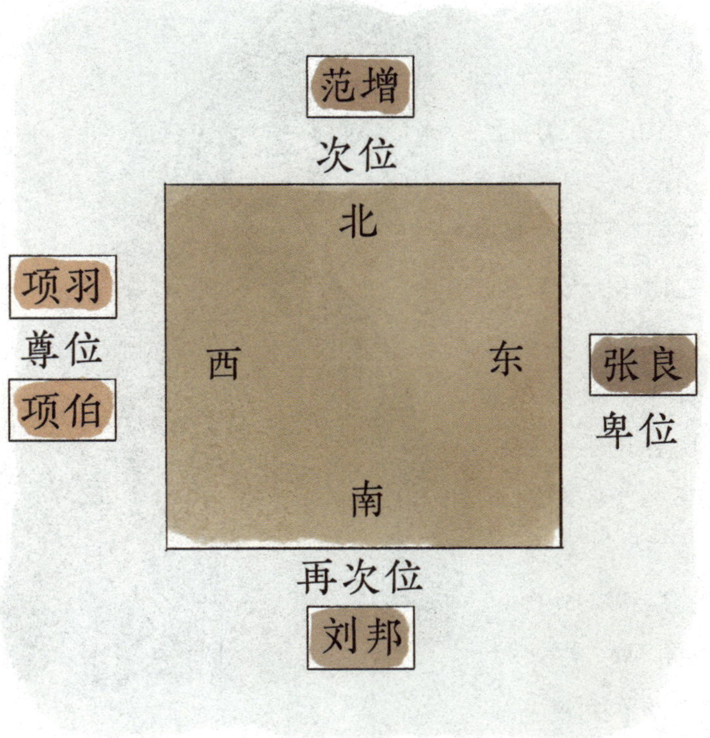

11. 足下是什么意思

足下是称呼对方的敬辞。在古代，身份低的人称呼身份高的人，或同辈相称，都用“足下”，相当于现在“您”的意思。

12. 皇帝一词从何而来

皇帝，别称“天子”“圣上”“皇上”“陛下”“万岁”“万岁爷”等，是中国帝制时期最高统治者的称号。

上古三皇五帝，如羲皇伏羲、娲皇女娲、黄帝轩辕、炎帝神农等都不是真正的帝王，仅为部落首领或部落联盟首领，其“皇”或“帝”号，为后人所追加。夏朝君主有的称“后”，商朝君主称“帝”，周天子称“王”。战国诸侯大多僭越称王，尊周天子为“天王”。

秦王嬴政统一中国，认为自己“德兼三皇、功盖五帝”，创“皇帝”一词作为华夏最高统治者的正式称号。所以，秦始皇嬴政是中国首位皇帝，自称“始皇帝”。从此“皇帝”取代“帝”与“王”，成为中国两千多年来封建社会最高统治者的称呼。

为什么把皇帝称为“陛下”

陛下是帝制时代臣民对皇帝的称谓。“陛”本来指宫殿的台阶，又特指皇帝座前的台阶。皇帝临朝时，“陛”的两侧要有近臣执兵刃站列，以防不测并显示威风。群臣常常不能直接对皇帝说话，而要由站在“陛下”的侍卫者转达，以示皇权的崇高。后来，“陛下”就用作对皇帝的直接称呼，表示虽然是在对皇帝说话，但礼仪上不能有失尊卑。

13. 太上皇是指谁

太上皇又称“太上皇帝”，是皇帝父亲的尊号，通常给予的对象是在世但已禅让的皇帝。中国历史上首位太上皇是秦始皇嬴政的父亲——秦庄襄王嬴楚（是秦朝建立以后追尊的），第二位太上皇是汉高帝刘邦之父刘煓（tuān），他也是中国历史上唯一未成为帝王，而被尊为太上皇的人。比较有名的太上皇还有唐高祖李渊、宋徽宗赵佶等。中国历史上最后一位太上皇，是清朝的乾隆皇帝——爱新觉罗·弘历。

太上皇刘煓

传说，汉高帝刘邦当上皇帝后，每天都去参拜自己的老父亲。

谁知有一天，当他又去参拜父亲刘太公（刘煓）时，却见父亲穿着一件旧袄，手拿扫帚，毕恭毕敬地迎接他。刘邦大吃一惊，急忙上前搀扶父亲，刘太公却连连后退。刘太公说：“您贵为天子，谁敢不敬？我虽然是您的父亲，也只是一个平头百姓，平头百姓不敬皇帝，是要被杀头的。我不想为这事坏了天下的法纪。”

汉高帝犯了愁，对于怎样才能不失礼度地对待自己的父亲，他一直想不出个好办法。后来，有个大臣说秦始皇曾尊去世的父亲为太上皇帝，建议刘邦封刘太公为“太上皇帝”。刘邦听了这话大喜过望，马上举行大典，将刘太公扶上太上皇帝之位。皇帝的父亲从此就被称为“太上皇帝”，这一叫法历代沿袭下来。

14. 皇后是皇帝的正妻

秦始皇统一六国后，改天子为皇帝，并订立皇帝的正妻为皇后的后妃制度。但较完备的后妃制度和等级划分，直到汉朝才实际执行。

殿下

殿下是古代对皇后、太子、公主、诸王的敬称，次于对皇帝的敬称“陛下”。“殿”即宫殿，“殿下”本指宫殿之下，又代指站在殿下的侍从人员。汉代在称天子为“陛下”的同时，称太子、诸侯王为“殿下”。从三国开始，皇太后、皇后也被称为“殿下”。

• 西汉的皇后之玺

贵人　无限额
常在　无限额
答应　无限额

15. 嫔妃是皇帝的妾室

嫔妃是指皇帝的妾室，经过正式的册封后，会拥有不同等级的位号、待遇。在古代一夫一妻多妾的婚姻制度下，皇帝通常只拥有一位皇后，但嫔妃数量可从数人至千人不等。各个朝代嫔妃的等级排列都不相同。

清代的后妃制度

在清朝，后妃分为八个等级，分别为皇后、皇贵妃、贵妃、妃、嫔、贵人、常在、答应。至乾隆朝以后，制度逐渐完善，妃嫔也有了定数，其中皇贵妃一人，贵妃二人，妃四人，嫔六人，其余则无定数。

16. 太子

太子也称“皇太子”，是中国古代帝王的继任者的称谓，即被定为王位、皇位继承者的人。需要注意的是，秦始皇之前的太子不能称“皇太子”，仅帝制时代的太子才可称“皇太子”。

“太子”并非与生俱来的身份，而是需要皇帝赋予的身份。只有获得“册封”，才能取得太子的身份。

太子朱标

朱标是明太祖朱元璋的长子，洪武元年（1368）正月被立为皇太子，正式成为朱元璋的接班人。朱标从小熟读儒家经典，性格仁慈宽厚，对弟弟们十分友爱。遗憾的是，洪武二十五年（1392）朱标视察陕西回来后，因风寒病逝。

17. 公主

公主是中国古代的一种封号，主要授予皇帝的女儿，但“公主”并不等同于“皇女”，也有宗室女会被授予公主身份。迎娶公主称“尚公主”，公主下嫁称“降嫔”。

最有名的公主之一

太平公主是唐高宗李治与女皇帝武则天的小女儿，也是唐中宗李显和唐睿宗李旦的妹妹。史书记载她“丰硕，方额广颐”（体型壮实，有着宽阔的额头和大大的脸庞），她极受父母兄长，尤其是其母武则天的宠爱。并且，她颇多权略，曾权倾一时。

18. 驸马

驸马是古代帝王女婿、公主丈夫的称谓，又称“帝婿”“主婿”等。

驸马都尉

驸马，因驸马都尉得名。三国时期，魏国的何晏以帝婿的身份授官驸马都尉，负责掌管皇帝出行时的随行马车。后来，又有西晋杜预娶晋宣帝之女安陆公主、王济娶晋文帝之女常山公主，都授官驸马都尉。两晋以后，帝婿照例都加驸马都尉称号，简称“驸马”，非实官。唐、宋、元、明等朝代都用“驸马”作为对公主丈夫、帝王女婿的称呼，只有清朝称之为“额驸”。

最有名的驸马之一

历史上最有名的驸马之一是卫青。他是西汉著名的军事家，汉武帝的小舅子，平阳公主的丈夫。卫青以卓越的军功和低调的性格闻名，尽管他依靠裙带关系起家，但他凭借实力积累了赫赫军功。如果他姐姐卫子夫所生的皇太子刘据能顺利即位，卫家在朝中可能更加举足轻重。因此，卫青被誉为历史上最强的驸马。

19. 王公指的是谁

王公是指被封为王爵和公爵的人，亦泛指达官贵人。

公侯伯子男

公侯伯子男出自《礼记·王制》，是一套针对古代等级划分的制度。公、侯、伯、子、男分别对应五种爵位，而爵位由皇帝册封，一般会赏给国戚功臣。

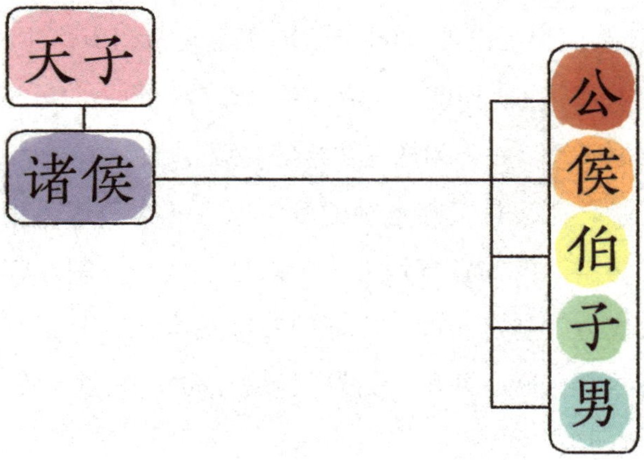

20. 元帅原本不是官职

魏晋南北朝以前，元帅还不是官职专用名词，只是表示对“将帅之长”（军中高级将领）的尊称。

从魏晋南北朝开始，元帅逐渐成为统军征战的官职名称，按职权轻重和执掌分工，元帅多冠以不同名号，如天下兵马元帅、兵马大元帅、兵马元帅、行军元帅、行营元帅等，在等级上又有都元帅、元帅、副元帅之分。

安国军大元帅

清朝末年，曾一度以皇帝为陆海军大元帅。

中华民国前期，以大总统为陆海军大元帅，并于大总统府设陆海军大元帅统率办事处，为全国陆海军最高指挥机关。

1923 年，广东政府推举孙中山为大元帅。1927 年，奉系军阀张作霖曾在北京自称“安国军大元帅”。

1927 年中华民国国民政府成立后，由政府主席兼任中华民国陆海空军总司令，大元帅名称遂废。

21. 将军的地位一直很高

将军一般是对高级军事将领的统称，不同时代具体指代不同，古代常作为高级武官、军政官员的职位甚至爵号，近现代多用于称呼军队中的将级军官。

战国四大名将

“战国四大名将”分别为秦国的白起、王翦和赵国的廉颇、李牧。

《千字文》中以“起翦颇牧，用军最精。宣威沙漠，驰誉丹青”来形容这四位将领的功绩。他们都是从军中的基层军官做起，凭借自己的努力一步一步成长为秦、赵两国最为倚重的大将，代表了战国时期战略战术的最高水准。

王翦　廉颇

白起　李牧

22. 各朝校尉地位不同

校尉是中国历史上重要的武职。“校”是军事编制单位，“尉”指军官，“校尉”为部队长之意。战国末年已有此官，秦朝为中级军官，汉朝时地位达到顶峰，仅次于将军。汉武帝时的名将霍去病，在授予将军官职前就曾因战功被封为骠姚校尉，当时年仅 17 岁。

校尉袁绍、曹操

校尉手下一定有自己统领的部队，将军却不一

定有自己的军队。所以，校尉的实际影响力有时甚至超过将军。东汉末年，名义上统领天下兵马的大将军何进被宦官所杀，其手下的校尉袁绍、曹操等便以此为名义，带领士兵杀死了所有的宦官。

23. 军师

军师是古代军中官职的名称，即在军中担任策划、参谋等工作的人。历史上著名的军师，有汉初三杰之一的张良、三国蜀汉的诸葛亮、元末明初的刘伯温等。

中国古代的军师往往是智慧的化身，谈笑之间，就可以令一支军队丢盔卸甲，让一个国家土崩瓦解。历史上许多金戈铁马的战场，都有着军师的足迹；许多成功君王的背后，都有着军师的身影。尽管所处职位不同，但有一点是相同的，那就是这些人物都曾经以自身超凡脱俗的智慧在军事上筹划奇谋妙计，决胜于千里之外。

蜀汉军师诸葛亮

诸葛亮是著名的军事战略家，运筹帷幄，决胜千里。在小说《三国演义》中，他神机妙算，奇策泉涌，智谋纵横，甚至到了出神入化的地步。其著名故事有隆中妙对、巧借东风、火烧赤壁、巧取四郡、奇袭荆州、六出祁山、七擒孟获等，无不闪烁着智慧的光辉。

诸葛亮又是安邦定国的政治家。作为一代名相，他奉行法制，助刘备抚恤百姓，教他们礼仪，制定官职，遵从权力，制定制度，广开门路吸纳众议，公正无私，德威并举，儒法并用，为蜀汉政权的建立和巩固做出了不朽的贡献。

24. 幕僚

古代将帅出征，需要不断安营扎寨，于是张幕设案，以幕为府，故称“幕府”；其佐治人员如参谋、文书等，则统称“幕僚”。以后相沿成习，幕府成为各级军政官署之代称，那些帮助军政大员办理各类事务的文人、学士，也就获得“幕僚”“幕宾”“幕友”等称谓。

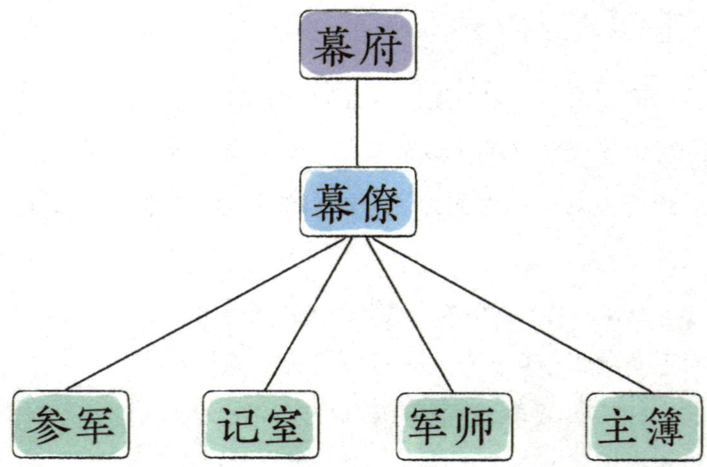

25. “大人”不是年长者

根据《说文解字》的解释：“大，德也。从一人。一者，天也。天之德施于下，故曰大。”也就是说，“大”字本义是指天的德行，后来引申为德高的意思；而“人”字则是指人类。所以，“大人”一词最初是指道德高尚、有名望、有地位的人。

大人可以用来称呼位高者（王公贵族），或父母长辈。在日常生活中，丈夫或妻子尊称自己的配偶，也可叫大人。

26.“小人”是小孩吗

小人在西周、春秋时代是对被统治的劳动人民的称谓，又指道德低下的人。前者与“大人”相对，后者与“君子”相对。《出师表》中的“亲贤臣，远小人，此先汉所以兴隆也”，指的也是后者。另外，古时老师称呼学生也可用“小人”。

27.“老爷”是老爷爷吗

在古代，老爷是对官绅或有权势的人的尊称。另外，老爷也是对男性神灵之尊称，如城隍老爷、关帝老爷等。

城隍老爷

城隍老爷，又称“城隍神”“城隍爷”，是中国民间信仰与道教中的一位守护城池的神仙。城隍信仰在南北朝时期兴起，至明清时期，渐由守护神演变成与人间政府所派遣的“阳官”对应的“阴官”，专司这一地区的大小阴间事务。各地的城隍由不同的人出任，甚至是由当地的老百姓自行选出，选择的标准是殉国的忠烈之士，或正直聪明的历史人物。

28.什么人才能称夫人

夫人是一种比较普遍、正式的称呼，用来表示对妻子的尊敬和礼貌。夫人一词最早出现在《礼记》当中，原指诸侯的配偶，后来扩展到臣子、士大夫等有一定地位者之妻。夫人也是一种官方册封的称号，按丈夫官职从高到低排序的话，如宋徽宗时期分别是：

夫人：一品、二品官员之妻

淑人：三品官员之妻

硕人：四品官员之妻

令人：五品官员之妻

恭人：六品官员之妻

宜人：七品官员之妻

安人：八品官员之妻

孺人：九品官员之妻

诰命夫人

诰命夫人，是唐、宋、明、清各朝对高官的母亲或妻子所加之封号，有俸禄，但无实权。诰命夫人的品级与其丈夫的官职有关，丈夫是一品高官，其夫人就是一品诰命夫人。

29.师爷是职业顾问

明清时期，地方官吏或富商聘请的帮助自己处理刑名、钱谷、文牍等事务的无官职的佐理人员，称为“师爷”。师爷靠自己具有的司法、钱粮、文书等方面的专门知识和才能，来服务雇主。

师爷制度

师爷起源于周朝的官职“幕人”，历代都有发展。至明代，师爷作为一种特殊的行业形态开始萌芽。到了清代，师爷非常活跃，上自督抚，下至州县长官，都聘请师爷佐理政府事务。晚清，曾国藩幕府人才鼎盛，形成近代军阀幕府，影响一直延续到民国。民国幕僚是清代师爷的尾声和惯性延续。

师爷并不是朝廷正式任命的官僚，晚清著名的洋务派官员张之洞向皇帝上奏，呼吁改革师爷制度，后被采纳，师爷的历史就此终结。所以可以说，张之洞是师爷制度的终结者。

绍兴师爷

清代官署中的师爷，由于绍兴籍人较多，故称“绍兴师爷”。“无绍不成衙”，这句俗语在清代就已流行。鲁迅先生曾说过：“我们绍兴师爷的箱子里总放着回家的盘缠，合则留，不合则去。”后来，绍兴师爷也引申为谋士或幕僚的代称，有时含有贬义。

30. 三老可不是“三个老人”

三老是古代一种职务的名称，即负责教化的乡官。三老并非指“三个老人”，而是指具备正直、刚克、柔克三种德行的长者。

“三老”的职位，最早开始于战国时期，因为那个时代社会动荡不安，百姓不得安宁。设这样一个职位，可以给百姓解答一些疑难杂事，毕竟相比于年轻人，老人的社会经验比较丰富。

三老制度

《管子》《墨子》中有很多“三老”的字眼，用来指代基层的管理者。刘邦建立汉朝后，也十分重视基层的管理，并于公元前205年下诏，在县、乡都设置“三老”，乡里选一个50岁以上、德高望重的人作为“乡三老”，再从各“乡三老”中选出一人作为“县三老”。

值得注意的是，“乡三老”和“县三老”都不是朝廷体制内的官吏，并没有俸禄，但是可以免除徭役，他们的主要职责是协助当地的政府官员教化百姓。从身份上来讲，“三老”具有官方性质，他们是政府认可的乡里贤达，来辅佐政府官员进行基层管理。

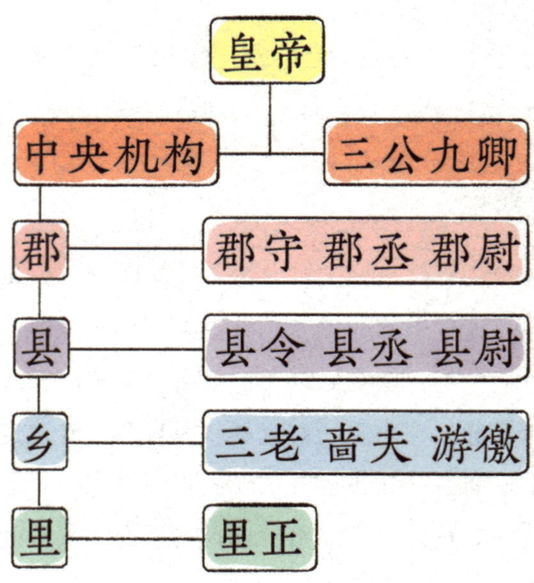

31. 乡绅近似于官而异于官

乡绅是指乡里的管理者与读书人。乡绅阶层是近代中国封建社会中一个不可忽视的重要阶层，他们的各种权力和社会地位，相当一部分是皇权默许甚至授予的。封建上层统治者的目的是让乡绅在皇权不容易支配到的乡村社会里，控制底层人民，以补充地方行政能力的不足。同时，乡绅又从宗族、统治者这些既得利益者处得到支持，这种管理方式既维护上层统治者的利益，也维护宗族利

益，在两种势力的支持下，他们成为乡村民众的代表，构成封建统治在官府之外的又一股势力。这股势力既是皇权统治在社会底层的延伸，有时又是宗族和官府压迫百姓的工具。

乡绅的构成

乡绅阶层是中国古代社会特有的阶层，主要由科举及第未仕或落第士子、当地较有文化的中小地主、退休回乡或长期赋闲居乡养病的中小官吏、宗族元老等一批在乡村社会有影响的人物构成。他们近似于官而异于官，近似于民又在民之上。

32. 保长是什么官

保长是古代乡村中每保的头目，并不是正式官职，但有一定权力。

保甲制度

保甲制度，是始于宋代的带有军事管理性质的户籍管理制度，是中国古代长期延续的一种社会统治手段，它的最本质特征是以“户”（家庭）为社会组织的基本单位。保甲编组以户为单位，设户长；十户为甲，设甲长；十甲为保，设保长。

33. 古人如何形容与朋友的关系

古人通常把心意相投、相知很深的朋友叫“神交”。“神交”也指彼此慕名而未见过面的朋友。不同的朋友关系，用不同的词语来形容。

（1）金兰之交：指情意契合、亲如兄弟的朋友。

（2）贫贱之交：指在贫贱而地位低下时结交的朋友。

（3）患难之交：指在遇到磨难时结成的朋友。

（4）刎颈之交：指同生死、共患难的朋友。

（5）莫逆之交：指情投意合、友谊深厚的朋友。

（6）竹马之交：指从小一块儿长大的异性好友。

（7）布衣之交：指以平民身份相交的朋友。

（8）忘年之交：指辈分不同、年龄相差较大的朋友。

（9）车笠之交：指不因贵贱的变化而改变深厚友情的朋友。

（10）君子之交：指在道义上彼此支持的朋友。

34. 古代的帝王有哪些自称

中国古代的帝王分为皇帝和国王。皇帝从秦始皇开始，把原先每个人都能自称的“朕”定为皇帝的专称。但有特例，那就是至尊若皇太后也可以自称“朕”。中国古代的国王（主要是秦以前的国王和后来分封的诸侯国王）则自称“孤”“寡”“寡人”“不榖”等。“孤”，谓自己不能得众；“寡人”，即“寡德之人”；“榖”，可以养人，为善物，不榖即不善。这些都是帝王的谦称，表示对自身权力和地位的自省。《老子》中说：“贵以贱为本，高以下为基，是以侯王自谓孤、寡、不榖。”显然，古代帝王自谦的背后蕴含着笼络人心以巩固一己统治的深意。

35. 皇帝为何被称为“九五之尊”

“九”“五”两个数字与封建宫廷生活的各个方面包括建筑都有着密不可分的联系，具备至高无上的象征意义，只有封建帝王才能享有。这是为什么呢？

一种简单的说法为：中国古代把数字分为阳数和阴数，奇数为阳，偶数为阴。阳数中“九”为最高，“五”居正中，因而以“九”和“五”象征帝王的权威，称为“九五之尊”。

36.《百家姓》为何以“赵钱孙李”起首

《百家姓》成书于北宋时期，首句“赵钱孙李”四姓，宋朝皇帝姓赵，作为当朝国姓的“赵”，理所当然列为首姓；“钱”是吴越国国主的姓氏，得以排在第二位；“孙”是时任吴越国国主的钱俶正妃之姓，排第三位；“李”即五代时南唐国主之姓，也是江南大族之姓，排第四位。

次句“周吴郑王”四姓，都是吴越国开国以来历代后妃们的姓氏。

由此不难看出，“赵”姓被置于首位，乃出于“尊国姓”。“赵钱孙李、周吴郑王”被排为首句，打上了强烈的权力烙印。

37. 哭倒长城的“孟姜女”姓“孟”吗

孟姜女是民间故事《孟姜女哭长城》中的主人公。她的丈夫范喜良被强征去修长城，最终劳累而死。孟姜女为了寻找丈夫的尸骨，哭倒了长城。孟姜女并不姓孟，“孟”为兄弟姐妹中排行老大的意思，“姜”才是其姓氏。“孟姜女”的实际意思是“姜家的大女儿”。

38. 为何称创始人为“鼻祖”

“鼻祖”指最早的祖先、某领域的创始人。要想解释清楚为何将创始人称为“鼻祖”，首先得从“鼻”字说起。“鼻”的本字为“自”字。甲骨文和金文中的“自”字都像人的鼻子的模样。“自”在古文中一般用作第一人称代词“我”“自己”。既然“自”字作了人称代词，那么要写“鼻子”的“鼻”时，又该用哪个字呢？为了与“自”字加以区分，人们又另造了一个形声字“鼻”。从此，“自”字和“鼻”字就有了不同的分工。

“自”的本义是“鼻子”，还可以引申为介词“从”，再引申为动词“始”。《说文解字》里有“今俗以始生子为鼻子”的说法，把某个家庭生的第一个儿子称作“鼻子”。这里的“鼻”字即第一、最初或开始的意思，这个意义正是从“自”演变来的。所以人们就把最早的祖先或某领域的创始人称作“鼻祖”。

39.“六亲不认”中的“六亲”指哪六亲

“六亲不认”是一个成语，形容不重亲情，对家人、亲属不管不顾，有时也指对谁都不讲情面。

关于“六亲”的具体含义，历史上存在多种说法：

根据《左传》的说法，六亲指父子、兄弟、姑姐（父亲的姐妹）、甥舅、婚媾（妻的家属）及姻亚（夫的家属）。

根据《老子》的说法，以父子、兄弟、夫妇为六亲。

根据《汉书》的说法，以父、母、兄、弟、妻、子为六亲。

后人比较赞同第三种说法，这种说法在血缘和婚姻关系中是最亲近的。因此，“六亲不认”中的“六亲”具体指哪六亲，可能因历史、地域等因素而有所不同。但无论是哪种说法，都强调了对亲属关系的忽视和不讲情面的态度。

第二篇

文字典籍

1. 什么是六书

汉代学者把汉字的构成和使用方式归纳成六种类型，即象形、指事、会意、形声、转注、假借，总称“六书”。六书是中国古人对汉字进行分析而归纳出来的系统，也是最早的关于汉字构造的系统理论。有了六书系统以后，人们再造新字时，都以该系统为依据。

类型	说明	例字	例字
象形字	画出物体的外形来表示意义。	马	羊
指事字	通过观察可以识别含义。	末	上
会意字	通过比较和结合来形成意义。	牢	采
形声字	由表示类别的形旁和表示读音的声旁组合而成。	江	河
转注字	用意义相同或相近的字互引解释。	老	考
假借字	假借音同或音近的字来代表想表达的字。	我	自

一字千金

作为一种古老而难以辨识的文字，甲骨文目前已发现大约 4500 个单字，仍有近 2/3 无法释读。因此，中国文字博物馆以单字最高 10 万元的重金悬赏破译人员，可谓一字千金。但该奖项自 2016 年公布以来，仅有一人获得最高 10 万元奖金，即复旦大学研究员蒋玉斌，他识别了“屯”，这个字也可以解读为表示动乱的“蠢”。

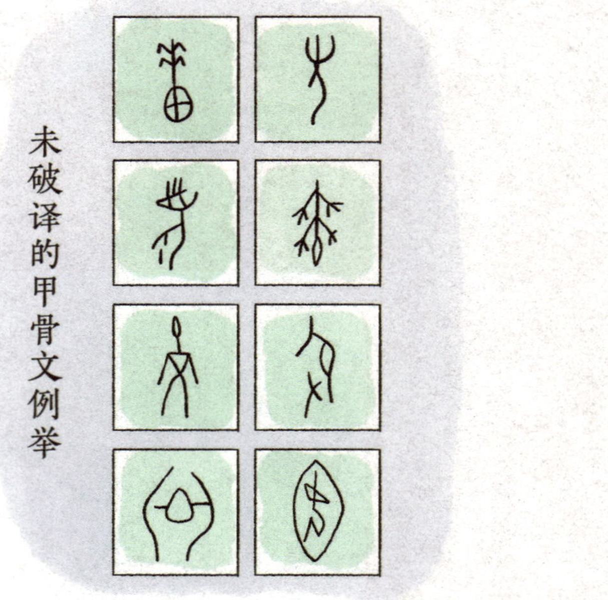

2. 什么是甲骨文

甲骨文，因镌刻、书写于龟甲与兽骨上而得名，是迄今为止中国发现的年代最早的成熟文字系统，也是汉字的源头和中华优秀传统文化的根脉。商代前期的甲骨文遗存主要发现于郑州商城，商代后期以安阳殷墟为代表。截至 2022 年 11 月，中国甲骨文发现总计约 15 万片，经科学考古发掘的有 3.5 万余片。

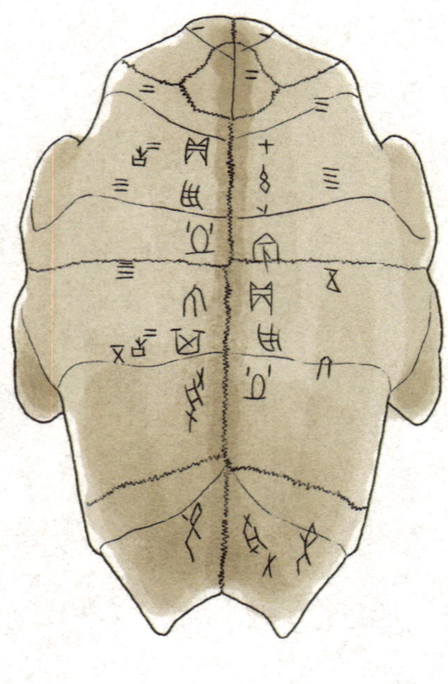

3. 什么是金文

金文，指的是铸造在商朝与周朝青铜器上的铭文。因为周朝把铜也叫“金”，所以铜器上的铭文就叫作“金文”；又因为这类铜器以钟、鼎上的字数最多，所以过去又叫作“钟鼎文”。金文应用的年代，上至商代末期，下至秦灭六国，800 多年。金文的字数，据容庚的《金文编》记载，共计 3722 个，其中可以识别的字有 2420 个。

4. 什么是篆书

篆书为古代汉字书体之一，字画圆转，结构依六书之义。古人认为篆书乃仓颉所造，其实不可信。一种文字的产生需要经过较长的酝酿发展过程，不可能由一个人在短时期内完成。

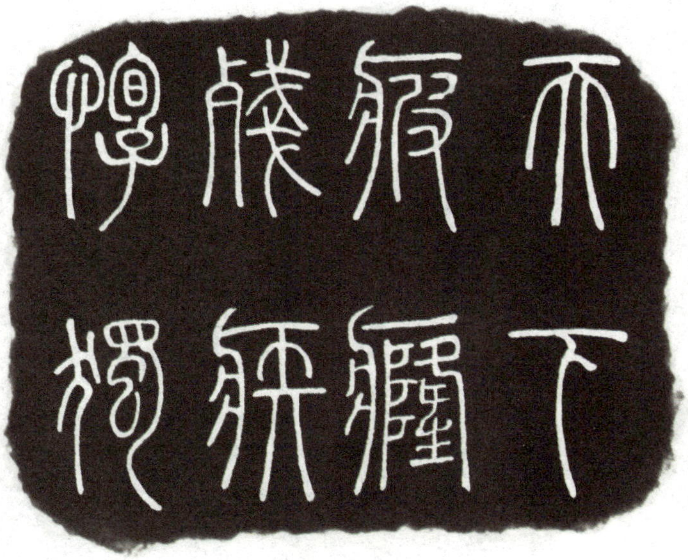

5. 什么是隶书

一般认为，隶书由篆书发展而来，字形多呈宽扁，横画长而竖画短，讲究“蚕头燕尾”“一波三折”。隶书始于秦朝，传说由程邈所创，东汉时期极为流行，对后世书法有不可小觑的影响，书法界有“汉隶唐楷”之称。

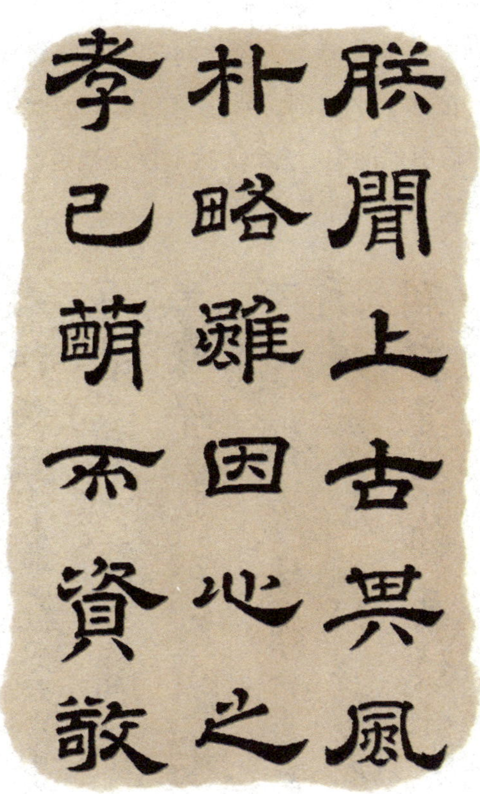

6. 什么是草书

草书有广义、狭义之分。广义的，不论年代，凡写得潦草的字都算草书；狭义的，即作为一种特定的字体，形成于汉代，是为了书写简便，在隶书基础上演变而来的。草书由于字形太简单，彼此容易混淆，所以不能像隶书取代篆文那样，取代隶书而成为主要的字体。

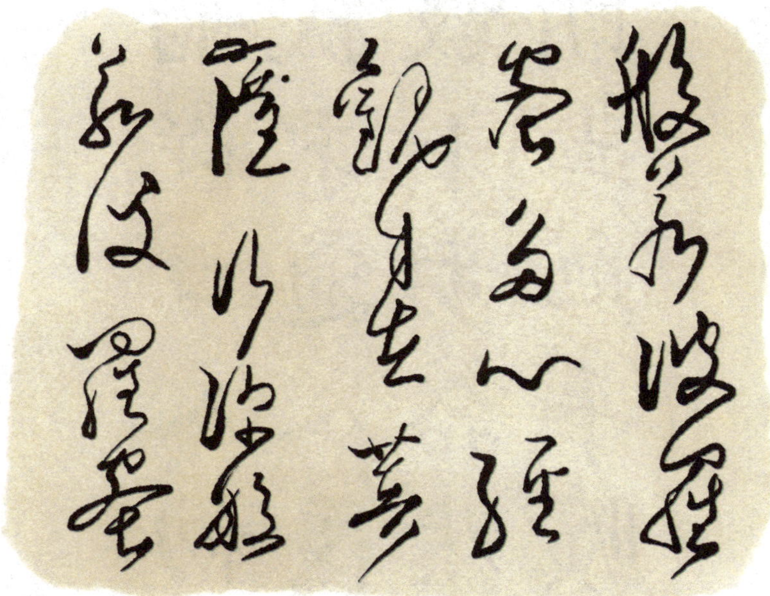

“颠张狂素”

唐朝的张旭是一位极有个性的草书大家，因他常喝得大醉，呼叫狂走，然后落笔成书，甚至以头发蘸墨书写，故又有“颠张”的雅称。后来怀素和尚继承和发展了张旭笔法，也以草书闻名，人称“狂素”。两人合称“颠张狂素”。

7. 什么是楷书

楷书也叫“楷体”“正楷”“真书”“正书”，是由隶书逐渐演变而来，更趋简化，横平竖直。《辞海》中说它“形体方正，笔画平直，可作楷模”。这种汉字字体端正，就是现代通行的汉字手写正体字。

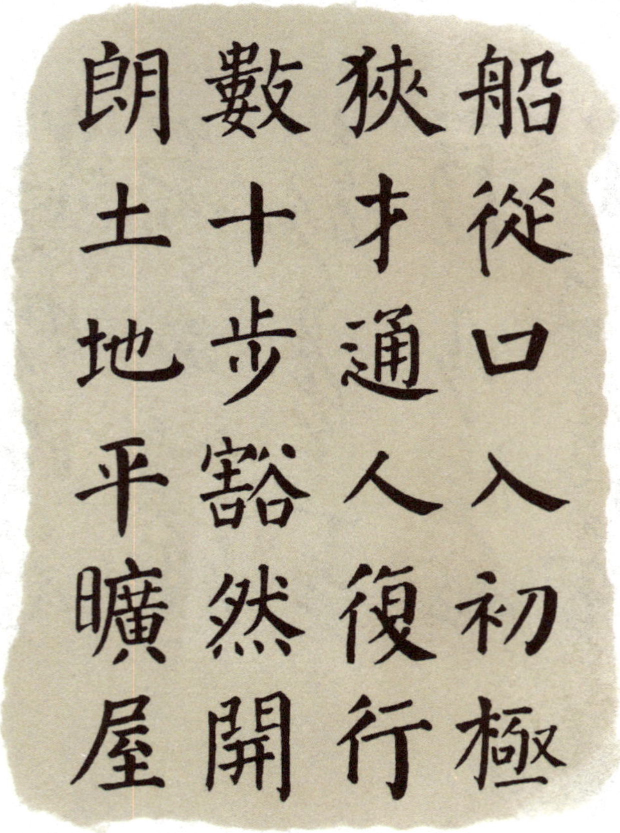

楷书四大家

楷书四大家，是对书法史上以楷书著称的四位书法家的合称，也称“四大楷书”。他们分别指唐代欧阳询（欧体）、唐代颜真卿（颜体）、唐代柳公权（柳体）、元代赵孟頫（赵体）。

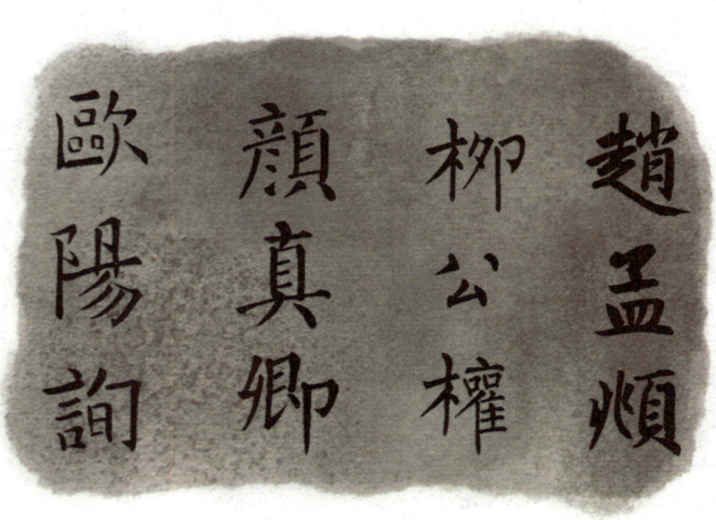

8. 什么是行书

行书是在楷书的基础上发展而来，介于楷书、草书之间，是为了弥补楷书书写速度太慢和草书难于辨认而产生的。“行”，是行走的意思，因此它不像草书那样潦草，也不像楷书那样端正。实质上，它是楷书的草化或草书的楷化。

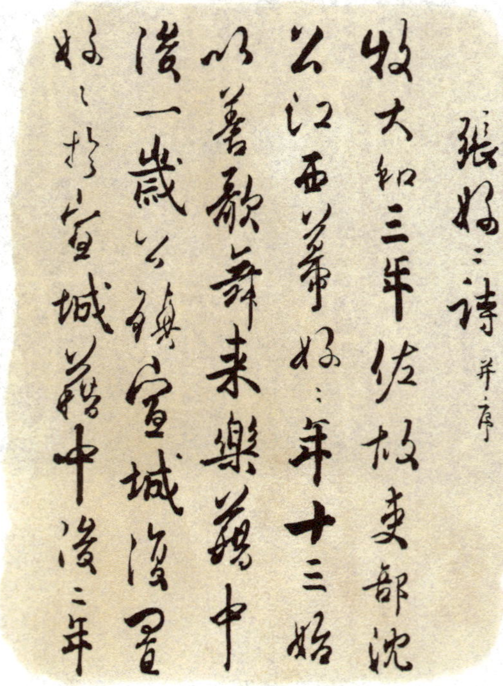

天下第一行书

东晋永和九年（353）三月初三，时任会稽内史的王羲之与友人谢安、孙绰等 41 人在会稽山北边的兰亭举办雅集活动，饮酒赋诗。王羲之将这些诗赋辑成一集，作序一篇，记述兰亭周围山水之美和聚会的欢乐之情，并抒写由此而引发的内心感慨。这篇序文就是《兰亭集序》，被称为“天下第一行书”。

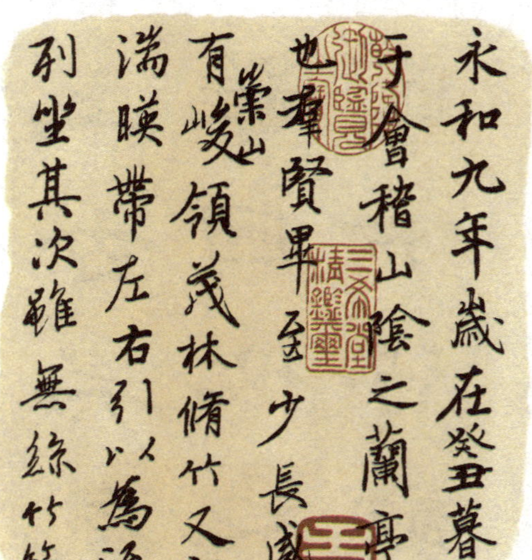

9. 什么是四声

四声是古汉语声调的四种分类，以表示音节的变化，包括平声、上（shǎng）声、去声和入声。平声、上声、去声统称“舒声”，入声则为“促声”。舒声韵尾以元音或者鼻音结尾，促声韵尾以塞音结尾。入声除了是一个声调，还是一系列以塞音收尾的韵母的统称。

四声如何区别

南北朝时，梁武帝曾经问周舍什么是“四声”，周舍回答那就是“天（tiān）子（zǐ）圣（shèng）哲（zhé）”，这四字正好代表“平、上、去、入”四个不同的声调。

10. 什么是押韵

作诗、词、曲、赋等韵文时，在句末或联末用同韵的字相押，称为“押韵”，也作“压韵”。因为押韵的文字一般在诗、词、曲、赋等韵文的结尾，所以结尾押韵的文字又叫作“韵脚”。押韵使作品声韵和谐，便于吟诵和记忆，具有节奏和声调美。

从《诗经》可以看出，中国人在2500年前就已经熟练地掌握了押韵技巧。例如《国风·周南·关雎》：

关关雎鸠，在河之洲。

窈窕淑女，君子好逑。

其中，“鸠”“洲”“逑”就是互相押韵的文字。

押韵技巧不仅用于诗，也用于词、曲、赋。例如苏轼的词《江城子·密州出猎》：

老夫聊发少年狂，左牵黄，右擎苍，锦帽貂裘，千骑卷平冈。

为报倾城随太守，亲射虎，看孙郎。

酒酣胸胆尚开张，鬓微霜，又何妨？持节云中，何日遣冯唐？

会挽雕弓如满月，西北望，射天狼。

其中，“狂”“黄”“苍”“冈”“郎”“张”“霜”“妨”“唐”“狼”等就是互相押韵的文字。

又如马致远的散曲《天净沙·秋思》：

枯藤老树昏鸦，小桥流水人家，古道西风瘦马。

夕阳西下，断肠人在天涯。

其中，“鸦”“家”“涯”“马”“下”就是互相押韵的文字。

11. 什么是平仄

平仄是中国诗词中用字的声调。“平”指平直，“仄”指曲折。古代汉语有四种声调，称为“平、上、去、入”，除了平声，其余三种声调均有变化，故统称为“仄声”。

12. 什么是对仗

对仗，也叫“对偶”，是指律诗、骈文等按照字音的平仄和字义的虚实做成对偶的语句。它是把同类或对立概念的词语放在相对应的位置上，使之出现相互映衬的状态，使语句更具韵味，增加词语表现力。

13. 什么是简牍

简牍，实际上是几种东西的总称，指的是竹简、木简、竹牍和木牍。在纸发明以前，简牍是中国书籍的最主要形式，对后世书籍制度产生了深远的影响。

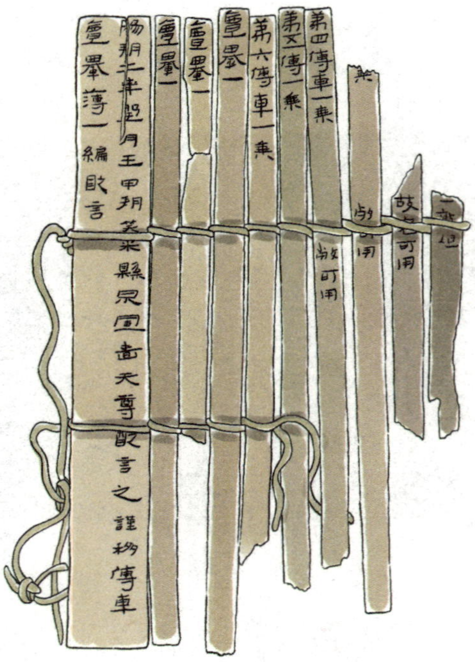

14. 什么是缣帛书

缣（jiān）帛（bó）书，一般称为“帛书”，是指古代写于丝织物上的文书，也有人称为“缯（zēng）书”；因其色白，故又称为“素书”。缣帛文献约起源于春秋，盛行于两汉，与简牍以及其后的书写载体并存了很长一段时期。缣帛柔软轻便，幅面宽广，宜于画图，这些都是它的优点。但其价昂贵，普通人用不起，而且一经书写，不便更改，一般只用为定本，所以缣帛始终未能取代简牍作为记录知识的主要载体。

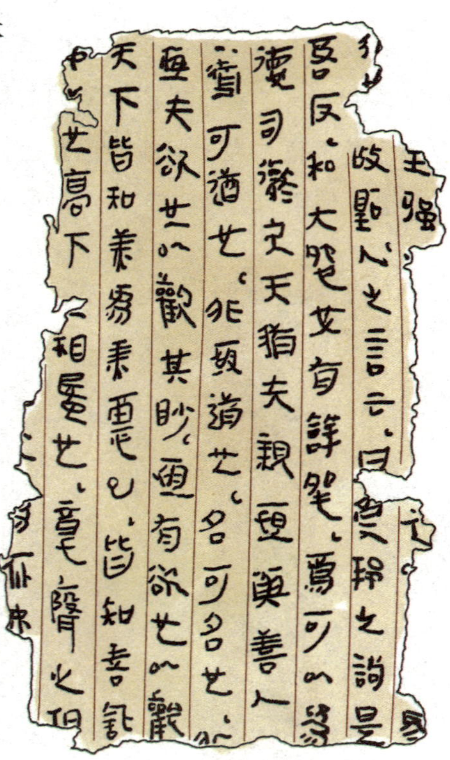

15. 什么是纸书

纸书，是指以纸张所制的书籍。西汉中期已出现麻纸。东汉元兴元年（105），蔡伦以树皮、麻头、渔网、破布等原料制成质地精良的书写纸，标志着纸张已能取代简牍、缣帛，成为书写材料。东晋末年规定诏令书写一律用纸，并规定书写用纸之规格、色泽，纸书开始普遍流行。

最早的书写纸

1990 年至 1992 年，甘肃省文物考古研究所对敦煌汉代悬泉置遗址进行了清理发掘，共出土了 460 余件纸张，其中 10 余张上有墨书，这是迄今为止国内外发现的最早的书写纸。悬泉纸的原料主要为大麻、苎麻、草帘、树皮、麦草等。大部分纸张较厚，表面粗糙，纤维不匀，无帘纹，应为“浇纸法”所成。少部分纸张较薄，有帘纹，纤维分布均匀，应为“抄纸法”制造，有些加有淀粉和滑石粉之类的填料使纸面平滑，便于书写。

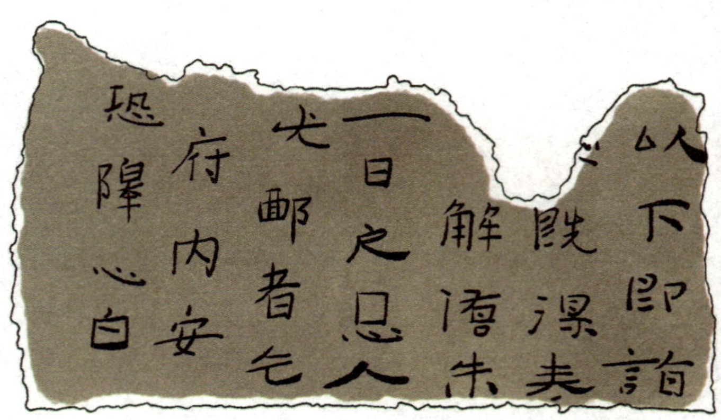

浇纸法，即用固定式纸帘造纸的方法。纸帘一般为布帘，纸浆从上直接浇到帘上成纸，之后一帘一纸在阳光下自然晒干。

抄纸法，即只使用一个帘模，把纸浆槽中的纸浆抄出来后，置放在旁边的平台上滤水。当平台上的湿纸积

累到一定的程度，就可使用造纸作坊中的木架式榨具进行压榨。

16. 什么是卷轴

卷轴，是指古代卷轴形式的书籍，也就是在长卷两端粘接圆木或其他材质的轴，以方便卷起，后来也成为中国书画的装裱形式之一。

17. 什么是经折

经折是以卷子长幅改作折叠，成为书本形式，前后粘以书面，佛教经典多用此式。它是从卷轴装演变而来，因卷轴装展开和卷起都很费时，改用经折装后，较为方便。凡经折装的书本，称“折本”。

18. 什么是线装书

线装书，是指用线类进行装订的图书，又称“古线装”，是古代中国的重要发明。宋代是书籍印刷爆发的时代，开始出现多种多样的装订方法，线装书便产生于这一时期。

19. 经史子集是指什么

经史子集，是古人将古籍按内容区分的四大部类，也泛指古代典籍。“经”为经书，指儒家经典著作；“史”是史书，即正史；“子”，即先秦百家著作，也包括宗教类作品；“集”是文集，即诗词汇编。一些大型的古籍丛书往往囊括了这四大类，并以“四”命名，如《四库全书》《四部丛刊》《四部备要》等，可见四部分类对古籍的重要意义。

《四库全书》

《四库全书》全称《钦定四库全书》，是清代乾隆时期编修的大型丛书。它是在清高宗乾隆帝的主持下，由纪昀等 360 多位高官、学者编撰，3800 多人抄写，耗时 13 年编成，分经、史、子、集四部，故名“四库”。据文津阁藏本，共收录 3462 种图书，共计 79338 卷，36000 余册，约 8 亿字。

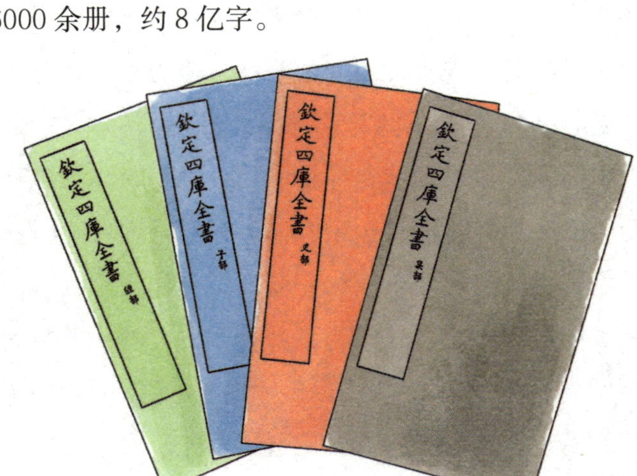

20. 什么是纪传体

纪传体是中国传统史书的一种体例，主要以人物传记为中心，叙述当时的史实。“纪”是帝王本纪，列在全书的前面，“传”是其他人物的列传。该体例形式始于西汉司马迁的《史记》。

《史记》

《史记》是西汉史学家司马迁撰写的纪传体史书，是中国历史上第一部纪传体通史，记载了上自传说中的黄帝时代，下至汉武帝太初四年（前 101），共 3000 多年的历史。太初元年（前 104），司马迁开始动笔创作，历经 14 年才得以完成。

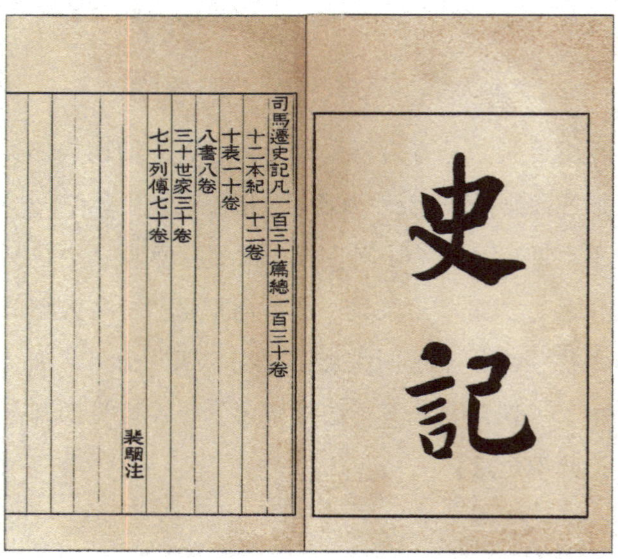

21. 什么是编年体

编年体是一种以年代为线索编排有关历史事件的史书体例。编年体史书以时间为中心，按年、月、日顺序记述史事，它以时间为经，以史事为纬，比较容易反映出同一时期各历史事件之间的联系。因为编年体是中国最古老的史书体例，故《隋书·经籍志》称其为“古史”。

中国现存最早的编年体史书是《春秋》，为春秋末年孔子依据鲁国史官所记国史加以整理修订而成。《左传》则是中国古代一部叙事较为完备的编年体史书，相传是春秋末期鲁国史官左丘明为解释孔子的《春秋》所著，名为《春秋左氏传》，汉朝以后才称《左传》。它与《公羊传》《穀梁传》合称“春秋三传”。

《资治通鉴》

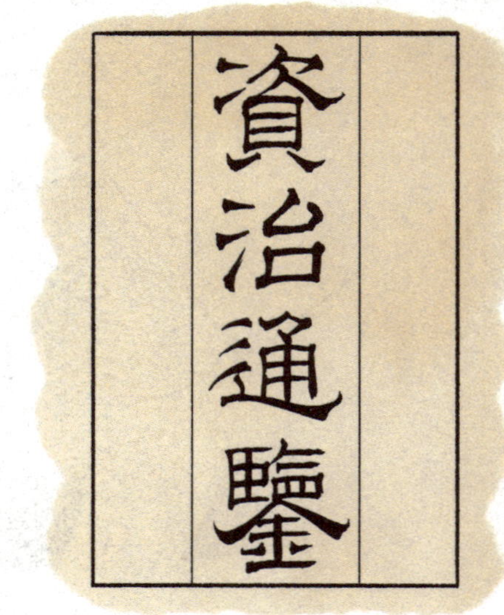

《资治通鉴》是北宋司马光编撰的长篇编年体史书，也是中国第一部编年体通史，在中国史书中占有极重要的地位。全书共 294 卷，从周威烈王二十三年（前 403）写起，一直到五代后周世宗显德六年（959）止笔。它是司马光以“为君亲政，贤明之道”为出发点而编撰的一本巨著。

22. 什么是纪事本末体

纪事本末体，是指以历史事件为主的史书体例，创始于南宋袁枢的《通鉴纪事本末》。它将重要史事分别列目，独立成篇，各篇又按年月的顺序编写，可补编年体、纪传体之不足。

《通鉴纪事本末》

《通鉴纪事本末》是中国第一部纪事本末体史书，总计 42 卷，始于“三家分晋”，终于“周世宗之征淮南”，共 1300 多年。它摘取了《资治通鉴》中所记之事，区别门目，分类编排。它以事件为核心，将同一事件的相关内容集中在一起，详细叙述事件的起因、经过和结果，并自为标题，共记 239 事，另附录 66 事。

三家分晋，是指春秋末年晋国被韩、赵、魏三家列卿瓜分的事件。在历史上，三家分晋被视为春秋之终、战国之始的分水岭，司马光将其列为《资治通鉴》的开篇之作。

23. 什么是方志

方志，是记述地方情况的史志，有全国性的总志和地方性的州郡府县志两类。总志如《山海经》《大清一统志》；以省为单位的方志称“通志”，如《山西通志》；元以后著名的乡镇、寺观、山川也多有志，如《南浔志》《灵隐寺志》。方志分门别类，取材宏富，是研究历史及历史地理的重要资料。

《山海经》

《山海经》成书于战国时期至汉代初期，包含上古地理、历史、神话、天文、动物、植物、医学、宗教，及人类学、民族学、海洋学和科技史等方面的诸多内容，是一部上古社会生活的百科全书。

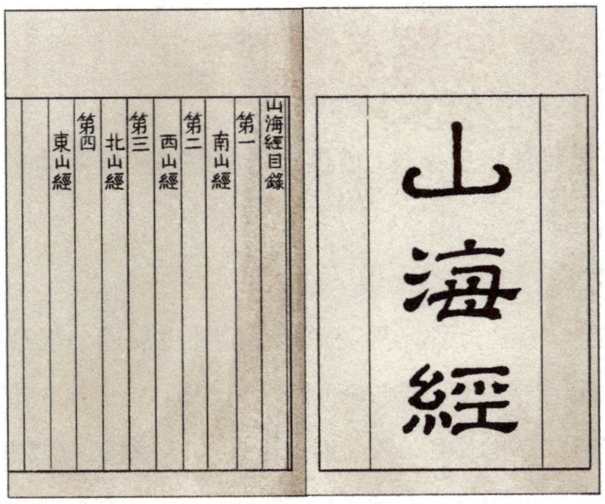

24. 什么是年谱

年谱是用编年体记载个人生平事迹的著作，大多是后人就其著述及史籍所载事实考订编次而成，如《韩愈年谱》《杜工部年谱》《孟子年谱》等。

《杜工部年谱》

《杜工部年谱》又作《杜工部草堂诗年谱》，是宋朝人赵子栎为唐代大诗人杜甫所编的年谱。

25. 什么是笔记

笔记是中国古代记录史学的一种文体，意谓随笔记录之言，属野史类史学体裁。

《梦粱录》

《梦粱录》是宋代吴自牧所著的笔记，共 20 卷，是一本介绍南宋都城临安（今浙江杭州）城市风貌的著作。

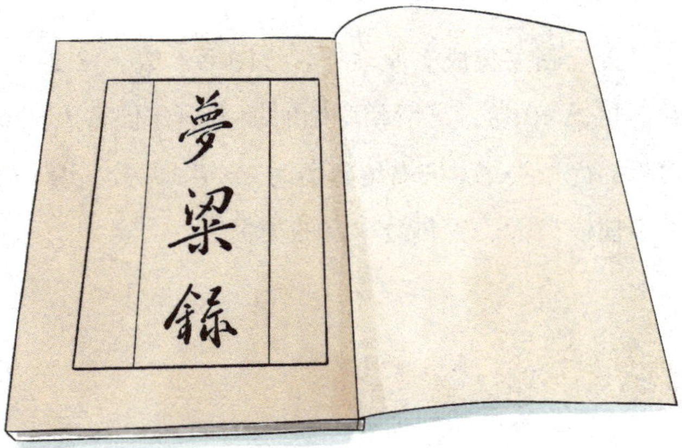

26. 什么是丛书

丛书，是指由很多书汇编成集的一套书。它是按一定的目的，在一个总名之下，将各种著作汇编于一体的集群式图书。

《百川学海》

《百川学海》是宋度宗咸淳九年（1273）左圭辑刊

的丛书。它的编成付梓，标志着中国历史上第一部大型综合性丛书的诞生，标志着中国丛书编辑体例的成熟，同时也开启了中国大型综合性丛书汇刻的先河，对中国丛书的发展繁荣产生了直接的推动作用和深远的影响。

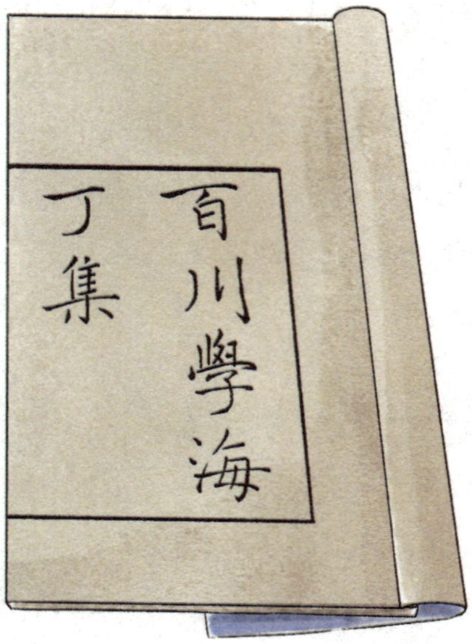

27. 什么是类书

类书是古代一种大型的资料性书籍。它辑录各种书中的材料，按门类、字韵等编排以备查检，例如《太平御览》《古今图书集成》。从信息时代的视角看，类书就像古代的“数据库”，甚至丛书等即为类书的演变，揭示了文献的传承关系。

《古今图书集成》

《古今图书集成》原名《古今图书汇编》，全书共1万卷，目录40卷，是清朝康熙时期由福建侯官人陈梦雷所编辑的大型类书。该书编辑历时28年，共分6编32典，是现存规模最大、资料最丰富的类书。

28. 什么是总集

总集是古代对多人著作合集的称呼，中国最早的总集是《诗经》。总集保存了很多古代文献（其中不少原著已散佚），对文学研究和校勘有重要参考价值。

《诗经》

《诗经》是中国古代诗歌的开端，也是最早的诗歌总集。它收集了西周初年至春秋中叶（前11世纪至前6世纪）的诗歌，共311篇，反映了约500年间的社会面貌。

29. 什么是别集

别集，是指个人的著作汇编，如白居易的《白氏长庆集》、苏轼的《东坡七集》等。别集因系统收集了某一作者的著作，为研究该作者的生平和创作等提供了基本材料。

《东坡七集》

《东坡七集》是苏轼的诗文集，共110卷，包括《东坡集》40卷，《东坡后集》20卷，《东坡奏议》15卷，《东坡外制集》3卷附乐语（关于音乐的文辞），《东坡内制集》10卷，《东坡应诏集》10卷，《东坡续集》12卷附校记（校勘或编辑过程中所做的记录或注释）。

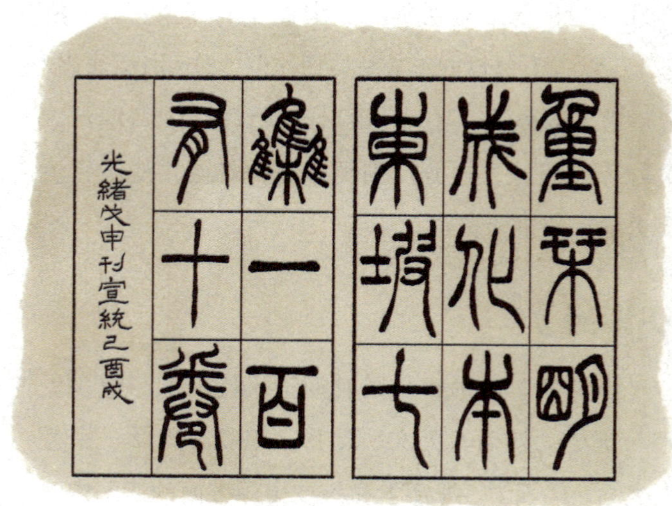

30. 什么是目录

目录是按次序编排，以供查考的图书或篇章的名目。

目录学

目录学，是指研究目录工作形成和发展的一般规律，即研究书目情报运动规律的科学。中国古代很早就有人注意到目录学的作用，西汉时，刘向、刘歆父子就撰有《别录》《七略》等书，以后历代均有专著。反映中国古代著述的规模最大、最全的目录，是《四库全书总目提要》和《四库全书简明目录》。

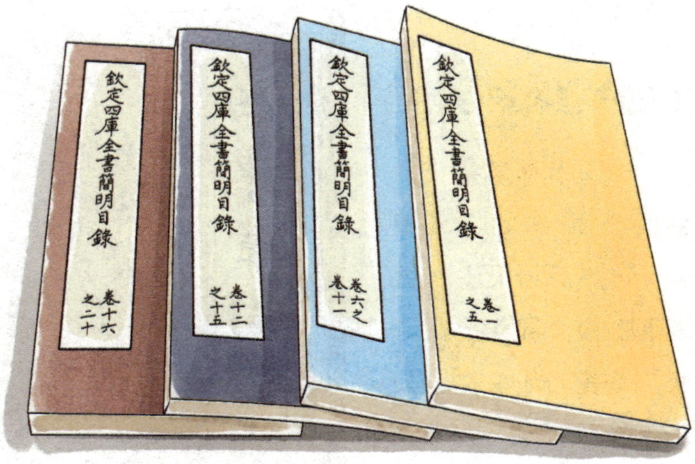

31. 什么是版本

版本是同一书籍因编辑、传抄、印刷、装订等不同，而产生的不同本子。如《红楼梦》一书就有“脂评本”和“程高本”两大系统，“脂评本”中又有“甲戌本”“己卯本”“庚辰本”“戚序本”“舒元炜序本”“梦觉主人序本”等多种版本。

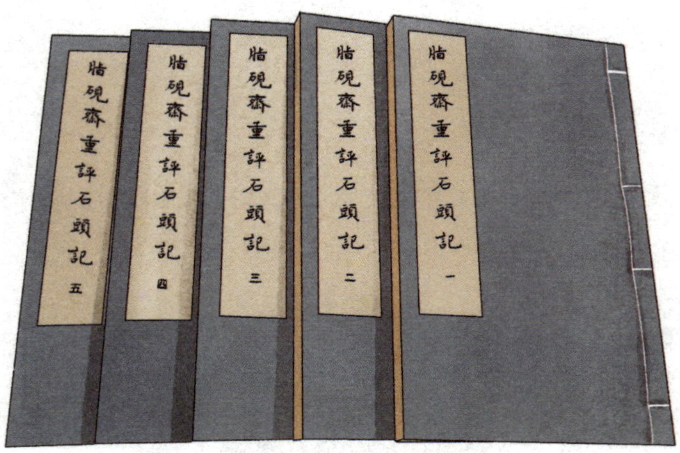

版本学

版本学，是指研究同一本书的不同版本的学术活动和成果。

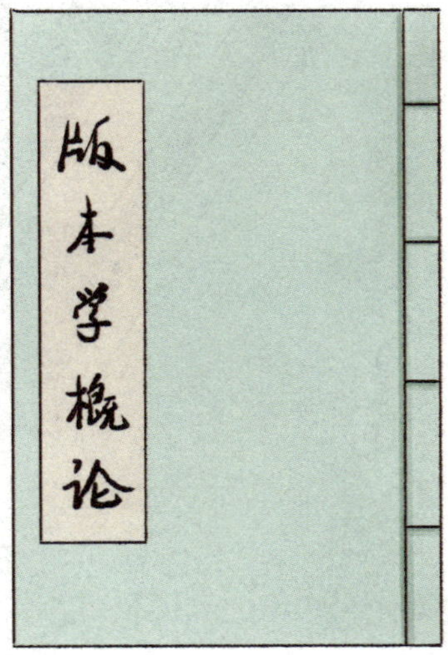

32. 什么是校勘

校勘，指校对勘正，即对书本、报刊、文集等的修正所必经的一些程序。

《北齐校书图》

《北齐校书图》是北齐杨子华创作的绢本设色画，原本已遗失，现存为宋摹本，收藏于美国波士顿美术馆。图卷所画的是北齐天保七年（556），文宣帝高洋命当时颇有才华的官员樊逊和冀州秀才高乾和等11人，在尚书省共同校勘书籍的情景。

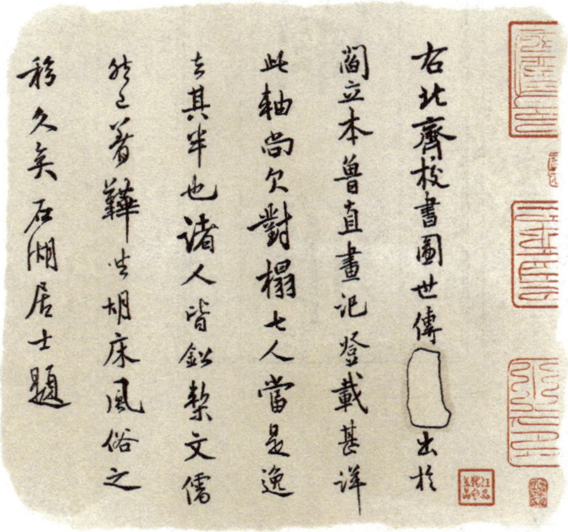

33. 什么是辑佚

辑佚，指辑录散佚的有关资料。通过辑佚得到的文献，称为“辑本”或“辑佚本”。研究辑佚的历史、方法、原则和其他相关问题的学科，称为“辑佚学”。

34. 什么是训诂

训诂，即解释古书中字句的意义，后来成为一门专门的学科——训诂学。训诂学从先秦就已经开始了，战国末期的《尔雅》被认为是最早的训诂学著作。

《尔雅》

《尔雅》全书收录 4300 多个词语，按词义来编排和分类，计 2091 个条目，被认为是中国训诂学的开山之作。

35. 什么是笺注

笺注，即给古书作的注释。笺注一般是建立在对前人研究基础的深入了解之上，注释中常提到前人的意见，对其进行补充订正，分辨剖析，侧重于对原文中典故、词语出处的考证。

36. 什么是章句

章句，即诗文的章节和句子。

《四书章句集注》

《四书章句集注》包括《大学章句》《中庸章句》《论语集注》《孟子集注》4 个部分，与《诗经》《尚书》《周易》《礼记》《春秋》并为儒家经典，在古代学校教育中占有绝对的垄断地位。

37. 什么是义疏

义疏是古书的注释体例之一，也叫“疏”“注疏”“正义”等。它起源于南北朝时期，内容为疏通原书和旧注的文意，阐述原书的思想，或广罗材料，对旧注进行考核、补充和辨证。

《尔雅义疏》

《尔雅义疏》是清代学者郝懿行为《尔雅》所作的注本。

《五经正义》

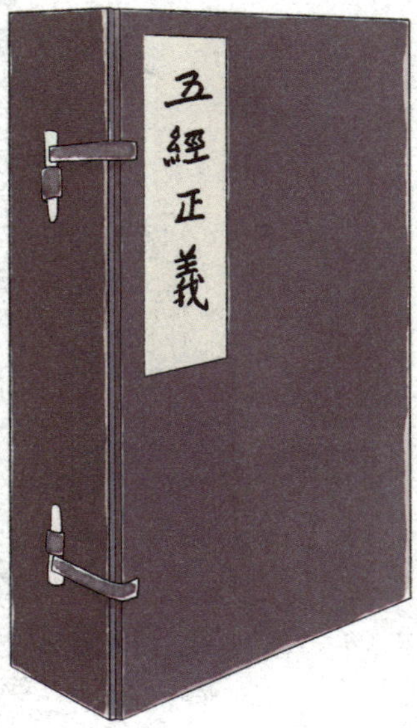

《五经正义》是唐代孔颖达等奉皇命编写的五经义疏著作，成书于唐高宗时期。它完成了五经内容上的统一，被定为科举考试的标准教科书。此后，注释儒经必须以此为标准，科举应试亦必须按此答卷，不许自由发挥。

38. 什么是集解

集解，意为汇集诸家对同一典籍的语言和思想内容的解释，并阐述自己的观点，以助读者理解。

《周易集解》

《周易集解》是唐代李鼎祚编纂的《周易》义释本，它保存了许多前代研究《周易》学说的文献资料，是研究唐以前《周易》学说的重要参考书。李鼎祚在编纂《集解》时虽以集解为主，但他仍以多种方式表述了自己的观点。

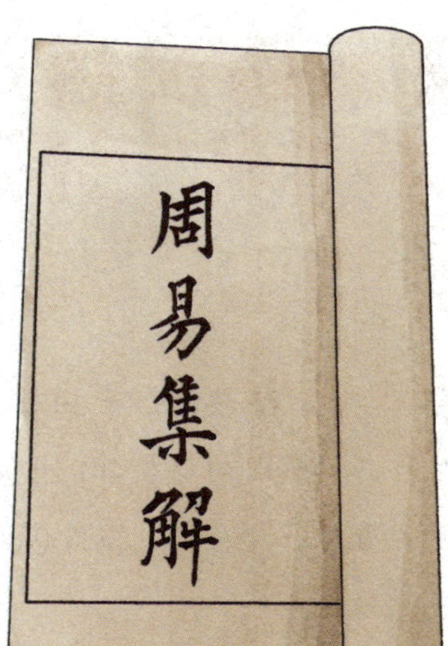

39. 天一阁藏书楼

天一阁位于浙江省宁波市，建于明嘉靖四十年(1561)至四十五年(1566)，是由当时退隐的兵部右侍郎范钦主持建造的藏书楼，占地面积2.6万平方米，已有400多年的历史。它是中国现存历史最悠久的私家藏书楼，也是世界上最古老的三大家族图书馆之一。

40. 百年皕宋楼

皕(bì)宋楼位于浙江省湖州市，由陆心源于清朝同治年间所建。当时陆心源在朝为官，并且经商，颇有财力。时值多事之秋，鸦片战争、太平天国等使得社会动乱无比。陆心源借机购买了大量书籍，最后藏书多达15万卷。以“皕宋”为楼名，意思是内藏宋刻本有200种之多，但实际不及此数。

41. 如何辨别赋、比、兴这三种艺术手法

赋、比、兴是《诗经》的主要表现手法。关于赋、比、兴的含义，历来众说纷纭，南宋朱熹的解释比较有代表性。朱熹曾说："赋者，敷陈其事而直言之者也。""比者，以彼物比此物也。""兴者，先言他物以引起所咏之词也。"

（1）赋，即为了突出主体对象所作的描写。通常是一系列排比句式，而且多用骈文，看上去非常绚丽夺目。比如《陌上桑》中："行者见罗敷，下担捋髭须。少年见罗敷，脱帽著帩头。耕者忘其犁，锄者忘其锄。来归相怨怒，但坐观罗敷。"

（2）比，即比喻，以彼物比此物，起着将情感扩大或者缩小的作用，又或者是以较委婉的方式来表达不方便直接表达的感情。如李白的《蜀道难》中："朝避猛虎，夕避长蛇。磨牙吮血，杀人如麻。"这是采用顾左右而言他的方式，以兽行来比拟人的作为，在略有夸张的同时，充分宣泄着诗人内心的愤懑。

（3）兴，即联想，触景生情，因物起兴。具体来说，即先言他物以引起所咏之词。从特征上讲，有直接起兴、兴中含比两种情况；从使用上讲，有篇头起兴和兴起兴结（触物以动情）两种形式。起兴主要有两种效用：一是提出中心，奠定全文的基调；二是引起读者的兴趣。

42.《楚辞》是一部什么样的书

楚辞，又称"楚词"，是战国时期楚国伟大的诗人屈原创造的一种诗体。作品运用楚地（今湖南、湖北一带）的方言声韵，叙写楚地的山川人物、历史风情，具有浓厚的地方特色。

西汉刘向把战国楚人屈原、宋玉的作品和汉代王褒、东方朔、淮南小山等人"承袭屈赋"的作品，及刘向自己的作品《九叹》编辑成集，名为《楚辞》。东汉王逸作《楚辞章句》，并增入一篇《九思》。如今，刘向编订的《楚辞》16 卷久已亡佚，只有王逸的 17 卷本《楚

辞章句》流传至今。后世称这种诗体为"骚体"或"楚辞体"。

《楚辞》是继《诗经》后对中国文学具有深远影响的一部诗歌总集，并且是中国第一部浪漫主义诗歌总集。现存的《楚辞》总集中，主要是屈原及宋玉的作品，其他人的作品大都未能流传下来。

43."文章西汉两司马"中的"两司马"分别指的是谁

西汉文坛的文学形式主要是散文和赋。当时散文以司马迁的成就为最高，赋以司马相如的成就为最高，故后人有"文章西汉两司马"一说，以此说明二人在文学史上的杰出成就。

晚清名臣左宗棠在《题卧龙岗诸葛草庐》一诗中写道："文章西汉两司马，经济南阳一卧龙。"意思是说，文章写得最好的要算西汉的司马迁与司马相如，而经邦济世的人才就当首推南阳的诸葛亮。鲁迅《汉文学史纲要》有《司马相如与司马迁》一篇，并说："武帝时文人，赋莫若司马相如，文莫若司马迁。"

44. 文学史上的“建安风骨”有什么内涵

建安风骨，又称“汉魏风骨”，指汉魏之际曹氏父子、建安七子等人诗文的骏爽刚健风格。

汉末建安时期，文坛巨匠“三曹”（曹操、曹丕、曹植）、“七子”（孔融、陈琳、王粲、徐干、阮瑀、应玚、刘桢）和女诗人蔡琰继承了汉乐府民歌的现实主义传统，普遍采用五言形式，其诗文以风骨遒劲而著称，并具有慷慨悲凉的阳刚之气，形成了文学史上“建安风骨”的独特风格，掀起一个诗歌高潮，被后人尊为典范。代表作有曹操的《步出夏门行》、曹丕的《燕歌行》、曹植的《美女篇》《赠白马王彪》、王粲的《七哀诗》等。

“风骨”是中国文学批评史上的一个重要概念，自南朝至唐代，它一直是品评文学作品风格的主要标准。

“风骨”一词最早大量应用于魏、晋、南朝的人物评论，后引用到书画理论和文学评论之中。

建安风骨的内涵主要表现在以下几方面：文风清峻，给人一种利落大家之感；通达脱俗，不拘小节，沉雄激荡；气盛词壮，畅所欲言；华靡，才情横溢。

45. “初唐四杰”是哪四位诗人

中国唐代初年的四位诗人。

王勃：代表诗作有《送杜少府之任蜀州》（五律），名文《滕王阁序》。渡海省亲，因溺水受惊而死。他的诗多为五言律诗和绝句，其中写离别怀乡之作较为著名。

卢照邻：代表诗作有《长安古意》《行路难》。先后居太白山、龙门山、具茨山中，学道服饵，终因不堪病痛折磨，投颍水而死。其诗取材广泛，内容充实，感情真挚。

骆宾王：代表诗作有《在狱咏蝉》，骈文《代李敬业传檄天下文》（后人改题作《讨武曌檄》）。檄文采用抑彼扬此手法，很有战斗力和号召力。相传武则天读此文亦大加赞赏。徐敬业兵败后下落不明，有传说他后来遁入空门。

杨炯：代表诗作有《从军行》。四杰中，他的诗数量最少，成就也略小些。

初唐四杰的诗歌创作对唐代文学的发展产生了深远的影响，扭转了唐朝以前萎靡浮华的宫廷诗歌风气。

46. 什么是古体诗

古体诗是近体诗形成前除楚辞外的各种诗歌体裁的通称。古体诗的形式比较自由，不拘对仗、平仄，押韵较宽，篇幅长短不限。从诗句字数看，有四言、五言、六言、七言和杂言诗。

（1）四言诗。《诗经》中收集的上古诗歌以四言诗为主。汉、魏、晋仍有人写四言诗，曹操的《观沧海》、陶潜的《停云》都属于四言诗。

（2）五言和七言古体诗作较多，简称五古、七古。五古最早产生于汉朝。《古诗十九首》都是五言古诗。汉朝以后，写五言古诗的人很多。南北朝时的诗大都是五言的，唐朝及以后的古体诗中五言的也较多。到了唐朝，七古大量出现，唐人又称七古为长句。

（3）六言诗。六言诗在《诗经》中已有萌芽，但都是散句，有单句，也有偶句。而《离骚》的上七下六句式及《楚辞》中大量出现的整齐的六言句，为六言诗走向成熟奠定了基础。直到建安时期，才出现了完整规范的六言诗，孔融、曹丕、曹植都曾写过六言诗。

（4）杂言诗是古体诗所独有的。诗句长短不一，有一字也有十字以上，一般为三言、四言、五言、七言相杂，但以七言为主，故习惯上归入七古一类。

47. 唐代有“五言长城”称号的是哪位诗人

唐代诗人刘长卿擅长写五言诗，五言诗作占其全部诗作的十之七八，号称“五言长城”，意思是说在五言诗方面别人很难超越他。

刘长卿的五言诗中最为著名的是《逢雪宿芙蓉山主人》：“日暮苍山远，天寒白屋贫。柴门闻犬吠，风雪夜归人。”文字简洁优美，意境幽远，弥漫着一层难以言说的冷清、寂寥的情思，透露出浓重的衰飒、索寞之气。

当时有位年长的隐居人秦系与刘长卿关系极好，两人常常以诗相赠答。有一天，一位朋友读了秦系应答刘长卿的五言诗之后，感到他们的诗各有千秋，不相上下，便打趣地说：“长卿自以为是‘五言长城’，坚不可摧，而秦系率部队从侧面发起了进攻。虽然他人老了，但威力不减壮年，还真够长卿抵挡一阵的。”

48.“泰斗”最初称颂的是哪位唐代文人

泰斗，是“泰山北斗”的简称。“泰”指泰山，为五岳之首，其主峰位于山东省泰安市。“斗”指北斗，因七颗星排列成斗形（斗，古人舀酒用的一种长柄的勺），且终年见于北天极，故称为北斗。“泰山北斗”一般用来称颂德高望重或有卓越成就而为众人所敬仰的杰出人物。《新唐书》中用“泰山北斗”称颂韩愈：“自愈没，其言大行，学者仰之如泰山、北斗云。”

49. 汉字的演变过程

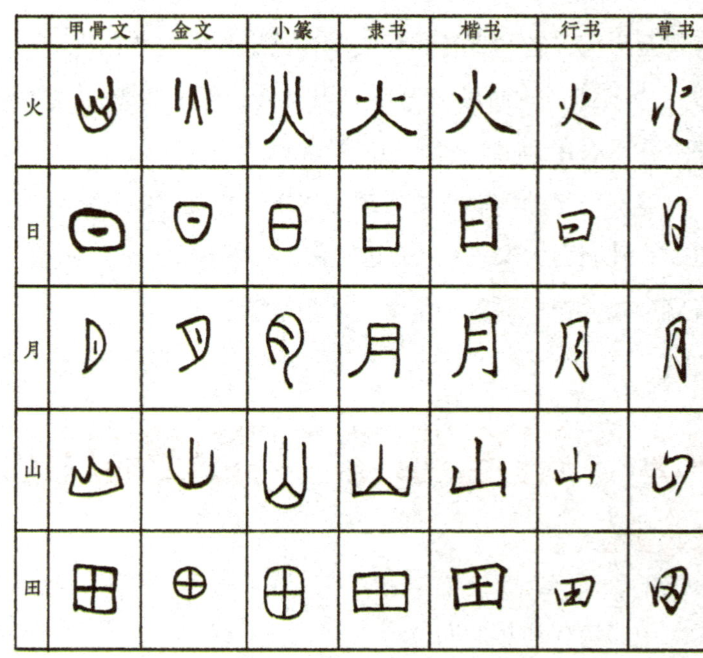

汉字的正式文字从甲骨文开始，字体的演变大致经历了甲骨文、金文、篆书、隶书、楷书以及草书、行书等阶段。

（1）甲骨文：契刻在甲骨上的一种古老文字，起源于距今3000多年前的殷商时期。

（2）金文：殷商、西周、春秋战国时期刻铸在钟鼎等青铜器上的文字，内容多为祭祀、征战、契约等事。

（3）篆书：包括大篆和小篆。大篆又叫籀文，据说是周宣王的史官籀创造的。秦始皇统一中国后，实行“书同文，车同轨”等政策，小篆应运而生。

（4）隶书：又叫“佐书”，是对小篆字体的进一步简省。到了汉代，隶书取代小篆成为正式的书写体，也称为“汉隶”。

（5）楷书：又叫“正书”或“真书”，形成于东汉末年，魏晋时趋于成熟，通行于六朝，成熟于唐代。

（6）草书：草书产生于汉代，是楷书的变体，是汉字速写的一种字体，后演化成一种纯粹的书法艺术。

（7）行书：行书是介于楷书与草书之间的一种字体，与草书一样起源于汉代。

（8）宋体：因印刷业兴起的需要而产生的一种字体，后世的书籍多采用宋体。

50. 标点符号的起源

中国古代并没有系统的标点符号，到了汉朝才发明了“句读（dòu）”符号，语意完整的一小段为“句”；句中语意未完，语气可停的一段为“读”。约在宋代时，开始有了“。”和“，”，明代时出现了人名号和地名号。到了近代，中国知识界又吸收了国外的标点符号，于是出现了中国的标点符号系统，后逐渐经过完善，发展成今天我们所用的标点符号。

51. 什么是谚语

谚语往往通过一种现象，表明一个生活道理，用在文章中，简洁而深刻。谚语有单句的，也有复句的。虽寥寥数字、十几字，但所包含的内容极其丰富。如“骄者必败”“满招损，谦受益”等。

谚语原是一种口头文学，在文字出现之前就产生了。《文心雕龙·书记篇》记载了几条，说是“上古之世”流传下来的，其中有一条是“唯忧用志”，意思是困难和挫折可以使人发愤。这可能是中国文字记录下来的最早的谚语之一。

在中国几千年的漫长历史中，产生了数不清的谚语。有的谚语有出处，有作者，这部分谚语来自历史名人的诗词、文章、警句。如“醉翁之意不在酒”这句谚语，就来自欧阳修的《醉翁亭记》。但是，绝大多数谚语无法说出具体的作者，它们由广大人民群众在生活和实践中口耳相传、世代相沿而成。

52. 什么是歇后语

歇后语起源于唐诗的一种“歇后体”，为唐人郑綮（qìng）所创。《旧唐书·郑綮传》载有这样一则趣闻：郑綮善写诗，诗里总带“刺”，诗的样式也有些怪，当时被人们称为“郑五歇后体”。这种本来登不得大雅之堂的怪诗体竟不胫而走，广为流传，以至连唐昭宗也经常听到下人吟诵。这些诗有很多是讽刺时弊的，但唐昭宗非但不怪，反而觉得诗中大有“蕴蓄”，亲笔批“郑綮可礼部侍郎平章事”。后来，郑綮真的当了宰相。不过，他当了官以后就寡言少语，更不写什么带刺歇后诗了，歇后体却从此流传开来。

现代流传的歇后语大都分为两部分，前面是引言，真实的寓意在后面。有一种说法认为，当时针砭时弊比较隐晦，后半句常常省了，也就是“歇”了。现代流行的歇后语主要以俏皮话为主，而不是讽刺。

53.《论语》的“论”为什么不读 lùn 而读 lún？

《论语》是记录孔子及其弟子言行的儒家经典。“论语”作为一个词语，意思是按伦次（条理）编撰的语录。

《论语》的“论”本该写作“仑”（lún），用“论”是因为“仑”记录词义的职务太过繁忙了，就请“论”字来帮忙分担一部分职责。清代国学大师段玉裁的《说

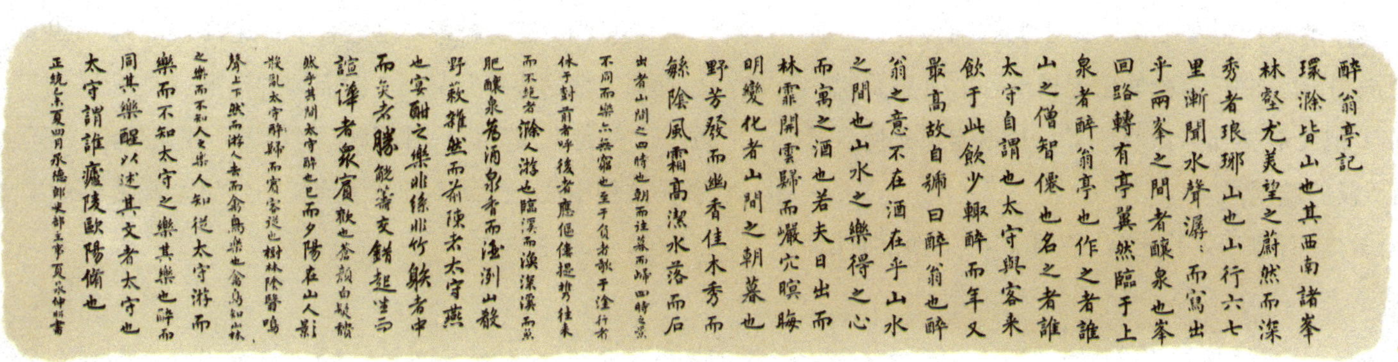

•《醉翁亭记》

文解字注》中说，“论者，仑之假借字也”，说的就是这个意思。“仑”字的繁体字写作“侖”，由“亼”和“册”两部分构成，“亼”表示集合、汇集的意思，“册”就是“简册”（竹简、木简），“亼”和“册”合起来就是指编串在一起的竹简。可见，“仑”就是把众多的竹简按一定的次序编在一起的意思，引申为“编辑”“编撰”“编纂”。《论语》的“语”指的是语言、语录。

汉代史学家班固的《汉书·艺文志》中也说，“论语”是孔子的门人弟子把孔子回答他的弟子、社会上其他人士以及弟子向孔子请教的言论片段按照伦次（条理）编辑在一起的意思。“论”本该写作“仑”，自然就读 lún 了。

54.“一问三不知”是指哪“三不知”

和别人对话交流时，有些人你问他什么他都说不知道，人们就会戏谑地说此人“一问三不知”。“一问三不知”中的“三”，是泛指多数，还是确有所指？

它来源于《左传》记载的一个故事。公元前 468 年，晋国攻打郑国，齐国为了防止晋国吞并郑国以后过于强大，便派陈成子率军援助郑国。有个部将跑来报告陈成子：“有一个从晋军来的人告诉我，晋军打算出动一千辆战车来袭击我军的营门，要把我们全部消灭。”陈成子听了，骂他：“出发前国君命令我：‘不要追赶零星的士卒，不要害怕大批的人马。’晋军即使出动超过一千辆的战车，我也不能避而不战。你方才竟然讲出长敌人志气灭自己威风的话。回国以后，我要把你的话报告国君。”部将自知失言，于是感慨地说：“君子之谋也，始中终皆举之，而后入焉。今我三不知而入之，不亦难乎？”意思是说：君子谋划事情，要对事情的开始、发展、结果这三方面全考虑到，然后才会提出建议。现在我对这三方面全然不知就去进言，不是自讨没趣吗？

可见，“始”“中”“终”，即为“不知”的三个内容：“始”指的是起源、开端、开始，“中”指的是事情的发展过程，“终”指事情的终了、结果。三者分别指事情的开始、经过、结果这三个阶段或方面，涵盖了事情发展的整个过程。对事情的整个情况都不了解，难怪这位部将在陈成子面前碰了一鼻子灰。

55. 成语“更胜一筹”中的“筹”是指什么

筹，本义是古代投壶用的签子，形状如箭。投壶胜负须计数，因而“筹”逐渐引申为计数的筹码。

筹又是古代用以计算的工具，是一种小竹片。通常和“策”连在一起说。如《老子》中的“善数不用筹策”，意思是说，善于计算的人不需要“筹策”的帮助。筹策，由此又引申为“算计”“计谋”。《汉书·货殖传》说，商人“运其筹策”，对上争夺君王的利益，对下禁锢百姓的实业，这些都陷入了不法的罪恶深渊。“运其筹策”，就是绞尽脑汁地算计。《史记·孙子吴起列传》：“孙子筹策庞涓明矣，然不能蚤救患于被刑。”意思是说，孙膑（bìn）把庞涓早都算计明白了，却不能预先使自己免遭庞涓所设的膑刑。

由“计算”“计谋”又引申为“筹划决策”。西汉时期，刘邦当皇帝后在洛阳南宫大设酒宴，招待文武百官。他问百官自己为什么战胜项羽取得了天下，百官纷纷夸赞他大仁大义。刘邦则分析说，诸位爱卿只知其一，不知其二。若论运筹帷幄之中，决胜千里之外，我不如子房（张良）；论镇守国家，安抚百姓，供给粮饷，不断绝粮道，我不如萧何；论统率百万大军，作战就一定胜利，进攻就一定拔取，我不如韩信。这三个人都是人中的俊杰，我却能够任用他们，这就是我能够取得天下的原因所在。

这里的“运筹帷幄”已经有了“筹划决策”的意思。由动词“筹划决策”又引申为名词“计策”“办法”。成语“一筹莫展”“一筹不画”“半筹不纳”中的“筹”都是这种用法。“筹”的意义演变，生动地表现了汉语词义演变的过程。

第三篇

思想学说

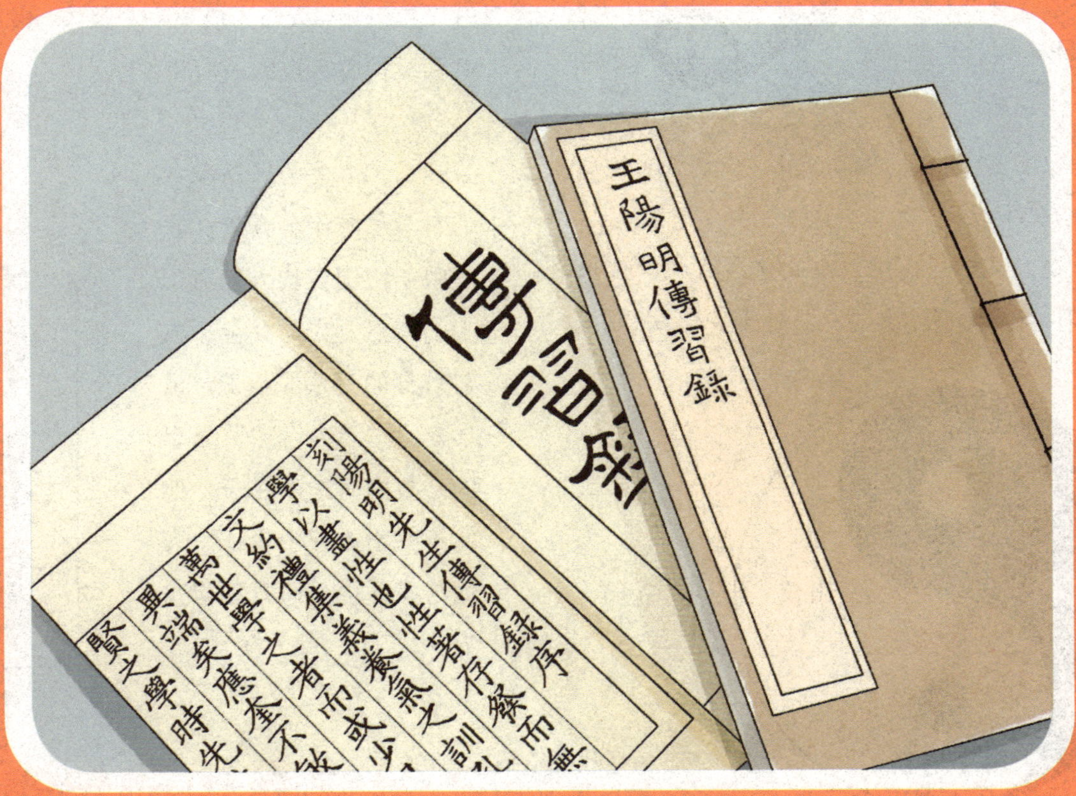

1. 什么是阴阳五行学说

阴阳五行学说是中国古典哲学思想的重要组成部分，是中国古代朴素的辩证法思想，该学说的代表人物是战国末期的哲学家邹衍。古人认为，阴阳是产生一切事物的根本，而五行则是事物构成必不可少的条件。阴阳和五行是相辅相成的关系，五行必合阴阳，阴阳必兼五行。阴阳五行学说，又可细分为阴阳学说和五行学说。

邹衍

邹衍（约前324—前250），战国末期齐国人，阴阳五行学说代表人物。

阴阳学说

中国古代哲学家认为，阴和阳既相互对立，又相互作用，由此才会有此消彼长的关系，阴中有阳，阳中有阴，事物总是处于变化发展中。

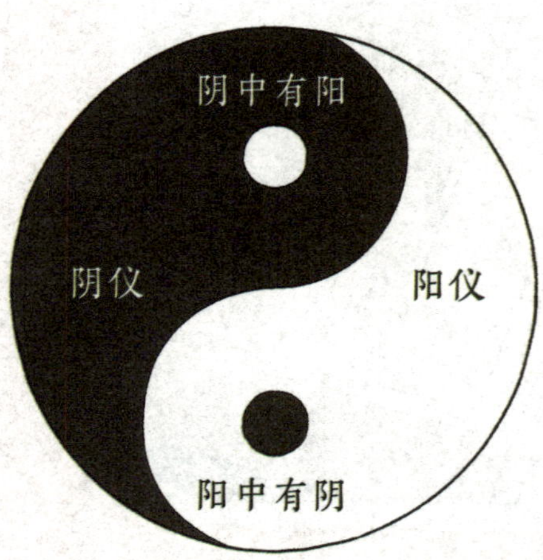

五行学说

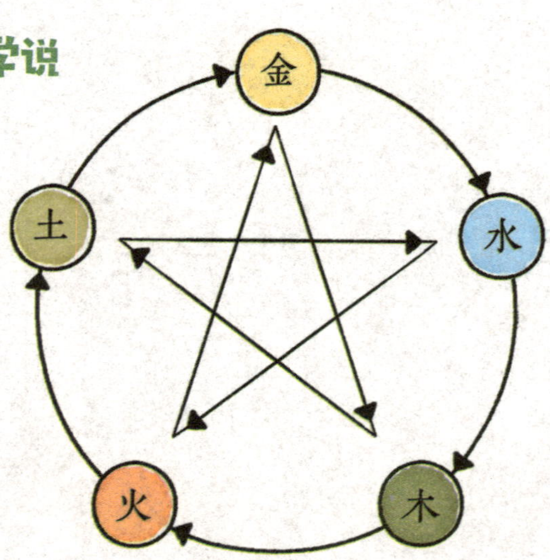

所谓“五行”，即木、火、土、金、水，这五种元素充盈在天地之间，无所不在，它们相生相克，维系着自然的平衡。木代表生长的物质，象征着生机和活力；火代表散发热能的物质，象征着激情和乐观；土代表自然本生，象征着包含和兼容；水代表流动的可循环的物质，象征着变和善良；金代表坚固的物质，可分割软的物质，象征着坚毅和不屈。

2. 天人合一指的是什么

“天人合一”是中国古代哲学思想中的一个重要概念，它指的是天和人的关系实现了一种和谐的统一。在这个统一中，天与人成了一个整体，相互依存、相互促进，共同维护着宇宙的平衡和秩序。

“天人合一”所蕴含的哲学思想十分深邃，它反映了中国古代人们对于人与自然、人与社会、人与自身的关系的认识。最早提出“天人合一”思想的是战国时期的庄子，他在《齐物论》中说：“天地与我并生，而万物与我为一。”

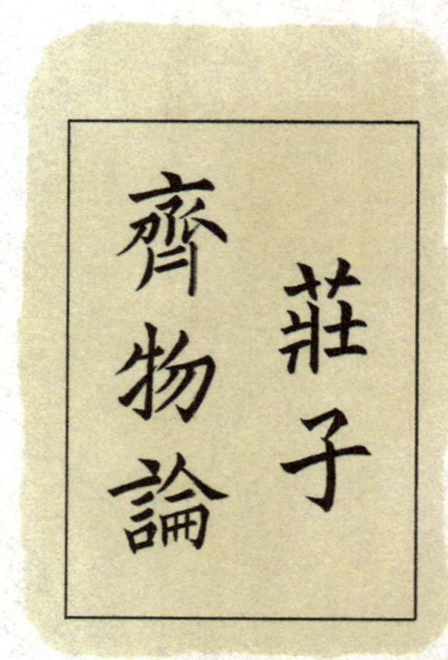

3. 什么是道法自然

道法自然是出自《道德经》的哲学思想，意思是，“道”就是“自然而然”。“人法地，地法天，天法道，道法自然”，老子用顶真的修辞方法，将天、地、人乃至整个宇宙的深层规

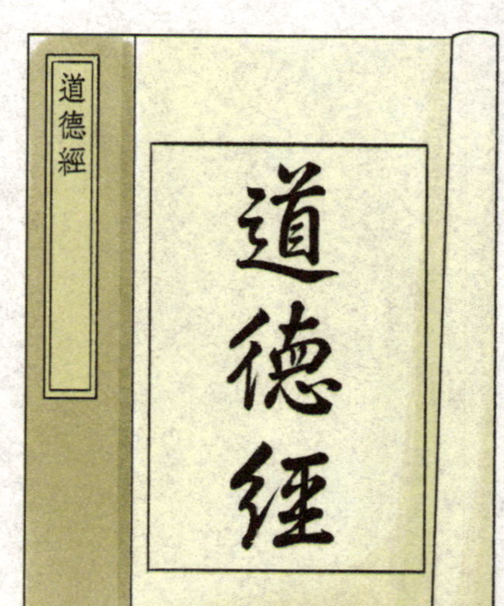

律精辟地涵括、阐述出来。“道法自然”揭示了整个宇宙的特性，囊括了天地间所有事物的根本属性，宇宙天地间万事万物均效法或遵循“自然而然”的规律。

老子

老子姓李，名耳，字聃，春秋末期人，生卒年不详。据《史记》等多部古籍记载，老子是陈国苦县（今河南鹿邑）人。他是古代思想家、哲学家、文学家和史学家，道家学派创始人和主要代表人物，后被道教尊为始祖，称“太上老君”。在唐朝，他又被追认为李姓始祖。

4. 什么是格物致知

“格物致知”出自《大学》，是中国传统文化中的重要概念，表达一种对问题穷追不舍的精神。格物、致知与诚意、正心、修身、齐家、治国、平天下并称“八条目”。其基本含义为用自己学得的知识来分析和判断周围的人物和事物，建立完善的三观。引申为懂得以“本心”分辨是非真假，并在与周围的人和事接触时更进一步了解自己，更好地找到自己的定位。

通俗来讲，“格物”就是观察事物，“致知”就是达到对这一事物的本质的了解。所以，“格物致知”大意就是说，在我们的生活中，要争取弄明白每一件具体事物的道理，如此天长日久地积累，对具体事物的知识与道理了解得越来越多，最终就可以达到无所不知的境界。

5. 九流十家是指什么

九流十家，是指先秦到汉初各种学说派别的总称，出自汉代刘向、刘歆编撰的《七略·诸子略》。《七略·诸子略》中把诸子思想分为“十家”，即儒、道、阴阳、法、名、墨、纵横、杂、农、小说；除去小说家，就称为“九流”。

儒家：主张仁义礼智信，提倡仁政。代表人物是孔子、孟子、荀子。

道家：讲究大道无为。代表人物是老子、庄子、列子。

墨家：提倡兼爱和非攻。代表人物是墨子、孟胜。

法家：提倡法治。代表人物是管仲、韩非子、李斯、李悝、商鞅、申不害。

名家：擅长论辩。代表人物是邓析、宋钘、惠施。

杂家：博采诸子百家之长，涉猎广泛。代表人物是吕不韦、淮南王刘安。

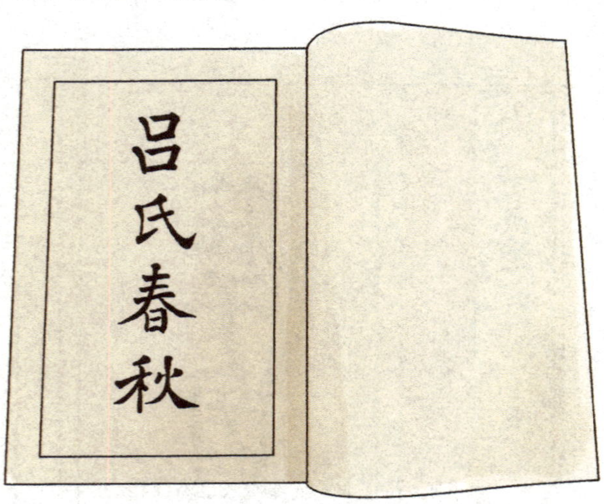

农家：以神农为祖师，鼓励耕桑，反对不劳而获。代表人物是许行。

纵横家：以从事政治外交活动为主，通过游说各国君主，实现自己的政治目标。代表人物是张仪、公孙衍、苏秦。

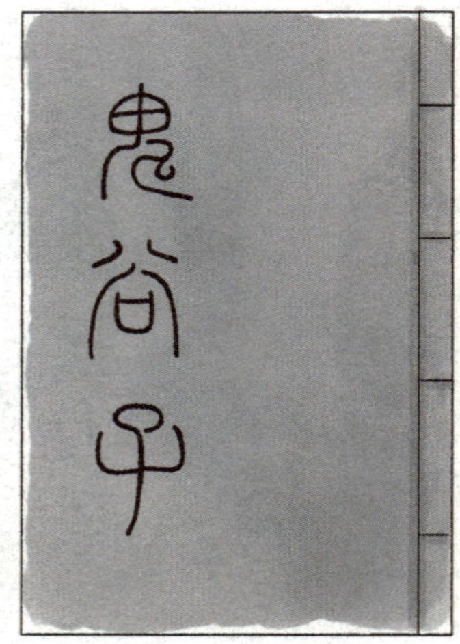

阴阳家：推崇阴阳五行说。代表人物是邹衍。

小说家：擅长记录民间之街谈巷议。代表人物是虞初。

6. 什么是古文经学

古文经学，是经学中研究古文经籍的学术流派，与“今文经学”相对。

经学

经学是训释或阐述儒家经典的一门学问。经学起源于先秦时期的子夏和荀子，自汉武帝“罢黜百家、独尊儒术”以后，经学昌盛起来。

古文经

古文经是指秦始皇统一中国以前的儒家经书。秦始皇焚书期间，民间儒生将一些古文经书埋藏起来，至汉代前期，相继被发现，如景帝时，河间献王以重金在民间征集所得古文经书，以及武帝时鲁恭王从孔子故宅壁间所发现的古文经籍。诸王等先后献给朝廷，藏于秘府。

今文经

今文经是指汉初由老儒背诵，口耳相传的经文与解释，由弟子用当时的隶书（今文）记录下来的经典。

今文经和古文经不仅字体不同，篇章多少不同，对经学内容的解释也有很大差异。董仲舒治今文经学，刘歆治古文经学，许慎著《说文解字》，东汉学者郑玄兼采今古文注经，今古文渐趋于混同，结束了今文经学、古文经学的争论。

7. 什么是魏晋玄学

魏晋玄学，是魏晋时期出现的一种崇尚老庄的思潮，与世俗所谓玄学、玄虚有所不同。玄学即研究幽深玄远问题的学说。魏晋时人注重《老子》《庄子》和《周易》，称之为“三玄”，而《老子》《庄子》则被视为“玄宗”。魏晋玄学的主要代表人物有何晏、王弼、阮籍、嵇康、向秀、郭象等。

竹林七贤

竹林七贤，是指魏晋时期的嵇康、阮籍、山涛、向秀、刘伶、王戎及阮咸七人，因他们常在当时的山阳县（今河南修武）竹林之下肆意酣畅，世谓“七贤”。他们都是当时玄学的代表人物。

8. 汉学与宋学的区别

“汉学”一词出现于宋代，宋人将汉代经学称为“汉学”；“宋学”是元朝学者对宋人学术的总称，元人文集中多见。“汉学”“宋学”，有广义、狭义的区分。广义的汉学不仅指汉代经学，还包括清代的考据学；同样，广义的宋学也超出了“宋代学术”的范围，把元、明、清一些阐释、发挥宋人学术思想的著作也纳入其中。

汉学与宋学的区别

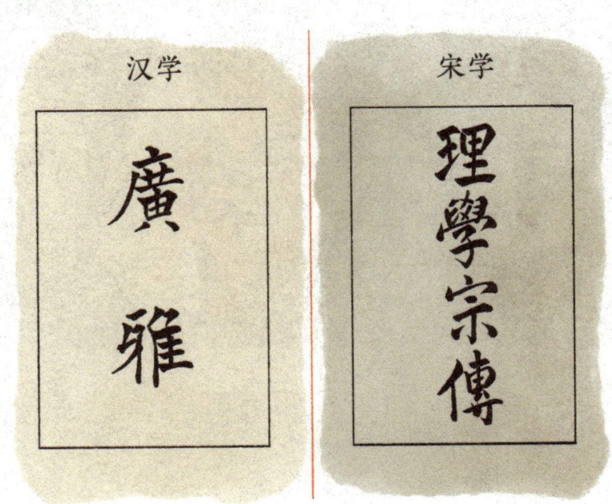

简单来说，汉学严禀师承，笃守家法，不越雷池一步；宋学疑古惑经，不守传统，敢于创立新说。

9. 什么是程朱理学

程朱理学，亦称为“程朱道学”，是宋明理学的主要派别之一，也是理学各派中对后世影响最大的学派之一。程朱理学由北宋时期的程颢（hào）与程颐兄弟开始创立，又经弟子三代传承，到南宋时期朱熹集为大成，在南宋后期开始为统治阶级所接受和推崇，经元到明清正式成为国家的统治思想。

程颢

程颢（1032—1085），字伯淳，号明道，世称“明道先生”，河南洛阳人，北宋理学家、教育家，理学的奠基者。

程颐

程颐（1033—1107），字正叔，河南洛阳人，为程颢之胞弟，曾居伊水岸边讲学，世称“伊川先生”，北宋理学家、教育家。

朱熹

朱熹（1130—1200），字元晦，号晦庵，祖籍徽州府婺源县（今江西婺源），生于南剑州尤溪（今福建尤溪），南宋理学家、思想家、哲学家、教育家、诗人。

程朱理学的代表人物

程颢　　程颐　　朱熹

10. 什么是阳明心学

阳明心学是明代著名思想家王守仁（号阳明）的心学思想，其精神内涵包括“心外无物，心即理”“知行合一”“致良知”等。

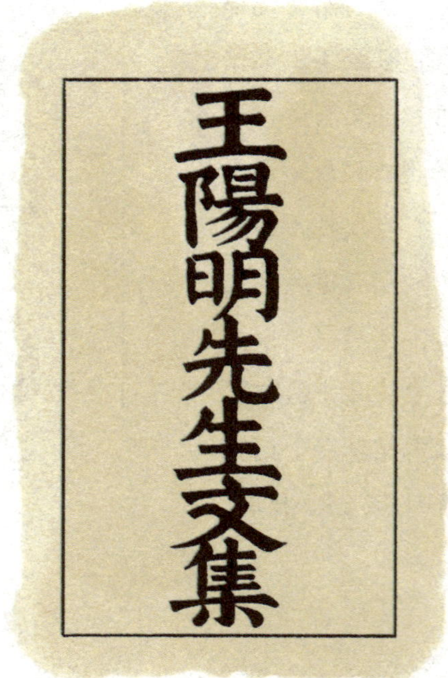

11. 什么是知行合一

知行合一，是由明朝思想家王守仁提出的哲学理论，即认识事物的道理与实行其事，是密不可分的。“知”是指内心的觉知，对事物的认识，“行”是指人的实际行为。它是中国古代哲学中认识论和实践论的命题，主要是关于认知实践方面的。

王守仁

王守仁（1472—1529），本名王云，字伯安，号阳明，人称“阳明先生”，浙江余姚人。明朝杰出的思想家、文学家、军事家、教育家。

12. 什么是乾嘉之学

乾嘉之学，又称“乾嘉学派”，是清朝前期的一个学术流派，以对古代社会历史各个方面的考据而著称。由于学派在乾隆、嘉庆两朝达到鼎盛，故得名。因为此一时期的学术研究采用了汉代儒生训诂、考订的治学方法，与着重于理气心性抽象议论的宋明理学有所不同，所以有“汉学”之称。又因此学派的文风朴实简洁，重证据罗列而少理论发挥，而有“朴学”“考据学”之称。

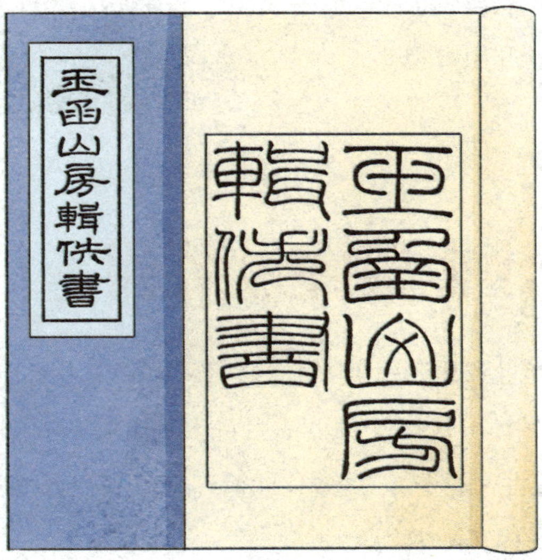

13. 什么是诗言志

诗言志，即“诗是抒发人的思想感情的，是人的心灵世界的呈现”，是我国古代文论家对诗的本质特征的认识。到了汉代，人们对“诗言志”这个诗歌的本质特征的认识基本上趋于明确。《毛诗序》中说：“诗者，志之所之也，在心为志，发言为诗，情动于中而形于言。”情志并提，两相联系，比较中肯而客观。

14. 什么是诗教

诗教，是自古以来通过诗教化民众的方法。我们的先人把《诗》作为五经之首，并探索出一整套通过学诗、写诗来进行启蒙教育和青少年时期能力训练的卓有成效的方法，使之同时兼备以文字为载体的创造型思维和逻辑概括思维能力，为文官体制打下了基础。

15. 什么是诗无达诂

诗无达诂，语出董仲舒《春秋繁露》卷五《精华》，意谓对《诗经》没有通达的或一成不变的解释，因时因人而有歧异。

董仲舒

董仲舒（前179—前104），广川（今河北景县）人，西汉哲学家。他创建了一个以儒学为核心的新思想体系，深得汉武帝的赞赏。《春秋繁露》是其政治哲学著作。

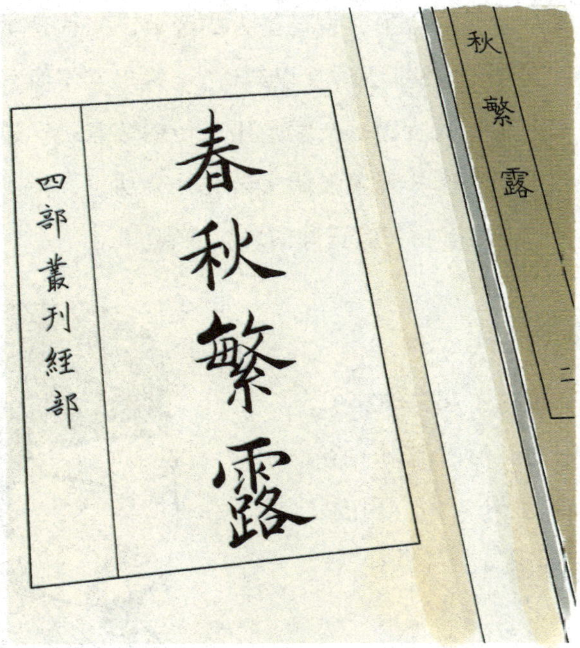

16. 什么是知人论世

知人论世，出自《孟子·万章下》。原意是指要想了解一个人就要去研究他所处的时代背景。现在也指鉴别人物的好坏，议论世事的得失。

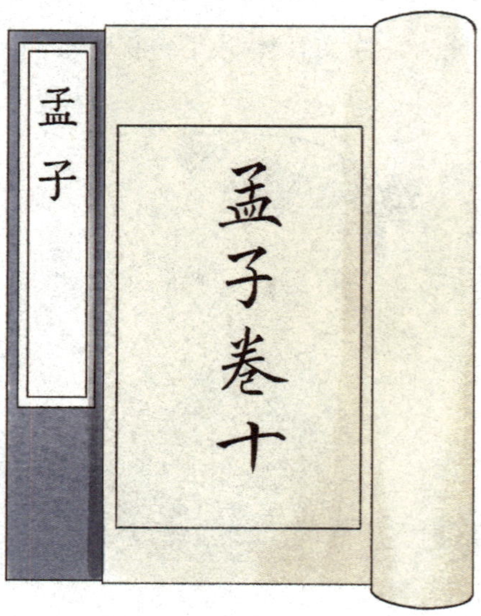

17. 什么是得意忘言

得意忘言，出自《庄子·外物》。原意是言辞是表达意思的，既然已经知道了意思，就不再需要言辞。后比喻彼此心里知道，不用明说。

18. 什么是文以载道

文以载道，指文章是为了说明道理的。中唐时期，古文运动的领袖韩愈等人提出“文以明道”的观点，认为文章主旨应合乎并发扬圣人的经典。宋代理学家周敦颐将其进一步发展为“文以载道”，提出文学像车，“道”像车上运载的货物，文学是用以传播儒家之“道”的手段和工具。这一观念强调文学的社会功用，指明文学作品应该言之有物，有正确的思想内容。

韩愈

韩愈（768—824），字退之，河南河阳（今河南孟州）人，因自谓“郡望昌黎”，世有“韩昌黎”之称。晚年任吏部侍郎，故又有“韩吏部”之称。唐代官员，文学家、思想家、哲学家，唐宋八大家之一。

周敦颐

周敦颐（1017—1073），字茂叔，号濂溪，道州营道县（今湖南道县）人。宋朝文学家、哲学家，理学思想的开山鼻祖。

19. 什么是经世致用

“经世致用”一词由明清之际思想家王夫之、黄宗羲、顾炎武等提出，指学习、征引古人的文章和行事，应以治事、救世为急务。“经世”即治理国家和社会事务，“致用”即发挥实际效用。

这一理念倡导学术研究要关注现实，通过解释古代典籍来阐发社会政治见解，解决社会实际问题，以增进国家治理能力，实现民生安定、社会改良。其强调知识的政治价值和知识分子的现实担当，体现了中国传统知识分子讲求效用、专注务实的思想特点。

王夫之

王夫之（1619—1692），字而农，号姜斋，晚年隐居石船山，故后人称之为“船山先生”，湖南衡阳人，明朝遗民。清代思想家、学者、诗人、词人，明末清初“四大启蒙思想家”之一。

黄宗羲

黄宗羲（1610—1695），字太冲，一字德冰，号南雷，别号梨洲老人、梨洲山人等，浙江余姚人。明末清初经学家、史学家、思想家、教育家。

顾炎武

顾炎武（1613—1682），明末清初思想家、学者，南直隶昆山（今江苏昆山）人。与黄宗羲、王夫之合称“清初三先生”，加上唐甄合称明末清初“四大启蒙思想家”。

20. 什么是风骨

在第二篇中提到过“建安风骨”。风骨，是中国古代文论的基本概念和术语，实质是对文学作品内容和文辞的美学要求。以“风骨”评诗论文最完备、最系统的是刘勰的《文心雕龙》。其意谓端直的言辞和骏爽的意气统一结合为诗文的“风骨”。“风”侧重指思想情感的表达，要求作品思想纯正，气韵生动，富有情感；“骨”侧重指作品的骨架、结构及词句安排，要求作品刚健遒劲、蕴含丰富且文辞精练。

《文心雕龙》

《文心雕龙》是南朝文学理论家刘勰创作的文学理论著作，是中国现存最早的一部文章学论著。由于书中所论多涉及文学创作，故现代学者又多视之为现存最早的一部用中文撰写的综合性的文学批评专著。

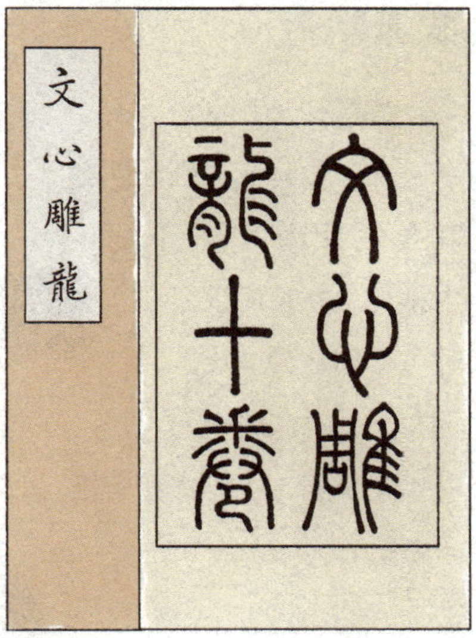

21. 什么是韵味

韵味，出自《初刻拍案惊奇》卷三十，意思是含蓄的意味。

《初刻拍案惊奇》

《初刻拍案惊奇》是明朝末年凌濛初编著的拟话本小说集。该书和续篇《二刻拍案惊奇》共有短篇小说78篇、杂剧一个，它以人民大众喜闻乐见的“拟话本”形式，描写了众多引人入胜的故事。

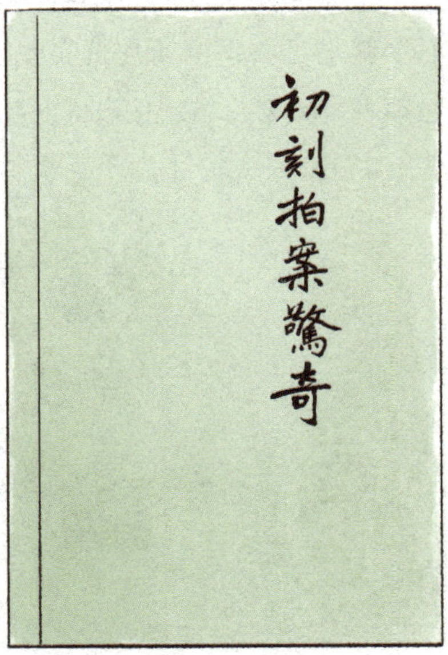

凌濛初

凌濛初（1580—1644），字玄房，号初成，别号即空观主人，因在家族中排行十九，所以时人又称之为“凌十九”，浙江湖州人。明代文学家、小说家和套版印书家。

22. 什么是妙悟

妙悟本是中国禅宗的重要范畴之一，其根本要义在于通过人们的参禅来“悟道”，从而达到本心清净、空灵澄澈的精神境界。从文学思维的角度看，“妙悟”其实就是一种艺术直觉或一种直觉，一种只可意会、不可言传的意境。

23. 什么是童心说

童心说是晚明时期杰出思想家李贽的文学观念。“童心”就是真心，也就是真实的思想感情。他认为文学都必须真实坦率，表露作者内心的情感和人生的欲望。

在李贽看来，要保持“童心”，使文学存真去假，就必须割断与道学的联系。将那些儒学经典大胆斥为与“童心之言”相对立的“伪道学”，这在晚明时期有进步性与深刻性。

李贽

李贽（1527—1602），初姓林，名载贽，后改姓李，名贽，字宏甫，号卓吾，福建泉州人，明代思想家、文学家。

24. 什么是性灵说

性灵说，是中国古代诗论的一种诗歌创作和评论的主张，以清代袁枚倡导最力。它与神韵说、格调说、肌理说并为清代前期四大诗歌理论派别。一般把性灵说作为袁枚的诗论，实际上它是对明代以公安派为代表的“独抒性灵，不拘格套”诗歌理论的继承和发展。

袁枚

袁枚（1716—1798），字子才，号简斋，晚年自号仓山居士、随园主人、随园老人，钱塘（今浙江杭州）人，清朝诗人、散文家、文学批评家和美食家。

公安派

公安派，是明神宗万历年间以袁宏道及其兄袁宗道、弟袁中道三人为代表的文学流派，因三人是湖北公安人而得名。

25. 什么是格调

格调是指诗歌的格律声调，亦泛指作品的艺术风格。

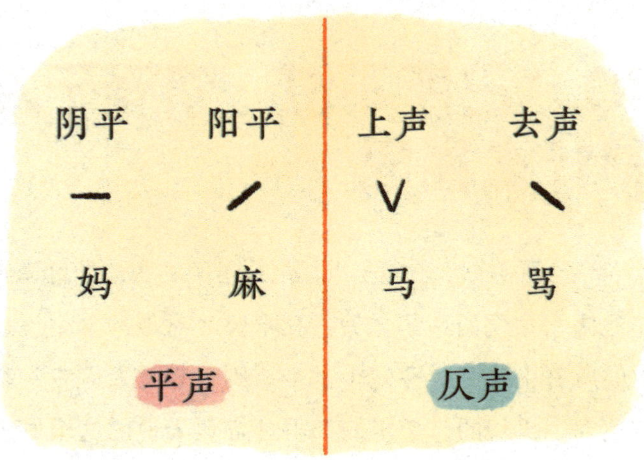

26. 什么是诗话

诗话，一般指评论诗歌、诗人、诗派及记录诗人故事的著作。另外，它也是说唱文学的一种，属于“词话”系统，其体制有诗也有散文。

《六一诗话》

《六一诗话》是北宋欧阳修的诗论专著，是中国最早的诗话，开后代诗歌理论著作体裁先河。

27.《周易》是一本用来算卦的书吗

一说到《周易》，很多人的第一反应就是算卦、看风水。号称自己能算卦的人，大都称自己用的是《周易》。那么，《周易》到底是一本什么样的书？它就是用来算卦的吗？

我们现在所说的《周易》其实包括两部分，一部分是《易经》，另一部分是《易传》，这两部分合在一起统称为《周易》。

从时间上看，《易经》恐怕是中国最古老的一本书了；从内容上看，这本书的直接目的显然是占卜。占卜，就是在遇到自己无法克服的困难，对未来的事情无法掌控的时候，通过演卦来预测吉凶，预测一下自己的运数，也就是我们今天所说的“算卦”。

《易经》记录了六十四卦的卦象、卦辞和爻辞。传说是伏羲画出了八卦，周文王将八卦演为六十四卦。

28. 什么是儒学

儒学，即儒家之学。《说文解字》中说：“儒，柔也，术士之称。”

早期的儒称为术士，收入低且地位低微，做事时要仰人鼻息，所以形成比较柔弱的性格，这就是儒的本意，即“柔”。

据郭沫若考证，“儒”是墨家对孔门的蔑称，后来相沿成俗，成了孔家门派的学名。

儒学起源于春秋时期，自西汉武帝起，成为中国社会的正统思想。如果从孔子算起，儒学绵延至今已有2500余年的历史了。

29. 儒学代表人物有哪些

儒学主要代表人物有孔子、孟子、荀子、董仲舒、扬雄、王充、王弼、孔冲远、韩愈、柳宗元、王安石、邵雍、周敦颐、张载、程颐、程颢、朱熹、陆九渊、王守仁、黄宗羲、顾炎武、王夫之、戴震、康有为等。

关于儒家派别的划分有多种。孔子死后，儒家分为八派：子张之儒、子思之儒、颜氏之儒、孟氏之儒、漆雕氏之儒、仲良氏之儒、孙氏之儒、乐正氏之儒。宋代以后又出现了几派，主要有以周敦颐为代表的“濂学”，以张载为代表的“关学”，以二程为代表的“洛学”，以朱熹为代表的“闽学”，以王艮为代表的“泰州学派”，以东林党为代表的“东林学派”，以及清乾隆到嘉庆年间的“乾嘉学派”。

30. “己所不欲，勿施于人”是什么意思

“己所不欲，勿施于人”是孔子所主张的处世原则，亦是儒家文化的精华之处。孔子曾经对他的学生说过，他的所有主张都贯穿一个基本原则，它是人们终身都应该遵守、执行的。学生们都不理解孔子说的这个原则是什么，只有曾参理解，曾参说这个原则就是忠恕。“己所不欲，勿施于人”就是忠恕原则的表现之一。

“己所不欲，勿施于人”，指的是自己不想要的东西，切勿强加给别人，简单地说就是要设身处地地替别人着想。孔子还主张“己欲立而立人，己欲达而达人”，意思是说：自己要站稳，也要让别人站稳；自己要腾达，也要让别人腾达。

孔子所认为的“己所不欲，勿施于人”的处世原则，是实行仁义的重要途径。一个人如果能遵守并践行这一原则，就有可能成为一个具有仁义道德的人。

31. 什么是“君君、臣臣、父父、子子”

据《论语·颜渊》记载：“齐景公问政于孔子，孔子对曰：‘君君，臣臣，父父，子子。’公曰：‘善哉！信如君不君，臣不臣，父不父，子不子，虽有粟，吾得而食诸？’”

上述记载说的是，齐景公向孔子问政，孔子说：“君像君，臣像臣，父像父，子像子。”齐景公说：“说得好极了！如果君不像君，臣不像臣，父不像父，子不像子，即使粮食再多，我能吃到吗？”“君君、臣臣、父父、子子”通俗点儿说，就是做君主的要像君主的样子，做臣子的要像臣子的样子，做父亲的要像父亲的样子，做儿子的要像儿子的样子。

春秋时期，社会动荡不安，等级秩序受到破坏，弑君弑父之事屡有发生，孔子认为这是导致国家动乱的主要原因。所以他告诉齐景公，“君君、臣臣、父父、子子”，恢复这样的等级秩序，国家就可以得到治理。君臣失位，长幼失序，伦理失常，社会自然就动荡不安。此思想源于封建制传统，在现代社会中既有其积极意义，也有局限性，应辩证对待。

32.“三畏”“三友”分别指什么

孔子曰：“君子有三畏：畏天命，畏大人，畏圣人之言。小人不知天命而不畏也，狎大人，侮圣人之言。”南怀瑾认为：“畏天命”包括了一些宗教信仰，一个人有所畏才能有所成，如果无所畏是不会成功的；“畏大人”，指的是对父母、长辈、有道德学问的人有所畏，这样才有成就，“大人”并不是指大官；“畏圣人之言”，说的是要敬畏圣贤之人留下来的言论，它们都是人生经验的提炼。

此外，孔子还有关于“三友”的观点。孔子曰：“益者三友，损者三友。友直，友谅，友多闻，益矣；友便辟，友善柔，友便佞，损矣。”意思就是，要交正直、诚实、知识渊博的朋友，不要交阿谀奉承、心口不一、花言巧语但缺乏行动的人。

33. 孟子说“君子有三乐”，指的是什么

孟子曰：“君子有三乐，而王天下不与存焉。父母俱存，兄弟无故，一乐也。仰不愧于天，俯不怍于人，二乐也。得天下英才而教育之，三乐也。”

“君子三乐”，就是指君子的三种人生乐趣：父母都健在，兄弟也都没有什么灾病事故，从而得以躬行孝悌，这是第一乐；为人处世合乎道义，上不愧对于天，下不羞对于人，对得起自己的良心，因而获得内心的安宁，这是第二乐；第三乐是君子传道、育人所获得的快乐，即能得到天下的优秀人才并对他们进行教育，从而使君子之道遍传天下、造福社会。

34. 何谓“仁、义、礼、智、信”

“仁、义、礼、智、信”为儒家“五常”。这“五常”贯穿于中华伦理的发展过程中，成为儒家思想价值体系中的最核心因素。

仁是仁爱之心；义是处事得宜、合理；礼是人际关系的正常规范，如礼仪、礼制、礼法；智（或作“知”）是明辨是非；信是言无反复、诚实不欺。

35. “中庸之道”的内涵是什么

中庸之道，亦即君子之道，是儒家修行的法宝。

中庸之道的内涵是什么？有道是“不偏之为中，不易之为庸”。“中庸”之“中”，表征为一个恰切的“度”，是指在面对复杂情况时精确把握处理事情的“分寸”。“中”强调的度既不能过（过分），又不能不及（达不到）。这一合适的“度”非同小可，不可小看。“中庸”实际上强调的是“凡事有度，过犹不及”的理念，也就是说超过和不足都不可取，无论做什么事情，都要在“过”与“不及”之间寻找到平衡点。

36.《大学》中所说的“八条目”指的是什么

中国古代儒家经典《大学》中提出了“三纲领，八条目”的治国平天下准则。“八条目”指的是格物、致知、诚意、正心、修身、齐家、治国、平天下。其具体意义简释如下：

（1）格物。就是要求人们亲历其事、亲操其物、即物穷理、增长见识，在读书中求知，在实践中求知，而后明辨事物，发现事物之规律。

（2）致知。就是从推致事物之理中，探明本心之知。如一面镜子，本来通体光明，被事物荫蔽，则暗淡不清，现在逐渐拭去灰尘，使之恢复光明，获得真知。

（3）诚意。就是要意念诚实，即使独处无人时也严格要求自己，修养德行，知至而后意诚。

（4）正心。就是要除去各种不安的情绪，不为物欲所蔽，保持心灵的安静。

（5）修身。就是要不断提高自己的品德修养。只有自己品德端正，无偏见，无邪念，才能为人民所拥护。修身是“格物、致知、诚意、正心”的落脚点，又是“齐家、治国、平天下”的始发点。心正而后身修，身修而后家齐。

（6）齐家。就是要梳理好家庭关系，只有教育好自己的家庭成员，才能教化他人。

（7）治国。就是要以德理政，实行德治，布仁政于国中。君主要像保护初生的小孩那样保护人民，以至善之德教化人民，使人民除旧布新，日新又新。统治者要使“仁、敬、孝、慈、信”的仁爱之风充满全国，国治而后天下太平。

（8）平天下。就是要布仁政于天下，使天下太平。平天下最重要的是要求君主具有“以度己之心度人”的崇高品质，作为天下人的榜样。由于平天下是多方面的，这就要求君主尊老兴孝、敬长兴悌、恤孤爱民、布行仁政。君主要实行恕道（己所不欲，勿施于人），坦诚至公，以德为本，举拔贤臣，提倡忠信，开源节流，以义为利，如此则能臻天下太平之境界。

第四篇

历法节令

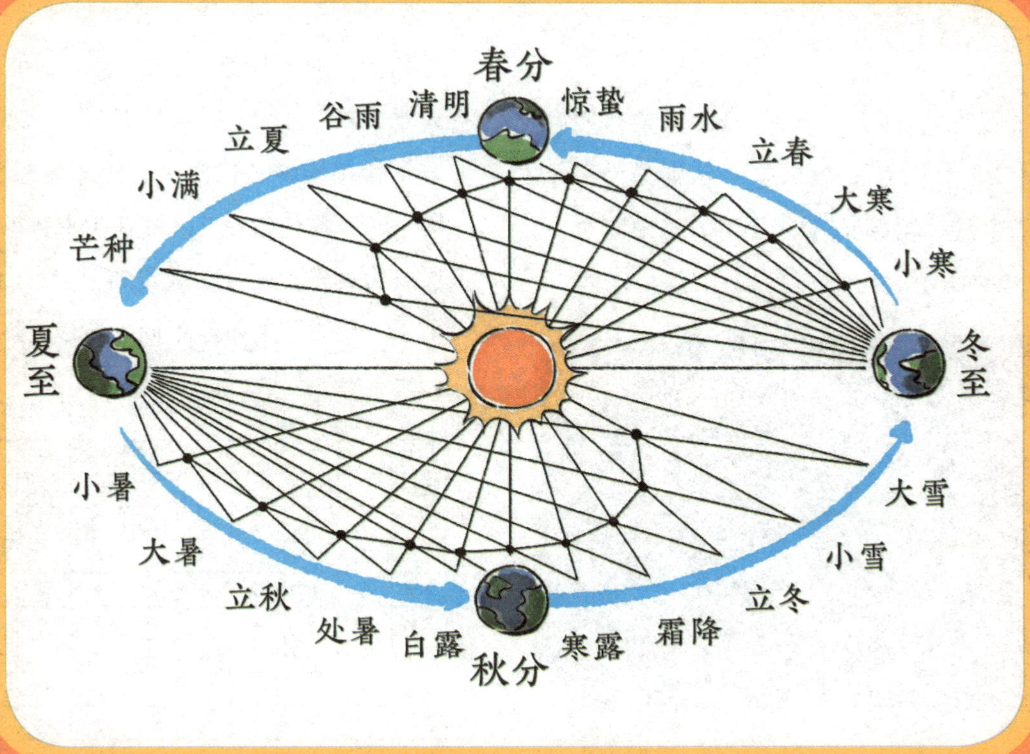

1. 什么是阳历

阳历即太阳历，是以地球绕太阳公转的运动周期为基础而制定的历法。如今世界通行的公历就是一种阳历，平年 365 天，闰年 366 天，每 4 年有 1 个闰年。

2. 什么是阴历

阴历也称月亮历，或太阴历，每个月的天数依照月相盈亏而定，大月 30 天，小月 29 天。一年则分为平年和闰年，平年十二个月，闰年十三个月，一年中哪个月为闰月，依历法推算而出。

3. 什么是阴阳历

阴阳历是兼顾太阳、月亮与地球关系的一种历法。阴阳历以月亮绕地球一周为一个月，但会设置闰月，使得一年的平均天数与太阳年的天数相符。一般每经过 19 年会有 7 个闰年，这种历法既与月相相符又与地球绕太阳的周期运动相符。

4. 农历又是什么呢

农历就是阴阳历的一种，也就是阴历和阳历的合历，是根据月相的变化周期，每一次月相朔望变化为一个月，参考太阳回归年为一年的长度，加入二十四节气并设置闰月以使平均历年与回归年相适应。农历因使用“夏正”，古时也称为“夏历”。

1970 年以后“夏历”改称“农历”，其年份分为平年和闰年，平年为 12 个月，闰年为 13 个月，月份分为大月和小月，大月 30 天，小月 29 天，其平均历月等于一个朔望月。

5. 三正是指什么

要了解“三正”，首先得了解“月建”是什么。古人把一天分为十二个时辰：子、丑、寅、卯、辰、巳、午、未、申、酉、戌、亥。所谓月建，就是把一年的十二个月和十二时辰联系起来，十二支和十二月相配，依序称为建子月、建丑月、建寅月等，这就叫“月建”。

春秋战国时代使用的历法有三种：夏历、殷历和周历，这三者最主要的区别在于岁首的不同，夏正建寅（夏历以建寅月为正月），殷正建丑，周正建子，所以称“三正”。由于三正岁首的月建不同，所以对四季的划分也不同。

农历、夏历、殷历和周历的区别：

月建	寅	卯	辰	巳	午	未	申	酉	戌	亥	子	丑
农历	一	二	三	四	五	六	七	八	九	十	十一	十二
季节	春	春	春	夏	夏	夏	秋	秋	秋	冬	冬	冬
夏历	1	2	3	4	5	6	7	8	9	10	11	12
季节	春	春	春	夏	夏	夏	秋	秋	秋	冬	冬	冬
殷历	2	3	4	5	6	7	8	9	10	11	12	1
季节	春	春	夏	夏	夏	秋	秋	秋	冬	冬	冬	春
周历	3	4	5	6	7	8	9	10	11	12	1	2
季节	春	夏	夏	夏	秋	秋	秋	冬	冬	冬	春	春

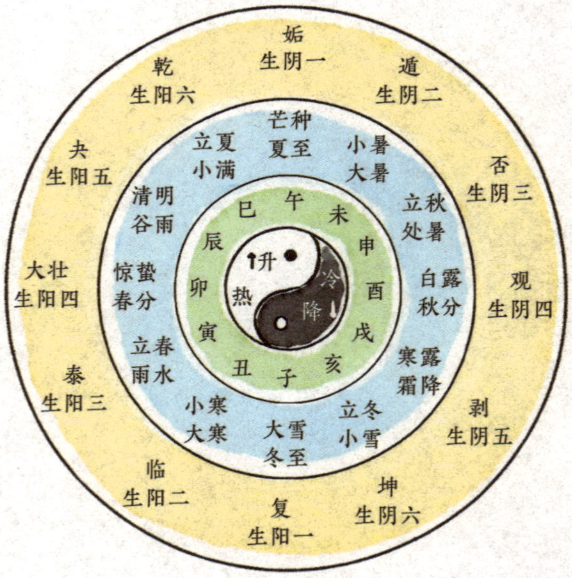

6. 太初历是以年号命名的

汉武帝在太初元年修订历法，以年号命名其为太初历。这是中国古代第一部比较完整的汉族历法，也是当时世界上最先进的历法。其法规定一回归年为一年，一朔望月为一月。

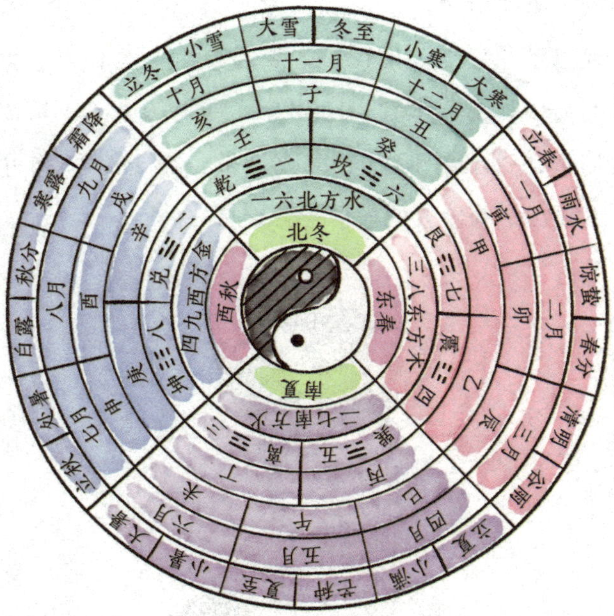

7. 大明历由祖冲之制定

大明历由南朝祖冲之制定，首次将岁差计算入内，采用的朔望月长度为 29.5309 日，这和利用现代天文学技术手段测得的朔望月长度相差不到 1 秒钟。回归年长度是 365.24281481 日，与现在的精准测量仅相差 52 秒。

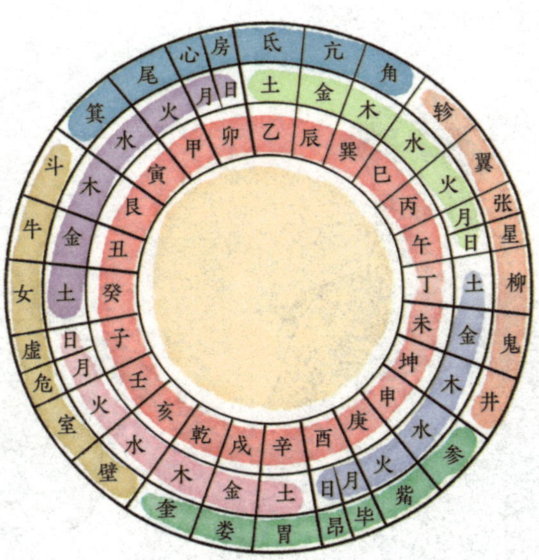

祖冲之（429—500），字文远，南北朝时期南朝著名数学家、天文学家。他一生钻研自然科学，其主要贡献在数学、天文历法和机械制造三个方面。他基于魏晋年间刘徽开创的圆周率（π）推算方法，首次将圆周率精算到小数第七位，即在 3.1415926 和 3.1415927 之间。他提出的“祖冲之圆周率”对数学的研究具有重大贡献。直到 15 世纪，伊朗数学家阿尔·卡西才打破了这一纪录。

8. 全面详尽的大衍历

大衍历是唐朝僧人一行制定的中国历史上最全面、最详尽的历法。该历法系统周密，比较准确地反映了太阳的运行规律，表明中国古代历法体系的成熟。

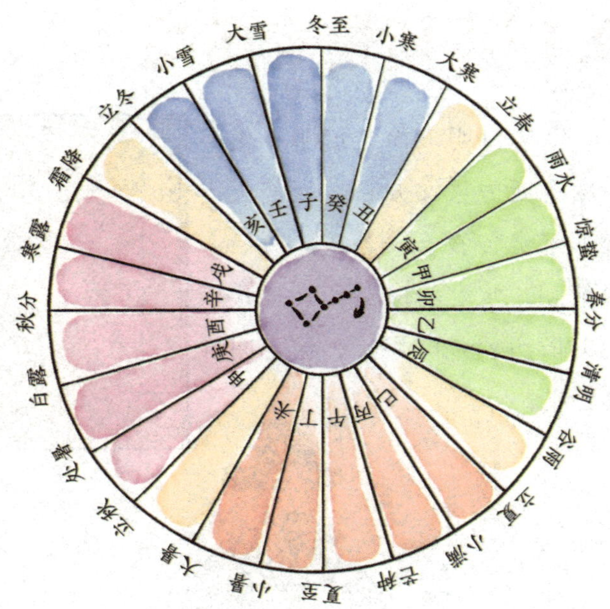

一行（683—727），中国唐代著名的僧人和天文学家，本名张遂，魏州昌乐（今河南南乐）人。他还是世界上用科学方法实测地球子午线长度的创始人。

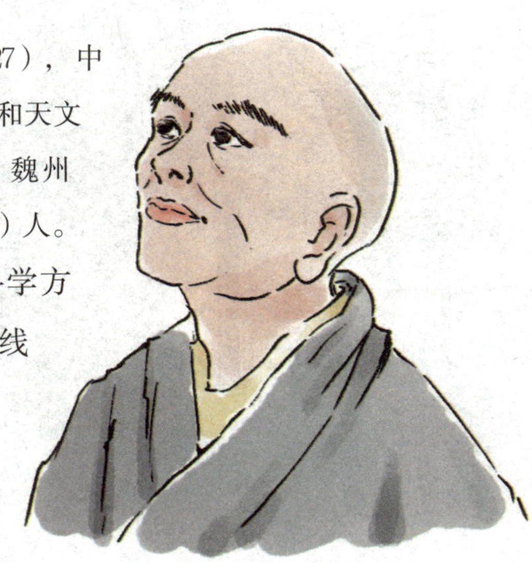

9. 郭守敬的授时历

授时历由元朝郭守敬等人编制，元世祖忽必烈赐名。其法以 365.2425 日为一岁，距近代观测值 365.2422 仅差 25.92 秒，精度与公历（指 1582 年的格里历）相当，但比西方早采用了 300 多年。

郭守敬（1231—1316），字若思，邢州邢台县（今河北邢台）人，元朝著名的天文学家、数学家、水利工程专家。由于他在天文学上的贡献，1970 年国际天文学会把月球上的一座环形山命名为“郭守敬环形山”。

10. 时宪历是农历吗

时宪历由明末徐光启主持编修，结合西方天文知识，后经天主教耶稣会传教士汤若望删改后献给清朝，定名为时宪历。近代所用的旧历就是时宪历，通常叫作夏历或农历。

徐光启（1562—1633），字子先，上海人，明朝万历年间进士，官至崇祯朝礼部尚书兼文渊阁大学士、内阁次辅。1603 年入天主教，教名保禄，较早师从利玛窦学习西方的天文、历法、数学、测量和水利等科学技术。他毕生致力于科学技术的研究，勤奋著述，是介绍和吸收欧洲科学技术的积极推动者，为 17 世纪中西文化交流作出了重要贡献。

利玛窦（1552—1610），字西泰，意大利人。天主教耶稣会传教士、学者。1582 年（明万历十年）被派往中国传教，直至 1610 年在北京逝世，在华传教 28 年，是天主教在中国传教的最早传教士之一。

汤若望（1592—1666），字道未，德国科隆人，天主教耶稣会传教士。1620 年（明万历四十八年）到澳门，在中国生活了整整 47 年，历经明、清两朝，是继利玛窦之后最重要的来华耶稣会士之一。

11. 什么是干支纪年

干支纪年是中国古代纪年的通用方式。干支是天干和地支的总称。十天干是甲、乙、丙、丁、戊、己、庚、辛、壬、癸。十二地支是子、丑、寅、卯、辰、巳、午、未、申、酉、戌、亥。

用十天干与十二地支依次两两相配来纪年，每 60 年为一个周期，被称为甲子或花甲。一甲子就表示 60 年。

1894 年，当时的清朝和日本之间爆发战争。按干支纪年法，1894 年为“甲午年”，故称“中日甲午战争”。

1898 年，康有为、梁启超等人领导了一场资产阶级改良运动。因 1898 年为“戊戌年”，所以这次运动被称为“戊戌变法”。但这场变法运动很快就以失败告终，以谭嗣同为首的 6 人被杀害，史称“戊戌六君子”。

12. 最古老的纪年法——帝王纪年法

我国古代最早的纪年法是帝王纪年法，即以帝王即位之年或次年为元年，依次为二年、三年，按顺序计算，直到新君即位为止，新帝王即位的当年或次年改元。在全国范围，以帝王纪年；但在春秋、战国时期的列国中，则以诸侯纪年。我国古文献中记载的最早的具体纪元时间是西周时的共和行政元年（前 841）。此后，每一帝王都有明确的纪元。如公元前 770 年为周平王元年，前 206 年为汉（太祖）元年。平王是谥号，太祖是庙号，这时还无年号。

13. 年号纪年

至汉武帝时，始用年号纪年，也是以元、二、三等顺序记载。如汉武帝建元元年（前 140）、唐太宗贞观元年（627）、清圣祖康熙元年（1662）等。

自汉武帝开始，每个帝王登基，都为自己拟定一个有一定寓意的年号，每个年号后再配上序数就成了一种纪年的形式，如“天宝十四载”“永乐三年”等。

天宝十四载（755），节度使安禄山在范阳（今北京）起兵叛乱，击败唐军，攻下洛阳，“安史之乱”自此而始。

明永乐三年（1405），郑和第一次受命下西洋，开启了中国古代规模最大、船只和海员最多、时间最久的海上航行壮举。

14. 清朝皇帝都有三“号”

所谓三“号”，即年号、庙号、谥号。

年号：用来纪年。我们常说的永乐、崇祯、康熙、雍正、乾隆，就是年号。

庙号：皇帝死了之后，给他追尊的名号，因为要写在太庙的牌位上，所以称为庙号。如康熙帝的庙号是圣祖，雍正帝的庙号是世宗，乾隆帝的庙号是高宗。宣统帝死于辛亥革命之后，所以没有庙号。庙号是皇帝死了之后才有的，皇帝生前没有庙号。

谥号：是对死去皇帝具有评价意义的称号。皇帝的谥号，由继任的皇帝恭上。

15. 公历纪年是公元吗

公历纪年即公元，是一种源自西方社会的纪年方法，原称基督纪元，又称西历或西元，是由意大利医生兼哲学家里利乌斯对儒略历加以改革而制成的一种历法——格里历。1582 年，时任罗马教皇的格里高利十三世予以批准颁行。

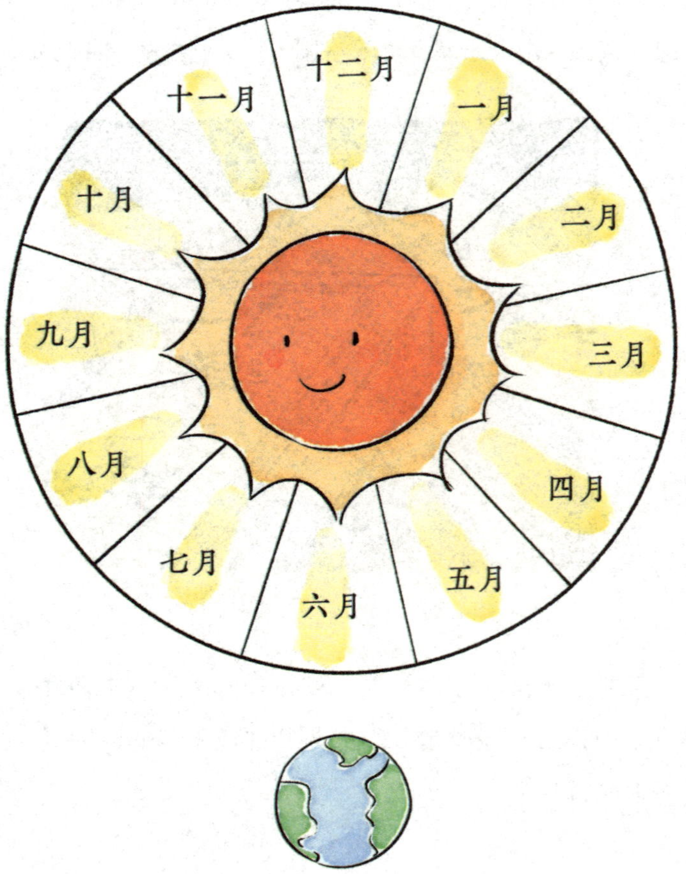

该纪年法是以耶稣诞生为公元元年，公元元年之前称为公元前。2024 年，就是从公元元年开始算起的两千零二十四年。

1949 年 9 月 27 日，经过中国人民政治协商会议第一届全体会议通过，为了跟国际接轨，中华人民共和国的纪年方式，定为公元纪年。

需要注意的是：虽然 0 是自然数，但并不存在公元前 0 年或公元 0 年。公元前 1 年之后的一年，是公元 1 年，为公元元年。

16. 闰月是依据什么设置的

闰月是一种历法置闰方式。农历闰月的安插，自古以来完全是人为规定的，历代不同历法对闰月的安插也不尽相同。古代天文学家在编制农历时，为使一个月中任何一天都含有月相的意义，即初一是无月的夜晚，十五左右都是圆月，就以朔望月为主，同时兼顾季节时令，采用 19 年 7 闰的方法：在农历 19 年中，有 12 个平年，每一平年 12 个月；有 7 个闰年，每一闰年 13 个月。

17. 时节纪月——孟、仲、季

一年分四季，一季含三个月，每季的三个月按顺序依次加孟、仲、季三个字， 就可将一年的十二个月清楚地区别开。农历一年的四季、十二个月，依次为：孟春、仲春、季春，孟夏、仲夏、季夏，孟秋、仲秋、季秋，孟冬、仲冬、季冬。

18. 花历

花历是以花为代称来代表月份。正月银柳插瓶头，二月红杏闹枝头，三月桃花粉面羞，四月槐花挂满枝，五月石榴红似火，六月荷花满池放，七月凤仙节节开，八月桂花遍地香，九月菊花傲秋霜，十月芙蓉显小阳，辜（gū）月（十一月）葭（jiā）草吐绿头，腊月（十二月）梅花吐幽香。

19. 用月相纪日

月相纪日法是根据月亮的形状，对每月某些较特殊的日子的称呼，如朔（农历每月初一）、晦（农历每月最后一天）、朏（农历每月初三）、望（小月十五，大月十六）、既望（望后的第一天）。

20. 天色纪时

天色纪时是根据天色的变化将一天分为十二个时辰，一个时辰对应现在两个小时，具体为：夜半（23 点至 1 点）、鸡鸣（1 点至 3 点）、平旦（3 点至 5 点）、日出（5 点至 7 点）、食时（7 点至 9 点）、隅中（9 点至 11 点）、日中（11 点至 13 点）、日昃，又称日昳（13 点至 15 点）、晡时（15 点至 17 点）、日入（17 点至 19 点）、黄昏（19 点至 21 点）、人定（21 点至 23 点）。

一般而言，日出时被称为旦、早、朝、晨，日入时被称为夕、晚、暮、昏。太阳正中时称日中，将近日中时称隅中，太阳西斜称日昃，太阳落山称日入。日入以后是黄昏，接着是人定、夜半，随后继之以鸡鸣、平旦、日出，这时天就亮了。此外，古人一日两餐，朝食在日出之后、隅中之前，这段时间就被称为食时；夕食在日昃之后、日入之前，这段时间就被称为晡时。这种划分时段的方法通用于周代。

21. 地支纪时

地支纪时法是以十二地支来表示一昼夜十二时辰的变化。时辰也叫辰，古代把一日分为十二个时辰，把十二地支作为十二时辰的名称，近代又把每个时辰细分为初、正，这就等于把一昼夜分成二十四等份了。以夜半 23 点至 1 点为子时，1 点至 3 点为丑时，3 点至 5 点为寅时，依次递推。

古时	今时	对应的动物及原因
子时	23：00 ~ 1：00	鼠，老鼠在这时间最活跃
丑时	1：00 ~ 3：00	牛，牛在这时候咀嚼白天没消化的食物
寅时	3：00 ~ 5：00	虎，老虎在此时最猛
卯时	5：00 ~ 7：00	兔，月亮又称玉兔，在这段时间还在天上
辰时	7：00 ~ 9：00	龙，相传这是“群龙行雨”的时候
巳时	9：00 ~ 11：00	蛇，在这时候隐蔽在草丛中
午时	11：00 ~ 13：00	马，这时候太阳最猛烈，相传阳气达到极限，阴气将会产生，而马是阴类动物
未时	13：00 ~ 15：00	羊，羊在这段时间吃草
申时	15：00 ~ 17：00	猴，猴子喜欢在这时候啼叫
酉时	17：00 ~ 19：00	鸡，鸡于傍晚开始归巢
戌时	19：00 ~ 21：00	狗，狗开始守门口
亥时	21：00 ~ 23：00	猪，夜深时分猪正在熟睡

22. 什么是更？什么是点？

古人将夜里的时间分为更和点。

一夜分为五更，用鼓打更报时，所以叫作五更、五鼓，或称五夜。每更约等于一个时辰，也就是现在的两个小时。从晚上 7 时开始起更，一更指晚上 7 时至 9 时，二更指晚上 9 时至 11 时，三更指晚上 11 时至次日凌晨 1 时，四更指 1 时至 3 时，五更指 3 时至 5 时。因为夜有长有短，所以，作为夜间的计时单位，也就随之而变化了。但无论怎样变，作为夜半的三更天，永远是五更的中段，也就是俗话说的“子夜”“三更半夜”。“鸡鸣五更”就是指“五更”天，就是拂晓时分。

古人又将一更分为五点，古代的一点相当于现代的 24 分钟。例如古代人说的“三更二点”，就是指夜间 11 时 48 分。过去北京城中的鼓楼会在黄昏后鸣鼓 108 声，然后起更。南京、西安、天津等城市也建有鼓楼，过去每夜有更夫根据鼓楼提示的时间打更报时。

23. 十二生肖与十二地支

十二生肖又叫属相，是十二地支与人的出生年份相配的十二种动物，分别是鼠、牛、虎、兔、龙、蛇、马、羊、猴、鸡、狗、猪。

十二生肖的起源与动物崇拜有关。据湖北云梦睡虎地和甘肃天水放马滩出土的秦简可知，先秦时期即有比较完整的生肖系统存在。

生肖动物秉性各异，古今学者一直对其选取和排列提出众多观点，但每种观点又难以自圆其说。民间传说轩辕黄帝要选十二种动物担任宫廷卫士，猫托老鼠报名，结果老鼠忘了，从此猫见老鼠就寻仇。原本推牛为首，老鼠偷偷爬上牛背占先机。虎和龙不服气，被封为山神和海神，排在牛的后面。兔子不服，要和龙赛跑，兔子跑到龙前面。狗不乐意，一气之下咬伤兔子，被罚排在后面。蛇、马、羊、猴、鸡之间又经过一番较量，最后猪跑来占据末席。

该传说解释了十二生肖中为何无猫。其实远古时期中国没有猫，等家猫传入中国时，十二生肖的文化早已形成。

24. 二十四节气的由来

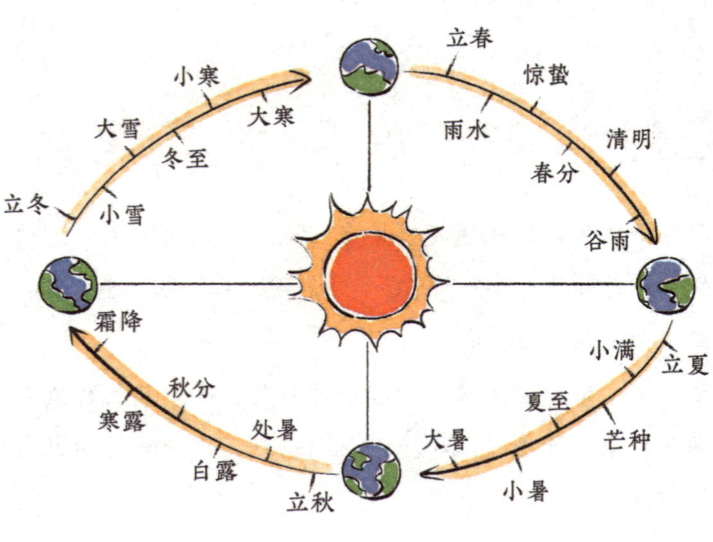

二十四节气是中国人通过观察太阳周年运动，认知一年中时令、气候、物候等方面变化规律所形成的知识体系和社会实践。中国古人将太阳周年运动轨迹划分为24等份，每一等份为一个节气，统称为二十四节气。具体如下：

【立春】每年2月4日或2月5日。“立春”又叫“打春”“咬春”“报春”，“立”是“开始”的意思，“立春”就是春季的开始。立春这一天有吃春卷或春饼的习俗。

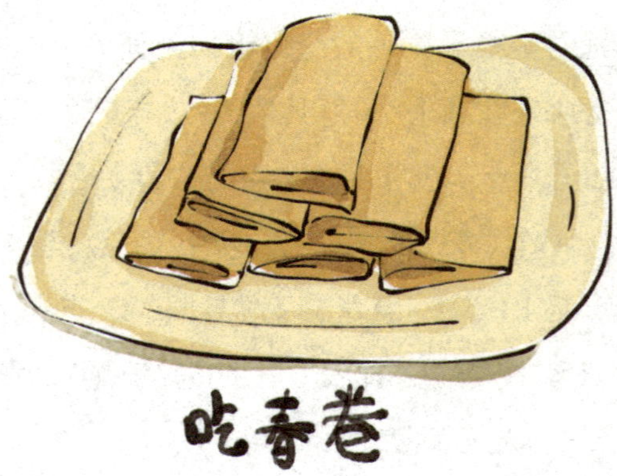

【雨水】每年2月18日或19日、20日，标志着降雨开始，雨量渐增。这天通常出嫁的女儿要回娘家探望父母，给母亲送一段红绸和一罐炖肉。

【惊蛰】每年3月5日或3月6日，这时天气转暖，渐有春雷。动物入冬藏伏土中，不饮不食，称为“蛰”，而“惊蛰”即上天以打雷惊醒蛰居动物的日子。

【春分】每年3月20日或3月21日，“分”是平分的意思，“春分”表示昼夜平分。“春分”是伊朗、土耳其、阿富汗、乌兹别克斯坦等国的新年，这个传统已经有三千多年的历史。

【清明】每年4月4日或4月5日，意思是天气晴朗、草木繁茂。这个时节先是白桐花开放，接着喜阴的田鼠不见了，全回到了地下的洞中，然后雨后的天空中可以见到彩虹了。

【谷雨】 每年4月20日前后，雨量充足而及时，谷类作物能茁壮成长。“谷雨”是春季最后一个节气，谷雨节气的到来意味着寒冷的天气基本结束。

【立夏】 每年5月5日或5月6日。“立夏”表示夏日的开始。

【小满】 每年5月20日或5月21日，这时中国北方地区麦类等夏熟作物籽粒已开始饱满，但还没有成熟，所以叫“小满”。

【芒种】 每年6月6日前后，“芒种”二字与“忙种”谐音，表明一切作物都在“忙种”了。其实，它的字面意思大概是“有芒的麦子快收，有芒的稻子快种”，农民伯伯要忙着夏收、夏种和春播作物的夏管。

【夏至】 每年6月22日前后，预示着炎热夏天的来临。这一天北半球得到的阳光最多，比南半球多了将近一倍。

【小暑】 每年7月7日前后。“暑”是炎热的意思，“小暑”就是气候开始炎热，但还没到最热，全国大部分地区基本这样。

【大暑】 每年7月23日前后。“小暑大暑，上蒸下煮”，中国大部分地区大暑为一年中最热的时候，也是喜热作物生长速度最快的时期。

【立秋】 每年8月7日或8月8日，意思是秋季的开始。宋朝时立秋这天，皇宫内要把栽在盆里的梧桐移入殿内，等到立秋时辰一到，太史官便高声奏道：“秋来了。”奏毕，梧桐应声落下一两片叶子，以寓报秋之意。

【处暑】 每年8月23日或8月24日。“处”是终止、躲藏的意思，“处暑”就是说炎热的暑天结束。

【白露】 每年9月8日前后，天气渐渐转凉，会在清晨时分发现地面和叶子上有许多露珠，这是夜晚水汽凝结在叶子上面形成的。

【秋分】每年9月22日前后，日光直射点又回到赤道，昼夜等长。

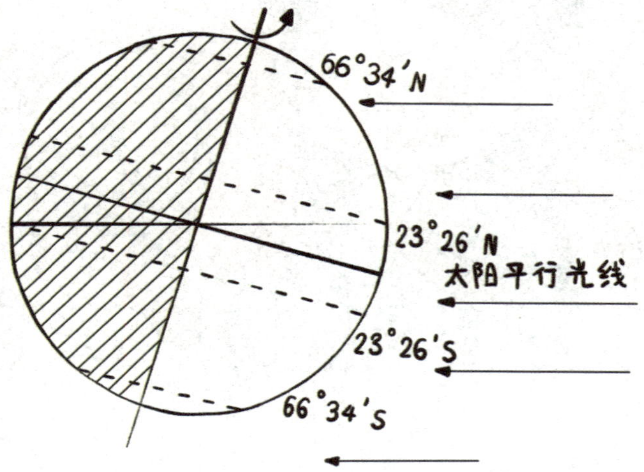

【寒露】每年10月8日前后，露水已寒，将要结冰，是气候从凉爽过渡到寒冷的时期。

【霜降】每年10月23日前后，霜降节气含有天气渐冷、初霜出现的意思，是秋季的最后一个节气，也意味着冬天的开始。

【立冬】每年11月7日前后，标志着冬季的开始。

【小雪】每年11月22日前后，气温下降，逐渐降到0℃以下，但大地尚未过于寒冷，虽开始降雪，但雪量不大。

【大雪】每年12月7日前后，意思是天气更冷，降雪的可能性比小雪时更大了，并不指降雪量一定很大。

【冬至】每年12月22日前后，意思是寒冷的冬天来临。在中国有冬至吃饺子的习俗，俗话说："冬至到，吃水饺。"

• 冬至到，吃水饺。

【小寒】每年1月5日前后，对于中国而言，"小寒"标志着开始进入一年中最寒冷的日子。

【大寒】每年1月20日前后，是中国大部分地区一年中最冷的时候。

二十四节气指导着传统农业生产和日常生活，是中国传统历法体系及其相关实践活动的重要组成部分，深刻影响着人们的思维方式和行为准则，是中华民族文化认同的重要载体。

春雨惊春清谷天，夏满芒夏暑相连。
秋处露秋寒霜降，冬雪雪冬小大寒。

这首仅28个字的《二十四节气歌》蕴含了中华民族千百年来的智慧。2016年，二十四节气入选联合国教科文组织非物质文化遗产名录。在国际气象界，这一已有千年历史的时间认知体系被誉为"中国古代第五大发明"。

25. 腊八

腊八节是中国汉族传统节日，又称腊八。因时间在农历十二月（腊月）初八日，故名。腊八节起源很早，早在先秦时，人们就在腊八这天祭祀祖先和神灵，祈祷来年丰收和吉祥。这天也是佛教创始人释迦牟尼的成道之日，因此腊八也是佛教徒的节日，称为"佛成道节"。在腊八这天，僧人们在寺庙里诵经礼佛，并效法释迦牟尼得道前牧羊女为他献乳粥的传说，用香谷和干果熬成粥，供奉佛祖，称腊八粥，又称七宝五味粥。随着佛教传入中国，这一佛教节日也逐渐世俗化，成为民俗。

在这一天最重要的活动就是吃腊八粥。吃腊八粥的习俗形成的时间很早，大概在1000多年前的宋朝就开始了。南宋人周密著《武林旧事》言："用胡桃、松子、乳蕈、柿栗之类做粥，谓之'腊八粥'。"清人富察敦崇《燕京岁时记》记载：“腊八粥者，用黄米、白米、江米、小米、菱角米、栗子、红豇豆、去皮枣泥等，合水煮熟，外用染红桃仁、杏仁、瓜子、花生、榛穰、松子及白糖、红糖、琐琐葡萄，以作点染。”腊八节这天，家家户户都要熬腊八粥，先祭祀祖先，然后合家团聚一起食用，还馈赠亲朋好友。

26. 小年

小年又称小年下、小年节。在北方大部分地区，小年时间是腊月二十三日；在南方大部分地区，是腊月二十四日；也有的地方将除夕前一夜、正月十六、正月十五称为小年。这天主要是送灶神上天言事，称送灶、辞灶、醉司命。灶神又称东厨司命定福灶君，俗称灶君、灶王、灶王爷，主管人间的饮食，是一家之主。中国从秦汉时期就开始祭祀灶神。魏晋以后，灶神有了姓名。隋朝杜台卿《玉烛宝典》称：“灶神，姓苏，名吉利，妇名搏颊。”唐李贤注引《杂五行书》又称：“灶神名禅，字子郭，衣黄衣，披发，从灶中出。”清代的《敬灶全书》称，灶君姓张，名单，字子郭，男神。现在民间供奉的灶神，是一对老夫妇并坐，或是一男两女并坐，这就是灶君和灶君夫人的画像，一般贴在锅灶墙上，配有“上天言好事，回宫降吉祥”之类的对联，横批是“一家之主”。

祭祀灶神在晚上进行。祭祀时，摆上果品甜点，先磕头烧香，然后揭掉旧灶神画像烧掉，这就是送灶神上天。祭祀灶神时，应多摆设甜黏的食品，意思是把糖粘在灶神嘴上，传说这样可以黏住灶神的嘴，使他嘴甜，上天后只能说好话。有的还在灶神上抹酒，称“醉司命”。

27. 春节是中国的农历新年

春节即中国农历新年，俗称新春、新岁、岁旦等，口语又称过年、过大年。

春节历史悠久，由上古时代岁首祈岁祭祀演变而来。全国各地均有各种庆贺新春活动，带有浓郁的地方特色。这些活动以除旧布新、驱邪禳灾、拜神祭祖、纳福祈年为主要内容，形式丰富多彩，凝聚着中华传统文化精华。

百节年为首，春节是中华民族最隆重的传统佳节。受到中华文化的影响，世界上一些国家和地区也有庆贺新春的习俗。据不完全统计，已有近 20 个国家和地区把中国春节定为整体或者所辖部分城市的法定节假日。春节与清明节、端午节、中秋节并称中国四大传统节日。

春节一定要贴年红。年红即春联、门神、窗花等的统称，因这些是过年时贴的红色喜庆元素，所以统称为“年红”。贴年红反映了人民大众的风俗和信仰，增添喜庆的节日气氛，并寄予着人们对新年新生活的美好期盼。

吃年夜饭也是春节习俗之一，特指年尾除夕的阖家聚餐。年夜饭源于古代的年终祭祀仪式，拜祭神灵与祖先后团圆聚餐。年夜饭是年前的重头戏，不但丰富而隆重，而且有很多讲究。吃年夜饭前先拜神祭祖，待拜祭仪式完毕后才开饭。这顿是年尾最丰盛、最重要的一顿晚餐。

压岁钱，又名压“祟”钱（“祟”就是指不吉利的东西。古人借这个习俗来祈盼来年不要有任何不吉利的事情发生）；年夜饭后长辈要将事先准备好的压岁钱派发给晚辈，据说压岁钱可以压住邪祟，晚辈得到压岁钱就可以平平安安度过一岁；有的人家是父母在夜晚待子女睡熟后，将压岁钱放在他们的枕头下。过年给压岁钱，能够体现出长辈对晚辈的关切之情和真切的祝福。

28. 元宵节是哪一天

元宵节又称上元节、元夕或灯节，时间为每年农历正月十五。正月是农历的元月，古人称“夜”为“宵”，正月十五是一年中第一个月圆之夜，所以称正月十五为“元宵节”。元宵节主要有赏花灯、吃汤圆、猜灯谜、放烟花等一系列传统民俗活动。此外，不少地方元宵节还增加了游龙灯、舞狮子、踩高跷、划旱船、扭秧歌、打太平鼓等传统民俗表演。

元宵节赏花灯的习俗起自南朝时期，到了唐代，赏花灯活动十分兴盛，皇宫里、街道上张灯结彩，还要建立高大的灯轮、灯楼和灯树。唐朝大诗人卢照邻曾在《十五夜观灯》中这样描述元宵节花灯的盛况——“接汉疑星落，依楼似月悬”。宋代更重视元宵节，赏花灯活动更加热闹，赏花灯活动要进行五天，花灯的样式也更丰富。明代要连续赏灯十天，是中国最长的元宵节。清代赏花灯活动虽然只有三天，但是赏花灯活动规模很大，盛况空前，除赏花灯外，还放烟花助兴。

正月十五吃汤圆，汤圆又称“元宵”，以白糖、玫瑰、芝麻、豆沙、黄桂、核桃仁、果仁、枣泥等为馅，用糯米粉包成圆形，可荤可素，风味各异。“元宵”作为食品，在中国也由来已久。宋代，民间即流行一种元宵节吃的新奇食品。这种食品最早叫“浮元子”，后称“元宵”，生意人还美其名曰“元宝”，可汤煮、油炸、蒸食，有团圆美满之意。不过，北方“滚元宵”，南方“包汤圆”，这可是两种做法和口感都不同的食品哦！

猜灯谜又称“打灯谜”，是中国独有的一种传统民俗文娱活动形式。每逢农历正月十五，民间都要挂起彩灯，燃放焰火，后来有好事者把谜语写在纸条上，贴在五光十色的彩灯上供人猜。因为谜语能启迪智慧又迎合节日气氛，所以响应的人众多，而后猜谜逐渐成为元宵节不可缺少的节目。灯谜能增添节日气氛，展现了古代劳动人民的聪明才智和对美好生活的向往。

29. 二月二

“二月二”，指的是农历二月初二，是中国农村的一个传统节日。有关“二月二”的习俗很多，俗语“二月二，龙抬头”可谓家喻户晓。“龙抬头”一说，最早见于明人刘侗《帝京景物略》：“二月二，龙抬头，蒸元旦祭余饼……”至于抬头的为何是龙，又为何只与“二月二”有关，说法和故事就多了。民间认为，龙是一种吉祥物，主管天上的云雨，“龙抬头”，意味着风调雨顺，是人们心中美好愿望的充分体现。由于中国大部分地区受季风气候影响，所以在农历二月初，气温便开始回升，日照时数也逐渐增加，气候已经适宜进行田间农事活动。所以，会有这样的农谚：“二月二，龙抬头，大家小户使耕牛。”但也有一些地方或某些年份，因春旱较严重而导致春雨贵如油。倘春雨充沛，则预示着一年的丰收。所以又有农谚说：“二月二，（若）龙抬头，大仓满，小仓流。”

“二月二”敬土地神这一习俗，盛行于中国台湾地区。每逢“二月二”，人们把纸钱系在竹枝上，然后插立田间，以奉献给土地神。鄂西鹤峰一带的土家族人在敬土地神时，还要点香烛，摆上酒菜，然后磕头请愿。

这一天，其他习俗也有很多，如有的地方在起床前，先说：“二月二，龙抬头，龙不抬头我抬头。”起床后还要打着灯笼照房梁，边照边说：“二月二，照房梁，蝎子蜈蚣无处藏。”有的地方在这一天妇女不动针线，说是怕伤了龙的眼睛；还有的地方这一天禁止洗衣服，怕伤了龙皮，等等。

30. 清明节的习俗

清明节又称踏青节、三月节、祭祖节等，节期在仲春与暮春之交。清明节源自上古时代的祖先信仰与春祭礼俗，是中华民族最隆重盛大的祭祖大节。唐朝诗人杜牧的《清明》是一首描写清明节的著名诗歌：“清明时节雨纷纷，路上行人欲断魂。借问酒家何处有？牧童遥指杏花村。”

清明节兼具自然与人文两大内涵，既是自然节气点，也是传统节日。扫墓祭祖与踏青郊游是清明节的两大礼俗主题，这两大传统礼俗主题在中国自古传承，至今不辍。除了扫墓祭祖与踏青郊游，清明节时还流行荡秋千、蹴鞠（cù jū）等习俗。

秋千，意即揪着皮绳而迁移。它的历史很古老，最早叫千秋，后为了避忌讳，改为秋千。古时的秋千多用树丫为架，再拴上彩带做成，后来逐步发展为两根绳索加上踏板的秋千。荡秋千不仅可以增进健康，而且可以培养勇敢精神，至今为人们特别是儿童所喜爱。

鞠是一种皮球，球皮用皮革做成，球内用毛塞紧。蹴鞠，就是用脚去踢球，这是古代清明节时北方人喜爱的一种游戏。相传蹴鞠是由黄帝发明的，最初目的是用来训练武士。

另外，清明节前后，春阳照临，春雨飞洒，种植树苗成活率高，成长快。因此，自古以来，中国就有清明植树的习惯，有人还把清明节叫作“植树节”，植树风俗一直流传至今。

31. 端午节的习俗

端午节，又称端阳节、龙舟节等，是集拜神祭祖、祈福辟邪、欢庆娱乐和饮食于一体的民俗大节。端午节的来历，有好几种说法，我们最熟悉的一种，就是纪念屈原。传说战国时期的楚国诗人屈原，在五月初五这天跳进了汨罗江，当地的老百姓闻讯后，马上划船过来捞救，一直行至洞庭湖，也没发现屈原的尸体。那天恰逢下雨，湖上的小船就汇集在岸边的亭子旁边。当其他人知道这件事后，都冒着雨赶来，争相划船到洞庭湖上帮忙寻找投江的屈原。为了寄托大家对屈原的哀思，自此以后就逐渐发展为龙舟竞赛。

端午节的吃食就是粽子。吃粽子的传说和赛龙舟一样，都是为了纪念屈原。传说屈原于五月初五投汨罗江后，被水中的蛟龙所困。人们哀悯同情屈原，每到这一天时，就将五色丝线缠的粽子投入江中，以驱赶蛟龙。后来，粽子逐渐成为最受人们喜欢的端午节食品。

端午节饮雄黄酒的来历，也与屈原有关。传说屈原投江以后，人们为了不让蛟龙吃掉屈原的遗体，就纷纷往江里抛入粽子。有一位老医生，将一坛雄黄酒倒入江中，说可以药晕蛟龙。没过多久，水面上果然浮起了一条蛟龙。人们于是就把蛟龙拖到岸边，抽筋剥皮，把龙筋缠在孩子们的脖子和手腕上，然后将雄黄酒涂抹在小孩儿的耳、鼻、额头、手、足等处，希望孩子们能够免受虫、蛇的伤害。

在端午节期间，民间还有在门口挂艾草、菖蒲、榕枝的习俗。艾草大家都很熟悉，是一种可以治病的草药，针灸里的艾灸法，就是将艾条（以艾草作为主要成分）放在穴位上进行灼烧来治病；端午节时人们把它插在门口，也可以使身体健康。菖蒲，被老百姓视为百阳之气，插在门口，可以避邪。门口挂榕枝的寓意是使身体矫健，百病不生。还有的地方的习俗是挂石榴、胡蒜、山丹，都是寄托人们对平安、健康的美好愿望。

32. 七夕节的由来

七夕节又称七巧节、七姐节、女儿节、乞巧节等，是中国的传统节日。七夕节由星宿崇拜演化而来，为传统意义上的七姐诞，因拜祭“七姐”活动在七月七晚上举行，故名“七夕”。拜七姐，祈福许愿、乞求巧艺、坐看牵牛织女星、祈祷姻缘、储七夕水等，是七夕的传统习俗。经过历史的发展，七夕被赋予了“牛郎织女”的美丽爱情传说，成为象征爱情的节日，从而被认为是中国最具浪漫色彩的传统节日，在当代更是产生了“中国情人节”的文化含义。

牛郎织女，为中国古代著名的汉族民间爱情故事，和“梁山伯与祝英台”“孟姜女哭长城”“白蛇传”并称为中国四大民间传说。“牛郎织女”是从牵牛星、织女星的星名衍化而来的。传说天帝的孙女织女擅长织布，每天给天空织彩霞。她讨厌这枯燥的生活，就偷偷下到凡间，私自嫁给善良的牛郎，过上男耕女织的生活。天帝得知后大怒，把织女捉回天宫，责令他们分离，只允许他们每年的农历七月七在鹊桥上相会一次。他们坚贞的爱情感动了喜鹊，无数喜鹊飞来，用身体搭成一道跨越天河的鹊桥，让牛郎织女在天河上相会。

《古诗十九首》中写道：“迢迢牵牛星，皎皎河汉女。纤纤擢素手，札札弄机杼。终日不成章，泣涕零如雨。河汉清且浅，相去复几许？盈盈一水间，脉脉不得语。”每到过节时，古代女性会向着天上的织女星和牛郎星许愿，希望自己能有智慧的头脑、灵巧的双手与美好的姻缘。

33. 中秋节的由来

中秋节又称仲秋节、祭月节、团圆节等，是中国民间传统节日。中秋节源自天象崇拜，由上古时代秋夕祭月演变而来。中秋节自古便有祭月、赏月、吃月饼、看花灯、赏桂花、饮桂花酒等民俗，流传至今，经久不息。

中秋节以月之圆预示着人的团圆，寄托思念故乡、亲人之情，祈盼丰收、幸福，是丰富多彩、弥足珍贵的文化遗产。

据说中秋夜月球距地球最近，月亮最大、最圆、最亮，所以从古至今都有饮宴赏月的习俗。古时候南北风俗各异，各地风俗不一，中秋赏月活动的文字记载最早出现在魏晋时期，但未成习。唐宋以来，中秋赏月、玩月颇为盛行，许多诗人的名篇中都有咏月的诗句，如唐代张九龄的“海上生明月，天涯共此时”，还有宋代苏轼的“但愿人长久，千里共婵娟”等。

月饼最初是用来祭奉月神的供品，后来人们逐渐把中秋赏月与品尝月饼作为家人团圆的一大象征。月饼象征着大团圆，人们把它当作节日食品，用它祭月、赠送亲友。发展至今，吃月饼已经是中国南北各地过中秋节的必备习俗。

老北京人过中秋，除了吃月饼，还有一项习俗是供奉兔儿爷。兔儿爷兔首人身，披甲胄，插护背旗，或坐或立，或捣杵（chǔ）或骑兽，竖着两只大耳朵。

兔儿爷是在明朝出现的。明纪坤（约 1636 年）在《花王阁剩稿》中记载：“京中秋节多以泥抟兔形，衣冠踞坐如人状，儿女祀拜之。”这是最早关于兔儿爷的记载。最初，兔儿爷用于中秋拜月祭祀，到了清代逐步转变为儿童的中秋节玩具。兔儿爷也许就是照着“月光纸”上的玉兔形象用泥塑造出来的。月光纸也叫“月光祃”“兔儿祃”“兔爷祃”，通常为木刻版水彩印制的神像，为传统中秋节祭月所用神像之纸，绘有月神和月宫。

34. 重阳节的由来

重阳节是中国民间传统节日，节期在每年农历九月初九。“九”在《易经》中为阳数，“九九”两阳数相重，故曰“重阳”；因日与月皆逢九，故又称为“重九”。九九归真，一元肇始，古人认为九九重阳是吉祥的日子。古时民间在重阳节有登高祈福、拜神祭祖及饮宴祈寿等习俗。传承至今，又增加了敬老等内涵。登高赏秋与感恩敬老是当今重阳节日活动的两大重要主题。

关于重阳节最有名的诗歌，要数唐代王维的《九月九日忆山东兄弟》：“独在异乡为异客，每逢佳节倍思亲。遥知兄弟登高处，遍插茱萸少一人。”

古代民间在重阳节有登高的风俗，故重阳节又叫“登高节”。登高“辞青”也是源于大自然中的节气，重阳节登山“辞青”与古人在阳春三月春游“踏青”相对应。登高的地点，没有统一的规定，登高所到之处大抵分为登高山、登高楼，抑或登高台。

重阳节还有插茱萸的习俗，所以重阳节也叫“茱萸节”。茱萸是一种可以做中药的果实，古人认为在重阳节这一天登山插茱萸可以驱虫去湿、逐风邪，于是便把茱萸佩戴在手臂上或插在头上，还有磨碎放在香袋里的。

35. 黄道与黄道吉日

黄道，指的是一年当中太阳在天球（即一个假想的与地球同心的无限大半径的圆球）中走过的路线，或者说是太阳在天空中穿行的视觉轨迹的大圆，从另一个角度来说，也就是地球公转轨道面在地球上的投影。

平常所说的十二星座，指的就是黄道十二宫，即位于黄道带上的十二个星座，人们可以根据太阳处于黄道上的位置来判断季节和日期。

古时，星象不仅用来推算历法，还用来预测吉凶，人们把日辰的十二地支分别与十二星宿天神相配，称之为某神值日。即子日青龙、丑日明堂、寅日天刑、卯日朱雀、辰日金匮、巳日天德、午日白虎、未日玉堂、申日天牢、酉日玄武、戌日司命、亥日勾陈，其中青龙、明堂、金匮、天德、玉堂、司命这六个星宿是吉神，称其为“六黄道”，其余的则为“六黑道”。当“六黄道”值日之时，诸事皆宜，不避凶忌，也就是所谓的“黄道吉日”。黄道吉日后来又泛指宜于办事的好日子。

36. 漏刻、日晷和圭表

漏刻、日晷和圭表，都是古代用于计量时间的工具。漏刻，“漏”指漏壶，“刻”指刻箭。人们专门制造出一种有小孔的漏壶，把水注入漏壶内，水便从壶孔中流出来；再用一个容器收集漏下来的水，在其中放置一根刻有标记的箭杆，也就是刻箭，相当于现代钟表上显示时刻的钟面。刻箭被一个竹片或木块托着浮在水面上，从容器盖中心的小孔中穿出，随着容器内收集的水逐渐增多，刻箭也逐渐地往上浮，从盖孔处看刻箭上的标记就能知道具体的时刻。后来人们发现漏壶内的水多时，流水较快，水少时则较慢，这显然会影响计量时间的精度，于是在漏壶上再加一只漏壶，水从下面漏壶流出去的同时，上面漏壶的水又同步地补充进来，使下面漏壶内的水均匀地流入箭壶，从而获得比较精确的时刻。

日晷，又称日规，原理是利用太阳投射的影子来测定和划分时刻。日晷通常由铜制的晷针和石制的圆盘状晷面组成。晷针垂直穿过晷面中心，而晷面安放在石台上，南高北低，平行于天赤道面，这样，晷针的上端正好指向北天极，下端正好指向南天极。在晷面的正反两面刻出 12 个大格，每个大格代表一个时辰。当太阳光照在日晷上时，晷针的影子就会投向晷面，太阳由东向西移动，投向晷面的晷针影子也慢慢地由西向东移动，移动着的晷针影子和晷面就分别相当于现代钟表的指针和表面。

圭表，由“圭”和“表”两个部件组成，正南正北方向平放的测定表影长度的刻板，叫作“圭”，直立于平地上用来产生日影的标杆和石柱，叫作“表”。圭表的发明源自人们对事物在太阳光下影子的变化规律的感知。正午时的表影总是投向正北方向，而且此时的表影最短，一年之中各日中午的表影，又以夏至日最短而冬至日最长。通过这种观察，人们就可以确定所处的节气和一年的长度。

第五篇

政治律令

唐律疏议 十
唐律疏议 九
唐律疏议 八
唐律疏议 七
唐律疏议 六
唐律疏议 五
唐律疏议 四
唐律疏议 三
唐律疏议 二
唐律疏议 一

1. 封建制度和现在的含义不同

封建制度原是一种“封土建国”的政治制度，即天子直接把自己管辖的王畿以外的土地，分封给各诸侯，并授予他们爵位，让他们建立封国，保卫中央。封建制度是一种间接统治，诸侯在各自的封国里是最高权威，天子没法越过诸侯，直接向诸侯的属下发号施令。

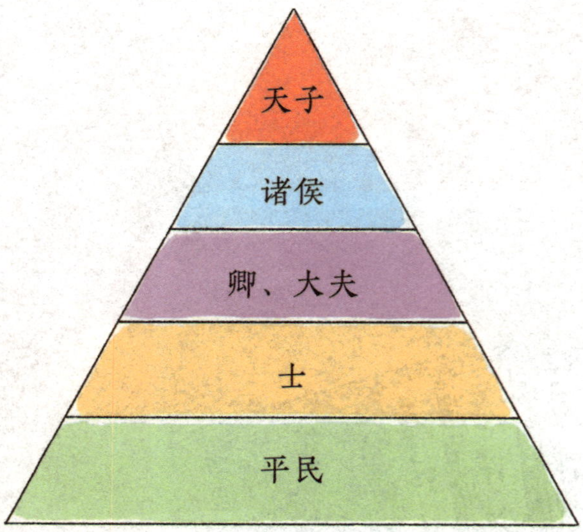

2. 什么是郡县制度

郡县制度是在中央集权体制下，郡、县两级政权的地方行政制度的总称。郡县制度是一种直接统治，由中央垂直管理地方，地方官员由皇帝直接任免，有利于中央集权的加强和国家统一。

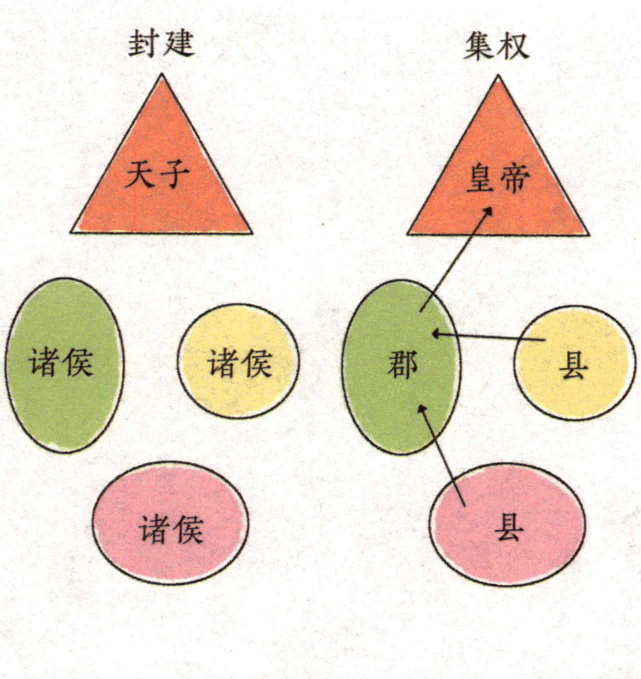

3. 大同与小康是什么意思

大同与小康出自《礼记·礼运》，是儒家学者借孔子之口描述的秩序社会，以此表达儒家的社会理想和政治主张。“大同”是以道德为基础自觉形成的秩序社会，“小康”是以利益分配和礼仪为基础强制形成的秩序社会。

天下大同

“天下大同”是儒家宣扬的“人人为公”的理想社会，为中国古代社会的基本思想框架。这里的“大同”，可不是指山西省的大同市。

4. 仁政

“仁政”原是一种儒家思想，是儒家思想代表孟子从孔子的“仁学”继承发展而来的。这种思想在诞生之后的很多个朝代中，都作为统治者的思想，主要宣扬“民贵君轻”“人性本善”等理论。

孟子的“仁政”

孟子的“仁政”在政治上提倡“以民为本”。孟子认为，对一个国家来说，“民为贵，社稷次之，君为轻”。

5. 无为而治是一种治国理念

“无为而治”出自《道德经》，是道家的治国理念。《道德经》的思想核心是“道”，“道”是无为的，但“道”有规律，以规律约束宇宙间万事万物运行，万事万物均遵循规律。引申到治国，“无为而治”即以制度（可理解为“道”中的规律）治国，以制度约束臣民的行为，臣民均遵守法律制度。

无为而治≠什么也不做

“无为而治”，并不是说什么也不做，而是不过多地干预民众，让他们充分发挥自己的创造力和主观能动性，做到真正的自我实现。“无为”不是无所作为，而是不妄作为。

6. “大一统”不同于“大统一”

“大统一”指的是地域上的统一，而“大一统”更多的是指在国家政治上的整齐划一，经济制度和思想文化上的高度集中。该思想在中国古代历史上发挥了极其重要的作用。

中国的“大一统”思想其实由来已久。孔子心中的理想帝王就应握有一统天下的权威，所谓“礼乐征伐自天子出”。儒、道、墨、法等各派思想中都潜藏着“大一统”的身影。老子主张以“一”为本，“道生一，一生二，二生三，三生万物”。“大一统”从此有了本体论。

古书中对大一统也多有提及。《公羊传·隐公元年》：“何言乎王正月？大一统也。”《汉书·王吉传》：“《春秋》所以大一统者，六合同风，九州共贯也。”九州共贯、多元一体的大一统传统是中华文明具有突出统一性的鲜明体现。

大一统王朝

中国古代的大一统王朝，有秦、西汉、东汉、西晋、隋、唐、元、明、清。

北宋是不是大一统王朝，史学界尚有争议。

（1）秦朝（前221—前206）。

（2）西汉（前206—25）。

（3）东汉（25—220）。

（4）西晋（265—317）。

（5）隋朝（581—618）。

（6）唐朝（618—907）。

（7）元朝（1206—1368）。

（8）明朝（1368—1644）。

（9）清朝（1616—1911）。

7. 中央集权制

中央集权制是一种国家政权制度，以国家职权统一于中央政府、削弱地方政府力量为标志。在中国，这种制度起源于秦朝，在清朝达到顶峰，前后延续了2000多年。

嬴政是中国第一个皇帝，是他构建了中国

的版图，这个版图被后人不断扩大，终于成为今天的中国；又是他，统一六国和各少数民族，凝聚成了中华民族；更是他，确立了中央集权制，建立了相应的行政机构，以后一直被历代王朝效仿。

8. 公羊三世是什么

“公羊三世”是春秋时期的一种社会历史学说，是“公羊学”历史哲学的核心。该学说认为，人类社会是沿着据乱世、升平世、太平世顺次进化的过程。“三世说”起源于《公羊传》，由近代康有为系统化，成为维新变法运动的理论基础。

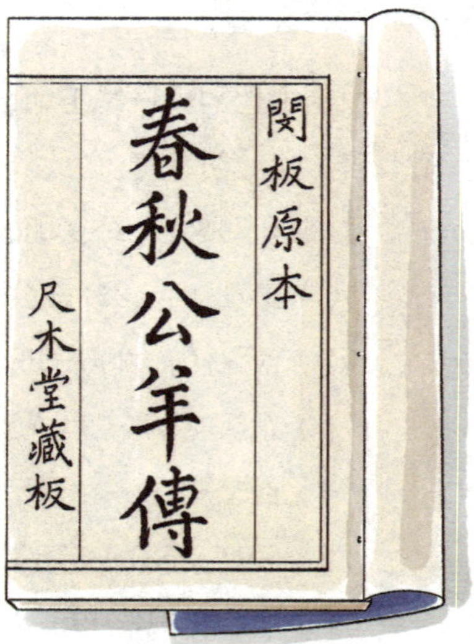

9. 五德终始是一种历史观

“五德终始”是战国时期阴阳家邹衍的历史观，他以此作为历史变迁、王朝更替的根据。“五德”指土、木、金、火、水五种德性，“五德终始”指这五种德性从始到终、终而复始的循环运动。五德终始说具有深远的影响，明代有“奉天承运皇帝”一说，所谓“承运”，即继承某一“德”运。

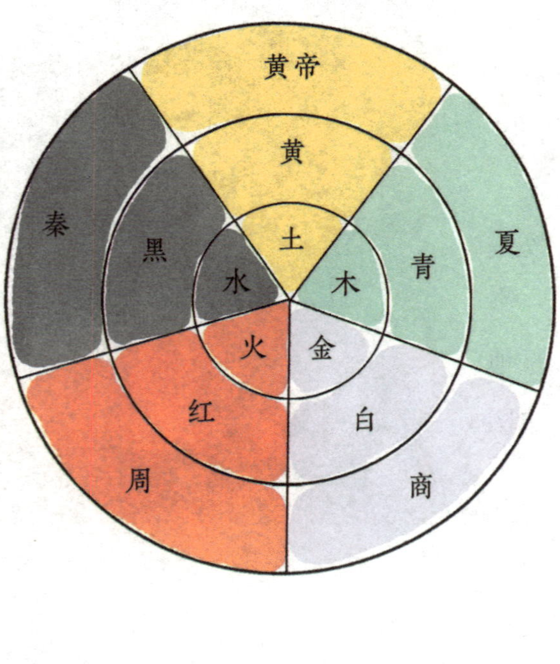

10. 托古改制

“托古改制”是康有为在“戊戌变法”前，为了实现他的变法主张，而提出的一个办法。他否定了古代经典和正统思想，把孔子打扮成改制变法的祖师爷，目的是借“古圣”来论证维新变法的必要性和合理性。

康有为的“托古改制”

19世纪末，帝国主义列强又一次掀起了瓜分中国的狂潮，中华民族面临着空前严重的危机和磨难。当时，康有为、梁启超等志士仁人意识到必须进行维新变法，否则中国就有亡国灭种的危险。在西方的民主科学思想还没有在中国普及的情况下，为克服这种困境，康有为采取了改头换面的谋略，具体来说就是“托古改制”。

在康有为看来，制度变革的前提是思想观念的变革，所以他要在孔学的旧瓶中装入民主、平等的新酒。

11. 德主刑辅历久不衰

“德主刑辅”是中国几千年来治国理政基本经验的总结。“刑”在中国古代是“法”的代名词；“德”是指社会规范，即以社会民众普遍认同的是非观、价值观为基本内容的道德。“德主刑辅”算是一个具有中国特色的治国理念，在中国盛行千年、历久不衰。

12. 内圣外王是最高理想

“内圣外王”是古代修身为政的最高理想，也是中国哲学的核心所在。指一方面具有圣人的才德，一方面又能施行王道。

“内圣外王”一词虽然首次见于《庄子·天下篇》，但已经成为儒家哲学之特点的代名词，故人们一般称儒家思想实际上即“内圣外王”之道。

对于“内圣外王”之道，《道德经》也有很好的说明。对于如何内圣，老子说：“为道日损，损之又损，以至于无为。”意思是说一个人在求道成圣的过程中，一定不断地减除内心的欲望，这个过程就是日损的过程。一旦一个人心灵纯净时，就是“无为”的状态。很多人对无为存在误解，认为道家是一种非常消极的思想。其实是错误的。所谓“无为”，是一个人心中消除了妄想的状态，这个状态中的人不再为了自己的一点儿小利益活着，也正是因为处于这个状态，一个人的心中才能升起大我的格局，才能真正为了众生的利益而无所不为。所谓“内圣外王”，从内圣的角度看，心灵清净而无沾染，从外王的角度看，是要在现实社会中建功立业，实现“天下大治”的社会理想。

13. 编户制是户口本吗

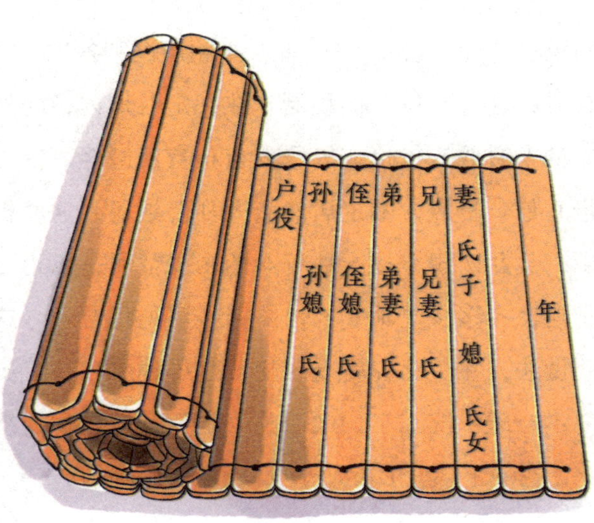

编户制度就是指政府把农民人口、年龄、性别和土地财产等情况详细造册，根据人口和财务情况承担田租、算赋、口赋、徭役和兵役。编户制度始自西汉，它既是一种行政管理制度，也是一种赋税制度。

编户齐民

西汉政权建立后，为加强对人口的控制，规定逃散在外的农民一律返回本乡，进行人口登记。当时把每户的人口、年龄、性别、土地财产等情况，详细登记在户籍上，建立起周密的户籍制度。而这些正式编入政府户籍的平民百姓，称为“编户齐民”。

14. 什么是井田制

西周时期，道路和沟渠纵横交错，把土地分隔成方块，形状像“井”字，因此称作“井田”。井田属周王所有，分配给贵族使用，贵族不得买卖和转让井田，还要交一定的税赋。贵族强迫庶民集体耕种井田，周边为私田，中间为公田。

井田制是中国早期社会实行的一种土地管理制度，是以国有为名义的贵族土地私有制度。它出现于商代，在西周时期发展成熟，到春秋时期，由于农具和耕作技术的改进，井田制逐渐消失。

15. 什么是均田制

均田制是北魏至唐朝前期实行的一种按人口分配土地的制度。它规定部分土地（永业田）在耕作一定年限后归其所有，部分土地（口分田）在耕种人死后还给官府。均田制的实施，肯定了土地所有权和占有权，减少田产纠纷，有利于无主荒田开垦，对农业生产恢复发展起了积极作用。

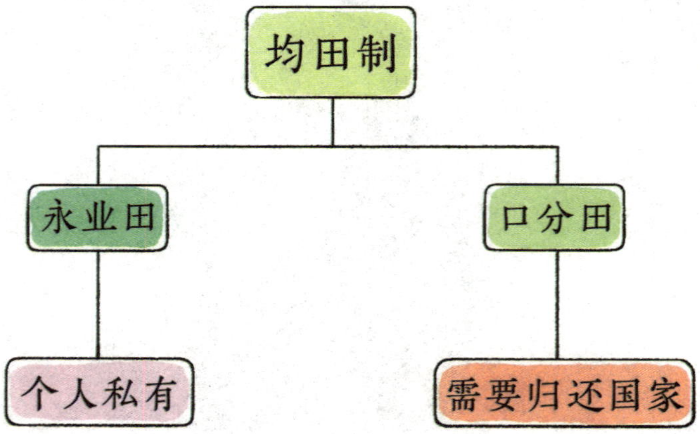

16. 什么是租庸调制

租庸调制是唐朝时实行的赋税制度，以征收谷物、布匹或者为政府服役为主，是以均田制的推行为基础的赋役制度。此制规定，凡是均田人户，不论其家授田多少，均按人丁交纳定额的赋税并服一定的徭役。

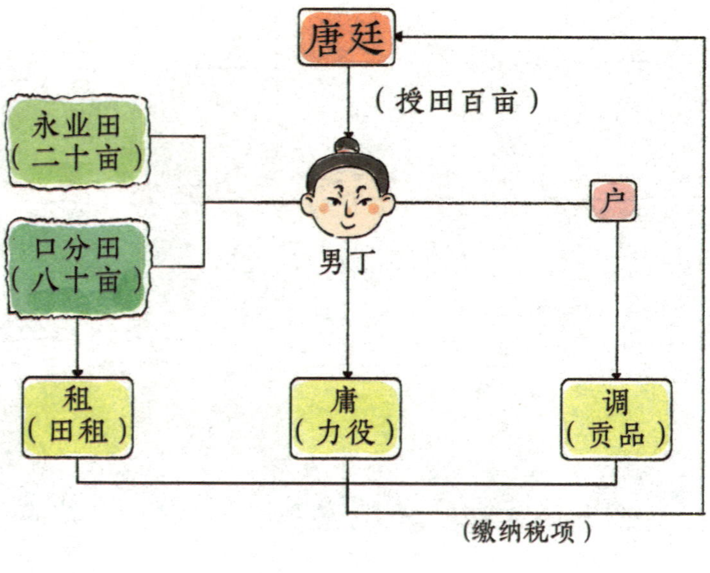

何为“租庸调”

“租”即田租，每丁每年要纳粟 2 石；

“庸”是力役，每丁每年替政府服劳役 20 日，闰年再加 2 日，也可用物品折抵役期；

“调”是户调，随乡土所产，每户每年交纳绢（或绫、絁）2 丈、绵 3 两，或布 2 丈 5 尺、麻 3 斤。

所谓“有田则有租，有身则有庸，有户则有调”。

租庸调制以男丁为征收对象，向其征收定额的赋役，就是说国家的收入取决于丁的多少。租庸调制在唐初配合均田制的情况下，是一个利民利国的制度。但随着历史的发展，此制本身的漏洞涌现，再加上其他客观因素，租庸调制变得不合时宜。

租庸调制被破坏的一个原因是均田制的被破坏。租庸调制是要配合均田制的，均田制被破坏，租庸调制亦不可行。

另一个原因是唐代人口不断增加，到后来政府已无足够土地实行均田制，领田者所得土地不足，但又要缴纳定额的租庸调，农民负担不来，唯有逃亡。唐朝后期以两税制取代了租庸调制。

两税法

两税法又叫两税制，是唐德宗建中元年（780）由宰相杨炎建议推行的新税法，即将征收谷物、布匹等实物为主的租庸调制改为征收金钱为主，一年征两次税。

两税法的进步意义：一、此法把租庸调和各种杂徭、杂税合并，建立了统一的税制，在一定时期内，既保证了国家的财政收入，也使人民的负担有所减轻。二、此法规定官僚、贵族、不定居的商人都要纳税，这就扩大了税源。又此法规定按土地资产的多少征税，比租庸调制不管居民有多少土地资产，一律按丁征税合理。这样的一些做法，在一定程度上改变了赋税集中在贫苦农民身上的不合理状况。三、此法关于定税计钱、折钱纳物的规定，在一定程度上有助于商品经济的发展。

但是两税法也有许多弊病。实行两税法后，土地兼并由于不再受任何限制而发展得越发严重。两税法规定量出制入，致使税额不断增加，而且后来两税之外又增加了许多苛捐杂税。两税法规定户税钱要折合成布帛交纳。后来由于货币不足，出现了“钱重物轻”的现象，即货币增值，物价下跌。刚实行两税法时，一匹绢值三千二三百文，到贞元十年（794）前后，仅值一千五六百文。如果原来交纳一匹绢，此时就要交纳两匹，致使纳税者的实际负担增加。

17. 什么是征兵制

征兵制是国家依靠行政手段强行征调国民补充军队的制度。先秦时期普遍实行征兵制。西周至春秋时期，军队主要由贵族和国人组成。而春秋以后，随着战争频率的增加和规模的扩大，征兵的对象开始扩大到平民阶层。而到了战国时期，为了应对频繁激烈的兼并战争，确保能够在战争中取胜，各国开始尝试采用募兵制。

何为“国人”

“国人”是指住在国都和其近郊的士、农、工、商四种人，大致为下层贵族和上层庶民。

18. 什么是募兵制

最早的募兵制，应当源于战国初期魏国吴起的“魏武卒”。由于魏国地处中原四战之地，时常与周边各国发生战争，为了确保军队的战斗力，时任河西守将的吴起遂对传统的征兵制进行了改革，通过严苛的筛选标准招募士兵，入伍之后便由吴起发给他们工资，从而使其成为脱产军人，而不再像以前那样战时应征、战毕务农。此后历代，募兵制皆有沿用。

19. 什么是世兵制

三国时期，连年战争，需兵量大，而土地荒芜，人口锐减，加之豪强地主大量兼并土地，争夺人口，募兵制无法推行。为了保持固定的兵源和恢复发展生产，曹魏政权开始实行世兵制，即把士兵及其家属固定为军户，与民户分籍登记，由专门机构管理。

知识加油站：

世兵制的人身依附性较强，男丁要终生为兵，父死子继，兄终弟及，不准更改。若出现逃亡的情况，家属要受到严酷的惩罚。军户身份低于平民，婚配只能限于军户，不准与平民通婚。

20. 什么是府兵制

西魏时创立了府兵制，其最重要的特点是兵农合一，士兵平时为耕种土地的农民，农隙训练，战时则要从军打仗。府兵制历西魏、北周、隋至唐初期而日趋完善，唐太宗时期达到鼎盛，唐玄宗天宝年间停废，历时约 200 年。

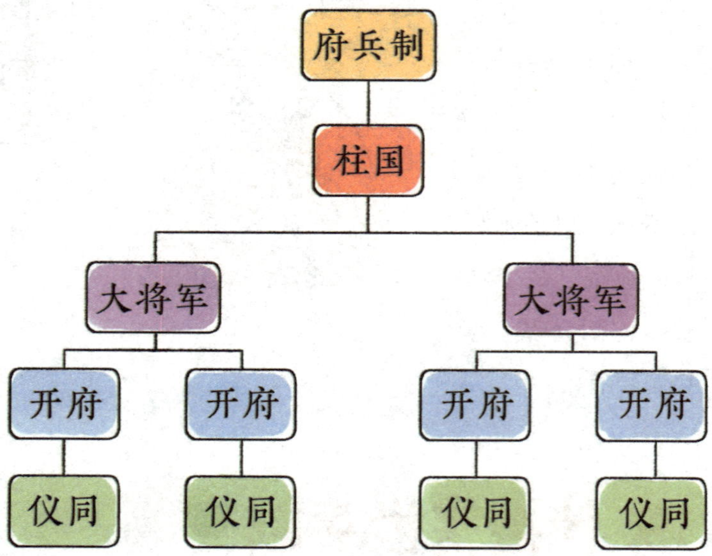

西魏

西魏（535—556），南北朝时期由北魏分裂出来的地方性王朝。

北周

北周（557—581），南北朝时期宇文氏代西魏建立的地方性王朝。

21. 什么是卫所制

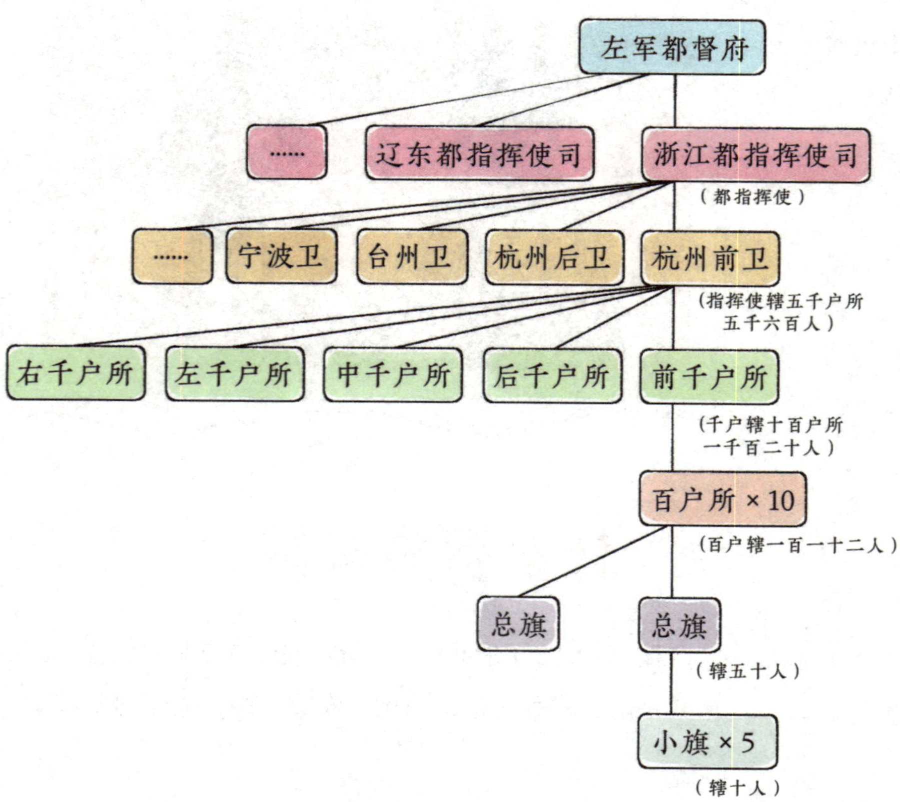

卫所制是明太祖朱元璋效仿隋唐的府兵制，又吸收了元朝军制的某些内容而制定的，是明朝军队中最为重要的一项制度。凡是防区在一府之内的设所，一府以上者设卫。一卫有 5600 人，长官为指挥使。一卫下辖 5 个千户所，一千户为 1120 人，长官为千户。一个千户所下辖 10 个百户所，一百户为 112 人，长官为百户。百户下又分为 2 个总旗和 10 个小旗，每个总旗辖 50 人，每小旗辖 10 人。各卫所分属各省的都指挥使司，统由中央的五军都督府分别管辖。

威海卫

今天山东半岛东北端的威海市，原名为“威海卫”，是一个海防卫所。明朝洪武三十一年（1398），为防倭寇侵扰，设立“威海卫”，取威震海疆之意，“威海”之名即由此而来。

22. 什么是三长制

北魏孝文帝接受汉族地主李冲的建议，于太和十年（486）创立三长制，以抑制豪强隐匿户口和逃避租调徭役，并直接控制基层政权组织。三长制，即“五家立一邻长，五邻立一里长，五里立一党长”。三长职责是检查户口，监督耕作，征收租调，征发徭役和兵役。

北魏孝文帝改革

北魏孝文帝改革，俗称“孝文汉化”，是指在南北朝时期，北魏孝文帝在位时所推行的政治改革。其主要内容是汉化运动，包括变革官制和律令、迁都洛阳、分明姓族、改易汉俗等。

23. 什么是乡约

乡约是指在乡里中订立的共同遵守的规约，又称乡规、民约，即适用于本乡本地的规约。后来也指奉官命在乡里中管事的人。乡约的目的是通过乡民受约、自约和互约来保障乡土社会成员的共同生活和共同进步。

《吕氏乡约》

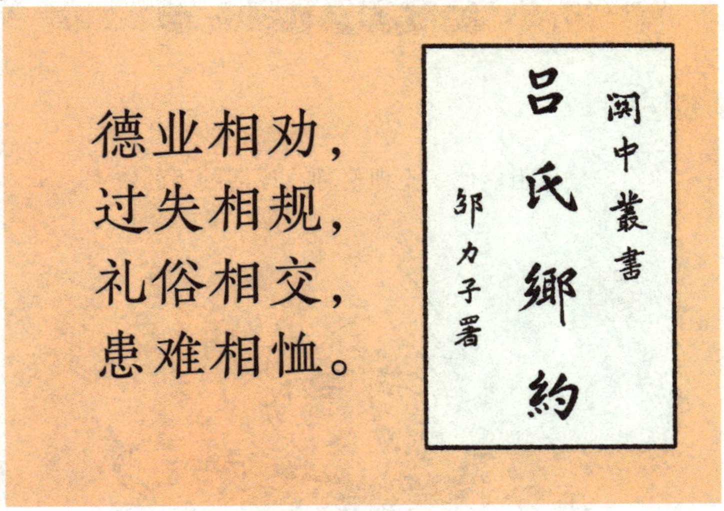

《吕氏乡约》是中国最早的成文乡约，由此建立了中国历史上第一个完全自发、自治的村社共同体，它是由“蓝田四吕”（吕大忠、吕大钧、吕大临、吕大防）于北宋神宗熙宁九年（1076）所制订和实施的，以“德业相劝，过失相规，礼俗相交，患难相恤”为宗旨，意思是说，大家相互倡导善行，互相规劝过错，推行良序美俗，如果有人遇到患难之事，其他人都应当提供援助。《吕氏乡约》对后世的乡村治理模式影响极大。

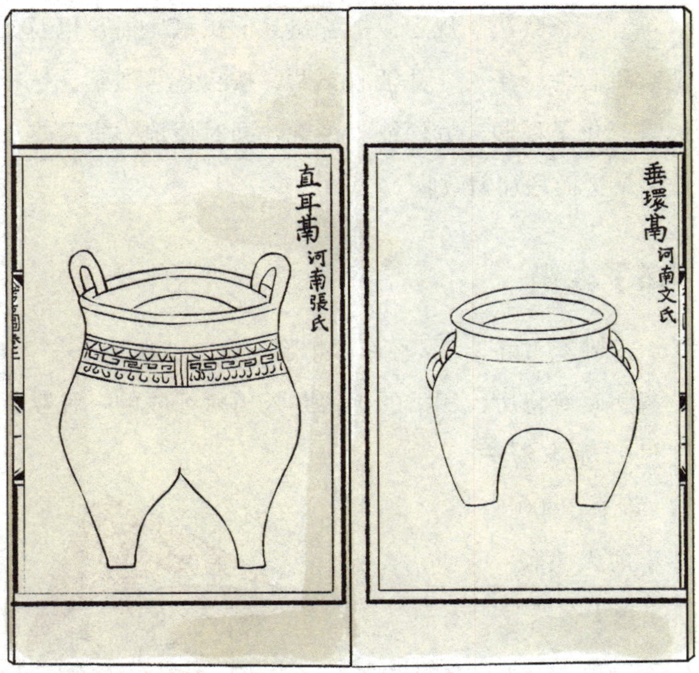

吕大临

吕大临（1042—1090），字与叔，号芸阁，京兆蓝田（今陕西蓝田）人，“蓝田四吕”之一。他是宋代的金石学家，代表作有《考古图》等。吕大临的《考古图》是“考古”二字最早的中文出处。

24. 地丁是什么意思

地丁是土地税和劳役税的合称。

一条鞭法

“一条鞭法”是明代嘉靖时期确立的赋税和徭役制度，由桂萼在嘉靖九年（1530）提出，之后张居正于万历九年（1581）推广到全国。

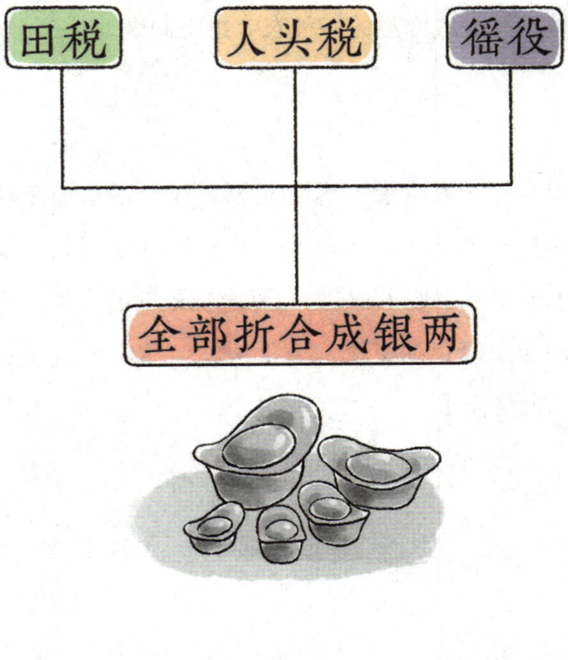

“一条鞭法”规定：把各州县的田赋、徭役以及其他杂税总为一条，合并征收银两，按亩折算缴纳。这样大大简化了税制，方便征收税款。同时使地方官员难于作弊，进而增加财政收入。

摊丁入亩

“摊丁入亩”，又称作“摊丁入地”“地丁合一”，是清朝政府将历代相沿的丁银并入田赋征收的一种赋税制度，标志着中国实行2000多年的人头税（丁银）被废除。

“摊丁入亩”在雍正时期开始实行，它是对康熙皇帝“滋生人丁，永不加赋”政策的进一步改革和发展。这一制度的实行，减轻了无地、少地农民的经济负担，促进了人口增长。劳动者有了较大的人身自由，有利于社会经济的发展。

“摊丁入亩”的实施，直接导致中国人口的爆炸性增长，从乾隆六年（1741）人口突破1亿，到乾隆五十七年（1792）突破3亿，再到道光十四年（1834）全国人口突破4亿，占世界人口超40%（1830年全世界人口为10亿），奠定了中国为人口大国的基础。

25. 租佃是什么意思

租佃是由地主提供土地，由佃户提供劳动，而土地报酬采取不同分成方法的一种农业组织制度。

地主

地主是指家庭拥有土地，其家庭成员不参加劳动的人。古代最大的地主为皇帝，因为他拥有全国的土地，从大地主下划到小地主，最后划到级别最低的农民手里。低级别的向上级定期交税。没土地的雇佣农工直接受地主使唤，为他们干活。

佃户

佃户是指租借他人土地耕种、按期纳租的农家。

26. 贡赋是税收的别称

贡赋为中国古代的税收方式，是“土贡”与“军赋”的合称。中国历代王朝规定臣民和藩属向君主进献的珍贵土特产品称作“贡”。“赋”原为军赋，即臣民向君主缴纳的军车、军马等军用物品，君主再给予回赏。随着朝代变迁，“贡赋”也逐渐演变为税收的别称。

27. 平准是一种经济措施

平准是创始于西汉的一种稳定市场价格的经济措施。汉武帝时，大农丞桑弘羊建立了平准制度，在大司农下设平准官，掌管全国均输官运到京师的物资财货，贵时抛售、贱时收买，以平抑物价，防止私商操纵市场，牟取暴利。

汉武帝币制改革

西汉自建立以来，币制极为混乱，郡国铸币失控又是汉景帝时期“七国之乱”发生的原因之一。故汉武帝即位后，为了中央政府在经济管理和政治统治上的需要，便十分重视解决币制问题。他先后进行了六次币制改革，基本解决了汉初以来一直未能解决的币制问题，一方面稳定了金融状况，另一方面将汉高帝下放地方的铸币权重新统一于中央管理。

28. 连坐制度和族诛不同

连坐又称相坐、随坐、从坐、缘坐，是中国古时因一人犯法而使和其有一定关系的人（如亲属、邻里或主管者等）连带受刑的制度。连坐制度的起源很早，夏代便有“罪人以族”的说法；春秋战国时期，秦国的商鞅将连坐规定为明令的法律；经秦汉的进一步完备，至隋唐之际，连坐制度形成系统的法律体系，并写入《唐律》；明清时期的连坐刑罚频繁实施，尤其在清朝的文字狱中盛行。在实施对象上，连坐主要针对的是谋反、谋逆、谋叛等重大犯罪。其一般是对犯罪者本人处以死刑，然后以罪犯本人为中心，对与之关联者根据关系远近分别实施死刑、流刑、财产刑等一系列刑罚。

族诛是连坐制度中最为严峻的一种，即对罪犯整个家族实施死刑。具体又可分为诛二族、诛三族、诛七族，最惨烈者为诛九族。

另外，据说明永乐皇帝曾对建文帝的老师方孝孺实施过历史上仅有一次的诛十族。族诛刑罚存在于整个封建社会，尤其是西周以后，历代王朝均以家族作为政治、法律的基本单位，一人高升，则一族受益，一人获重罪，也往往会波及全族。

连坐和族诛在历代都存在，直到 1905 年才被光绪帝废除。

29. 春秋决狱的来历

春秋决狱，又称“引经决狱”“经义决狱”，是指两汉时期儒家学者在审理案件过程中，抛开国家法律，引用《春秋》等儒家经典作为审理案件的依据的司法活动。

“春秋决狱”是董仲舒倡导的一种审判案件的裁决方式。凡是法律中没有明文规定的，司法官可以援引儒家经义作为裁判的依据，儒家经义具有高于现行法律的效力。

30. 什么是会审制度

会审制度是指在案件的审理过程中，由于案件比较重大、案情较为复杂，所以主审的司法官员不能单独作出判决，必须邀请其他相关机构的人员共同参加审理。会审制度源自西周时期，此后各代均有发展，明朝终成定制。它在古代专制社会中，成为皇权治民、治吏的重要手段。

三司会审

三司会审俗称“三堂会审”，是中国古代的一种审判制度。“三司”是中国古代三个主要的中央司法机关，源于战国时期的太尉、司空、司徒三个法官，后世也称“三法司”。

汉代的三法司是廷尉、御史中丞、司隶校尉；

唐代以刑部、御史台、大理寺为三法司；

明清两代以刑部、大理寺、都察院为三法司。

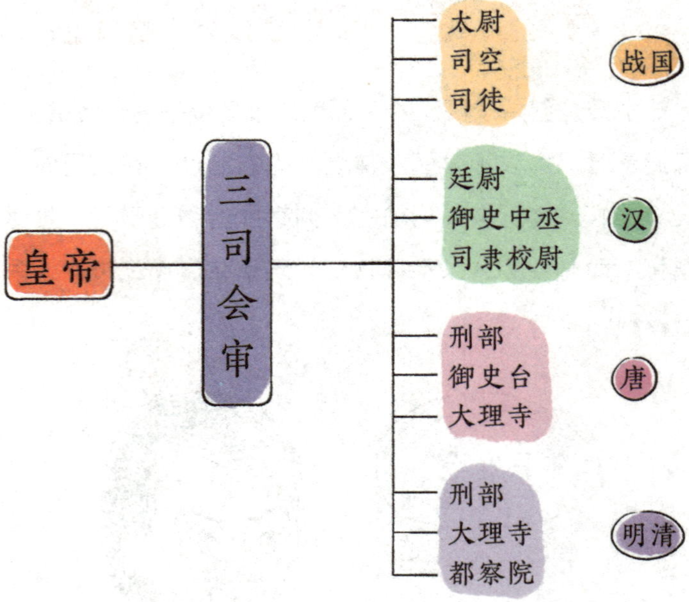

31. 什么是热审

热审是明清时期在夏季为疏通监狱而实行的对罪犯予以减免或保释的制度。热审是于每年小满后十日起至立秋前一日由大理寺左、右寺官，会同各道御史及刑部有关司的官员审理京师笞、杖刑案件（又称“小三法司”）。

每年小满后十日起至立秋前一日

32. 什么是秋审

秋审是清朝对于死刑案件的复核制度，因于秋季举行而得名。秋审体现了对死刑的重视，因为人死不可复生，判决的公正性直接影响到朝廷和皇帝的威信。

秋审即每年八月内在天安门外金水桥西，由六部长官、大理寺卿、都察院左都御史、通政使与小三司等审理地方上报的斩监候及绞监候案件。

33.“十恶不赦”中的“十恶”指的是哪“十恶”

（1）谋反，指妄图推翻朝政、危害皇帝的政权。这历来被视为“十恶”之首。

（2）谋大逆，指毁坏皇室的宗庙、陵墓和宫殿。

（3）谋叛，指背叛朝廷、投向敌对政权。

（4）恶逆，指殴打和谋杀祖父母、父母、伯叔等尊长。

（5）不道，指杀害一家没有犯死罪的三人，或将死者尸体肢解。

（6）大不敬，指冒犯皇室尊严。如偷盗皇帝祭祀的器具和皇帝的日常用品，伪造御用药品以及误犯食禁。

（7）不孝，指不孝祖父母、父母，或在守孝期间结婚、作乐等。

（8）不睦，即谋杀五服内的亲属，或女子殴打、告发丈夫等。

（9）不义，指官吏之间互相杀害，士卒杀长官，学生杀老师，女子闻丈夫死而不举哀或擅自改嫁等。

（10）内乱，亲属之间通奸或乱伦等。

34. 讼师相当于律师吗

讼师，也叫状师，指帮人办理诉讼事务的人，即以替打官司的人出主意、写状纸为职业的人，类似现今的律师。不过，讼师常被理解成教唆诬告、玩弄法律的“刁民”，名声不佳，这和今天的律师不同。

35. 死囚为何多在秋、冬行刑

古人认为天人是合一的，自然灾害、瘟疫、祥瑞、丰年都是上天赐予的，人们的一切行为都必须符合天意。春、夏之间草木茂盛、生机勃勃，人虽非草木，但亦属自然界的组成部分，其生死应合于自然法则。秋天草枯叶落，此时处决罪犯才合天地肃杀之时。这是宇宙的秩序和法则，人间的司法也应当遵循天意，顺乎四时，否则就要受到天神的惩罚。

西汉大儒董仲舒继承儒家“天人合一”的思想，提出“天人感应”之说。他指出，“天有四时，王有四政……庆为春，赏为夏，罚为秋，刑为冬”；天意是“任德不任刑”的，所以应当春、夏行赏，秋、冬行刑，因为这时天地始肃，杀气已至，便可申严百刑，以示所谓顺天行诛。

东汉章帝于元和二年（85）重申：“王者生杀，宜顺时气。其定律，无以十一月、十二月报囚。”除谋反大逆等“决不待时”者外，一般死刑犯须在霜降以后、冬至以前执行死刑。从此，秋、冬行刑便被载入律令而制度化。唐、宋律规定，从立春到秋分，除犯恶逆以上及部曲、奴婢杀主外，其他罪均不得春决死刑。清朝规定，经朝审应处决的犯人，也须在秋季处决。还有一种说法是，之所以选择在秋、冬二季行刑，是考虑示警作用。因为百姓在秋、冬二季较为空闲，也方便地方官动员百姓观看行刑场面。

36. 封建制五刑具体有哪些内容

（1）笞刑。即用法定规格的竹、木板等责打犯人的臀或腿，自十下至五十下分为五等，每等加十下，是五刑中最轻的一刑，用于惩罚轻微或过失的犯罪行为。

（2）杖刑。即用法定规格的荆条、“常行杖”等击打犯人的臀、腿或背，自六十杖至一百杖分为五等，每等加十杖，稍重于笞刑（在封建制五刑中，笞刑和杖刑是较轻的。打十下至五十下为笞刑，打六十下至一百下为杖刑。宋代增加脊杖。元代至清末均只打臀部）。

（3）徒刑。即在一定时期内剥夺犯人的人身自由并强迫其戴着镣或枷服劳役，是一种兼具羞辱性和奴役性的惩罚劳动。隋代减轻徒刑，自一年至三年分为五等，每等加半年。

（4）流刑。即将犯人遣送到指定的边远地区，强制其戴枷服劳役一年，且不准擅自迁回原籍的一种刑罚。唐代规定，自两千里至三千里分为三等，每等加五百里，是仅次于死刑的较重刑罚。妇女犯流罪的，按所犯罪行依法实际发配或在原地服劳役三年。

（5）死刑。即结束犯人生命的刑罚，分为斩、绞两等，绞因得以保全遗体而稍轻于斩。

37. 开创中国传统律学先河的是哪部作品

公元前536年，郑国执政子产将郑国的法律条文铸在象征诸侯权位的金属鼎上，向全社会公布，史称“铸刑书”。这是中国历史上第一次公布成文法的活动，有利于法律在全社会范围内得到执行。

38. 我国最早的比较完整的成文法典是哪一部

战国时期李悝编著的《法经》是中国历史上第一部比较完整的成文法典，并且贯彻了法家“轻罪重刑”的法治理论。

《法经》共六篇：《盗法》《贼法》《囚（网）法》《捕法》《杂法》《具法》。《盗法》《贼法》是关于惩罚危害国家安全，危害他人及侵犯财产的犯罪行为的法律规定；《囚法》是关于囚禁和审判罪犯的法律规定；《捕法》是关于追捕盗贼及其他犯罪者的法律规定；《囚法》与《捕法》多属于诉讼法的范围；《杂法》是关于盗窃以外的其他犯罪与刑罚的法律规定；《具法》是关于定罪量刑中从轻、从重法律原则的法律规定，相当于近代刑法中的总则部分。

39. 中国第一部婚姻法典问世于何时

西汉时期的《汉婚律》是中国第一部婚姻法典。《汉婚律》的内容主要包括禁止直系亲属通婚，夫妻双方的权利和义务，以及关于后嗣、离婚和维护家族内部尊卑秩序等六个方面的法规。其中特别强调了维护家族内部尊卑秩序，集中体现了封建社会统治阶级的利益。

第六篇

宗法礼俗

1. 宗法是家长制吗

宗法是指调整家族关系的制度，源于氏族社会末期的家长制，是古代以家族为中心、按血统远近区别亲疏的法则。它包括古代社会规定的嫡庶系统的法则和家族中祭祀、婚嫁、家塾、庆吊、送终等事情的家法。这种制度是为维护等级制度、巩固贵族世袭服务的，因此得以在古代社会中长期保存。

2. 什么是嫡子

嫡子是指古代宗法社会中正室所生的儿子，有时也指正室所生的长子，即“嫡长子”。从周代起，王位一般都由嫡长子世袭，直至清末。

嫡长子是正室所生的第一个儿子，但不一定是全家族的长子，庶长子有可能比嫡长子出生得早。

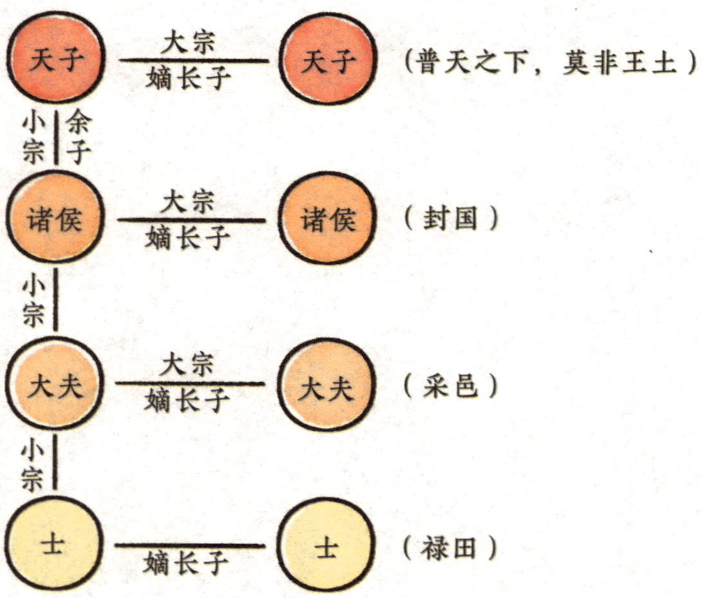

3. 什么是宗子

宗子一般指嫡长子。依照宗法，嫡长子要继承大宗，为兄弟族人所共尊。他有祭祀始祖的特权，要继承特别多的遗产，应受小宗的尊敬。宗子也是一宗之祖，地位特别高贵，故又叫“宗主”。

可怜的嫡长子

术赤是成吉思汗铁木真的嫡长子，他有勇有谋，骁勇善战，是攻城拔寨的一员虎将，跟随铁木真出征，立下了汗马功劳。但是因为术赤身世复杂，最终并没有被铁木真选为继承人。

术赤出生于一个战乱年代，当时铁木真被敌军偷袭了营帐，妻子也被掳走了。当铁木真将妻子救回来时，她已经怀有身孕，不久后便生下了术赤。所以，后来很多人对术赤的血统始终持怀疑态度。

4. 什么是庶子

在古代宗法社会中，庶子指妾（小妻）生的儿子。周代以后王位由嫡子世袭，诸侯的君位也如此。在古代，庶子的地位低于嫡子，一般不能承奉祖庙的祭祀和承袭父祖的地位。

5. 什么是众子

众子指嫡长子以外的诸子。包括长子以外正室所生的嫡子和妾（小妻）所生的庶子。

6. 什么是亲戚

在古代，“亲”表示的亲属关系比较广泛，儿女对父母可以称“亲”，父母对儿女也可以称“亲”。

“戚”表示亲属关系时比“亲”疏远些，使用频率极低。汉代以后，“亲”主要表内亲，“戚”表外亲。“亲”与“戚”连用时，有时指父母兄弟等本宗同姓亲属，有时指内外亲属，包括本宗与外姻，即同姓本族与异姓外族姻亲。

7. 什么是三党

三党指父党、母党、妻党，亦即父族、母族、妻族。

8. 什么是考妣

考妣是对父亲和母亲的尊称，特指已故的父亲和母亲。父亲死后称“考”，母亲死后称“妣”。

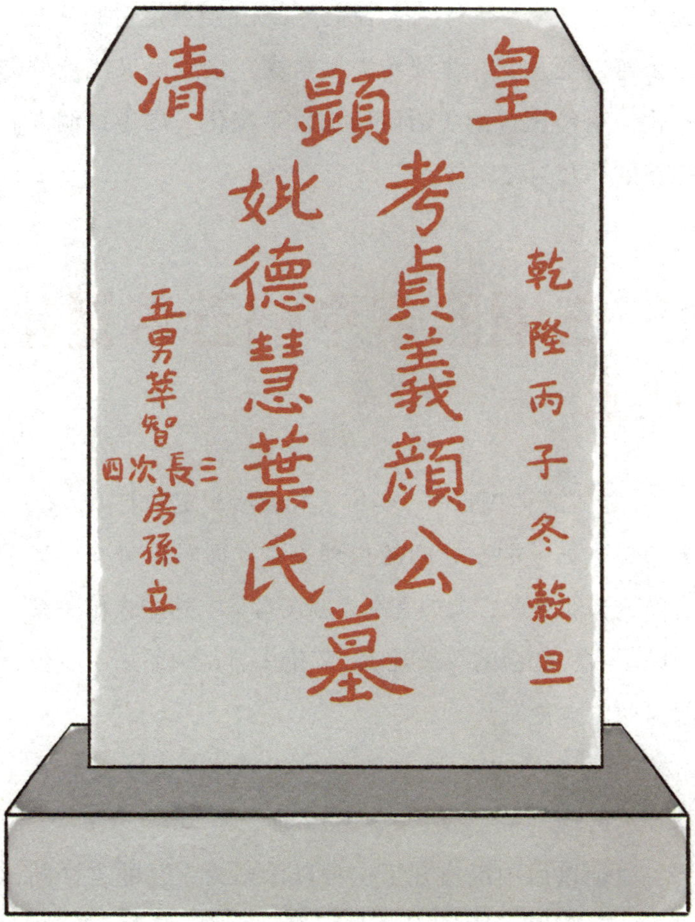

如丧考妣

好像死了父母那样悲痛，形容非常伤心和着急，今多为贬义。

9. 什么是丧服

旧时居丧时穿戴的服饰。根据与死者关系的亲疏，分为五等，称作“五服”，包括“斩衰”“齐衰”“大功”“小功”“缌（sī）麻”。

丧服制度反映了男尊女卑的观念，也反映了血统亲疏的等级。习惯上以五服之内为亲，五服以外为疏。

10. 什么是期功

古代丧服的名称。“期”，服丧一年；“功”，指大功和小功，分别为九个月和五个月。

11. 什么是昭穆

昭穆是指古代宗法制度下宗庙排列的次序。始祖庙在中间，以下各代按照辈分，分别列于两侧：二世、四世、六世居左，为“昭”；三世、五世、七世居右，为“穆”。

后由宗庙的次序，又推广到坟地葬位和祭祀时的排列顺序。再后，又泛指一般宗族的辈分。

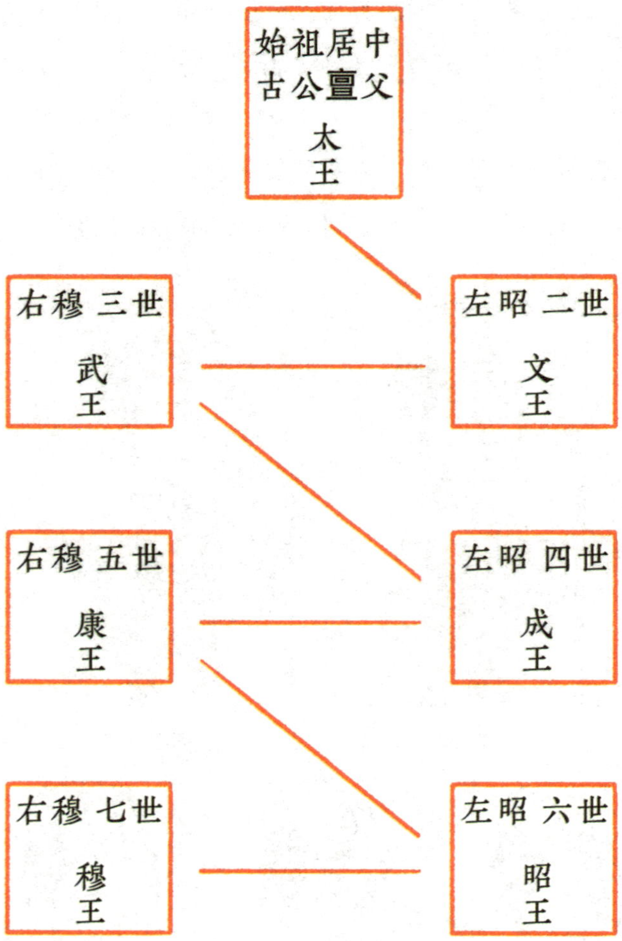

12. 七庙

历代帝王为维护宗法制度，设七庙供奉七代祖先，太祖庙居中，左三昭，右三穆。后以“七庙”为王朝的代称。

13. 太庙是指哪里

太庙是指皇帝家的祖庙。最早的时候，太庙只是供奉皇帝先祖的地方。后来皇后和功臣的神位在皇帝的批准下也可以被供奉在太庙之中。

14. 三纲五常中的三纲是指什么

三纲是古代的一种道德规范，即“君为臣纲”“父为子纲”“夫为妻纲”的合称。意思是臣要绝对服从君，子要绝对服从父，妻要绝对服从夫。最先由汉代董仲舒提出，后经历代的统治阶级加以系统化，成为禁锢人们思想的一套封建教义。

15. 三纲五常中的五常是指什么

“五常”即“五伦”，是古代礼教所规定的君臣、父子、兄弟、夫妇、朋友之间的伦理关系，即君臣有义，父子有亲，长幼有序，夫妇有别，朋友有信。这些人伦关系，反映了古代社会的等级观念。五伦中君臣关系居于首位，故又叫“大伦”。

《五伦图》

唐朝以后中国出现了一种以伦理为主题的吉祥图，名为《五伦图》。这些绘画以凤凰、仙鹤、鸳鸯、鹡鸰（jí líng）、黄莺分别代表君臣、父子、夫妇、兄弟、朋友之道，蕴含着深刻的传统文化内涵。

16. 五教分别指什么

五教是指五种伦理道德，指父、母、兄、弟、子五者之间的关系准则，即父义、母慈、兄友、弟恭、子孝。

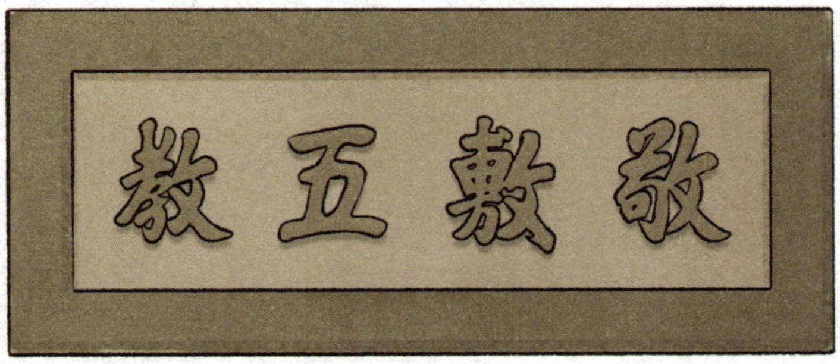

17. 什么是七出

古代社会，丈夫遗弃妻子有七种理由：不顺父母、无子、淫、妒、有恶疾、口多言、窃盗，其中任何一个成立，丈夫就可以遗弃妻子。又叫“七去”“七弃”，是为维护夫权而制定的迫害妇女的礼教。

18. 什么是三从四德

三从四德是“三从”与“四德”的合称。“三从”指未嫁从父、既嫁从夫、夫死从子，“四德”指妇德、妇言、妇容、妇功（即妇女的品德、言辞、容貌和工作能力）。三从四德是古代伦理道德奴役妇女的精神枷锁。

19. 伯仲叔季指什么

古代兄弟依长幼排行时，习惯上以伯、仲、叔、季为序。一般来说，“伯”是老大，“仲”是老二，“叔”是老三，“季”是最小的。兄弟中年纪最大的称“伯”，有时也称“孟”，但二者有区别：嫡长子称“伯”，庶出长子称“孟”。另外，因“伯”指老大，“仲”指老二，所以后代常用“伯仲”指兄弟或表示才能相当、不相上下。

孔子，名丘，字仲尼。

曹操，字孟德。

20. 礼俗是指什么

礼俗即礼仪习俗，泛指婚丧、祭祀、交往等各种场合的礼节与习俗。通常的礼俗内容有冠礼、生辰、婚姻、祭拜、座次、丧葬等。

21. 什么是五礼

五礼是五种礼仪的合称。古代以祭祀之事为吉礼，冠婚之事为嘉礼，宾客之事为宾礼，军旅之事为军礼，丧葬之事为凶礼。

22. 什么是六礼

六礼有两种解释：

（1）指冠礼、婚礼、丧礼、祭礼、乡饮酒礼、相见礼。

（2）指婚姻成立的手续，即纳采、问名、纳吉、纳征、请期、亲迎。

23. 什么是诞生礼

诞生礼是中国传统礼俗的诞生礼俗之一，多在小孩出生三天后举行。不同地区、民族的诞生礼形式多有不同，从刚出生洗礼开始到宝宝周岁抓周，一般有祝福、保健、占卜等几层含义。

“弄璋之喜”和“弄瓦之喜”

《诗经·小雅·斯干》曰：“乃生男子，载寝之床。载衣之裳，载弄之璋。”“乃生女子，载寝之地。载衣之裼（tì），载弄之瓦。”意思是说，如果生了男孩，就让他睡在床上，给他穿华美的衣服，给他玩白玉璋；如果生的是女孩，就让她睡在地上，把她包在襁褓里，给她陶制的纺锤玩。

可见，古时候重男轻女、男尊女卑的意识非常明显。

24. 什么是冠礼

冠礼是古代男子成年时举行的加冠的礼仪。古代未成年的男子束发，不戴冠，行过加冠礼后则标志着已经成年了。

举行加冠礼的年龄，有 19 岁和 20 岁两种说法。后代冠礼虽然已经废除，但仍保留了“加冠”“已冠”“弱冠”“未冠”等说法。

冠礼　　笄礼

25. 什么是笄礼

笄礼是古代女子到了成年时举行的盘发插笄（jī）（即簪子）的礼仪。受笄即在行笄礼时改变幼年的发式，将头发绾成一个髻，然后用一块黑布将发髻包住，随即以簪插定发髻。举行笄礼的年龄一般在女子十五岁时，如果一直待嫁未许人，则年至二十也行笄礼。

26. 什么是寿礼

寿礼，指祝寿的礼节，以馈赠物祝福老人长寿。古时候，从四十岁开始就能做寿。一般在六十、七十、八十等逢十年举行，也有少数人在五十就举行的。

27. 什么是祭礼

祭礼是古代祭祀或祭奠的仪式。

奠礼和祭礼在中国传统丧葬习俗中有着不同的时间和目的，奠礼是在死者去世初期为慰劳亡灵而举行的，祭礼则是下葬后对死者的纪念和敬仰。

28. 什么是婚礼

婚礼是中国的传统仪式，相当于现在结婚的法律公证仪式，其意义在于获取社会的承认和祝福，帮助新婚夫妇适应新的社会角色和要求，准备承担社会责任。

所有的民族和国家都有传统的婚礼仪式，是其民俗文化的继承途径，也是本民族文化教育的仪式。婚礼也是人们一生中的重要里程碑，属于生命礼仪的一种。世界上最古老、延续时间最长、影响最广的婚礼是儒教婚礼、印度教婚礼、基督教婚礼，即三大文明圈的婚礼。在大部分的文化里，通常都会发展出一些结婚上的传统与习俗，其中有许多在现代社会中已经失去了其原始象征意义，逐渐演变为世俗婚礼。

29. 什么是三书六礼

汉族婚姻礼仪有“三书六礼”。“三书”包括聘书、礼书和迎书；“六礼”是指纳采、问名、纳吉、纳征、请期和亲迎。

【聘书】聘书是订婚用的文书，于“纳吉”时男家交给女家。

【礼书】礼书是“纳征”时使用的文书，礼书内会详细列明礼物种类及数量。

【迎书】顾名思义，迎书即迎娶新娘时的文书，即在“亲迎”时使用。

【纳采】纳采是全部婚姻程序的开始。男方欲与女方结亲，男家遣媒人往女家提亲，送礼求婚。得到应允后，再请媒人正式向女家纳“采择之礼”。初议后，若女方有意，则男方派媒人正式向女家求婚，并携带一定礼物，故称“纳采”。古代纳采时的礼物用大雁，因其象征爱情忠贞。

雁是忠贞的象征，故纳采用大雁。

【问名】即男方遣媒人到女家询问女方姓名、生辰八字。取回庚帖后，卜吉合八字。另说问名是男方遣使者问女方生母的姓氏，以便分辨嫡庶。后来问名范围扩展到议门第、职位、财产以至容貌、健康等多个侧面。问名也须携带礼物，一般还是用雁。

> **庚帖**
>
> 庚帖又名婚帖，是一张上面写有男女双方姓名、籍贯、生辰八字及祖宗三代姓名的红色柬帖，一般托媒人进行交换，以表示求婚或订婚。

【纳吉】即男方问名、合八字后，将卜婚的吉兆通知女方，并送礼表示要订婚的礼仪。

【纳征】即男家往女家送聘礼，经此仪礼婚约完全成立。

【请期】俗称送日头或称提日，即由男家择定结婚佳期，用红笺书写男女生辰八字，由媒人携往女家，和女家主人商量迎娶的日期。

【亲迎】即新郎在商定好的迎娶之日，把新娘迎接到自家的宗祠大堂，由司仪主持拜堂成亲。

黄昏迎嫁

古人婚礼并不是所有的朝代和地区都要在黄昏举行的，这主要是汉族的传统习惯。根据《周礼·春官宗伯·大宰》的记载，“昏者，日入而合也”，意思是说结婚就是日落时分两个人相合的意思。这里的“昏”字既指结婚，也指黄昏。

可能当时的人认为黄昏是吉时，所以会在黄昏行娶妻之礼，故又称“昏礼”。因为阴阳五行的观念里，女子属阴，黄昏是“阳往而阴来”，婚礼的一切都合着迎阴气入家的含义。婚礼属嘉礼，是继男子的冠礼或女子的笄礼之后的人生第二个里程碑。

还有一种说法是，古人观察到，在日落时分，天空会出现一种红色的光芒，称为“晚霞”。晚霞被认为是吉祥美好的象征，寓意夫妻之间的爱情和忠诚。因此，在晚霞下结婚，可以增加夫妻之间的感情和信任。

成婚年龄

古人成婚年龄大致在 13 ~ 20 岁，其中男性成婚年龄在 15 ~ 20 岁，女性成婚年龄在 13 ~ 17 岁。古人成婚早是为了生育儿女，因为当时的医疗条件差，环境恶劣，人均寿命短，所以需要早点儿成婚。

不讳再嫁

总的来说，从周朝到北宋，古代女性不忌讳再嫁，并且从周朝至北宋一直如此。当时不论是前夫见到后夫，或是后夫见到前夫，均不用回避。宋代诗人陆游与前妻唐婉离婚后，有一次游沈园时，巧遇唐婉及其后夫赵士程，唐、赵二人还将酒菜送给陆游。可见，在那个时候，女性改嫁还是很正常的事情。直到明清时期，女性改嫁方为礼教所不容，因此有了守节、牌坊之说。

• 贞节牌坊

贞节牌坊

所谓“牌坊”，实际上是古代一种形状似门的高大建筑，一般由古代帝王为表彰臣子功绩而建。而“贞节牌坊”，是特指为了表彰古代女性对自己的丈夫坚贞不渝，一生恪守“贞节”而建立的牌坊。

起初，女性在夫死后还多为自愿守寡，间或有殉情而死之人。但清代后期大户之家攀比贞节牌坊数量之风愈盛，甚至官员都以贞节牌坊数量为自己政绩明证，其间被逼守寡甚至被活活饿死的女性不计其数。

30. 什么是合卺

合卺（jǐn）指结婚。古时把一个匏（páo，指葫芦）分为两个瓢叫“卺”，举行结婚仪式时，一对新人各执一瓢而酳（xǔ，用酒漱口），就叫“合卺”。后世遂以“合卺”为结婚的代称。

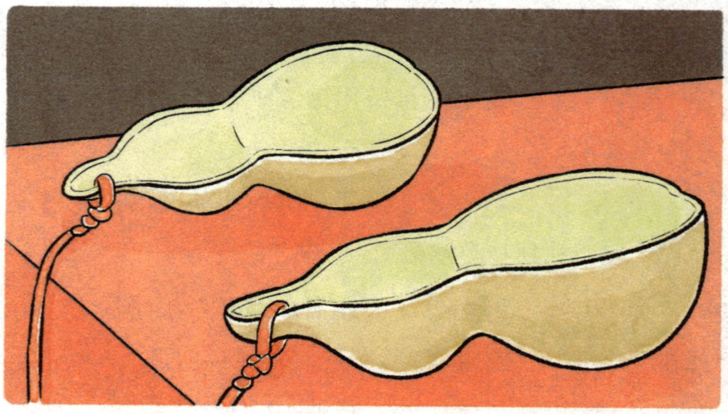

31. 妻指的是谁

妻是男子的配偶，在宗法时代指正式的配偶、嫡妻。从等级上看，“妻”当指诸侯以下男子的正式配偶，因为诸侯的正式配偶称“夫人”，帝王的正式配偶称“后”。

32. 什么是妾

妾，最初指家庭的女奴，后指贵族娶的“小妻”，实际上“小妻”是女奴随社会的发展而发展的结果，但地位仍极其低贱。如《邹忌讽齐王纳谏》：“妾之美我者，畏我也。”旧时正式婚配的妻子有时自己也称“妾”“贱妾”，这是自谦的说法。如《孔雀东南飞》：“贱妾留空房，相见常日稀”，“妾不堪驱使，徒留无所施”。

33. 什么是姬

姬，原是古代显赫的姓氏，如周朝王族姓姬。后来成为贵族女性的代称，再进一步泛化，便成为女性的美称，也就是“美女”的意思，如虞姬。

34. 什么是青庐

青庐是用青布搭成的棚，是古代举行婚礼的地方。如《孔雀东南飞》：“其日牛马嘶，新妇入青庐。”东汉至唐有此习俗。北方一带，拜堂有在“青庐”中举行的。“青庐”一般设在住宅的西南角“吉地”，露天设一帐幕，新娘从特备的毡席上踏入青庐。

新郎、新娘拜堂以后，不是直接送入洞房，而是继续待在青庐之中，两人面对面坐下，准备开始下面的仪式。在仪式开始前，新郎要作诗，目的是让新娘把一直遮脸的扇子拿开，让大家看看她的庐山真面目。但大多数人由于紧张、兴奋或者不会作诗等种种原因，要提前背好才能完成。此时作诗和前面的催妆诗目的性都很强，如果不想闹笑话，新郎要下功夫做功课。所以单从仪式上看，才子娶亲要比记性不好的土豪娶老婆容易多了。

35. 什么是朝

周代各国的诸侯，按规定的时间觐（jìn）见周天子，叫“朝（cháo）”。如《王制》：“五年一朝天子。”另一种说法是《左传·昭公十三年》杜预注：“三年一朝。”每次朝见天子，都要带着玉帛、兽皮、珍玩和土产等贡品，叫作“朝贡”。如果不按时朝见天子，会被认为是不尊敬天子，天子就要出兵讨伐。

36. 什么是觐

古代诸侯朝见天子称“觐”，诸侯朝见天子的仪式称“觐礼”。觐礼规定，天子不得下堂见诸侯，下堂而见诸侯天子失礼。

37. 什么是誓

用语言相互约束，表示绝不违背信约叫“誓”。诸侯之间举行这种仪式，叫“誓礼”。举行这种仪式，不用杀牲、歃血（以牲血涂抹嘴边）。

38. 什么是盟

两国以上或两人以上互相约定来协同办事叫“盟”。会盟时杀牲、歃血，并且宣读盟书，誓于神，叫“盟礼”。盟与誓不同之处，就在于举行仪式时要杀牲、歃血。

遇有急难，诸侯之间会见，举行盟礼，共同约定，相互援助，就叫“会盟”。结盟以后，双方就有义务相互约束。如《左传·襄公三十年》记载，宋国在五月间遭遇特大火灾，到了冬天，与宋同盟的十一个诸侯会于澶渊，共同以财货来援助宋国。

39. 什么是免胄

胄，即头盔；免胄，即脱下头盔。按古代礼法，诸侯的军队过天子宫门，战车上的左右卫士必须脱胄卷甲，收好兵器，下车步行而过，以示对天子的尊敬。

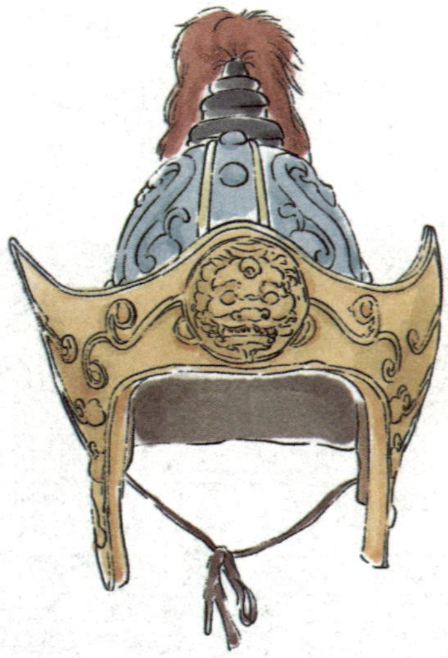

40. 什么是封禅

古代统治者不仅重视祭宗庙，也重视祭天地、山川。古代帝王祭天地的最隆重的典礼叫“封禅”。一般都是由帝王亲自到泰山上举行。古时认为泰山是五岳之长，称为岱宗。泰山海拔高，离天较近，所以先要到泰山顶上举行祭天的仪式，以报答天之功，叫作“封”。然后再到泰山脚下的一座小山——梁父山上举行祭地的仪式，以报答地之功，叫作“禅”。

41. 什么是斋戒

斋戒，是古人在举办祭祀或其他重大活动前，沐浴更衣，不喝酒，不吃荤，洁净身心，表示虔诚。

42. 社稷代表国家

古代帝王、诸侯所祭的土神叫“社”，谷神叫“稷”。后来就以“社稷”代表国家。

43. 牺牲的原义是什么

古代祭祀时把宰杀的牛、羊、猪等牲畜叫作“牺牲”。做祭品用的毛色纯一的牲畜叫“牺”；整只用作祭品叫“牲”。古代又有“三牲”之说，指祭祀用的牛、羊、猪。后来也以鸡、鱼、猪为“三牲”。

44. 什么是太牢

古代祭品，指牛、羊、猪各用一头。

45. 什么是少牢

古代祭品，指猪、羊各一头。

46. 死的不同说法

古代社会不同地位的人的死有不同的称谓。如《礼记·曲礼下》："天子死曰崩，诸侯死曰薨，大夫死曰卒，士死曰不禄，庶人曰死。"

47. 什么是棺椁

"棺"是装殓死人的器具，即棺材。"椁"是外棺，即棺材的套棺，用以保护棺材。上古时期贵族的墓里大多有椁。

西汉马王堆一号墓漆棺

黄肠题凑

黄肠题凑是流行于秦汉时期的一种特殊葬制，使用者主要是帝王及其妻妾，还有皇帝特许的宠臣。所谓"黄肠"，即去皮后的黄心柏木；所谓"题凑"，即椁室四周用柏木堆垒成的框形结构。

48. 什么是殉葬

殉葬是指古代用活人或器物从葬的一种风俗，即人死以后，逼迫死者的妻妾、奴隶等随同埋葬。周代以后多用"俑"代替活人，有时也把死者生前用的饮食器、兵器、乐器、装饰品等作为随葬物品。

49. 什么是入殓

指给尸体穿衣下棺，也叫"殓"。

金缕玉衣

金缕玉衣，也称"玉匣""玉柙（xiá）"，是汉代皇帝和高级贵族死后穿的殓服，外观与人体形状相同。

根据《西京杂记》记载，汉代帝王下葬都用玉匣，形如铠甲，用金丝连接。这种玉匣就是人们日常说的"金缕玉衣"。当时人们十分迷信玉能够保持尸骨不朽，更把玉作为一种高贵的礼器和身份的象征。

玉衣是穿戴者身份等级的象征，皇帝及部分近臣的玉衣以金线缕结，称为"金缕玉衣"，其他贵族则使用银线、铜线、丝线编造，称为"银缕玉衣""铜缕玉衣""丝缕玉衣"。

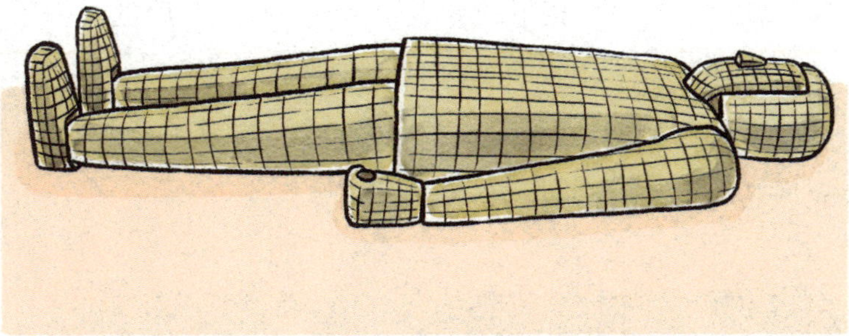

50. 什么是殡

古代殓而未葬叫作"殡"。后世把送灵柩到埋葬的地方叫"出殡""送殡"。

51. 什么是七七

旧俗人死后每隔七天祭奠一次，到七七四十九天为止。

52. 什么是丧礼

古代“凶礼”之一，即有关丧事的礼仪。

53. 什么是坟墓

坟墓是埋葬死人的地方。古时高出地面的葬人土堆叫“坟”，与地面相平的葬人场所叫“墓”。后世“坟”与“墓”并称，不再有所区别。旧时放在墓中，刻有死者传记的石刻叫“墓志”；立在墓旁，刻载死者生平、表扬其功德的石碑叫“墓表”。

54. 什么是合葬

合葬是指夫妇死后葬在一起。如《孔雀东南飞》：“两家求合葬，合葬华山傍。”

生同衾，死同穴

2020 年，在山西大同发掘的一座北魏时期双人合葬墓中，一男一女的骨架呈拥抱的姿势。这一对男女的死亡时间不同，但是下葬的时间相同，很可能存在着殉情的情况。“生同衾（qīn，即被子），死同穴”，这一浪漫的爱情穿越了千年。

55. 什么是稿葬

古代的平民死了至多用“稿葬”，即用草苫（shān，即草席）子裹住尸体埋葬。《红楼梦》中，曾经“金银满箱”、无限风光的王熙凤，终究落了一个让她做梦都想不到的结局——草席裹身，即稿葬。

56. 什么是庐冢

庐冢，也作“庐墓”，指古人在服丧期间，为守护父母或师长的坟墓而盖的房舍。“庐”，房屋；“冢”，坟墓。

子贡庐墓处

孔子死后，众弟子皆在墓地守丧三年。三年满，相诀而去。唯有子贡比其他人多守丧三年，以尽其特殊之“孝”道，这种师生情谊是前无古人的，足见子贡和孔子关系之深。后人为纪念此事，在子贡守墓的地点建屋三间，立碑一座为“子贡庐墓处”。

57. 什么是坐

以两膝着地，两股贴在脚跟上，是“坐”。两膝着地，直身，两股不着脚跟，是“跪”。跪而挺腰耸身，叫作“跽”（jì）。

坐席也有讲究，所谓“虚坐尽后，食坐尽前”。尽后，是尽量把身体往后坐一点儿，表示谦恭的样子；尽前，是尽量把身体往前挪一点儿，不因饮食而玷污席子。

跪拜

坐　　箕踞　　跽

跪与坐不同，往往是在有急事或表示谢罪之时采用的姿势。所以前人指出跪与坐二者的区别是“跪危而坐安”。跪又表示对长者的尊敬。

两股着地伸直两腿，形似畚箕，叫作“箕踞”。这种姿势是表示傲视对方的意思。

58. 什么是跪拜礼

古代社交礼俗中，相见时行跪拜礼，这是使用年代最长、使用层面最广的基本礼仪。直到辛亥革命废除这种礼俗之前，跪拜礼一直在广泛使用。以两膝拄地则为跪，跪而俯伏向下行礼则为跪拜。

《周礼》谓“九拜”：“一曰稽首，二曰顿首，三曰空首，四曰振动，五曰吉拜，六曰凶拜，七曰奇拜，八曰褒拜，九曰肃拜。”这是不同等级、不同身份的社会成员，在不同场合所使用的规定礼仪。

九拜

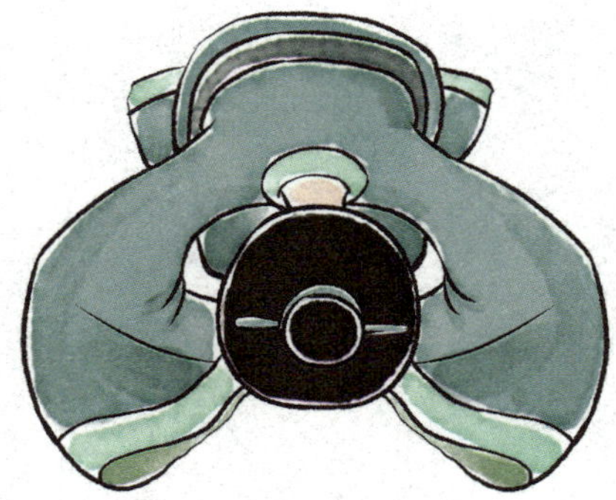

稽首

顿首

空首

跪拜礼中，礼节最重的是**稽首**。行礼时，施礼者屈膝跪地，左手按右手，拱手于地于膝前，手不分散，再慢慢伸头到手前地上，俯伏向下直至头碰到地面并且要停留一会儿，动作舒缓。这是下对上见面时表示毕恭毕敬的大礼。古代臣拜君、子拜父、学生拜老师以及拜天、拜地、拜祖先都用这种跪拜形式。旧时给尊长者写信，在开头时常用“某某稽首”的字样即源于此。

行**顿首**礼时，施礼者屈膝跪地，左手覆盖右手，拱手于地，至膝前，手不分散，头快速伸下，引头至地，稍顿即起。顿首是拜礼中次重者，通常是古代地位相等或平辈之间互相表示敬意的礼节，也称为“叩头”。其形式如同稽首，只是头触地后立即抬起而不在地面停留。后来引申为书信语的开头或结尾，其意思如同现代书信语的“向您问好”“致敬”等。

空首是古代上级对下级表达谢意的礼节，或为君王祭天，不失尊者至尊。行此礼，施礼者身体呈跪姿，先跪而拱手，再俯下头，但不接触地面，与心平即可。

以上三种礼节均属“吉事之拜”。

振动

振动是丧礼相见中最隆重的跪拜礼节。这种礼节的形式不仅要“顿首”，还要双手相击，哭天喊地，浑身战栗不已，表示对丧者悲痛哀悼。

古代有守孝三年的礼俗，三年期后和丧家相见时行“**吉拜**”。这一礼节形式是先“空首”，然后“顿首”。

凶拜是居丧期间答拜宾客的礼节。这一礼节形式是先“顿首”，然后“空首”。

吉拜

凶拜

以上三种礼节均属“凶事之拜”。

奇为单数，**奇拜**即拜一次。**褒拜**即拜两次或两次以上，褒拜是行拜礼后为回报他人行礼的再拜，也称“报拜”。

奇拜和褒拜都是指拜的次数，不是独立的跪拜形式，体现跪拜的隆重或严肃程度。

肃拜是古代女子跪拜礼的一种。拜时跪双膝后，两手先到地，再拱手，同时低下头去，到手为止，故又称“手拜”。肃，手到地的意思。所以后来在书信来往中，为了表示对对方的尊敬，往往用“谨肃”一词。女性行礼也称“端肃”，亦源于此。

端肃

59. 为什么作揖

古代作揖与后世不同，古人作揖是推手。如《仪礼》：“推手曰揖。”古人作揖，根据对象的不同，推手时有高平下之别。《周礼》：“土揖庶姓，时揖异姓，天揖百姓。”对庶姓，没有亲属关系，推手时稍微往下，叫土揖。对异姓，是指有婚姻关系的，则用时揖，平推手。对同姓，是同一个族的，就用天揖，推手时稍微举高。

天揖

60. 什么是执手

执手是表示亲昵的行礼方式，和现在的握手相似。最先见于《诗经》：“执子之手，与子偕老。”还有宋代柳永的《雨霖铃》：“执手相看泪眼，竟无语凝噎。”

61. 什么是趋

趋是臣见君时的礼节。小步快走，表示恭敬。

趋炎附势

指奉承和依附有权有势的人。

62. 什么是郊迎

郊迎是到郊外等候迎接，以表敬重。

63. 什么是万福

旧时女性对人行礼，口里说着“万福”，后来用“万福”作为行礼的代称。如《鲁提辖拳打镇关西》：“看那妇人，虽无十分的容貌，也有些动人的颜色，拭着眼泪，向前来深深地道了三个万福。”

64. 什么是九宾

九宾也称“九仪”，古代外交上最隆重的一种礼仪，由九名傧（bīn）相（迎宾赞礼人员）立于宫廷，接引宾客上殿。

65. 什么是百姓

百姓是奴隶社会对贵族的总称。贵族有姓，平民无姓，这种状况在春秋战国时代仍然存在。到了汉代，自天子至一般平民才皆可以有姓。“百姓”遂随之指称一般平民了。

66. 为什么叫布衣

布衣即平民。古代平民穿麻布葛衣，故“布衣”成了平民的代称。《出师表》：“臣本布衣，躬耕于南阳，苟全性命于乱世，不求闻达于诸侯。”

67. 什么是臣

臣，最初指男性奴仆，跟女性的妾相对，后来成为君主时代官吏和百姓的统称。另外，臣又是表示谦卑的自称。

68. 为什么叫黎民

黎民即平民、众民之意，也称“黎庶”“黎元”等。

黎民百姓

指普通百姓。

69. 什么是士

士是商、周时最低级的贵族阶层。卿大夫下面是士，这种“士”通常担任卿大夫统治区域（即家）的家臣。春秋以后“士”又成了武士、文士的称谓，再以后便逐渐成了统治阶级中知识分子的通称。

士可杀不可辱

意思是指士人宁可死，也不愿受侮辱。

70. 什么是奴隶

奴隶是为奴隶主劳动而无人身自由的人，常常被奴隶主任意买卖或杀害。最初的众、奚、仆、臣、妾等，都是奴隶。

71. 什么是黔首

黔首是战国时秦国及后来秦王朝对平民的贱称。黔，黑色。据说秦朝崇尚黑色，当时平民皆用黑布包头，故名。

72. 什么是庶人

庶人也叫“庶民”，西周以后对农业生产者的称谓，其身份比奴隶高。

贬为庶人

意思就是把某个人的所有身份都去掉。古代皇室、官员、妃子等，由于犯罪等种种原因被贬为平民，失去了之前拥有的特权。被贬为庶人的必须是皇亲国戚，或者生来就不是庶人，又或者受封了什么爵位。

第七篇

官职官制

1. 最为尊贵的上卿

“卿”是周代执掌军政的一种官员，天子及诸侯皆有卿，分上中下，最尊贵者谓“上卿”。春秋时期，诸侯国的大国与小国之间，同为上卿者，地位却并不对等，如小国上卿相当于大国下卿等。到了后世，上卿泛指朝廷的大臣。

上卿蔺相如

公元前 279 年，秦昭襄王与赵惠文王相会于渑池（今河南渑池西）。蔺相如随侍赵惠文王，当面斥责强大的秦国，保全了国体，使赵惠文王没有受到屈辱。蔺相如因功被封为上卿，官居廉颇之上。

三公九卿制

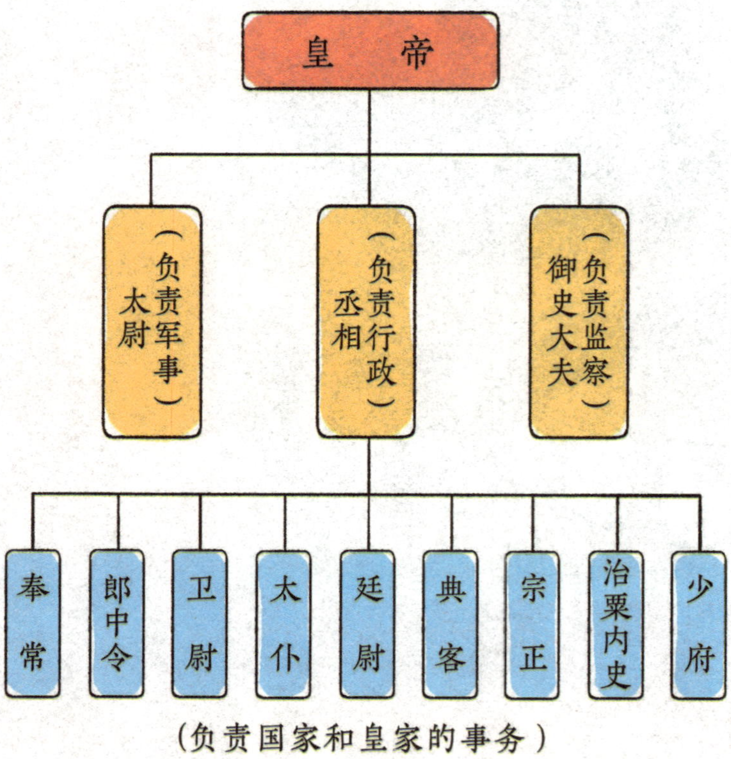

三公九卿制是秦朝时确立的中央官制，“三公”是指辅助国君的三个最高官员，“九卿”是指中央政府的九个高级官员。

“三公”分别是：

（1）丞相：主管全国行政。

（2）太尉：负责总揽全国军政。

（3）御史大夫：负责皇帝与群臣的沟通并监督群臣。

“九卿”分别是：

（1）奉常，掌管宗庙礼仪，地位很高，居九卿之首。

（2）郎中令，掌管宫殿警卫。

（3）卫尉，掌管宫门警卫。

（4）太仆，掌管宫廷御马和国家马政。

（5）廷尉，掌管司法审判。

（6）典客，掌管外交和民族事务。

（7）宗正，掌管皇族、宗室事务。

（8）治粟内史，掌管租税钱谷和财政收支。

（9）少府，掌管专供皇室需用的山海池泽之税。

2. 宰相可不是官名

宰相是中国古代对于辅佐君主并掌握国家最高行政权力的官员的通称或俗称，并非具体的官名。史传商代有伊尹为相，周代周公为太宰，皆为辅佐君主并掌握国家最高权力的官员，“太宰”与“相”就合称为“宰相”。

宰相可以是一个人，也可以是一群人。例如，汉代的丞相可以称为宰相，很长时间就是一个人；唐代的三省长官，甚至参加政事堂会议的官员都算宰相，宰相就是一群人。

3. 丞相是百官之长

丞相与宰相不同，丞相是正式的官名，是辅佐皇帝、总理百政的官员，即百官之长。先秦时期有“相”“相邦”等名，秦朝建立之后，正式设置丞相。但自秦至明朝初年朱元璋废丞相的 1600 年间，丞相的设置断断续续，作为官名的丞相在历史上的存在时间并不长。

朱元璋曾废除丞相

明朝初年，胡惟庸曾任丞相。自做丞相以来，胡惟庸的权势渐渐扩大，在朝中颇有势力。他借助自己的势力处处牵制皇帝朱元璋，处理政务时哪怕是关乎生死的事情，都自己决断而不向朱元璋汇报。胡惟庸此举引起了朱元璋极大的不满，他还不满足于自己的丞相地位，想篡夺皇位，与朱元璋对抗。他拉拢了许多官员和将领，企图发动政变。朱元璋得知后，将其诛杀，并且废除了在中国延续了1600余年的丞相制度。朱元璋曾说："我无需丞相！"

4. 尚书是什么职务

最初，尚书为掌管文书奏章的低级官员。隋唐以后，吏、户、礼、兵、刑、工六部的正职长官，称"尚书"，副职称"侍郎"。

三省六部制

三省六部制是中国古代社会一套组织严密的中央官制。确立于隋朝，完善于唐朝，此后一直到清末，基本沿袭未改。"三省"指中书省、门下省、尚书省，"六部"指尚书省下属的吏部、户部、礼部、兵部、刑部、工部。

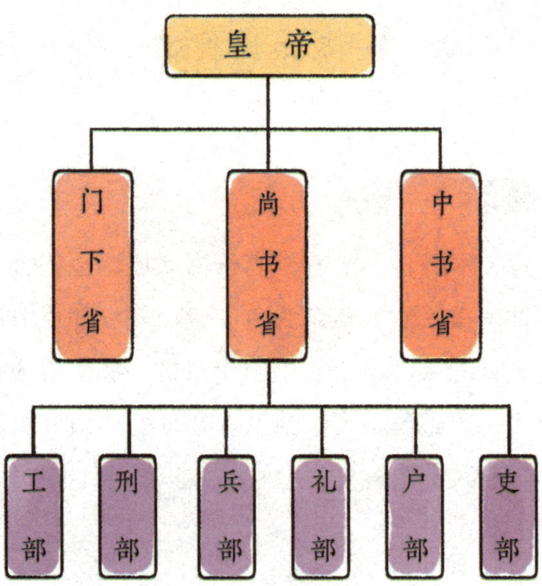

六部尚书

（1）吏部尚书：吏部的主官，相当于现在的人力资源和社会保障部部长等。

（2）礼部尚书：礼部的主官，相当于现在的文旅部部长兼外交部部长、教育部部长等。

（3）户部尚书：户部的主官，相当于现在的财政部部长兼国土资源部部长、商务部部长等。

（4）兵部尚书：兵部的主官，相当于现在的国防部部长等。

（5）刑部尚书：刑部的主官，相当于现在的公安部部长兼司法部部长等。

（6）工部尚书：工部的主官，相当于现在的工信部部长兼水利部部长、科技部部长、住建部部长、交通部部长等。

5. 学士可不是本科学位

魏晋时期，"学士"是掌管典礼、编撰诸事的官职名称。唐代以后则指翰林学士，成为皇帝的秘书、顾问，参与机要，因而有"内相"之称。明清时期，承旨、侍读、侍讲、编修、庶吉士等虽亦为翰林学士，但与唐宋时翰林学士的地位和职务都不同。白居易、欧阳修、苏轼、司马光、沈括、宋濂等，都曾是翰林学士。

一门三学士

一门三学士，指的是北宋散文家苏洵和他的儿子苏轼、苏辙。宋仁宗嘉祐初年，苏洵和苏轼、苏辙父子三人都到了东京（今河南开封）。由于欧阳修的赏识和推誉，他们的文章很快闻名于世，士大夫争相传诵，一时间学者竞相仿效。

大学士

唐代就设有“大学士”一职，是辅助皇帝的高级秘书官。明清时期，又称“内阁大学士”“殿阁大学士”等，是皇帝的参政顾问和最高幕僚，负责起草诏令及审议奏章，大学士的职权是很大的。

6. 御史其实是一种泛称

御史是中国古代对执掌监察的官员的一种泛称。先秦时期，天子、诸侯、大夫、邑宰下属皆置“史”，是负责记录的史官。约自秦朝开始，御史专门作为监察性质的官职，负责监督朝廷官吏，一直延续到清朝。

御史包拯

北宋时期，包拯就曾做过监察御史。在那期间，他严查贪官污吏，肃正纲纪。即使在宋仁宗赵祯面前，他也能冒犯威严，大胆给领导“提意见”。被包拯弹劾的官员不计其数，尤其值得一提的是包拯曾六次上奏，要弹劾张贵妃的伯父张尧佐。由于被包拯弹劾的官员太多，因此当时京城流行“包弹”一语。被包拯弹劾过的有污点官员便被称为“有包弹”，没有弹劾过的是“没包弹”。

7. 枢密院的枢密使

枢密使一职始置于唐代后期，为枢密院（管理军国要政的机构）主官，由宦官充任。五代时，枢密使改由士人充任，后又逐渐被武臣所掌握，办事机构也日益完善。为适应连年战争的局面，枢密使把军政大权握于一己之手以便宜从事，其权力与宰相相当。但宋代以后，枢密使以文官担任，其职权范围逐步缩小。

岳飞曾是枢密副使

南宋绍兴十一年（1141）四月，张俊、韩世忠、岳飞三位大将被调离军队，到临安朝廷枢密院供职，韩世忠、张俊为枢密使，岳飞为枢密副使。宋朝以枢密使为最高军事长官，相当于今天的国防部长，枢密副使则相当于国防部副部长。枢密副使级别虽然高，此时的岳飞手里却没有什么实权。

8. 左徒

左徒是周朝楚国特有的官名，中原诸侯国无此职位。其职责是规谏皇帝，举荐人才。据《史记》记载，春申君与屈原曾任左徒。后人亦以左徒作为屈原的别称。

9. 太尉是最高军事长官

太尉是元朝以前中央最高军事长官，天下武官之首，掌握兵马大权，历朝均为正一品。

太尉高俅

小说《水浒传》中有个高俅高太尉，他陷害林冲，迫使林冲家破人亡，落草为寇。梁山好汉征讨方腊后，高太尉更是和太师蔡京、枢密使童贯一起陷害宋江、卢俊义等人，用毒酒毒死了他们。昔日的梁山好汉除个别人外，都不得善终。

10. 大夫是医生吗

先秦诸侯国中，在国君之下有卿、大夫、士三级。秦汉以后，有谏议大夫、中大夫、光禄大夫等官职，至唐宋尚有谏议大夫之官，明清时期废止。

“大夫”和医生

到了宋朝，医事制度和医学教育发展迅速，负责管理医疗行政的官员不断增多，“大夫”和医生开始有了联系。当时翰林医官院的医官分为七级，每级皆有几种官职，共有二十二种，如和安大夫、成和大夫、成安大夫、成全大夫、保安大夫等。这些大夫多为医官，所以人们也就开始称呼医生为“大夫”了。不过，读音由“dà fū”改为“dài fu”。

11. 士大夫

士大夫，古时指有官职的人，也指没有做官但有声望的读书人。

竹林七贤

魏晋南北朝时期，最有名的士大夫群体就是“竹林七贤”，分别是嵇康、阮籍、山涛、向秀、刘伶、王戎及阮咸。因他们常在当时的山阳县（今河南焦作修武县，可能为现今云台山一带）竹林之下，喝酒、纵歌，肆意酣畅，世谓七贤，后与地名竹林合称。

他们既有很高的文学、艺术造诣，又有高洁的道德操守。他们中的许多人狂放不羁、放浪形骸，情愿醉酒而死，也不在腐败的朝廷中工作。

12. 太史的地位很高吗

太史是指西周、春秋时地位很高的朝廷大臣，起草文书、策命诸侯卿大夫，记载史事、掌管典籍、祭祀。秦汉时设太史令，职位渐低。

太史公司马迁

相传司马迁的祖先自尧舜时代至周朝，都是世代相传的史官。其父司马谈曾在汉武帝时期担任太史令一职，司马谈去世后，司马迁继任太史令。他“究天人之际，通古今之变，成一家之言”，创作了中国第一部纪传体通史《史记》。该书记载了从上古传说中的黄帝时期到汉武帝长达3000多年的历史，是“二十五史”之首，被公认为中国史书的典范，被鲁迅誉为“史家之绝唱，无韵之离骚”。司马迁本人也被尊称为“太史公”，成为中国古代史学家中的经典人物。

13. 长史是指什么

长史最早设于秦代，当时丞相和将军幕府皆设有长史官，相当于秘书长或幕僚长。将军下的长史亦可领军作战，称作“将兵长史”，东汉的班超就曾为将兵长史。

魏晋南北朝时，州郡官员底下多设长史。唐代州刺史下亦设立长史官，名为“刺史佐官”，却无实职。明清时代的长史设于亲王、公主等府中，执管府中之政令。

将兵长史班超

班超是东汉时期著名的军事家、外交家，史学家班彪的幼子，其长兄班固、妹妹班昭也是著名的史学家。班超为人有大志，不修细节，但内心孝敬恭谨，审察事理。他能言善辩，博览群书，不甘于为官府抄写文书，于是投笔从戎，随窦固出击北匈奴，而后率领三十六人出使西域。

班超在西域三十一年，对内平定诸国内乱，对外抵御强敌，为政宽简，吏士团结，人心向附，威信很高。他在西域进行军事活动，主要依靠的是当地兵力。自汉置西域都护以来，以班超功绩最为卓著。

14. 尹也是一个官名

据史料记载，商代的“尹”相当于“相”，西周“尹”的地位很高，仍为君王辅弼之官。到了春秋战国之时，楚国的官长多称“尹”，并有“左尹”“右尹”之称。汉代以后，京城行政长官称“尹”，如“京兆尹”，地方行政长官也称“尹”，如“河南尹”。

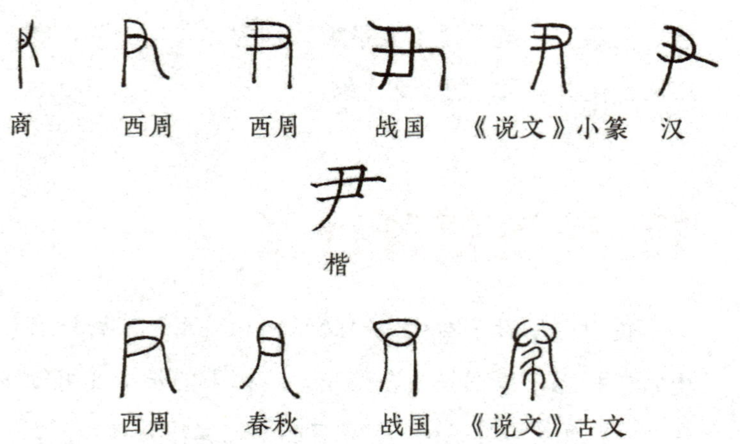

“尹”为会意字，其字形像以手拿笔。有学者认为，“尹”的本义就是用笔理事的官，即文官。古代的文官离不开笔，所以用执笔的形状来象征治事的“尹”这一官职。

15. 令尹是楚国的最高官衔

春秋战国时期，令尹是楚国掌握政治事务、发号施令的最高官职，执掌国柄，身处上位，对内主持国事，对外主持战争，总揽军政大权于一身。令尹主要由楚国贵族当中的贤能来担任，且多为芈（mǐ）姓之族。

芈姓

芈姓是周朝时楚国贵族的祖姓，并由其分衍出诸多的氏，如熊、昭、屈、景等。熊氏楚王、屈原、秦国宣太后芈氏等，原来是同一个家族，都姓“芈”。之所以叫法不一样，是因为先秦时期男子称氏不称姓，女子称姓不称氏。

16. 节度使始于何时

节度使的官职名称始用于唐朝。

唐朝沿袭隋朝的制度，在国内重要的地区设总管，后改称“都督”，管理几个州的军事。景云年间唐睿宗任命薛讷为幽州镇守经略节度大使，贺拔延嗣为河西节度使，从此出现了节度使的称号。后来，朔方、陇右、河东等边镇也相继设置了节度使。

节度使是地方的最高军政长官，管辖数州，总揽辖区内的军事、民政、财政，权力极大。因此，节度使上任时八面威风，皇帝亲自派大员为其饯行，属下州县官吏要举行隆重的仪式迎接。彩楼高耸，旌旗招展，鼓角齐鸣，节度使骑在高头大马上，由武装仪仗与五彩缤纷的旗帜簇拥而来，象征着权力的旌节高擎。

节度使安禄山

唐玄宗天宝年间，全国共设置有十大节度使，安禄山领有其中三个，即平卢、范阳和河东三镇，兵力雄厚。因此，他敢悍然发动“安史之乱”，并一路势如破竹，攻破东西两京，建立伪燕政权。

17. 经略使是指什么

经略使，唐宋时期为边防军事长官，后多由节度使兼任。

经略副使范仲淹

范仲淹是北宋时期杰出的政治家、文学家，北宋和西夏爆发战争后，他被任命为陕西经略副使。其间，他采取“屯田久守”的方针，巩固了北宋西北边防，对宋夏议和起到促进作用。

18. 教头是官职吗

教头是宋代对教授武艺之人的称呼，类似于教练。因《水浒传》中林冲自称“东京八十万禁军教头”，此称呼常常被人误解为一种官职，这实际上是错误的，宋代的官制中并没有“教头”这个职位。

简单来说，教头其实类似于武师，只要是教授武艺并以此为职业的人，都可以称为“教头”。

19. 提辖

提辖是管领的意思，是宋代州郡武官的官名，主管训练军队、督捕盗贼等事务。如《水浒传》中的鲁智深，就是一名提辖，故人称“鲁提辖”。

20. 太仆原来干的是“弼马温”的活儿

太仆是秦汉时主管皇帝车辆、马匹之官，后逐渐转为专管官府畜牧事务。

弼马温

《西游记》中，孙悟空曾在天宫任“弼马温”一职。在取经途中，孙悟空因此被猪八戒和众妖精多次取笑过。但古代朝廷根本就没有“弼马温”这个职位，掌管御马的官职叫作“太仆”，孙悟空应该叫作“孙太仆”。

21. 太守前后的变化大

太守是战国时期对郡守的尊称。西汉景帝时更名为“太守”，为一郡的最高行政长官。宋代以后改郡为府或州，自此太守不再是正式官名，仅用作刺史或知府的别称。

滁州太守欧阳修

欧阳修是在宋代文学史上最早开创一代文风的文坛领袖，与韩愈、柳宗元、苏洵、苏轼、苏辙、王安石、曾巩合称“唐宋八大家”，并与韩愈、柳宗元、苏轼被后人合称“千古文章四大家”。他曾担任滁州太守（知府），并在那里写下了著名的《醉翁亭记》。

22. 知府的“知”是什么意思

知府是宋代开始设置的官职，“知”是主持的意思，称“知某府事”，简称“知府”。明代始以“知府”为正式名称，官制为正四品，管辖州县，为府一级行政长官。清沿明制，官制从四品。

23. 知县是“七品芝麻官”

知县为一县的行政长官，又称“县令”。明清官制，知县一般为正七品，民间就有称知县为“七品芝麻官”的说法，形容知县官小，只有芝麻大。

24. 刺史的“刺”是什么意思

刺史又称“刺使”，为古代州级官职。“刺”的意思是检核问事，即监察之职，而“史”是御史的意思。

刺史制度

汉武帝把全国划分为十三个州部，每州为一个监察区，设置刺史一人，负责监察所在州部的郡国。刺史制度是中国古代重要的地方监察制度，是维护皇权的有力手段，在加强中央对地方的监督和控制上，发挥了重要的作用。

25. 巡抚最早出现于南北朝时期

一般认为“巡抚”这一官职是明清时期的产物，但是有研究指出，“巡抚”一词最早出现于南北朝时期。

早在延和元年（432），将领来大千随北魏太武帝北伐，大败柔然之后，太武帝以其勇猛、多有战功且熟悉北境险要，下诏书让来大千“巡抚六镇，以防寇虏”。不过这时候的巡抚，只是一个差遣名称，不是官职。

巡抚是明清时期地方军政长官之一，又称“抚台”，是巡视各地军政、民政的大臣，以“巡行天下，抚军按民”而得名。

巡抚于谦

明朝的于谦为官清正廉明，为国忘身，鞠躬尽瘁，是中国古代十分有代表性的廉吏、清官。

宣德五年（1430），他被破格擢升为兵部右侍郎，巡抚山西、河南两省。

26. 总督

明清时期，称统辖一省或数省行政、经济及军事的长官为“总督”，尊称为“督宪”“制台”“制军”等，官阶为正二品。比如直隶总督、两江总督、四川总督、闽浙总督、云贵总督、湖广总督、两广总督、陕甘总督等。此外，也有河道总督、漕运总督等专管某项政务的总督。总督与巡抚皆为地方军政大员，合称“督抚”。但总督权力较巡抚大，巡抚位于总督之下。

年羹尧

年羹尧是清朝前期政治、军事人物，雍正帝敦肃皇贵妃之兄，曾任四川总督、川陕总督等职。他才兼文武，久镇西边，平定西藏、青海，为捍卫和巩固多民族国家的统一作出了贡献。然因行为不检、居功自傲而得罪雍正帝，终致身败名裂。

27. 提督

提督的全称为“提督军务总兵官”，为武职官名，负责统辖一省陆路或水路官兵。

清代的提督

清代，提督通常为各省绿营最高主管官，官阶从一品，称得上封疆大吏。若以职能分，提督分为陆路提督与水师提督，掌管区域达一至两省，数万平方千米，甚至数十万平方千米。一般来说，清朝在全国各地共设置12名陆路提督，3名水师提督。

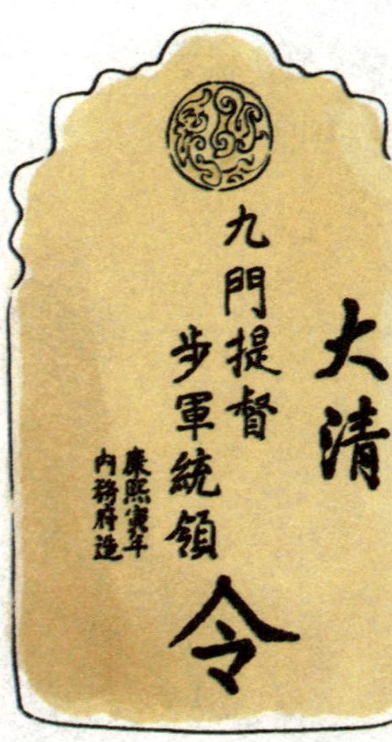

九门提督

九门提督是清代的驻京武官，正式官衔为“提督九门巡捕五营步军统领”，主要负责北京内城九座城门（正阳门、崇文门、宣武门、安定门、德胜门、东直门、西直门、朝阳门、阜成门）内外的守卫和门禁，还负责巡夜、救火、编查保甲、禁令、缉捕、断狱等，实际为清朝京师卫戍部队的统领，品秩为从一品。

28. 都督

都督一职兴于汉末三国，其后发展成为地方军事长官。明朝以后，成为中央军事长官。民国初年各省也设有都督，兼管民政。

大都督周瑜

周瑜是东汉末年的名将、军事家，他出身世家大族，文武兼备，有雄才大略，是东吴势力取得军事成功和割据地位的主要功臣之一。在《三国演义》里，周瑜曾任东吴大都督一职，但作者为了凸显诸葛亮的智慧，杜撰了如“智激周瑜”“三气周瑜”“周郎妙计安天下，赔了夫人又折兵”“既生瑜，何生亮”等故事，把历史上的周瑜塑造成了心胸狭窄、不能容人的形象。这是小说对历史人物的艺术加工，与史实不符。

29. 军机大臣

军机大臣为清朝中枢机构主要成员，俗称“大军机”，又称“枢臣”，是军机处的长官。雍正年间，因对西北用兵，与准噶尔部作战，为办理机密事务，开始设立军机处，并挑选谨密可靠的大臣任职。后来，军机处奉命经办一切重大军政事务，成为国家的政治中枢。军机处是有官无吏的特殊衙门，在军机处任职的人员数量不固定，初为三人，最多时十余人。怡亲王允祥和大学士蒋廷锡、张廷玉，是最早的一批军机大臣。

军机大臣允祥

允祥也叫胤祥，是康熙皇帝的第十三子，人称“十三爷”。在雍正皇帝争夺皇位的过程中，允祥出力很多，雍正对他也极为信任。由于允祥协助雍正处理了许多政务，为政局的稳定作出了很大贡献，后世戏称他为“常务副皇帝”。

30. 里正

里正又称“里长”，即一里之长，为古代的乡官，相当于现在的村长。杜甫《兵车行》云：“去时里正与裹头，归来头白还戍边。”

31. 土司可不是“吐司”

土司是中央封授给西北、西南地区少数民族部族首领的官职名称，首次出现在南宋时期，元朝时形成土司制，明朝时土司制完善，清朝时土司制衰落，民国时土司继续在边疆地区存在。土司的职位可以世袭，但是袭官需要获得朝廷的批准。元朝的土司有宣慰使、宣抚使、安抚使三种武官职务。明朝与清朝沿置土司制度，自明朝起，增加了土知府、土知州、土知县三种文官职务。土司对朝廷承担一定的赋役，并按照朝廷的征发令提供军队；对内维持其作为部族首领的统治权力。

清朝雍正年间，为加强对边疆地区的统治，开始改土归流，即将世袭的土司改为由朝廷委派的流官。为了推行改土归流的政策，清朝发动了对少数民族的多次战争，但是土司制度直到清朝结束也没有完全消失。中华民国时期，宁夏、青海一带的马步芳武装接受民国政府的任命，但对于其辖地仍然自行管辖，实际上和前朝的土司制度没有什么不同。中华人民共和国成立后，经过剿匪、土地改革、民族区域自治等政策的实施，土司制度彻底被废除。

32. 内阁是什么

内阁是明清时期的最高官署。明洪武十三年（1380），朱元璋为加强皇权，以谋反罪杀丞相胡惟庸，从此废去丞相一职并明令后世子孙不得设丞相。这样，全国政务都汇集到皇帝这里。朱元璋行伍出身，精力充沛，后来又仿宋制设置了一些殿阁大学士作为自己的顾问，还勉强能够应付。到永乐皇帝时，他因经常外出征伐，对政务便有些顾不过来，于是正式建立内阁，以大学士充任阁员，参与机务。内阁刚开始并无实权，但自仁宗起，明朝的皇帝们都只是成长于深宫的娇贵皇子，不具备一个人掌控全国政务的精力和耐性，内阁权力渐重。到成化、弘治之际，内阁已经相当于丞相府。尤其到万历年间，由于万历幼年登基，政务完全由内阁处理，内阁首辅张居正的权力甚至超越了以前的丞相。明朝晚期，宦官权力上升，内阁权力开始下降。崇祯时，内阁权力被虚化，内阁制度名存实亡。

清代刚开始时沿用明朝内阁制度，以满、汉同比例的方式设置内阁大学士，行使相权。但因清帝基本都比较勤政，内阁差不多只是个执行机构，权力远不如明朝内阁大。到雍正时，设立军机处作为最高决策机关，内阁基本上成了类似秘书处的文书机构。但在清代，内阁一直都是名义上的最高官署。

33. 东厂与西厂是指什么

东厂是明永乐皇帝朱棣建立的由宦官掌控的特务机关。因建文帝是明太祖指定的继承人，代表正统，深得明朝官员拥护。朱棣发动“靖难之役”夺了侄子建文帝的江山，大批官员殉难，剩下的朝廷官员亦不大支持朱棣的新政权。朱棣因此对大臣也都十分猜忌，于是采取了两个措施，一个是迁都北京，另一个便是在锦衣卫之外另建一个更加方便自己使用的特务机关。因夺江山的过程中，几个太监曾出了不少力（如郑和），朱棣觉得太监比较可靠，便建立了一个由宦官掌领的侦缉机构。由于其地址位于东安门北侧（今王府井大街北部东厂胡同），因此被命名为东厂。东厂直接向皇帝负责。起初，东厂只负责侦缉、抓人，审讯犯人的权力则在锦衣卫。但到明末宦官专权后，东厂也具有了审问权，并且设有自己的监狱，对百姓乃至官员都可抓捕、审问，成为国家司法体系之外的独立体系。

另外，朝廷审理大案，东厂都要派人听审；朝廷各衙门里，也都有东厂人员坐班，监视官员；朝廷各种文件，东厂也都要查看，甚至民间百姓的日常生活都在其侦缉范围内。东厂的人每天在京城各处活动，经常罗织罪名敲诈勒索良民，成为上至朝廷下至民间的一大害。

西厂则是明宪宗为强化特务统治所增设的，其人数比东厂更多，权力更大，并且不再局限于京城，而是遍布全国。后因反对，存在不久被撤销。东西二厂与锦衣卫共同构成明代的“厂卫”制度。

34. 锦衣卫很神秘吗

锦衣卫是明朝皇帝的侍卫兼特务机构。其前身为明太祖朱元璋所设的御用拱卫司，洪武二年（1369）改为大内亲军都督府，洪武十五年（1382）改为锦衣卫。锦衣卫是朱元璋为强化皇帝对政权的控制而建，其作用有二：一是作为皇帝的侍卫，与前代的禁卫军作用相同；二是作为一种特务组织充当皇帝耳目，监督百官。明代锦衣卫之所以在历史上很有名，是因为它的第二个功能。锦衣卫不仅拥有自己的军队系统，且拥有独立于政府司法体系之外的特权，可绕过政府系统直接对上至大臣、武将，下至百姓实施侦缉、抓捕、审问，并拥有自己的监狱。

锦衣卫的建立起到了一定的正面作用，如对于预防官员腐败起到很好的作用；另外，锦衣卫还担当了部分国防及情报工作。锦衣卫首领称指挥使，一般由武将担任。后来宦官统领的特务组织东厂成立后，锦衣卫地位逐渐低于东厂。晚明宦官专政时，锦衣卫指挥使见东厂厂公甚至要下跪叩头。整个明代，锦衣卫和东厂、西厂这样的特务组织一直存在，乃是一种酷政，造成国家司法混乱及朝廷上下的恐慌，不少学者认为明代即亡于“厂卫”制度。

第八篇

天文算术

1. 什么是二十八宿

二十八宿又叫二十八舍或二十八星，是古人为观测日、月、五星（指金星、木星、水星、火星、土星）运行而划分的二十八个星区，用来说明日、月、五星运行所到的位置。古人根据它们的出没定出四时，从而安排农事活动。

二十八宿的名称，自西向东排列为：东方苍龙七宿是角、亢（kàng）、氐（dī）、房、心、尾、箕（jī）；北方玄武七宿是斗、牛、女、虚、危、室、壁；西方白虎七宿是奎、娄、胃、昴（mǎo）、毕、觜（zī）、参（shēn）；南方朱雀七宿是井、鬼、柳、星、张、翼、轸（zhěn）。二十八宿的每宿包含若干颗恒星。

二十八宿为中国古代天文学的伟大创造之一，虽然它的最初起源尚未确定，但可以肯定的是，最迟在公元前五世纪就已经形成，因为战国时期曾侯乙墓出土漆箱上已有完整的二十八宿星名。

道教的神仙体系中，二十八宿每宿都有一位神将，统称二十八宿神，道士在斋醮做法时会召唤二十八宿神将下凡降妖除魔。如在《西游记》中，孙悟空在小雷音寺被困在钹（bó）中时，二十八宿神将全体出动营救。

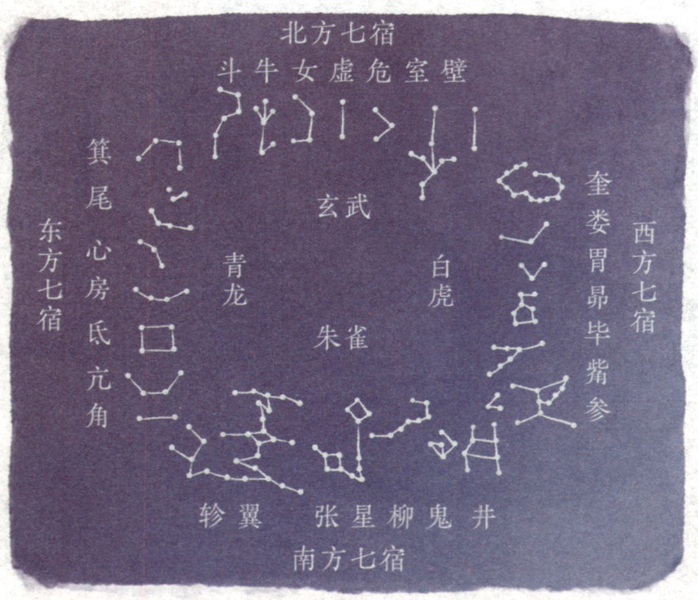

2. 什么是四象

古人把东、北、西、南四方每一方的七宿想象为四种动物的形象，分别叫作四象、四灵、四神或四陆。东方七宿如同飞舞在春天夏初夜空的巨龙，故而称为东官苍龙；北方七宿似蛇、龟出现在夏天秋初的夜空，故而称为北官玄武；西方七宿犹猛虎跃出深秋初冬的夜空，故而称为西官白虎；南方七宿像一只展翅飞翔的朱雀，出现在寒冬早春的夜空，故而称为南官朱雀。其中，玄武在道教神仙体系中演化成了真武大帝。

从四神的名字可以看出，它们对应青、赤、白、黑四种颜色，这与春秋战国时期流行的五行配五色的说法有关，分别将青、赤、黄、白、黑与东方、南方、中央、西方、北方相配。

需注意的是，《周易》中有“两仪生四象”，这里的“四象”指的是四时，即春、夏、秋、冬。

3. 分野是什么

古代占星家为了用天象变化来占卜人间的吉凶祸福，将天上的星空区域与地上的国州互相对应，称作分野。具体来说就是把某星宿当作某封国的分野，某星宿当作某州的分野，或反过来把某国当作某星宿的分野，某州当作某星宿的分野。

王勃《滕王阁序》中的“星分翼轸”（指洪州属于翼、轸二星所对应的地面区域）和李白《蜀道难》中的“扪（mén）参历井”（意思是“触摸参星，经过井星”，形容道路之艰险），都是分野的概念。

4. 昴宿是指什么

昴（mǎo）宿为二十八宿之一，西方白虎七宿的第四宿，由七颗星组成，又称旄（máo）头（旗头的意思）。中国古人用昴宿来定四时。《尚书·尧典》“日短星昴，以正仲冬”，就是指如果日落时看到昴宿出现于中天，就可以知道冬至到了。

在《西游记》中，唐僧师徒途经女儿国时被蝎子精阻挠，就是天神昴日星官下界帮助他们制服了妖怪。昴日星官则为主管昴宿的星官。

5. 参商是指什么

“参”指西官白虎七宿中的参宿，“商”指东官苍龙七宿中的心宿，是心宿的别称。参宿在西，心宿在东，二者在星空中此出彼没，彼出此没，因此常用来比喻人分离不得相见或者感情不和睦。如杜甫的诗句“人生不相见，动如参与商”就是指朋友不能相见。

6. 壁宿是指什么

壁宿指北官玄武七宿中的第七宿，由两颗星组成，因其在室宿的东边，很像室宿的墙壁，又称“东壁”。《晋书》载：“东壁二星，主文章，天下图书之秘府也。”可见，古人将壁宿当成天上的图书馆。

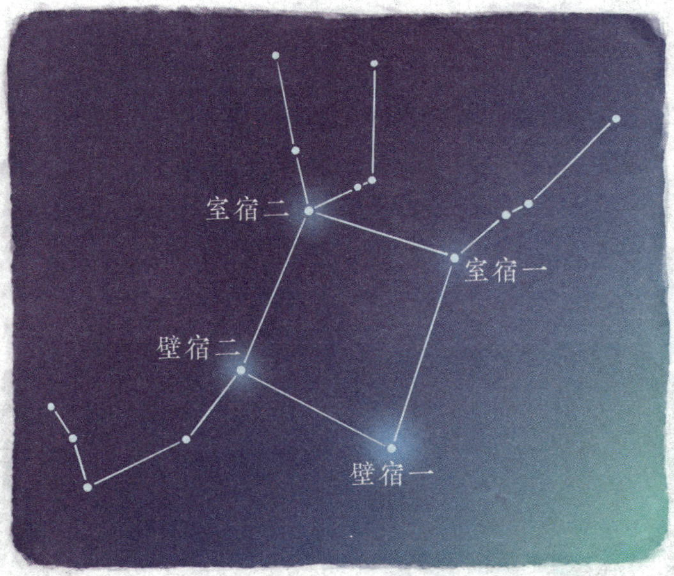

7. 流火是指什么

流，意思是下行；火，指大火星，即东官苍龙七宿中的心宿。《诗经》中有“七月流火”，农历的七月相当于公历的八月，流火是说大火星的位置已由中天逐渐西降，表明暑气已退。

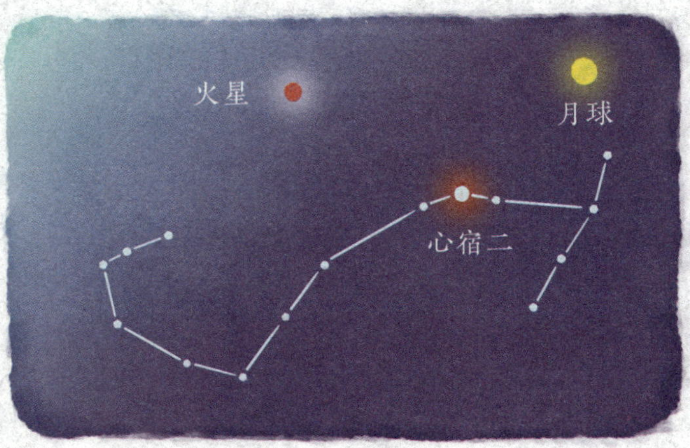

历代诗人在写初秋的情境时，会用到流火相关的意象。如唐代李白《太原早秋》有“岁落众芳歇，时当大火流”，《酬张卿夜宿南陵见赠》中有“当君相思夜，火落金风高”。如南宋吴芾（fú）《送鲁漕四首》有“大火已流秋尚暑，商飚（biāo）微动夜初凉”。

8. 北斗七星分别是什么

北斗又称“北斗七星”，指在北方天空排列成斗形(或勺形)的七颗亮星。七颗星的名称分别是：天枢、天璇、天玑、天权、玉衡、开阳、摇光。排列如斗勺，故称“北斗”。通过天璇、天枢的连线，向斗口方向延长约5倍远，就能找到北极星，故又称“指极星”。

在我国古代，北斗七星被用来“定四时，分寒暑”，通过北斗七星的斗柄方向变化，可以知道季节的更替：“斗柄东指，天下皆春；斗柄南指，天下皆夏；斗柄西指，天下皆秋；斗柄北指，天下皆冬。”

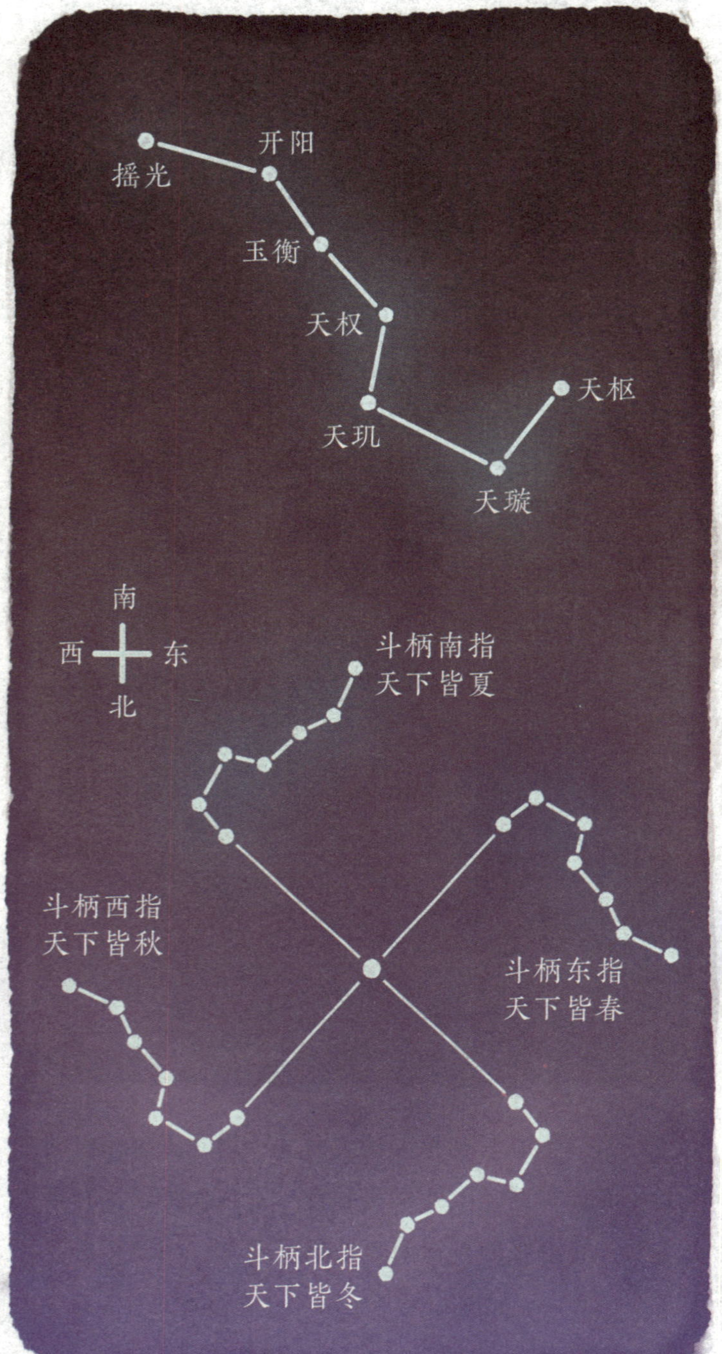

9. 古人为什么崇拜北极星

北极星是小熊星座的一颗恒星，名为“勾陈一”，是最靠近北天极的一颗星星。北极星处于地轴的北部延长线上，位置相对固定，总是指向正北方。

古代天文学家对北极星非常尊崇，认为它固定不动，众星都绕着它转，所以北极星又被当作帝星。其实，由于地球自转轴并不是静止不动的，所以北极星也在变更。3000年前周代以帝星为北极星（即紫微星，又称北极二，小熊座 β 星）；隋唐宋元明以天枢为北极星；再过2000年左右，成为北极星的将是仙王座的一颗恒星；8000年以后，天鹅座的一颗恒星将成为北极星；12000年以后，织女星将会成为北极星。几乎每隔25800年，北极星的更替就会循环一次。

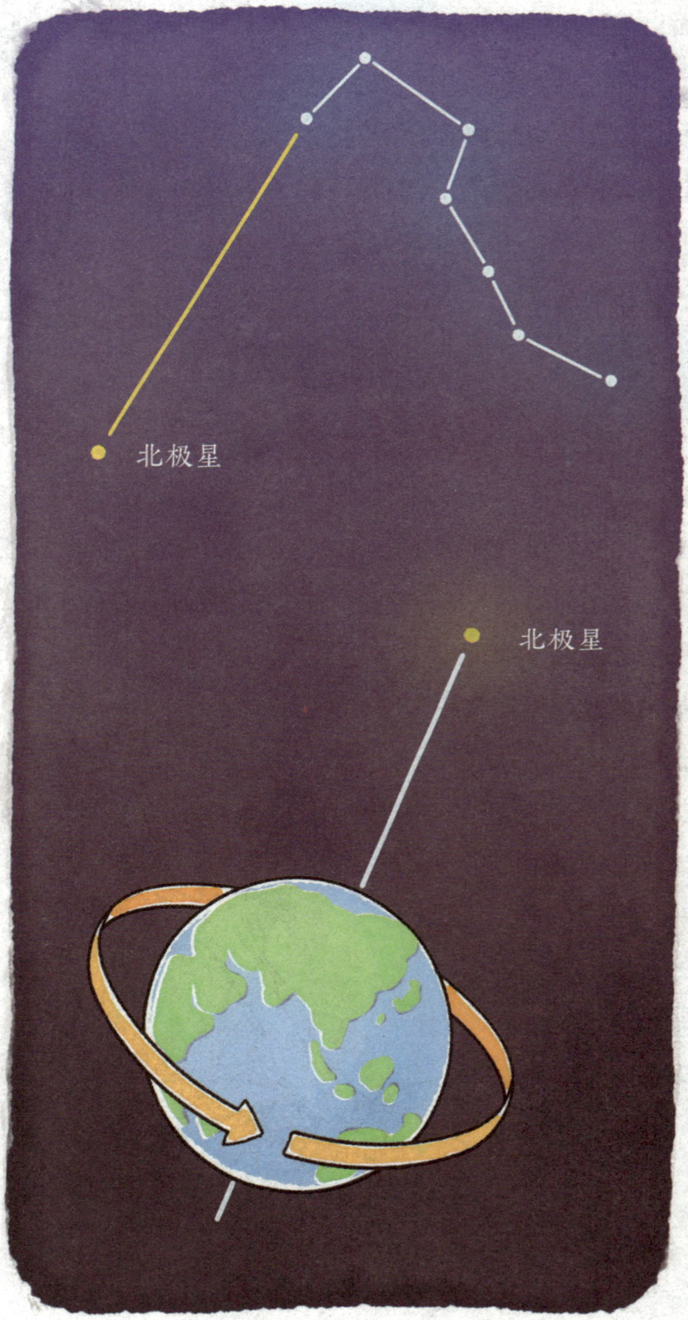

10. 彗星袭月预示灾难吗

彗星俗称“扫帚星”，彗星袭月即彗星的光芒扫过月亮，这是种正常的天文现象，但按迷信的说法是即将遭遇重大灾难的征兆。

还有种迷信的说法，就是彗星袭月预示君王被刺。《战国策》记载：“夫专诸之刺王僚也，彗星袭月。”专诸为春秋时期吴国人，公子光（阖闾）想刺杀吴王僚篡位，让专诸把匕首藏在鱼肚子里，专诸在献鱼时趁机刺杀了吴王僚。当时天象出现异常，彗星的尾巴扫过了月亮。《史记·刺客列传》中也对此事有记载。

11. 白虹贯日预示什么

白虹贯日指白色的长虹穿过太阳。“虹”实际上是“晕”，大气中的光学现象。这种现象的出现，往往是天气将要变化的预兆，古人却把这种自然现象视作人间将要发生异常事情的预兆，这是一种迷信的说法。

还有种说法：“白虹”为刀兵，“日”为君王，白虹贯日是君主受刀兵困厄之象，历史上屡有君王被刺出现白虹贯日的记载。如《战国策》记载道：“聂政之刺韩傀（kuǐ），白虹贯日。”聂政是战国时期轵（zhǐ）邑深井里（今济源轵城南）人，著名的四大刺客之一。韩国大臣严仲子与他结交，聂政决心报答他。后来聂政孤身一人去刺杀韩国国相侠累（名傀），替严仲子报仇。事后，为了不连累自己的姐姐，聂政毁坏面目，惨烈死去。

12. 运交华盖是指什么

华盖，星座名，共16星，在五帝座上，今属仙后座。旧时迷信，以为人的命中犯了华盖星，运气就不好。鲁迅有首著名的诗《自嘲》，写道：

运交华盖欲何求，未敢翻身已碰头。
破帽遮颜过闹市，漏船载酒泛中流。
横眉冷对千夫指，俯首甘为孺子牛。
躲进小楼成一统，管他冬夏与春秋。

诗的前四句，说的就是命交华盖的时候有多么倒霉。

13. 东曦为什么代表太阳

东曦指初升的太阳，“东曦既驾”指东方的太阳已经升起。古代神话说太阳神的名字是曦和（也可写作“羲和”），驾着六条无角的龙拉的车子在天空中驰骋。

关于羲和的身份，还有另外两种说法：

（1）在《山海经》中记载了一则神话，羲和是东海之外的羲和国帝俊的妻子，生了十个太阳，是“太阳之母”。

（2）羲和是羲氏、和氏的并称，传说尧曾命羲氏、和氏兄弟观天象、制历法。

种种传说，虽然内容不一，但都与太阳和历法有关。所以，后人多用羲和来代指太阳。

14. 天狼星是最亮的星

天狼星为全天空最明亮的恒星。天狼星之所以看起来如此明亮，一是因为它的光度，约为太阳的 25.4 倍，另一个原因是它靠近太阳系。

在中国古代星象学说中，天狼星是“主侵略之兆”的恶星。苏轼在《江城子》中所说的“西北望，射天狼”，是把威胁北宋边境的西夏和辽比喻为天狼星了。

15. 老人星是“寿星”

老人星为全天空第二明亮的星，也是南极星座中最亮的星。由于在中国南方可以看到它出现在地平线附近，北方观测不到，所以在中国古代有“南极仙翁”之称，民间把它称作“寿星”，是天下太平的征兆。

16. 牵牛织女也是星星

“牵牛”即牵牛星，又叫“牛郎星”，是夏秋夜空中最亮的星，在银河东侧。“织女”即织女星，在银河西侧，与牵牛星相对。这两颗星衍生出了中国古代著名的民间爱情故事——牛郎织女。

17. 银河到底是什么

银河又名银汉、天河、天汉、星汉、云汉，是横跨星空的一条乳白色的亮带，由1000亿颗以上的恒星组成。要记住，银河不是银河系，而是银河系的一部分。

在中国神话传说中，银河是天上的一条河流。牛郎织女相会的鹊桥就是铺设在银河之上的。银河给了古人无限的想象空间，也成就了无数千古传诵的诗句。

18. 文曲星是神仙吗

文曲星是星宿名之一，为北斗第四星，也就是天权。按旧时迷信的说法，文曲星是主管文运的星宿，文章写得好而被朝廷录用为大官的人是文曲星下凡，《封神演义》中的比干、《白蛇传》中的许仕林、宋代的包拯、范仲淹、文天祥等，都被认为是文曲星转世。

19. 天罡星和北斗七星的关系

天罡（gāng）星为古星名，指北斗七星的柄。道教认为北斗丛星中有三十六天罡星、七十二地煞星，每颗星上都有一位神，三十六天罡都是真武大帝麾下的神将。小说《水浒传》受这种迷信说法的影响，将梁山泊108名大小起义头领附会成天罡星、地煞星降生。

20. 云气和运气有关系吗

云气，本意为云雾、雾气，在道教文化中也指人体内的秽浊之气。古代有种迷信的说法，龙起生云，虎啸生风，即所谓的“云龙风虎”。又说真龙天子所产生的地方，天空有异样云气。就像历史中，鸿门宴之前，范增为了说服项羽杀掉刘邦，就说“吾令人望其气，皆为龙虎，成五采，此天子气也”。

而五运六气，简称运气，是中医基本理论的基础和渊源。这个运气和我们平常说的“运气”不同哦！

21. 盖天说

盖天说是中国最古老的宇宙学说之一，可能起源于殷末周初，在战国时期逐渐成熟。它在发展过程中有几种不同的见解。早期的盖天说认为天圆地方，“天圆如张盖，地方如棋局”，穹隆状的天覆盖在呈正方形的平直大地上。但按照这种说法，天与地的边缘无法吻合。

于是有人提出，天其实并不与地相接，而是像一把大伞一样，高高地悬在大地之上，地的周边有八根柱子支撑着天，“共工怒触不周山”和“女娲氏炼石补天”这两个神话正是以持这种见解的盖天说为依据的。

还有一种形成较晚的盖天说提出，天是球穹状的，地也是球穹状的，两者间距有 40000 千米，北极位于天穹的中央，日月星辰绕着它一直不停地旋转。

22. 浑天说

浑天说是中国古代的一种宇宙学说，代表人物是汉代天文学家张衡，他认为“天之包地，犹壳之裹黄”，这一学说使人们对天体形状的认识由半球过渡到了球形，这是一大进步。

浑天说最初认为：地球不是孤零零地悬在空中的，而是浮在水上。后来又有发展，认为地球是浮在气中的，因此有可能回旋浮动。浑天说认为全天的恒星都布于一个“天球”上，日月五星则附着于“天球”上运行，因而浑天说采用球面坐标系来量度天体位置，计量天体运动。

浑天说提出后，并没有立即取代盖天说，而是两家各执一端，争论不休。但是，在宇宙结构的认识上，浑天说显然要比盖天说进步了许多，能更好地解释许多天象。而且，浑天说借助浑天仪、浑象仪，可以用精确的观测事实来论证浑天说，演示天体运行。因此，浑天说逐渐取得优势。唐朝时期天文发达，浑天说被确立为主流。宋代的理学家更进一步提出“地在气中”的观点，表示大地其实是在气中的，并不在水中。这时的理论已经比较接近真相了。

23. 宣夜说

宣夜说主张“日月众星，自然浮生于虚空之中，其行其止，皆须气焉”，创造了天体飘浮于气体中的理论。并且在它的进一步发展中认为，连天体自身，包括遥远的恒星和银河都是由气体组成的。

与盖天说、浑天说相比，宣夜说又进步了很多，打破了固体天球的观念，认为宇宙是无边无际的，天体各有自己的运行规律，与现代天文学的许多结论基本一致，这在古代众多的宇宙学说中是非常难得的。可惜这一学说只存在于思想层面，成为一种思辨假说而逐渐被淡忘，唐代李淳风所著的《晋书·天文志》中引录了宣夜说相关的史料，才使这一学说保存下来。

24. 三垣分别指什么

三垣（yuán）是太微垣、紫微垣和天市垣的总称，中国古代划分星空的星官（中国古代为了认识星辰和观测天象，把天上的恒星分为几个一组，每组合定一个名称，这样的恒星组合称为星官），三垣与二十八宿合称三垣二十八宿。每垣都是一个比较大的星区，内含若干个小的星座。

紫微垣为三垣的中垣，位于北天中央，又称中宫或紫微宫。紫微宫即皇宫的意思，包含 15 颗星，各星座以官名命名，比如少宰、少丞等。

太微垣是三垣的上垣，位于紫微垣之下的东北方，有星 10 颗，太微是政府的意思，星名也多用官名命名。

天市垣为三垣的下垣，位于紫微垣之下的东南方向，有星 22 颗。天市即市场的意思，所以星座名多与市场相关，而星名多用国名、地名。

25. 七曜和星期的关系

七曜（yào）又称七政、七纬等，是古人对日、月和五大行星（金、木、水、火、土）的总称。按照古人的迷信说法，日、月、五星的变动与吉凶有关。七曜源于古人对星辰的自然崇拜，自两汉时期起应用甚广。后来，从中亚传入一种新七曜，也就是现在我们所说的“星期”，有研究者认为这种历法始于古巴比伦。

古巴比伦曾用七曜记日，顺序为日曜、月曜、火曜、水曜、木曜、金曜、土曜，即星期日至星期六，故又称“星期”。这种历法早在公元 4 世纪就已经出现在中国，公元 8 世纪再次传入中国。

星期	星期日	星期一	星期二	星期三	星期四	星期五	星期六
七曜	日曜日	月曜日	火曜日	水曜日	木曜日	金曜日	土曜日

26. 你知道“十二次”吗

古代人为了度量日、月、行星的位置和运动，把黄道附近一周天平均分成12个部分，称为“十二次”，“十二次”依次命名为星纪、玄枵（xiāo）、娵訾（jū zī）、降娄（jiàng lóu）、大梁、实沈、鹑（chún）首、鹑火、鹑尾、寿星、大火、析（xī）木。

早在春秋战国时代就已经出现了这些名词的记载。古代把木星的恒星周期定为 12 年，所以，一般认为十二次的创立源于对木星的观测。

因为十二次和二十八宿都是用来划分黄道附近一周天的，所以十二次的每一次都能和二十八宿中的某些宿对应。不过，因为二十八宿各宿大小不一，而十二次各次均等，所以二十八宿中的某些宿会跨越相邻的两个次。

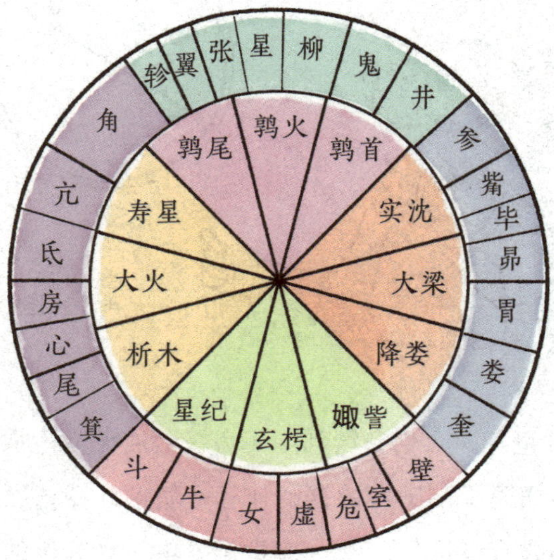

27. 圆周率的求解历史

圆周率是指圆的周长与直径的比值，18 世纪上半叶开始用希腊字母 π 表示，是一个在数学及物理学中普遍存在的数学常数。圆周率的计算由来已久。古巴比伦石匾、古埃及纸草书、古印度《百道梵书》都对圆周率有记载。古希腊的阿基米德开创了人类历史上通过理论计算圆周率近似值的先河，得出圆周率介于 $3\frac{1}{7}$ 和 $3\frac{10}{71}$ 之间，这是当时最精确的值了，被称为“阿基米德圆周率”。

中国在圆周率的计算上成就卓著。《周髀算经》（约公元前 2 世纪）中有“径一而周三”的记载，即圆周率为 3。汉朝时刘徽用“割圆术”计算圆周率约等于 3.14。约公元 480 年，祖冲之进一步得出精确到小数点后 7 位的结果，近似值在 3.1415926 和 3.1415927 之间。在之后的 800 年里，祖冲之计算出的圆周率都是最精确的。

阿拉伯的阿尔·卡西在15世纪初求得圆周率17位精确小数值，打破了祖冲之的纪录。德国数学家鲁道夫于1610年计算到了小数点后35位数，鲁道夫花了很大的心血来计算圆周率，得到了这样精确的数值，他感到非常骄傲。他去世后，人们为了纪念他，在他的墓碑上刻上了圆周率：3.14159265358979323846264338327950288。

18世纪，人们开始利用无穷级数或无穷连乘积求圆周率，摆脱了割圆术的繁复计算，使得计算精度迅速增加，小数值多达几百位。20世纪，电子计算机的出现使 π 值计算有了突飞猛进的发展，目前 π 的最准确值超过小数点后62.8亿位。但把圆周率的数值算得这么精确，实际意义其实并不大。现代科技领域使用的圆周率值，有十几位已经足够了。

由于圆周率在数学学科中非常重要，所以3月14日是国际圆周率日，也是国际数学日。

28. 什么是“大九九”和“小九九”

九九乘法表也叫“九九歌”，早在春秋战国时代就已经被广泛应用了。最初的九九歌是由“九九八十一”起，到“二二如四”止，共36句口诀，后来才扩充到“一一如一”。到宋代时，九九歌的顺序变成现代这样，从“一一如一”起，至“九九八十一”止。这种被称为“小九九”。还有一种“大九九”，共81句，最早见于清代的《算法大成》。比较而言，“大九九”并没有新的内容，多出来的部分只是将乘数的位置调换了，现阶段多使用的是“小九九”。

29. 算盘是什么

算盘是中国传统的计算工具，是中国古代的一项重要发明。算盘分为上下两部分，上半部分每算珠代表5，下半部分每算珠代表1。每串珠从右至左代表了十进位的个、十、百、千、万位数，可加减乘除，解决各种复杂运算。

算盘的起源直至今天仍众说纷纭。有清代学者认为算盘起源于东汉、南北朝时期，也有清代学者认为算盘起源于元代中叶。根据出土实物和古画，有专家认为算盘起源于唐朝，流行于宋朝。

由于算盘制作简单，价格便宜，珠算口诀便于记忆，运算又简便，所以在中国被普遍使用，并且陆续流传到了日本、朝鲜、美国和东南亚等国家和地区。至今，古老的算盘仍然发挥着一定的作用。

30. 为什么叫勾股定理

勾股定理是一个基本的几何定理，指直角三角形的两条直角边的平方和等于斜边的平方。中国古代称直角三角形为勾股形，直角边中较短者为勾，较长者为股，斜边为弦，所以称这个定理为勾股定理。

也有人称之为商高定理，因为周朝时的商高提出了“勾三股四弦五”这一勾股定理中的特例。在西方，最早提出并证明此定理的为公元前6世纪古希腊的毕达哥拉斯学派。

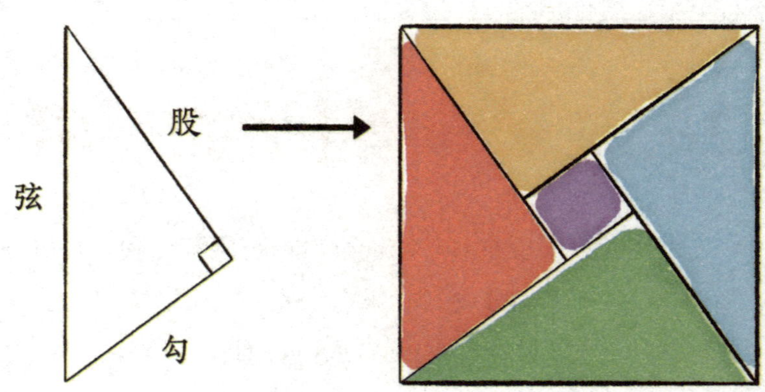

31. 中国最早的天文台

中国古代很早就有专门观测天象的天文台。山西襄汾陶寺遗址发现了一处大型夯土建筑，被称作“陶寺古观象台”，距今4000多年，可能是世界上最古老的天文台。夏代时称“清台”，商代时称“神台”，周代称“灵台”。春秋战国以前的天文台仅是一个较四周略高的高台，以圭表和原始的浑仪观测日影、月亮盈亏和星星的位置等。

32.《甘石星经》

战国时齐国的天文学家甘德写了一本《天文星占》，魏国的天文学家石申写了一本《天文》，后人将他们的著作合二为一，称作《甘石星经》。这是中国历史上最早的天文学著作。

这部书中记载了许多重要的天文学成就：天文学家已经掌握了月亮和月食的关系，日食肯定发生在每月初一或每月的最后一天；书中还记载了木星有卫星，这比意大利人用望远镜观察到木星有卫星早将近2000年；书中保留了中国历史上最早的星表，把测量出来的许多恒星的位置坐标和其他信息汇集起来。星表中记载了二十八星宿和一些恒星，一共有120多颗星的赤道坐标，这个星表比欧洲最早的星表早200年左右。

33. 古代的星图

星图是观测恒星的一种形象记录，是天文学上用来认星和指示位置的一种重要工具。中国古代天文学非常先进，有绘制星图的传统。

世界上现存最早的星图是唐中宗时期（684—710年）绘制的敦煌星图，上面绘有1350多颗星。1907年被斯坦因盗走，现藏于英国伦敦的大英博物馆。

现存最早的石刻星图是从五代（907—960年）吴越王钱元瓘的墓中出土的。石刻星象图刻有二十八宿和拱极星等星宿。1247年，南宋天文学家根据北宋年间的观测结果，刻制了一幅比较齐全的石刻星图，图中共有1440颗星，以及银河和二十八宿距星的经线28条，现藏于江苏省苏州市的苏州博物馆。

现在发现的最早的彗星图是1973年从湖南长沙马王堆三号汉墓中出土的一部帛书。在这部帛书中，绘制了29幅不同形状的彗星图。每幅彗星图下面都写有占卜文字，每条占卜文字的开头都写着彗星的名称。这部帛书距今已有2200多年，是世界上最早的彗星图。

34. 太阳黑子的最早记载

中国最早的太阳黑子记载，是约成书于公元前140年的《淮南子》中记载的太阳黑子现象：“日中有踆乌。”不过，世界上公认的关于太阳黑子的最早记载，是西汉河平元年（前28）三月所见的太阳黑子现象，载于《汉书·五行志》：“河平元年……三月己未，日出黄，有黑气大如钱，居日中央。”而欧洲直到1610年伽利略发明望远镜后，才观测到太阳黑子现象。

35. 流星雨的记载

中国很早就有关于流星雨的记载。最早见于《竹书纪年》：“夏帝癸十五年，夜中星陨如雨。”《左传》有着更为详细的记载。我国古代关于流星雨的记载，大约有180次之多。《史记·天官书》中还有“星坠至地，则石也”的记载。到了北宋1064年，沈括更发现陨石中有以铁为主要成分的物质，而欧洲到1803年以后才知道。

36. 行星运行的最早记录

湖南长沙马王堆出土的《五星占》一书，详细描述了水、金、火、木、土等行星的运行情况，还一一列出了从秦始皇元年（前 246）到汉文帝三年（前 177）的 70 年中，金星、木星、土星的准确位置，并推得了它们的会合周期（指该行星连续两次走到与地球最近处的时间间隔）和公转周期，其精密度与现代测得的精确值所差无几。据考证，这本书的写作年代不迟于公元前 170 年，比古希腊权威喜帕恰斯的记录至少早一个世纪。

37. 哈雷彗星的最早记录

1682 年，英国天文学家哈雷发现了一颗彗星，通过观察和推算，他预言这颗彗星将于 76 年后重返地球。1759 年，这个预言被证实了，人们便将这颗彗星命名为“哈雷彗星”。其实，哈雷彗星早就被中国人发现和记载了。古代可靠的彗星记录最早见于《春秋》，据该书记载，鲁文公十四年（前 613）秋七月，“有星孛（彗星）入于北斗”。所记载的这颗彗星就是著名的哈雷彗星，这也是哈雷彗星的最早记录。世界公认的最早的一次哈雷彗星的记录，是《史记·秦始皇本纪》始皇七年（前 240）所云：“彗星光出东方，见北方，五月见西方……彗星复见西方十六日”。根据统计，中国历代有彗星记录逾千次，是世界上最早、最丰富的彗星记录，这些记录资料为中外天文学家研究彗星的周期、轨道演化等问题提供了重要的资料。

第九篇

科举考试

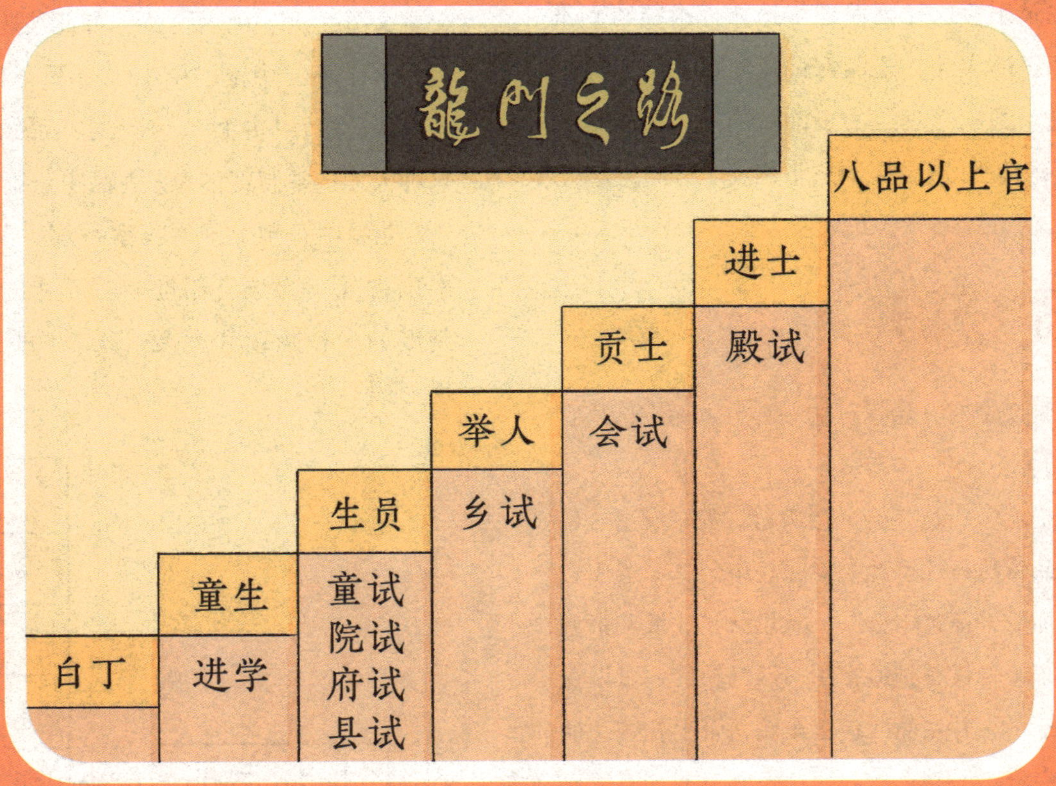

1. 察举制从何时开始

察举制是中国古代选拔官吏的一种制度，主要特点是由地方长官在辖区内随时考察、选取人才并推荐给上级或中央，经过试用考核再任命官职。

汉高祖刘邦首下求贤诏，要求郡国推荐具有治国才能的贤士大夫，开察举制先河。汉惠帝、吕后诏举“孝悌力田”，察举开始有了科目。严格地说，察举制度是从汉文帝开始的，他下诏要求“举贤良方正直言极谏”者，并且定下了“对策”（考试）和等第制度。汉武帝时察举制已经很完备，有了统一的选才标准和考试办法，成为选官常制。

考试是汉代察举制度中的重要一环。被举者经考试后，由政府量才录用，这样既保证了选才标准能得到贯彻实行，选出真正的人才，还能保证竞争的相对公平，令下层人士有进入国家管理层的可能。隋唐以后，这种考试制度发展成延续1300多年的科举制度。

2. 什么是征辟

征辟制是在汉武帝时开始推行的一种自上而下选拔官吏的制度。

“征”即“征召”，指皇帝下诏聘召。如《汉书·武帝纪》记载，汉武帝特征《诗经》专家鲁申公，“遣使者安车蒲轮，束帛加璧，征鲁申公”，意思就是，汉武帝派遣使者，驾着安车（古代一种通常用一匹马拉的、可以在车厢里坐乘的车子），并用蒲叶包裹车轮，带上礼物，征召鲁申公来朝廷当官。

“辟”即“辟除”，指公卿或州郡征调某人为自己的下属。如《汉书·孙宝传》记载：“孙宝字子严，颍川鄢陵人也。以明经为郡吏。御史大夫张忠辟宝为属。”意思就是，张宝因通晓经术而在郡里担任小吏，御史大夫张忠辟除孙宝为属官。

征、辟合称征辟制。察举制、征辟制和任子制是西汉重要的三种任官制度，东汉沿用了西汉的这些官员任用制度。

3. 孝廉也和考试有关吗

“孝廉”之设，始于汉武帝元光元年（前134）。“孝”是指孝敬父母，“廉”是指清廉勤政。“孝廉”出身的官吏，被认为是“正途”“清流”，在当时很被看重。

4. 什么是九品中正制

九品中正制，又称“九品官人法”，是魏晋南北朝时期重要的选官制度。它将被选的人分为上、中、下三等，每等又分为上、中、下三品，如此被选的人才就分为上上、上中、上下、中上、中中、中下、下上、下中、下下九个品级，称为“九品”。对人才的品第划分由中正官执行，这种人才选举制度称为“九品中正制”。

九品中正制上承两汉察举制，下启隋唐之科举，是中国古代三大选官制度之一。实际上，它是两汉察举制度的一种延续和发展，或者说是察举制的另一种表现形式。

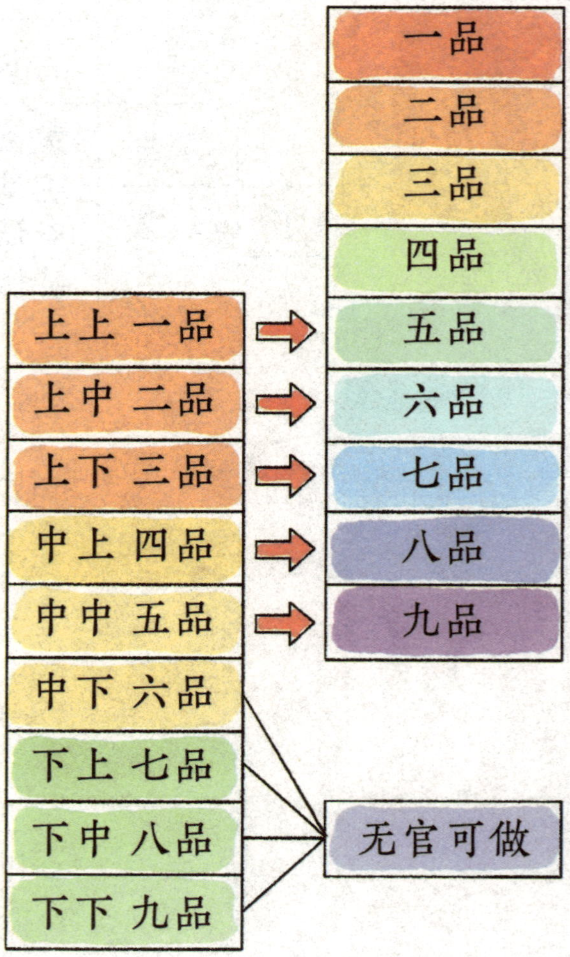

5. 什么是科举制度

科举制度是中国古代通过考试选拔官吏的制度。从隋开皇七年（587）开创，至清光绪三十一年（1905）举行最后一次考试为止，科举制度前后经历1300多年。科举制度是中国古代所能采取的最公平的人才选拔形式，它扩展了国家引进人才的社会层面，吸收了大量出身中下层社会的人士进入统治阶级。特别是唐宋时期，科举制度显示出生气勃勃的进步性，促成了中国古代文化发展的黄金时代。

在科举制度发展成熟的唐宋时期，其积极性还占主导地位。但在宋代以后，随着专制集权的加强，科举制度的消极性越来越大。宋代以后，士大夫知识分子阶层的文化创造能力每况愈下，人才一代不如一代。

明清两代，科举考试大致分为童试、院试、乡试、会试、殿试五级。其中，童试和院试为资格考试，乡试、会试和殿试才是真正意义上的科举考试。

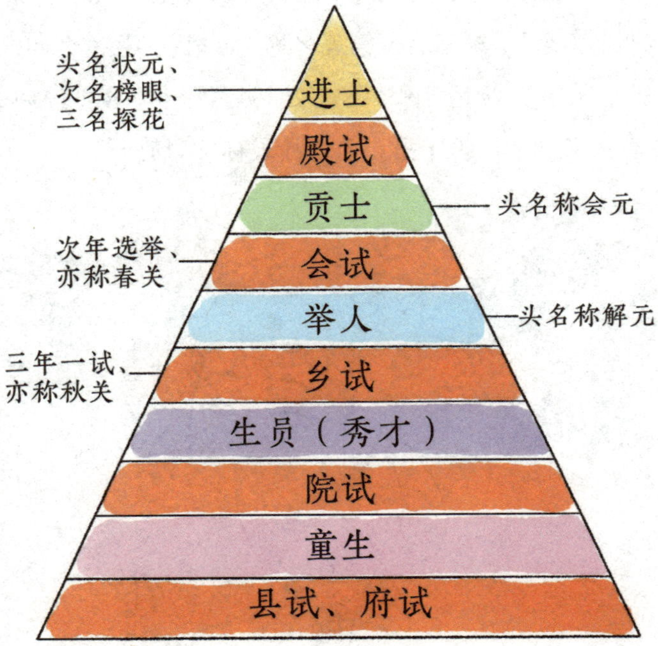

知识加油站：

科举考什么

唐朝科举考试有秀才、明经、俊士、进士、明法（法律）、明字、明算（数学）等多种科目，考试内容有时务策、帖经、杂文等。宋朝科举考试有进士、明经科目，考试内容有帖经、墨义和诗赋，王安石任参知政事后，取消诗赋、帖经、墨义，专以经义、论、策取士。明清科举改为考八股文。

知识加油站：

时务策，即考官就当前时务提出策问，考生书面作答。

帖经，就是考官任取经典中某一段，用纸条贴盖其中数字或数句，令考生背出来，类似现代填空考试的办法。

杂文，泛指诗、赋、箴、铭、表、赞之类，测试应试者的文学才华。

墨义，即笔答，考官根据经文出题，考生笔答该句经文的前人注疏或上下文。

诗赋，即诗和赋，考查考生掌握语言文字的能力水平。

6. 童试是最初级的考试

童试是最初级的考试，包括“县试”和“府试”两个阶段的考试。县试在各县举行，由知县主持，一般在每年农历二月进行。县试通过后，农历四月参加由各府官员主持的府试。通过了县、府考试者，便可称为“童生”。通过童试后，表明已具备基本的文化知识和写作能力。但很多读书人考到须发皆白，仍是一介童生。

7. 什么是院试

院试在府、州的官办学校举行，又分为“岁试”“科试”两级。岁试是每年举行的童生入学考试，录取后即为“生员”，俗称“秀才”。科试则是对已在学校的秀才进行考试，成绩优者方可参加下一级考选举人的乡试，成绩劣者要受处罚甚至取消生员资格。考取秀才以后就有了一定特权，包括可以站着和知县说话、免于徭役、不予上刑等。

8. “秀才”的演变过程

早在先秦时期，“秀才”指的是才之秀者，始见于《管子·小匡》。

西汉武帝时期，实行察举制，命地方长官每年各举荐“秀才”一名，意为“秀出之士”。

东汉时期，因避光武帝名讳，遂改称“茂才”。

三国曹魏时期，沿袭察举制，复改称“秀才”。

隋朝与唐朝初期，实行科举制，设秀才科，及第者称“秀才”。

唐朝贞观末年，秀才科被废，“秀才”一度成为读书人的泛称。

宋朝时期，科举制度继续发展，“秀才”为士子和应举者的统称。

明清时期，“秀才”是经过院试得到官学入学资格的生员的俗称。

现在，“秀才”比喻知识量丰富的人。

9. 什么是乡试

明清两代的乡试在各省举行，每三年举行一次，因在秋天举行，故又称“秋闱”。闱，即考场。主考官由皇帝委派，考后发布正、副榜，正榜所取的叫“举人”，副榜称“贡生”。举人实际上是候补官员，有资格做官了，倘若哪位县级官员退休、病故、丁忧或被朝廷查办罢官，举人就有机会补缺做官。

举人

明清时期，乡试考中的学子称为“举人”，中了举人叫“发解”“发达”。举人俗称为“老爷”，雅称则为“孝廉”。清代吴敬梓创作的长篇小说《儒林外史》中有一则“范进中举”的故事，主人公范进一直生活在

穷困之中，又一直不停地应试，考了20多次，到54岁才中了个秀才。他接着参加乡试，又中了举人，却喜极而疯。

解元

乡试考中的举人，第一名称“解（jiè）元”，第二名叫“亚元”，第三名至第五名称“经魁”，第六名叫“亚魁”，第七名以下均称“文魁”。明弘治十一年（1498），唐寅因参加乡试得了第一名，故人称“唐解元”。

10. 什么是会试

明清两代的会试在京城举行，每三年举行一次，因在春季举行，故又称“春闱”。考试由礼部主持，皇帝任命正、副总裁，各省的举人及国子监监生皆可应考，录取300名为“贡士”，第一名叫“会元”。有了贡士资格，才能参加最后一关考试——殿试。

11. 什么是殿试

殿试是科举的最后一级考试，皇帝在大殿上对会试录取的贡士亲自策问，以定甲第。实际上皇帝有时委派大臣主管殿试，并不亲自策问。录取分为三甲：一甲三名，赐“进士及第”的称号，第一名称“状元”，第二名称“榜眼”，第三名称“探花”；二甲若干名，赐“进士出身”的称号；三甲若干名，赐“同进士出身”的称号。二、三甲第一名皆称“传胪”，一、二、三甲统称“进士”。

知识加油站：

鼎甲

殿试一甲三名——状元、榜眼、探花，被称为“鼎甲”。状元居鼎甲之首，因而别称“鼎元”。

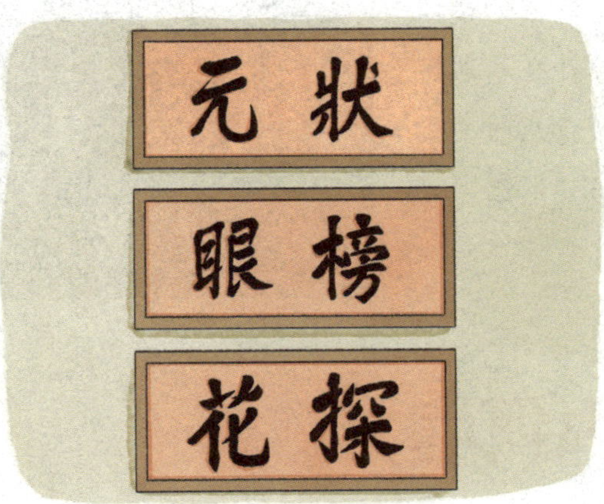

12. 进士是科举考试的最高功名

进士是科举考试的最高功名。据统计，在中国1300多年的科举制度史上，考中进士的总数至少是98749人。古代许多著名文人都是进士出身，如唐代的贺知章、宋之问、王昌龄、王维、岑参、韩愈、刘禹锡、白居易、柳宗元、杜牧等，宋代的范仲淹、欧阳修、司马光、王安石、苏轼等。

13. 什么是及第

及第指科举考试应试中选，如“进士及第”“状元及第”，应试未中的叫“落第”“下第”。

14. 什么是状元

状元其实是殿试的第一名，称“状元”，又称“殿元”“鼎元”，为科举考试中最高荣誉。历史上获状元称号的有1000多人，但真正参加殿试被录取的大约750人。唐代著名诗人贺知章、王维等，宋代文天祥等，都是经殿试而被赐状元称号的。

15. 什么叫连中三元

“连中三元”一语源于封建社会科举制度。科举制度经过长期的演变和改革，逐步固定为乡试、会试、殿试三级的形式。乡试由各省在省城主持，考中的称为“举人”，第一名称为“解元”；会试由礼部在京城主持，考中的称为“贡士”，第一名称为“会元”；殿试由皇帝亲自主持，考中的称为“进士”，第一名称为“状元”，也称“鼎元”“殿元”。

科举考试以名列第一者为元。一个人在乡试、会试、殿试中都获得第一名，便是“连中三元”。据统计，在中国古代科举制度实行的1300年中，连中三元的只有17人。清代的钱棨（qǐ）在乾隆年间连获乡、会、殿试第一名，乾隆爱才，亲赋《三元诗》致贺。“连中三元”一语由此而来。

16. 什么是八股文

八股文，也称“八比文”，是明清科举考试的一种文体。八股文的文体有固定格式，由破题、承题、起讲、入题、起股、中股、后股、束股、大结等部分组成，其中起股、中股、后股、束股这四个部分每部分有两股排比对偶的文字，合起来共八股，故名“八股文”。所谓的“股”，就是对偶的意思。

八股文章的题目一律出自“四书五经”中的原文，内容必须用古人的语气，绝对不允许自由发挥，而且句子的长短、字的繁简、声调的高低等都要相对成文，字数也有限制。

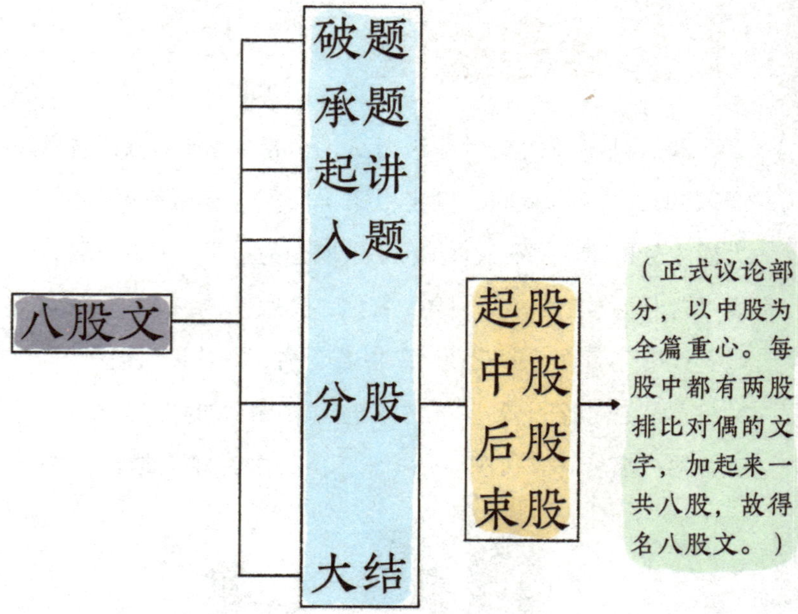

《儒林外史》中就说：“当今天子重文章，足下何须讲汉唐。”“汉”是指汉代的文章，“唐”指的是唐代的诗歌，汉代的文章也好，唐代的诗歌也好，都不如当今皇帝所看重的八股文。八股文在古代是非常重要的，所以当时的人们都一门心思扑在八股文上，只有八股文章才能敲开科举考试的大门。

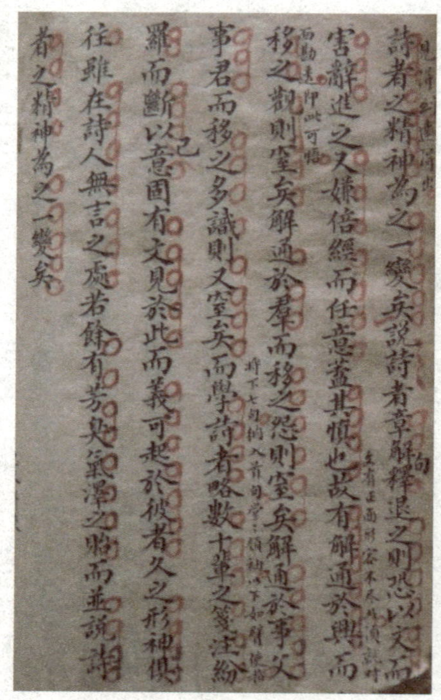

17. 为何称为金榜

“榜”，是古代科举考试后用于揭晓考生名次的公告。“乙榜”是科举制度中取中举人的别称，亦称“一榜”。发榜之时，正值桂花飘香，故又称“桂榜”。“甲榜”是科举制度中由举人考中进士的别称，或称“甲科”。因举人、进士各为一榜，也叫“两榜”。

进士榜用黄纸书写，故称“黄甲”，也称“金榜”，中进士称“金榜题名”。

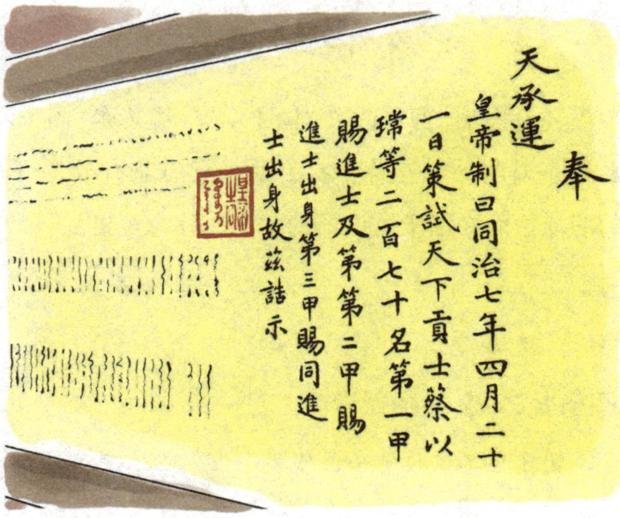

金榜题名

古代科举考中进士，就称“金榜题名”。中国传统文化中讲“四喜”：“久旱逢甘霖，他乡遇故知，洞房花烛夜，金榜题名时”，指称人生最大的四件喜事。

18. 同年有点儿像同学

科举时代同榜或同一年考中的人互称“同年”。

史上最牛“同年”

宋仁宗嘉祐二年（1057），欧阳修主持科举考试，共录取进士388人，其中有名列唐宋八大家的苏轼、苏辙、曾巩，宋明理学的引路人张载、程颢，以及王安石变法的核心干将吕惠卿、曾布、章惇等。这一年的“同年”，光辉照耀整个北宋。

19. 什么是国学

先秦学校分为两大类：国学和乡学。国学为天子或诸侯所设，包括太学和小学两种。太学、小学教学内容都以“六艺”（礼、乐、射、御、书、数）为主，小学尤以书、数为主。

稷下学宫

稷下学宫是战国时期齐国的高等学府，也是世界上最早的官办高等学府，因设于都城临淄稷下而得名。当时的儒、法、墨、道、阴阳等各学派都汇集于此，他们兴学论战、评论时政、传授生徒，孟子和荀子等大师都曾来此讲学，是战国时期“百家争鸣”的重要园地。

20. 什么是乡学

乡学是与国学相对而言，泛指地方所设的学校。

21. 什么是庠序

庠（xiáng）序是指古代的地方学校，后也泛称学校或教育事业。《孟子·梁惠王上》中就有：“谨庠序之教，申之以孝悌之义。”

22. 什么是太学

太学是古代的最高学府和管理教育的行政机构。西汉至明清或设太学，或设国子学（监），或两者同时设立，名称不一，制度也有变化，但都是教授王公贵族子弟的最高学府，就学的生员皆称“太学生”“国子生”。

太学与董仲舒

西汉早期，黄老之学盛行，只有私家教学，没有政府设立的传授学术的学校。汉武帝“罢黜百家，独尊儒术”之后，采纳董仲舒的建议，始在长安建立太学。

23. 什么是国子监

汉魏设太学，西晋改称“国子学”，隋又称“国子监”，从此国子监与太学互称，都是最高学府兼有教育行政机构的职能。而在国子监读书的学生，称为“监生”。

知识加油站：

国子监还收外国留学生

国子监不仅接纳全国各族学生，还接待外国留学生，为培养国内各民族人才、促进中外文化交流，曾起到积极的作用。根据历史记载，外国留学生来中国留学最早出现在隋朝，在唐朝达到高峰。由于唐帝国在政治、经济、军事和文化方面体现出的先进性，包括日本、朝鲜半岛各国、阿拉伯在内的众多国家派出留学生来到长安求学，这些留学生大多数就是在国子监中学习的。

北京国子监

北京国子监位于北京市东城区国子监街 15 号，与孔庙相邻，始建于元至元二十四年（1287）。它是元、明、清三代国家设立的最高学府和管理教育的行政机构，也

是中国唯一保存完整的古代最高学府校址。整体建筑坐北朝南，为三进院落，占地面积超过 2.7 万平方米。中轴线上依次排列着集贤门、太学门、琉璃牌坊、辟雍殿、彝伦堂、敬一亭。1961 年，国务院公布国子监为第一批全国重点文物保护单位；2017 年，被评为国家 AAAA 级旅游景区。

24. 书院是教育机构

书院是唐宋至明清出现的一种独立的教育机构，是私人或官府所设的聚徒讲授、研究学问的场所，是中国古代社会特有的教育组织和学术研究机构。

四大书院

宋代著名的书院有河南商丘的应天书院、湖南长沙的岳麓书院、江西庐山的白鹿洞书院、河南登封太室山的嵩阳书院，被称为“四大书院”。

东林书院

东林书院位于江苏省无锡市梁溪区解放东路 867 号，又称“龟山书院”，由杨时创建于北宋政和元年（1111），后废弃；明万历三十二年（1604）顾宪成等人重建书院并在此讲学，后被魏忠贤下令拆毁；清朝时书院重建，后改为“东林小学”；2002 年下令腾退小学，正式开辟为旅游景点。

曾经的东林书院倡导的是“读书、讲学、爱国”的精神，在明末引起全国学者普遍响应，使得书院声名大著。它在明末党争中是“东林党”成员的聚集地和来源地，是全国政治的焦点，也是江南地区人文荟萃之地、议论国事的主要舆论中心。东林书院内悬挂的名联“风声雨声读书声声声入耳，家事国事天下事事事关心”，得到了全国民众较为广泛的认可。

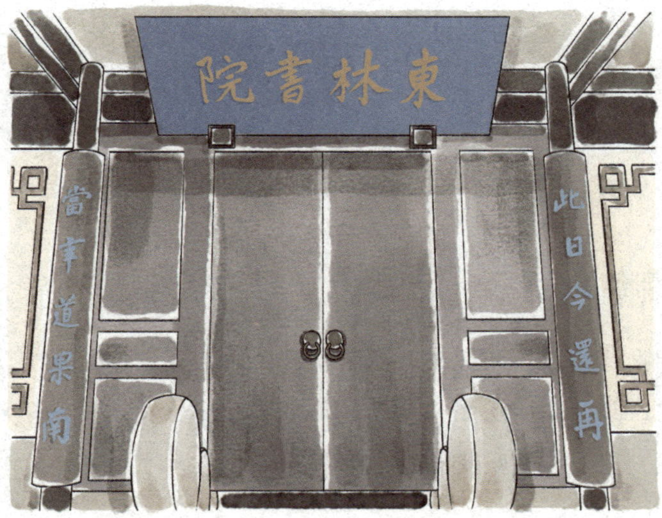

25. 什么是私塾

私塾是古代社会一种开设于家庭、宗族或乡村内部的民间幼儿教育机构。它是旧时私人所办的学校，以儒家思想为中心，它是私学的重要组成部分。私塾分三个种类：一是“家塾”；二是“村塾”，也称“族塾”；三是“坐馆”，也称“教馆”。

三味书屋是晚清绍兴城内著名的私塾，也是鲁迅少年时曾经求学的地方。

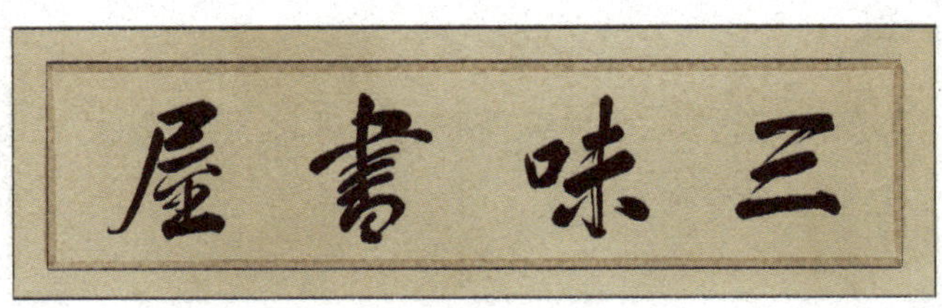

26. 什么是学官

学官是古代主管学务的官员和官学教师的统称，如祭酒、司业、助教、博士、学政、教授、教谕、训导等。

祭酒

祭酒是古代主管国子监或太学的教育行政长官。战国时，荀子曾三任稷下学宫的祭酒，相当于现在的大学校长。

司业

司业为国子监或太学副长官，协助祭酒主管教务训导之职。

助教

助教也是学官名，协助祭酒和博士教授生徒，又称“国子助教”。

博士

博士，古为官名，现为学位名称。秦汉时是掌管书籍文典、通晓史事的官职，后成为学术上专通一经或精通一艺、从事教授生徒的官职。

学政

学政是“提督学政”的简称，是由朝廷委派到各省主持院试，并督察各地学官的官员。学政一般由翰林院或进士出身的京官担任。

教授

教授原指传授知识，后成为学官名。汉唐各级学校均设教授，主管学校课试具体事务。到了明清时期，在府一级学校任职的教师也称为“教授”。

教谕

明清时期，在县一级任职的教师称为“教谕”，掌文庙祭祀，教育所属生员。

训导

训导是教谕的副手，负责训导、启迪学校学生，并协助评定学生品行优劣。

27. 什么是贡院

在科举制度刚刚产生的隋朝和唐朝初期，科举并没有专用的考场，一般是借用吏部办公区举行考试。唐玄宗开元二十四年（736），科举考试由吏部改为礼部主持，“始置贡院”，作为考试专门机构。但此时的贡院仍然借用礼部或尚书省等机关办公区，考试时临时搭设考场，考完恢复原状。因唐代的礼部贡院周围插满了荆棘，防止考生翻越，故贡院又有“棘闱”之名。

江南贡院

明朝全国有 15 座贡院，即顺天、江南、浙江、江西、湖广、福建、广东、广西、云南、贵州、四川、河南、山西、陕西、山东贡院。清雍正元年（1723），湖南、湖北两湖分闱，光绪元年（1875）甘肃贡院建立之后，全国共计 17 座贡院。其中，顺天、江南、河南和广东 4 座贡院被称为“天下四大贡院”。各地分贡院的设立大大降低考生的成本，也迅速扩大了考生地域，使得偏远省份的贫寒学子也有机会通过参加科考改变命运。

江南贡院，又称“南京贡院”“建康贡院”，位于江苏南京城南秦淮河边，毗邻夫子庙，曾经占地约 30 万平方米。始建于南宋孝宗乾道四年（1168），明清鼎盛时期，是中国历史上最大的科举考场，同时可容纳 20644 名考生参加考试，也是现今保存最完整的贡院。

28. 什么是号舍

大致在北宋中期以后，官府才开始修建专门的建筑作为贡院考场。贡院内部设置成排的相互隔开、相对独立的小房间，即“号舍”，考生在号舍参加考试。根据考生人数多少，各地贡院号舍少则数十间，多则三五百间、上千间，清代北京顺天府贡院有号舍 10420 间，江南贡院更是达到 20644 间。

痛苦的考试

清代乡试共九天六夜。因为乡试的三场考试，每一场都历经三天，这期间，考生的吃喝拉撒全都在一个高 6 尺、深 4 尺、宽 3 尺的号舍里。每年的农历八月，正值全国各地“秋老虎”季节，蚊虫张狂肆虐，气候闷热异常。无论家庭出身，这些寒窗十年甚至数十年的学子要想走向飞黄腾达，都须历经这最后的考验。

此时，放置于每排号舍尾部的粪桶，经暑气一蒸，臭味弥漫，令人窒息。因此，坐在这个粪桶附近“粪号”的考生就非常倒霉。据说，有位才华横溢的考生就因坐在尾部的“粪号”而受到影响，被熏得头晕眼花，无法考试。三场过后，不但没有考中，还生了一场大病，差点儿丢了性命。

29. 什么是武举

在古代科举制度中，舞文弄墨的文人可以通过考试博取功名，舞枪弄棒的武夫也可以通过另外一种科举考试——武举，获得功名。武举又称“武科”，是古代专为选拔武职人才而设置的考试科目。

在整个科举制度中，与千军万马报考的文举相比，武举显得比较冷清。出于对兵权的警惕心理和武备人才选拔的特殊性，朝廷对武举采取了一种轻视态度，从而也形成一种轻视武举的社会氛围。

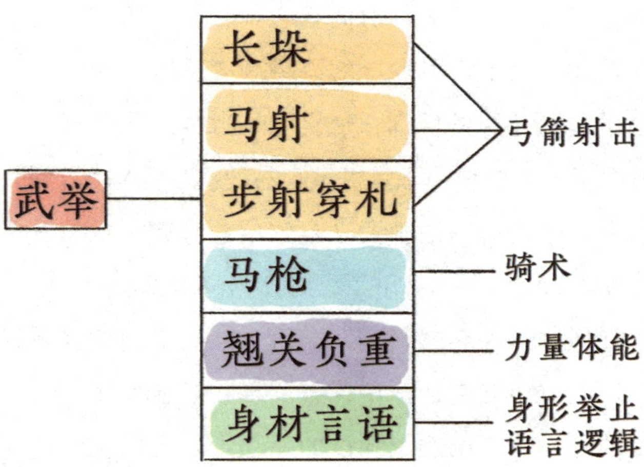

武则天开创武举

武举创立于武则天长安二年（702）。唐代武举的目的在于选拔军事人才，其考生主要是通过地方官的举荐。被举荐的士子，随地方官岁贡时来到京城，并参加由兵部举办的武举省试。唐代武举省试的主考官，起初由兵部员外郎担任，后改为由礼部侍郎主持。

参加武举省试的考生，需向兵部报告年龄、籍贯、家世等信息。武举省试主要考两方面：一是骑射及武器运用的熟练程度；二是体力、身材、体能等身体素质。通过武举省试以后，就能获得授官的资格，这种资格由兵部发放，叫“告身”。然后，朝廷会依据不同成绩和情况，授予不同职位。

30.“倒霉”一词与科举制度有何关系

“倒霉”一词本是江浙一带的方言，指事不顺利或运气坏。这一词语产生的时间算来不长，大约在明朝末年。那时候，由于八股取士的科举制度严重限制了广大知识分子聪明才智的发挥，加之考场舞弊之风甚盛，所以一般的读书人要想中举是极不容易的。为了求个吉利，考生们在临考之前一般都要在自家门前竖起一根旗杆，当地人称之为“楣”。考中了，旗杆照竖不误；考不中，就把旗杆撤去，叫作“倒楣”。后来，这个词被越来越多的人用于口语和书面语中，直到现在还在使用着。值得一提的是，在运用这个词语的过程中，人们也常把这两个字写作“倒霉”。

31. 为什么科考当天要吃枣粽

粽子的传统形式为三角形，一般根据内瓤命名，包糯米的叫米粽，米中掺小豆的叫小豆粽，掺红枣的叫枣粽。枣粽谐音为“早中”，所以吃枣粽的最多，意为读书的孩子吃了可以早中状元。过去，读书人在参加科举考试的当天，早晨都要吃枣粽。

32. 中国历史上第一位和最后一位状元分别是谁

中国历史上第一位状元为唐高祖武德五年（622）壬午科的状元孙伏伽，最后一位状元为清光绪三十年（1904）甲辰科的刘春霖。

孙伏伽，生年不详，贝州武城（今山东武城）人。早年在隋朝时考中进士，隋炀帝大业末年迁万年县法曹参军，隋亡后入唐做官。武德五年（622），孙伏伽因上疏而被免官。当时科举制度尚未完备，故孙伏伽能以免官之身应进士科考试，考中第一，官授刑部郎中。贞观十四年（640）拜大理寺卿，成为朝廷重臣，显庆三年（658）病逝于家中。

刘春霖，1872 年出生于直隶肃宁县（今河北肃宁）。1903 年，刘春霖参加科举考试意外落榜。科举取士一般为三年一科，次年适逢慈禧太后七十大寿，朝廷特加甲辰科，称为“甲辰恩科”。1904 年，刘春霖再度参加殿试，得中状元。1905 年，慈禧迫于社会舆论的压力，宣布自 1906 年开始停止科举考试，在中国历史上延续了 1300 多年的科举制度正式被废除。科举制度的废除，使刘春霖成为中国历史上的最后一个状元，所谓“第一人中最后人”。后刘春霖因心脏病突发，于 1942 年（一说 1944 年）去世。

33. 古代有国家统一颁布的教材吗

在纸发明之前，古代的教学主要靠老师与学生之间口耳相传，东汉蔡伦改进造纸术后，渐渐出现了纸质课本。

汉代教授儒家经典的博士官，因师承不同，在对学生传经的过程中，出现了争议。为了统一标准，东汉灵帝让学者先校定各家所传的经文，然后每经选择一家之说刻在石碑上，共有《鲁诗》《尚书》《周易》《春秋》《公羊传》《仪礼》《论语》等 7 种经文被刊刻在 46 座石碑上，立在洛阳都城外的太学内，作为博士官们向太学学生讲授的标准经本，被称为“熹平石经”。“熹平石经”是古代最早的石刻官定儒学经本，可以说是标准的官方教科书。

汉代以后，虽然出现了纸质课本，但为了避免出现错误，统一标准，有些朝代的统治者也会像汉代一样，选择儒家的经典刊刻在石碑上，立于国子监和太学，作为统一的官方教材。如唐文宗时期刊刻了《周易》《尚书》《诗经》《周礼》《仪礼》《礼记》《春秋左传》《公羊传》《穀梁传》《孝经》《论语》《尔雅》等 12 种儒家经典，共 114 块碑，被称为“开成石经”。清代乾隆年间，又将儒家的《周易》《左传》《尚书》《诗经》《周礼》《仪礼》《礼记》《公羊传》《穀梁传》《论语》《孝经》《尔雅》《孟子》十三经刻在 189 块碑上，连同乾隆皇帝的圣谕共 190 块，其中每块石碑顶部都有“乾隆御定石经之碑”字样，碑身两面均刻有经文，全部是用正楷体刻字，被称为“乾隆石经”，现仍保存在北京国子监和孔庙的夹道中。

“开成石经”和“乾隆石经”因刊刻在科举时代，就像一座大型石质书库，不仅是知识分子的必读之书，更是读经者抄录校对的标准，被誉为古代的“高考教材”。

34. 孔子是山东人，他讲课是用山东话吗

普通话是我国现代的通用语言，汉民族的共同语。中华人民共和国成立以后，为了加强政治、经济以及文化的统一，顺利地进行国家建设，决定在全国范围内大力推广和积极普及普通话。推广普及普通话的重要途径之一就是要求老师在课堂上都要用普通话讲课。那么古代的老师用什么话来讲课呢？

我们现在的普通话是经过漫长的历史发展过程形成的。早在先秦时期，就出现了古代汉民族共同语；春秋时期，人们称这种共同语为“雅言”；从汉代起，汉民族共同语又被称为“通语”；明代改称为“官话”。辛亥革命以后，称我们民族的共同语为“国语”，中华人民共和国成立以后才称之为普通话。

孔子生活在春秋时期，雅言就类似于孔子时代的普通话，“雅”是正的意思，雅言同方言相对。《论语·述而》里面记载：“子所雅言，《诗》《书》、执礼，皆雅言也。”是说孔子在教弟子读《诗经》《书经》和执行礼节的时候，也就是讲课的时候，用的都是当时的普通话——雅言。我们知道，孔子是鲁国人，也就是今天山东曲阜人，他的弟子众多，分别来自鲁国、齐国、晋国、卫国、陈国和楚国等，也就是来自今天的山东、河南、河北、江苏、安徽和湖北等省。在当时，各个诸侯国的话是不完全相同的，正如今天全国各地有不同的方言一样。孔子平时谈话，可以用他自己的方言，也就是鲁国的地方话，但是他要对弟子讲课的时候，就不能再用鲁国话了，那样，来自鲁国以外的学生可能听不懂。因此孔子在讲课时就要用当时的普通话雅言来讲，这样可以使得来自不同地方的学生都能听懂。

35. 考中状元，为什么也叫作“独占鳌头”

我们知道，从宋代开始，状元是科举考试殿试的第一名，人们也把考中状元称为“独占鳌（áo）头”。鳌，是传说中海里的大龟或大鳖，它怎么会与状元有关联呢？

鳌在古代是尊贵吉祥的象征，是人们敬重的一种神物。《淮南子》里有这样的记载：“往古之时，四极废，九州裂，天不兼覆，地不周载……于是女娲炼五色石以补苍天，断鳌足以立四极。”是说在远古的时候，大地上支撑天的四根柱子断了，造成天塌地陷，于是女娲娘娘就炼五色石补苍天，并用鳌的脚来当成四根柱子撑住天，不让天塌下来。

古代神话还说在渤海东面很远的地方，有个无底深

谷，其中有五座大山，互不相连，随波上下漂浮。天帝就命禺彊解决这一问题，禺彊让十五只巨鳌轮流用头顶住五座山，它们最后才固定下来。这些传说都说明鳌有巨大的力量。

因为人们认为鳌有巨大的力量，所以在古代的元宵灯景中，人们用彩灯堆叠成一座山，形状像传说中的巨鳌，叫“鳌山”，成为灯节中的盛景。唐宋时皇帝宫殿前台阶正中的石板上雕有龙和鳌的图像，举行殿试后，按规定状元要站在台阶中巨鳌的头上来迎榜，因此把考中状元称为“独占鳌头”，也就是居于首位的意思。

36. 古代学生放假吗

每个朝代的假期制度不一样，以唐代为例，学生一年有旬假、田假和授衣假三个假期。

唐代学生的假期与官员的假期密切相关。唐代规定，官员每十日放假一天，称为旬假、旬休或沐休。因为官学的老师同时也是朝廷的官员，所以老师每十天放假一天，官学的学生自然也会每十天有一个旬假。由于当时的官员多为地主出身，自魏晋南北朝以来，有在农忙时给官员田假的规定，以方便他们回家处理农事。田假一般在每年的农历五月，正是北方小麦收割的季节。唐代规定五月给官员田假十五天；与此相对应，官学的学生每年五月也会放田假，只不过不是十五天，而是一个月。

《新唐书》记载：“每岁五月有田假，九月有授衣假。”授衣假也来自官员的假期。古时九月开始准备过冬的寒衣，叫“授衣”。《诗经》中有这样的诗句：“七月流火，九月授衣。”到九月就要准备过冬的衣服了。农历九月正是秋末冬初，天气逐渐转冷，自魏晋南北朝以来，有在每年九月给官员授衣假的规定，方便官员准备过冬的衣服以适应季节变化。唐代规定九月给官员授衣假十五天，与此相对应，官学的学生每年九月也会放授衣假，同田假一样，也是一个月。因田假和授衣假假期都比较长，学校准许学生在这两个假期里回家探亲；如果学生家距离学校比较远（路程超过二百里），或者家中有大事，学校也会酌情延长学生的假期。

37. 皇帝也有老师吗

周代曾设立太傅、太师、太保，合称“三公”，名义上是天子的老师，其实是辅佐天子的官职，后来把“三公”用作赏赐大臣的最高荣誉。能成为帝王的老师，是中国古代读书人最高的荣誉。

帝王的老师有两种途径。一种是在帝王还没有登基的时候教他读书，将来有一天，所教的学生当上了皇帝，老师跟着也就成了帝王师。另一种是直接为皇帝讲课，这种老师最难当。因为在古代，皇权至上，皇帝是地位最高的人，至尊至大，老师地位再高，也是臣，皇帝虽为学生，却是君。一般的学生见了老师是要拜老师的，但身为学生的皇帝，却不拜老师，反而是老师得拜他。老师在教皇帝时，也不能像对待一般学生那样，不能责罚，骂也不行。

第十篇

神话传说

1. 盘古开天

传说太古时候，天地不分，整个宇宙像个大鸡蛋，里面混沌一团，漆黑一片，分不清上下左右、东南西北。但鸡蛋中孕育着一个伟大的英雄，这就是开天辟地的盘古。

盘古在鸡蛋中足足孕育了18000年，终于从沉睡中醒来了。他睁开眼睛，只觉得黑乎乎的一片，浑身酷热难当，盘古发起怒来，抓起一把与生俱来的大斧，用力一挥，大鸡蛋骤然破裂。其中轻而清的东西向上不断飘升，变成了天，另一些重而浊的东西，渐渐下沉，变成了大地。

2. 女娲补天

女娲是一位美丽的女神，身材像蛇一样苗条。传说女娲用泥土仿照自己创造了人类，成为民间广泛而又长久崇拜的创世神和始祖神。她又替人类建立了婚姻制度，使青年男女相互婚配，繁衍后代，因此也被传为婚姻女神。

后来，水神共工和火神祝融在不周山大战，结果共工大败而怒撞不周山，造成世间天塌地陷。女娲不忍生灵受灾，于是炼出五色石补好天空，斩神鳌之足撑四极，治洪水杀猛兽，人类又得以安居。

3. 神农尝百草

传说，神农氏出生在烈山的一个石洞里，他身体强壮，头上长有两角，即牛首人身。因为他外形特殊且勤劳勇敢，长大后被人们推为部落首领。又因为他的部落居住在炎热的南方，称“炎族”，大家就称他为“炎帝”。有一次，他见鸟儿衔种，由此发明了五谷农业，大家又称他为“神农”。后来他看到人们得病，就去尝遍百草，寻找药材为人们治病，最终因误尝断肠草而死去。

4. 夸父逐日

相传在黄帝时期，夸父族首领夸父想把太阳摘下，于是开始逐日，和太阳赛跑，在口渴时喝干了黄河、渭水之后，奔于大泽，路途中渴死。死后他的手杖化作桃林，身躯化作夸父山。夸父逐日的故事，反映了中国古代先民了解自然、战胜自然的愿望。

5. 东王公、西王母

东王公为道教尊神，又称“木公”“东华帝君”等，原为中国古代神话中的男神，后经道教增饰，奉为男仙领袖，南北二宗则奉为始祖。究其源，可追溯到战国时期，当时楚地信仰“东皇太一”神，又称“东君”，即神化了的太阳神（太阳星君），此为东王公之前身。

西王母又称“王母娘娘”“瑶池金母”等，是西华至妙之气化生而成，与东王公分掌天下三界十方之男女仙籍，配位西方，其神格十分崇高。相传西王母住在昆仑仙岛，仙岛上有瑶池，也有蟠桃园，园里种有蟠桃，食之可长生不老。

6. 精卫填海

相传精卫本是炎帝神农氏的小女儿，名叫“女娃”。一日女娃到东海游玩，溺于水中。死后的女娃化作花脑袋、白嘴壳、红色爪子的一种神鸟，每天从山上衔来石头和草木，投入东海，然后发出“精卫精卫”的悲鸣，好像在呼唤着自己。

7. 后羿射日

后羿，又称“夷羿”，相传是夏王朝东方部落有穷氏的首领，善于射箭。当时夏王启的儿子太康沉迷于游乐田猎，不理政事，被后羿所逐。太康死后，后羿立太康之弟仲康为夏王，实权操纵于后羿之手。但后羿只顾四出打猎，后来被亲信寒浞（zhuó）所杀。

在神话传说中，后羿是嫦娥的丈夫。后羿在的时候，天上有十个太阳，烧得草木庄稼枯焦，后羿为了救老百姓，一连射下九个太阳，从此地上气候适宜，万物得以生长。他又射杀了猛兽毒蛇，为民除害。因而，民间也奉后羿为“箭神”。

8. 嫦娥奔月

相传，后羿向西王母求得不死之药。其妻嫦娥因遭逄蒙（后羿的徒弟）逼迫，不得已吞下仙药，于是飞上月亮，常住于广寒宫中。

9. 应龙是谁

相传应龙是上古时期黄帝的神龙，它曾奉黄帝之令讨伐蚩尤，并杀了蚩尤而成为功臣。在禹治洪水时，神龙曾以尾扫地，疏导洪水而立功，因此应龙又是禹的功臣。

10. 羲和御日

传说，太阳女神羲和生有十个孩子，也就是十个太阳。它们住在东方海外的汤谷，那里有一棵大树，名叫“扶桑”。扶桑树有几千丈高，十个太阳就住在树上。它们每天一个，轮流在天空值班。不论哪个太阳值班，早上都由他们的妈妈羲和驾车伴送。这辆车子很壮观，是由六条龙拉着的。

11. 常羲沐月

传说，月亮女神常羲生了十二个月亮，即一年十二个月。常羲经常给月亮洗澡，洗去旧的痕迹和所有的污垢，让它们焕发出皎洁之光，以崭新的面貌出现在夜空。

12. 吴刚伐桂

传说吴刚的妻子与炎帝之孙伯陵私通，吴刚一怒之下杀了伯陵，因而惹怒炎帝，被发配到月亮砍伐不死之树——月桂树。月桂树随砍即合，吴刚每砍一斧，斧子砍下的枝叶就会长回树上，日复一日，吴刚仍然没能砍倒月桂树。吴刚的妻子心存愧疚，命三个儿子分别变成蟾蜍、兔和蛇，飞上月亮陪伴吴刚。

13. 刑天断首

刑天是《山海经》里提到的一位无头巨人，原是炎帝的手下。自炎帝被黄帝在阪泉之战中打败之后，刑天便跟随在炎帝身边，定居南方。刑天心中一直不服，于是又去找黄帝单挑独斗，但他技不如人，被黄帝斩去头颅。没了头的刑天并没有因此死去，而是重新站了起来，并把胸前的两个乳头当作眼睛，把肚脐当作嘴巴；左手握盾，右手拿斧。因为没了头颅，所以他只能永远与看不见的敌人厮杀，永远战斗。

14. 共工怒触不周山

在盘古开天辟地和女娲造人之后，水神共工一向与火神祝融不和，他率领虾兵蟹将，向火神发动进攻。火神祝融驾着遍身冒着烈焰的火龙出来迎战，最终获得了全胜。共工一直逃到不周山，回头一看，追兵已近。他又羞又愤，就一头向山腰撞去，“哗啦啦”一声巨响，不周山竟被撞断了。不周山一倒，大灾难降临了。原来不周山是根撑天的大柱，柱子一断，半边天空就坍塌下来，露出石骨嶙峋的大窟窿，顿时天河倾泻，洪水泛滥。后来经女娲补天，世间才恢复安宁。

15. 火神祝融

据《山海经》记载，祝融的居所是南方的尽头衡山，是他传下火种，教人类使用火的方法。他还常在高山上奏起悠扬动听、感人肺腑的乐曲《九天》，使黎民百姓精神振奋，情绪高昂，对生活充满热爱。祝融死后，葬在南岳衡山之阳，后人为了纪念他，就把南岳最高峰称为“祝融峰”。

知识加油站：

中国首辆火星车命名为“祝融号”，即火神祝融登陆火星的意思。祝融在中国传统文化中被尊为最早的火神，象征着我们的祖先用火照耀大地，带来光明。首辆火星车命名为“祝融”，寓意点燃我国星际探测的火种，指引人类对浩瀚星空、宇宙未知的接续探索和自我超越。

16. 黄帝是谁

黄帝是上古时期一位著名的部落联盟首领，被尊为“五帝之首”“人文初祖”。传说黄帝是少典与附宝之子，本姓公孙，居轩辕之丘，号轩辕氏，建都于有熊（今河南新郑），亦称“有熊氏”。黄帝以统一华夏部落与征服东夷、九黎族的伟绩载入史册，他在位期间，播百谷草木，大力发展生产，始制衣冠、建舟车、制音律等。

17. 蚩尤是谁

蚩尤是上古时期九黎族部落酋长，关于他的身份，有各种不同的解释。在4600多年以前，黄帝战胜炎帝后，在今河北涿鹿县境内，展开了与蚩尤部落的战争——涿鹿之战。蚩尤战死后，东夷、九黎等部族融入了炎黄部族，形成了今天中华民族的最早主体。

18. 涿鹿之战

涿鹿之战，指的是距今4600多年前，黄帝部族联合炎帝部族，与东夷集团中的蚩尤部族在今河北省涿鹿县一带所进行的一场大战。战争的目的，是争夺适于牧放和浅耕的中原地带。涿鹿之战对于古代华夏族由野蛮时代向文明时代的转变产生过重大的影响。

19. 仓颉造字

黄帝时期，有一个史官叫仓颉，他观察鸟兽的足迹并从中受到启发，创造了文字。传说他创制文字时，天上降下粟米，鬼在夜间哭泣。因为天担心人们学会文字后，都去从事商业而放弃农耕，造成饥荒；鬼怕人们学会文字后，会作疏文弹劾它们，因此才在夜间哭泣。

还有一种说法，兔子在夜间哭泣。因为兔子害怕人们学会文字后，取它们身上的毫毛做笔，从而危及它们的性命，因此才在夜间哭泣。

20. 嫘祖始蚕

嫘（léi）祖，一作“累祖”，西陵氏之女，轩辕黄帝的元妃。传说嫘祖偶然发现了蚕在桑树上吃桑叶，而且结成了茧，于是她把蚕茧摘下，抽出蚕丝，织成丝绸穿在身上。她又传授别人养蚕抽丝的方法，因此被后人供为蚕神。

21. 常先制鼓

传说黄帝身边有个大臣，名叫常先。他发明了很多狩猎工具。有一次，常先捕杀了一头野牛，把剥下的牛皮随手搭在一个木墩上。这个木墩是空的，有一搂粗。时间一长，常先竟把此事忘了。野牛皮经过长时间暴晒后便收缩了，把空木墩裹得紧紧的。有人随手拍了一拍，竟发出咚咚的响声，双手使劲一擂，结果发出声音像雷鸣一般。鼓由此诞生。

22. 共鼓凿舟

共鼓是黄帝的贤臣，一次山洪暴发，共鼓和一棵大树一起被洪水冲下山，卷进一条大河里。他抓住这棵大树，始终没有放开。当他缓过气来，发现洪水不论怎样上涨，这棵大树始终浮在水面上。原来，这棵大树半面都是空的。于是共鼓来了灵感，凿木为舟。

23. 杜康酿酒

传说黄帝时期，有一个叫杜康的人，专门负责管理粮食。当时，随着农耕的发展，粮食每年都获得大丰收。可是，粮食多了吃不完，只能储藏在山洞里，山洞阴暗潮湿，时间一久，粮食全部腐烂了。杜康见状，开始苦思冥想储粮的方法。

这一天，杜康来到树林里散步，发现了几棵枯死的大树，只剩下粗大空荡的树干。杜康灵机一动，把粮食全部倒进了干燥的树干里。过了一段时间，杜康来到树林里查看粮食，他惊奇地发现：储粮的枯树前，横七竖八地躺着一些野猪、山羊和兔子，一动不动，好像死了一样。他连忙走近看个究竟：原来盛粮的树干裂开了几条缝，由里向外不断渗水。看来，这些动物是舔吃了这水才躺倒的。可这究竟是什么水呢？杜康凑过去一闻，只觉一股清香扑面而来，他不禁尝了几口这浓香水，顿觉神清气爽。后来，杜康把浓香水带回家，请大家品尝，大家你一口，我一口，都说好味道。就这样，酒在民间逐渐普及开来，杜康也被人们尊称为“酒神”。

24. 大禹治水

面对滔滔洪水，大禹从父亲鲧治水的失败中汲取教训，改变了“堵”的办法，对洪水进行疏导，体现出他具有带领人民战胜困难的聪明才智。为了治理洪水，十三年时间，大禹在外与民众一起奋战，置个人利益于不顾，“三过家门而不入”。大禹耗尽心血与体力，终于完成了治水的大业。

25. 玄鸟生商

在远古的黄河之滨，一只“玄鸟”唱着歌儿从空中飞来，带给人们无穷无尽的遐想——它是天的使者，原始部落的人们一个个对它顶礼膜拜。一个叫简狄的女人，吞服“玄鸟”下的蛋后，怀孕生下一个儿子叫“契”。契，即阏（yān）伯，就是传说中的商人之始祖。《诗经·商颂·玄鸟》曰：“天命玄鸟，降而生商。”

26. 月下老人

月下老人，又称“月老”，是民间传说中主管婚姻的红喜神，也就是媒神。据唐朝文学家李复言所著的《续玄怪录·定婚店》记载：元和二年（807），有一个叫韦固的书生去清河访友，途中借宿在宋州宋城县南店客栈，其间偶遇一老人在月光下翻检一本婚姻簿，老人为韦固牵红绳指明婚嫁对象，后来韦固果然应月老之语与相州刺史王泰之女结为连理。传说，月下老人以红绳把世间男女之足系在一起，确定彼此姻缘。

27. 愚公移山

愚公家门前有两座大山挡着路，他决心把山平掉，另一个“聪明”的智叟笑他太傻，认为不可能。愚公说：“我死了有儿子，儿子死了还有孙子，子子孙孙无穷无尽的，又何必担心挖不平呢？”后来他感动了天帝，所以天帝命夸娥氏的两个儿子搬走两座山。这个传说通过愚公的坚持不懈与智叟的胆小怯懦，以及“愚”与“智”的对比，表现了中国古代劳动人民的信心和毅力，说明了要克服困难就必须坚持不懈的道理。

28. 关圣帝君

关圣帝君亦称“关帝”“关公”“关老爷”等，其原型是三国时期蜀汉名将关羽，也是《三国演义》当中的主要人物之一。在英豪辈出、群星璀璨的三国时代，关羽可能并不是最耀眼的。他在死后，却不断地被人们演绎、神化，由人而圣，由圣而神，成为上至帝王将相、下至普通百姓，黑白两道之徒、三教九流之辈都顶礼膜拜的神灵。

29. 海神妈祖是谁

妈祖是中国东南沿海广泛信仰的海神，又称“天妃”“天后”“天上圣母”“娘妈”等，是历代船工、海员、旅客、商人和渔民共同信奉的神祇。妈祖，原名林默，北宋建隆元年（960）三月二十三诞生于福建莆田湄洲岛，因救助海难于雍熙四年（987）九月初九逝世。湄洲百姓感念妈祖，为之立庙祭祀，后经历代朝廷褒封，从一个民间神灵升格为四海之神。

30. 孟姜女哭长城

相传秦始皇时，劳役繁重，范喜良和孟姜女新婚才三天，新郎范喜良就被迫出发修筑长城，不久因饥寒劳累而死，尸骨被埋在长城墙下。孟姜女身背寒衣，

历尽艰辛，万里寻夫来到长城边，得到的却是丈夫死亡的噩耗。她痛哭城下，七天七夜不止，这段长城就此坍塌，露出了范喜良尸骸。安葬范喜良以后，孟姜女于绝望之中投海而亡。

31. 梁山伯与祝英台

大约在东晋时，浙江上虞祝家有一女子叫祝英台，她女扮男装到杭州游学，途中遇到会稽来的同学梁山伯，两人便相偕同行。同窗三年，两人感情深厚，但梁山伯还是不知祝英台是女儿身。后来祝英台中断学业返回家乡，梁山伯到上虞拜访祝英台时，才知道三年同窗的好友竟是女红妆。

梁山伯欲向祝家提亲，却得知此时祝英台已许配给马文才，不日即要成婚。之后梁山伯在鄞县当县令，因过度伤心而去世。祝英台闻山伯为己而死，十分悲痛，却别无他法。

祝英台出嫁时，经过梁山伯的坟墓，突然狂风大起，阻碍送亲队伍前进。祝英台下花轿到梁山伯的墓前祭拜，

梁山伯的坟墓却突然塌陷裂开，祝英台跳入坟中，其后坟中出现一对彩蝶，双双飞去。

32. 白蛇传

白素贞是千年修炼的白蛇妖，为了报答书生许仙前世的救命之恩，化为人形欲报恩。后遇到青蛇精小青，两人结伴。

白素贞施展法力，巧施妙计与许仙相识，并嫁与他。他们成婚后，金山寺和尚法海对许仙讲白素贞乃蛇妖，许仙将信将疑。后来许仙按法海的办法在端午节让白素贞喝下雄黄酒，白素贞酒后现出原形，将许仙吓死。白素贞上到天庭盗取仙草灵芝，好不容易将许仙救活。法海又将许仙骗至金山寺并软禁，白素贞同小青一起与法海斗法，水漫金山寺，却因此伤害了其他生灵。白素贞因为触犯天条，在生下孩子后被法海收入钵内，镇压于雷峰塔下。

许仙终不舍妻子，便在雷峰塔下出家修行，护塔育子。十八年后，两人的儿子许仕林高中状元，回乡祭祖拜塔，救出母亲，一家团圆。

33. 百鸟朝凤

凤凰原本只是一只普通的小鸟，它的羽毛并不像传说中那样光彩夺目。但它非常勤劳，不像其他鸟儿那样吃饱了就去玩，而是从早到晚忙碌不停，捡拾其他鸟儿丢弃的果实，并将它们收藏在洞中。

有一年，森林遭遇了严重的旱灾，鸟儿们找不到食物，饥饿难忍。在这个危急时刻，凤凰打开了它的山洞，拿出多年积存的干果和草籽，分给了森林里的鸟儿，帮助它们渡过难关。

旱灾过后，为了感谢凤凰的救命之恩，鸟儿们都从自己身上拔下了一根最漂亮的羽毛，制成了一件光彩夺目的百鸟衣献给凤凰，并一致推举它为鸟王。从那以后，每逢凤凰生日之时，四面八方的鸟儿都会飞来向凤凰表示祝贺，这就是“百鸟朝凤”的由来。

34. 宝莲灯

传说，天宫中的三圣母爱上了人间的书生刘彦昌。为了爱情，三圣母不顾哥哥二郎神的反对，带着宝莲灯私奔下凡，与刘彦昌相会。后来被二郎神发现，无奈之中，三圣母只好把宝莲灯交了出去，自己被压在了华山底下。

三圣母的儿子沉香在天宫偶尔从土地神口中得知了自己的身世，夺回了母亲的宝莲灯，逃离天宫，踏上了寻母之路。

最终沉香举起神斧，与二郎神决一死战，凭借宝莲灯的力量，沉香终于把二郎神打败。沉香劈开华山，救出母亲。母子终得相会。

第十一篇

衣裳饰物

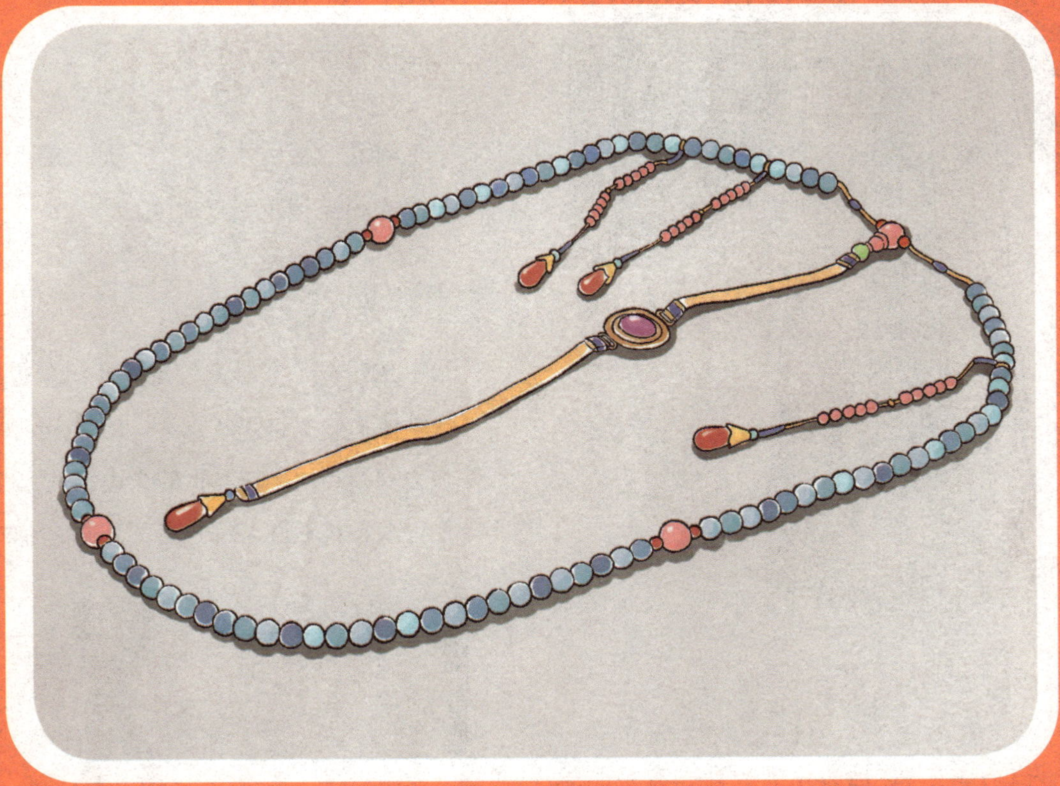

1. 什么是衣裳

“黄帝、尧、舜垂衣裳而天下治”，衣裳有可能是古代服饰中最早的普遍使用类型。东汉末年刘熙的《释名·释衣服》记载：“凡服，上曰衣，下曰裳。”意思是穿在上身的称为“衣”，人们依靠衣抗拒寒暑；穿在下身的是“裳”，裳的作用是遮蔽。重要场合的礼服往往都是衣裳制，而周代至汉代的衣裳都是宽衣大袖。

服饰制度

郭沫若先生说过：“衣裳是文化的表征，衣裳是思想的形象。”这把服饰与文化的关系说得十分透彻。事实证明，世界各民族在各个历史时期的衣着打扮，是这个民族社会物质文明和精神文明的标尺，也是这个民族经济和文化发展水平的标志，以及民族历史意识和民族时代意识的体现。因此，服饰问题具有突出的民族特征和时代特征。

从周代开始，中国人就形成了一套完善的系统，按照不同场合的礼仪规范服饰，逐渐形成了公服、吉服、常服等体系，很是讲究。公服，是指古代官吏的制服；吉服，是指古代祭祀时所着之服；常服，一般是指在非礼仪场合下穿着的日常服饰。

2. 什么是禅衣

禅衣，又称“单衣”，是上层人士平日所穿的一种单层罩衣，流行于秦汉时期。

素纱禅衣

1972 年，长沙马王堆一号汉墓曾出土一件轻薄透明的素纱禅衣，衣长 128 厘米，袖长 190 厘米，仅重 49 克，如除去衣领和袖上较厚重的缘边仅重 25 克左右。据计算，每平方米衣料不过 12~13 克重，真是薄如蝉翼，轻若烟雾。

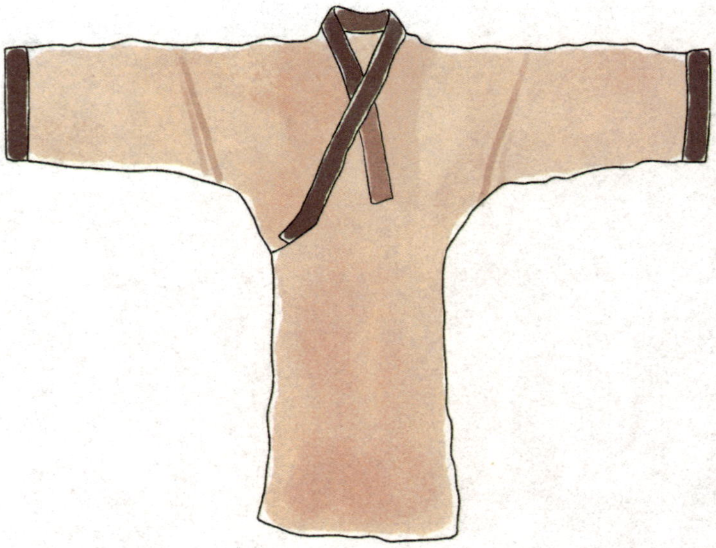

3. 什么是深衣

深衣为衣裳相连，也就是上衣和下裳在腰部缝合，覆盖身体时显得深邃，所以称为“深衣”。《礼记》说：

“古者深衣，盖有制度，以应规、矩、绳、权、衡。”就是说圆形的袖口，象征圆规，表示举手抬脚都合乎礼貌。方形的交领，象征品行方正。背缝像墨线似的从后背直到脚后跟，象征品行正直。裳的下缉如秤杆秤锤，象征公平。

曲裾（jū）深衣

最能代表汉代风格的是深衣及其衍生出来的服饰，其中比较有特色的是一种舞蹈服——曲裾深衣。汉初流行一种舞蹈，称为“翘袖折腰之舞”，高帝刘邦的宠姬戚夫人就善于跳这种舞。

舞蹈时穿袖子很长的曲裾深衣，用“长袖善舞”来形容这种舞蹈，恰如其分。出土的西汉陶俑等所穿着的也多是这种曲裾深衣。

4. 什么是袍子

袍子是直腰身、过膝的外衣，多为两层，冬季则纳以绵絮，比较典型的特征是圆领、窄袖、合体，是从隋唐开始到清代使用最广泛的服装。隋代按照官品等级，对袍服颜色做了规定：唐朝时对等级做了更细致的规定，“贞观四年（630）制，三品以上服紫，四品、五品以上服绯，六品、七品以上绿，八品、九品以上青。”

龙袍

龙袍是皇帝专用的袍服，因袍上绣龙形图案而得名，样式多为盘领、右衽、明黄色。唐代高宗朝规定臣民不允许穿黄色，否则就是僭越。于是龙袍别称“黄袍”。龙袍上的各种龙纹图案，历代有所变化，但龙数一般为九条，寓意“九五之尊”。清代龙袍还绣“水脚”，即下摆等部位有水浪山石图案，隐喻山河统一。

官袍

官袍是文武官员用作朝服、公服等的袍服，以一定颜色或图案表明官位等级。明朝洪武年间，创立区别文武官员品级的补服制度，清代沿用。

一品仙鹤

二品锦鸡

三品孔雀

四品云雁

五品白鹇

六品鹭鸶

七品鸂鶒

八品鹌鹑

九品练雀

5. 什么是襦裙

上身穿的短衣和下身束的长裙合称“襦裙”，是典型的“上衣下裳”服制。襦裙出现在战国时期，兴盛于魏晋南北朝。以裙腰之高低，将襦裙分为齐腰襦裙、高腰襦裙、齐胸襦裙。

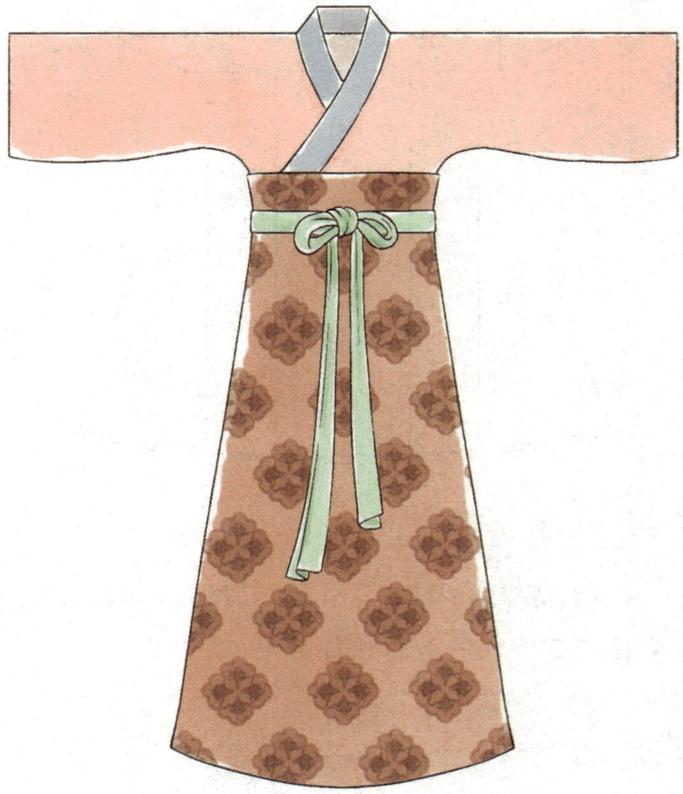

6. 什么是半臂

半臂，也叫“半袖”，形似衫去其长袖，成为宽口短袖衣，与衫齐长，交领、腰下接襕。男子半臂长及膝部。

半臂的穿搭示意

7. 什么是褙子

褙子始于隋朝，直领对襟，两侧从腋下起不缝合，多罩在其他衣服外穿着。流行于宋、明两朝。

宋代的褙子

宋代女子多穿褙子，这是一种长外套，通常为长袖、直裾样式，下摆两侧开长衩。褙子领口及前襟有绣花边，时称“领抹”，当时有专门销售领抹的店铺和流动商贩。

8. 什么是比甲

比甲，又叫作“背心”，是一种无袖、无领的对襟两侧开衩及至膝下的马甲。其样式较后来的马甲要长，一般长至臀部或膝部，有些更长，离地不到一尺。流行于元、明两朝。

9. 什么是坎肩

坎肩，即无袖短上衣。《红楼梦》中有一段，就描绘了林黛玉身穿“坎肩”的装扮之美：“但见黛玉身上穿着月白绣花小毛皮袄，加上银鼠坎肩；头上挽着随常云髻，簪上一枝赤金匾簪，别无花朵；腰下系着杨妃色绣花绵裙。真比如：亭亭玉树临风立，冉冉香莲带露开。”

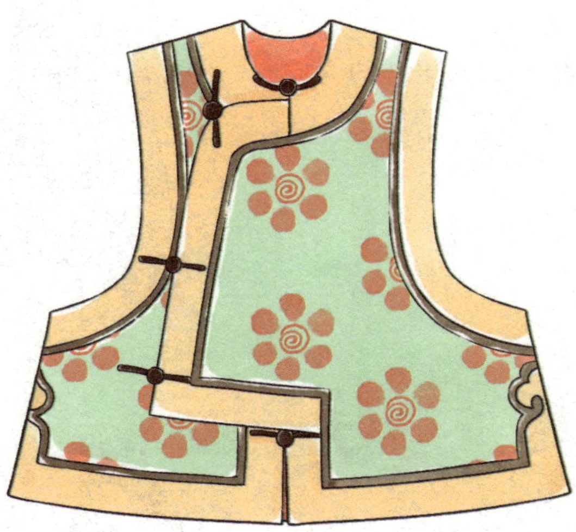

10. 什么是马褂

马褂是一种穿于袍服外的短衣，衣长至脐，袖仅遮肘。满语叫“鄂多赫”，因着之便于骑马而得名，亦称“短褂”或“马墩子”，流行于清代及民国时期。

黄马褂

黄马褂，亦作“黄马袿”，是清代的一种官服，因以淡黄色（明黄）的绸缎或纱制成，故得名。凡担任侍卫内大臣、护军统领等职务的人，都要穿黄马褂，后也赐予有军功的臣下。

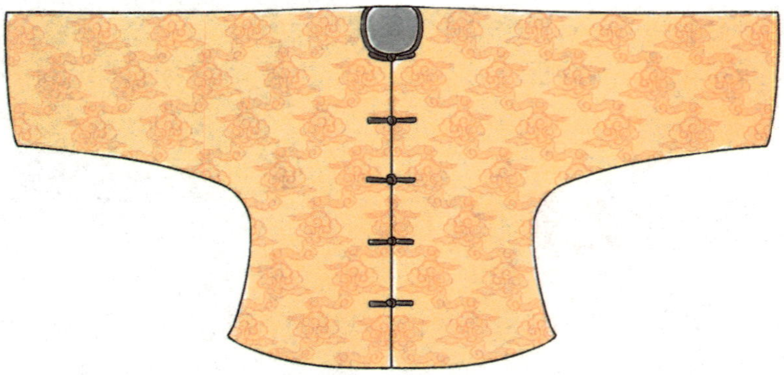

11. 什么是氅衣

古代罩于衣服外的大衣，用以遮风寒，其形制不一。今称披风。

12. 什么是裙

裙是从裳演变而来的一种服饰，但直到汉代才出现“裙”这个字。后来专指女性所穿之衣物。

石榴裙

唐代各时期都流行红裙子，也称为“石榴裙”。最出名的石榴裙当属武则天的那条，有诗为证：“看朱成碧思纷纷，憔悴支离为忆君。不信比来长下泪，开箱验取石榴裙。”大意是，春光已逝，思念不已，憔悴瘦弱只为想你，近来常流泪，君若不信，请看石榴裙上的斑斑泪痕。这一时期女子崇尚自由，个性解放，华美袒露风尚日盛。

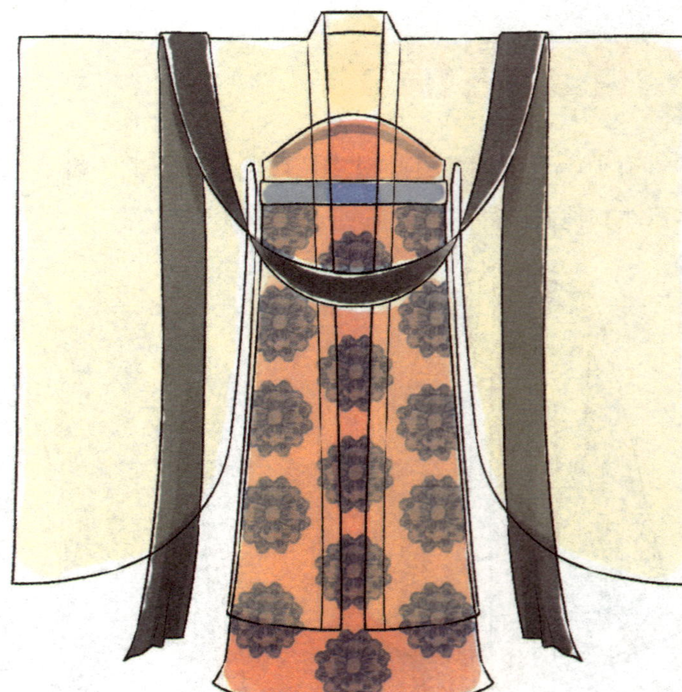

马面裙

马面裙是明清两朝最流行的裙子之一，马面裙一周有四个裙门，两两相叠，两侧有褶，正面没有褶。裙子正面形状如古代城墙的一种造型，这种建筑样式俗称“马面”，所以才有“马面裙”的称谓。

13. 什么是旗袍

旗袍形成于20世纪20年代，其源头可以追溯到先秦两汉时代的深衣，曾经是民国时期最普遍的女子服装。

旗袍首次将中华女性身体的曲线张扬于外：头、肩、胸、颈、腰、腿、臀及手足“九翘”，配之以领、衣襟、衣角的“三弯”，尽显体态的曲线之美。

14. 什么是袴

袴，也叫作“绔(kù)”，即现在的裤子。据史料记载，大约在大禹时代，就已经有了袴。《格致镜原》引《物原》的说法：“禹作袴。”按《释名》说法：“袴，跨也。两股各跨别也。”可见“袴”字的来源与穿着姿态“跨”有一定的关系，强调的是两腿分穿。

最早的裤子

考古资料显示，裤子在我国的历史至少延续了四五千年之久。湖北省天门市的石家河文化遗址出土了大量种类繁多且精美无比的玉器，其中有一个玉神人，其腰间的条纹，很有可能就是早期的一种内裤，表明在新石器时代，人们可能已经开始穿裤子遮羞了。

最早的开裆裤

湖北江陵马山一号战国楚墓出土的一条“绵袴”，前有裆，后无裆，后腰敞开，是我国中原地区出土的最早的开裆裤实物。

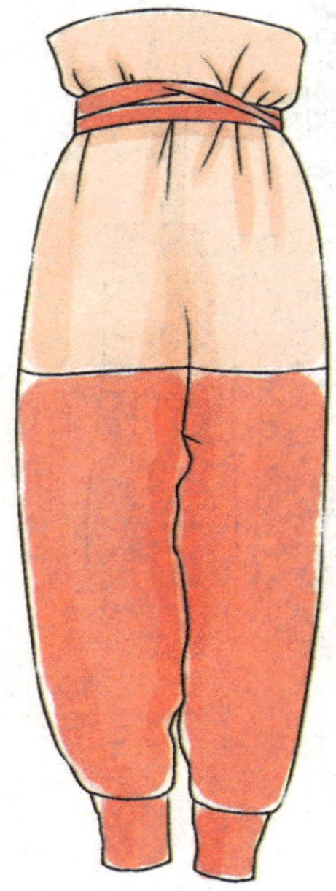

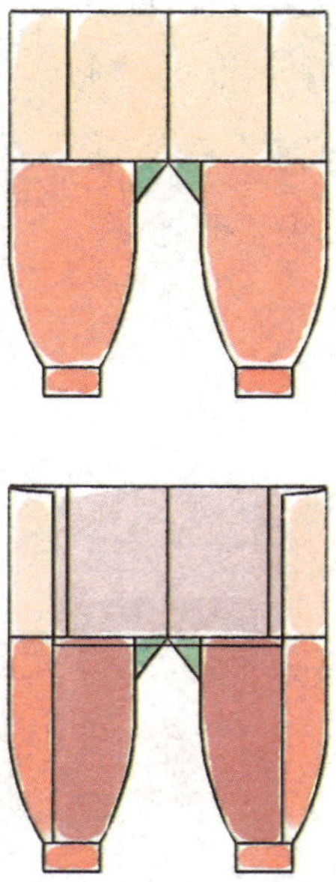

如何穿“开裆裤”

在古代，不分男女都穿“开裆裤”，直到清朝结束，这股穿“开裆裤”的潮流才逐渐消失。但古人穿“开裆裤”是有讲究的，绝不是只穿“开裆裤”，那样的话必然有伤风化。

不论男女把“开裆裤”穿上后，还要再套一件裳或裙。只是对女性的要求更加严格一些，女性无故不能随便提起裙，比如过河时，在确定周围没有男人的前提下，才可以提起裙，否则就被视为失礼。

15. 什么是胫衣

胫衣就是套在小腿上的两条裤管，没有裤腰和裤裆，以带子系在腰间，主要起保暖的作用，外面穿下裳、深衣等覆盖整个下体。宋以后流行的“膝裤”“套裤”就是“胫衣”的发展形态。

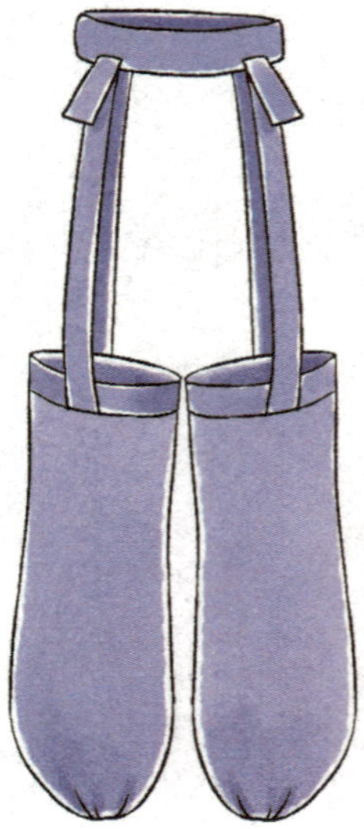

裤子的地位很低下

从人体结构学的角度而言，裤子无疑是最切合人体的下装。但是在以“上衣下裳”为尚的古代中国，人们的下体主要着裳及由裳演化而来的裙，或者穿上下一体的深衣、袍衫。

裤子，在很长的历史时期内，都被当作上不了台面的东西。因为古人认为，像裤子这种使“两腿分立”的粗鄙服饰，是粗俗的下等人和未开化的蛮夷人的装扮，有身份和地位的人是不屑于穿的。

16. 什么是裈

裈（kūn）是古代的一种合裆裤，亦写作“裩”，又称“穷裤”。我国合裆裤的历史也很悠久，2014 年考古学家在新疆洋海古墓中发现了两具干尸身上穿的裤子，其形制与现代裤子基本无异。它距今约 3300 年，有可能是中国最早的合裆裤。

犊鼻裈

汉魏时期流行一种“犊鼻裈”，上宽下窄，两头有孔，形状像牛犊鼻子，是一种很短的合裆裤，类似于今天的三角内裤，为贫贱劳作者所穿之物。山东沂南汉墓出土画像石有穿犊鼻裈的人物，可见其形制一斑。

17. 什么是袴褶

魏晋南北朝时期的“袴褶”，是一种上衣下袴、袴外不复罩裳的服饰形制，这里的下袴也属于合裆裤。在南朝宽衣博带风气的影响下，北朝的袴褶也呈现宽博之貌。如有一种“大口袴”，也叫“广口袴”，跟今天的喇叭裤很像。还有一种“缚袴”，以锦缎丝带在袴管膝盖处系扎，以方便行动，类似于后来的绑腿裤。军人穿上缚袴，跑步、骑马都不成问题。

18. 什么是膝裤

唐宋以后，随着椅子、凳子等高脚家具的普及，古人开始由“席地而坐”改为“垂足而坐”。坐姿的改变使得人们的下装也有了新的变化，不仅在袍衫襦裙内穿着各种裤子，而且还在贴身穿的合裆裤外加上开裆的“膝裤”。福州南宋黄昇墓出土的各式裤装有 24 件，其中开裆裤 15 件，合裆裤 8 件，无腰无裆裤 1 件，开裆裤的尺寸均大于合裆裤，反映了当时人们普遍是在合裆裤外加穿开裆裤。

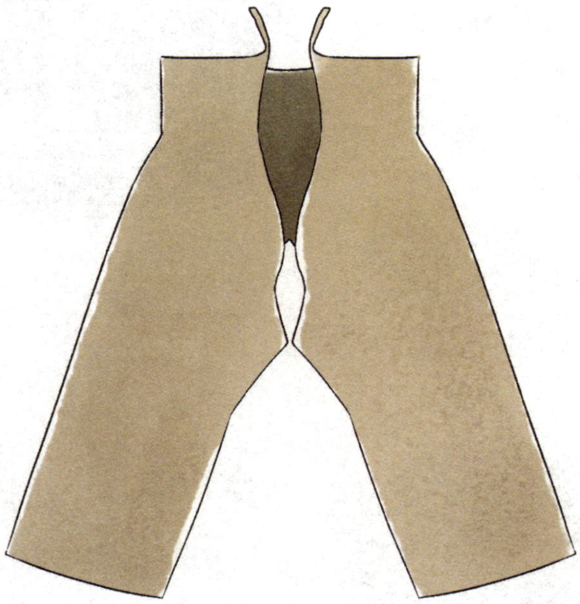

明清女子的膝裤

明清缠足女子，为了与所裹小脚相照应，往往会对小腿部分以膝裤进行包裹。这种膝裤均是由两只裤筒组成，上端扎带，裤腿边缘加以装饰。

19. 什么是套裤

清朝为了保暖御寒，往往在合裆裤外穿上类似于先秦时期胫衣的“套裤”，裤腿没有裤裆，但其长度已不再仅限于膝下，一般长至大腿。

裤装成为主流

明清时期，人们的生活节奏日益加快，着装方式也发生了变化。中上层阶级平常在家中可以不穿袍褂，只穿衫、裤。在平民百姓中，裤装是主要的服装形式。

20. 什么是大裆裤

清代流行一种宽腰“大裆裤”，其腰部不开口，裆也不分前后，裤腰非常宽大，可收紧折叠后外系布腰带。直到 20 世纪六七十年代，我国还有很多地方穿这种大裆裤。

纨绔子弟

“纨”是细绢，“绔”指裤子，连在一起的意思是“穿着细绢裤子的富家子弟”，后来指官僚、地主等有钱有势人家成天吃喝玩乐、不务正业的子弟。

21. 什么是冠

冠，又称“头衣”“元服”“首服”。起初，冠只是用以包裹发髻的一枚发罩，“冠者礼之始也”，它的意义首先是礼仪性的。古代士以上阶层“二十而冠，始学礼”，行冠礼，就是“以成人之礼来要求人的礼仪”。

进贤冠

进贤冠是古代重要的冠式，在汉代已颇流行，上自公侯、下至小吏都戴进贤冠，魏晋南北朝继之，在唐宋法服中仍保有重要地位，但其形式也在变化之中，到明朝演变为梁冠。进贤冠多用布制作，冠上缀梁，有一梁、二梁、三梁之别，根据梁的多寡，可辨别官职的大小。

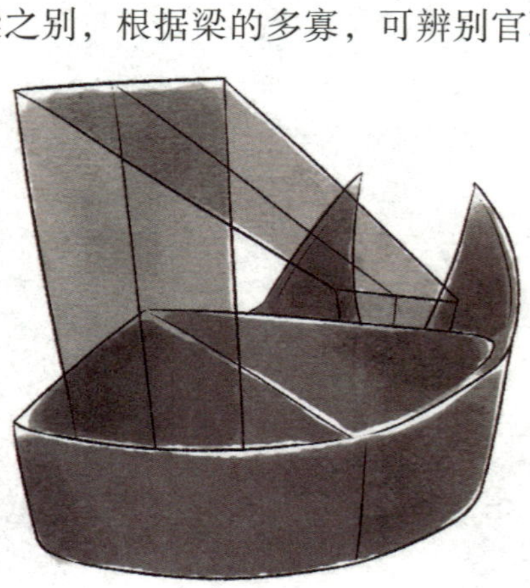

通天冠

通天冠，亦名“卷云冠”，是秦汉时期帝王主要用冠，是皇帝在郊祭、朝贺及宴会时所戴的一种礼冠。冠前山形装饰，隐含戴冠之人像山一般稳重，遇事镇定如山。自秦至明（除元代外），历代皆有，清代废除。

冲天冠

相传，唐太宗仿古制创制了冲天冠，其形似幞头，后饰相交向上翘，如同两个展角，两边还有翅形装饰，造型如同一个“善”字，又名“翼善冠”。此冠为明代皇帝的常服冠。

凤冠

凤冠，是古代皇帝后妃以及贵族命妇的传统冠式样，其上饰有凤凰样珠宝。明清时期一般女子盛饰所用彩冠也叫“凤冠”，多用于婚礼。

22. 什么是冕

冕，黑色，是一种最尊贵的礼冠。最初天子、诸侯、大夫在祭祀时都戴冕，所以后来有“冠冕堂皇”这个成语。“冠冕”可以用作仕宦的代称，它又被用来比喻“居于首位”。冕的形制和一般的冠不同。冕上面是一副长方形的板，叫延（綖），下面戴在头上。延的前沿挂着一串串的小圆玉，叫作旒（liú）。据说天子十二旒（一说皇帝的冕前后各有十二旒），诸侯以下旒数各有等差。后来只有帝王可以戴冕，所以“冕旒”可以用作帝王的代称，如王维《和贾至舍人早朝大明宫之作》中，“万国衣冠拜冕旒”。因而皇位继承者才能“加冕”。

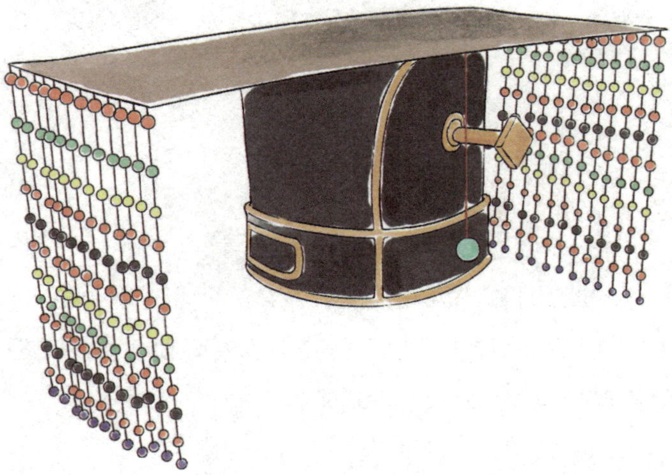

清代的官帽

清代官员的官帽，是满人按照北方民族习俗改制后独创的。在清代官制与服饰的关联中，官帽是官员最重要的品级标志之一，也是其为官任职的权力象征。

按照季节划分，有暖帽（冬春戴）和凉帽（夏秋戴）两大类；按照功用划分，有朝冠、吉服冠、常服冠、行服冠、雨冠等。

官帽上的顶珠，也有严格的规矩：一品用红宝石；二品用红珊瑚；三品用蓝宝石及蓝色明玻璃；四品用青金石及蓝色涅玻璃；五品用水晶及白色明玻璃；六品用砗磲及白色涅玻璃；七品用素金；八品用阴文镂花金；九品用阳文镂花金（明玻璃指透明玻璃，涅玻璃指不透明玻璃）。

花翎垂拖于官帽后部，代表着等级与荣誉。花翎就是孔雀的翎毛，再配上马尾（yǐr），直接插入顶珠下面的翎管里。分为单眼花翎、双眼花翎和三眼花翎，其中三眼花翎最为尊贵。

23. 什么是弁

古代男子年满二十岁所加之冠，称“弁（biàn）”，以示成年。弁的形制上锐小，下广大，像人之两手做相合状，主要有爵弁、皮弁、韦弁三种。

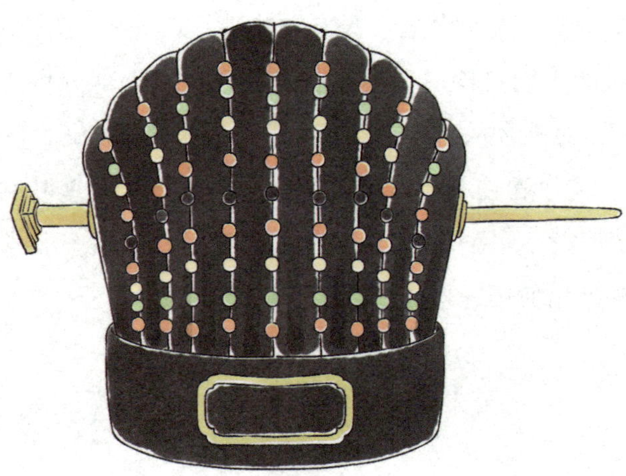

24. 什么是幞头

幞（fú）头，又叫“折上巾”“软裹”，就是男人用来包裹头发的布帛。起始于汉代，唐宋时期较为流行。

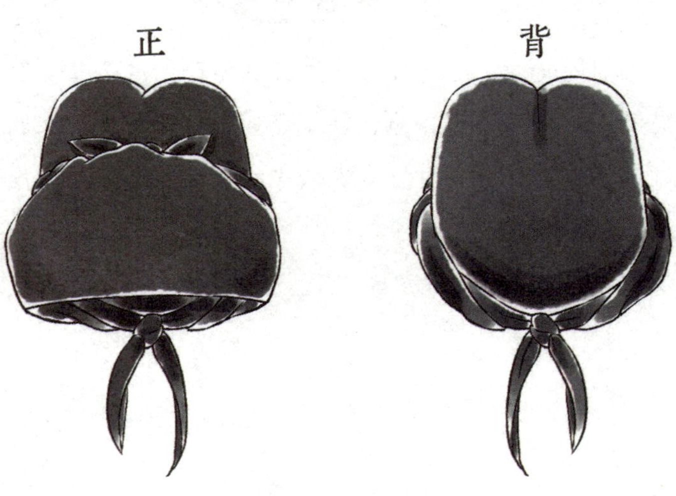

唐宋幞头大不同

唐代的幞头分为很多款式：平式幞头为一般士庶和官吏闲时戴的，结式幞头为将尉和壮士所爱戴的，软脚幞头为文官和学士喜欢戴的。

而宋代官员的幞头也很有趣，帽顶是平的或矩形的，帽后有两根像飞机翅膀一样的长直带。据说这样不方便的设置，是为了防止朝臣们在朝堂上窃窃私语而让大家刻意保持距离。

25. 什么是履

此字始见于商代甲骨文，本义一般认为是踩踏，大约到战国末期引申为名词鞋子。大约到了唐代，“履”在表“鞋子”义的常用词地位被“鞋”取代。

早期的鞋子

原始社会时期的鞋子，多为兽皮所制，主要是为了保护双脚不受到伤害，只有功能性，几乎不具有美观性。当时的人们将兽皮包裹在脚上，同时将一部分兽皮割成皮条，对整片的兽皮进行捆扎，形成了最原始的“皮鞋”。

除了兽皮，当时的人们也曾经使用植物茎叶制作草鞋，称之为“草履”。草履通常更轻便凉快，非常适合夏季外出使用，这也是现代凉鞋的起源。

商周时期，随着社会的发展和生产力的进步，鞋子的制作材料在逐渐拓宽，除了兽皮、麻草，还有布料、丝绸等。不过，当时只有贵族才能够穿色彩华丽的皮鞋或者用绸缎做成的鞋子，而平民和奴隶只能穿用葛布、麻和草做成的鞋或者赤脚。

26. 什么是翘头履

汉朝时期，贵族男性常穿一种方口翘头履，这种鞋的鞋底和鞋帮制作分明，鞋尖上翘。翘头鞋兼具实用性与装饰性，是中国古代流行时间最长的鞋样。当时女性则常穿鞋头呈分叉状的双尖歧头翘头履，名曰“歧头履”，亦称为“分歧履”“两歧履”。

27. 什么是木屐

木屐，即在木鞋底部前后各安一个齿，将鞋底抬高，方便人们在泥泞的土地上行走。木屐轻便、实用又舒适的特点契合了当时人们的需求。

谢公屐

魏晋时期流行的木屐叫作“谢公屐”。根据《南史·谢灵运传》记载，谢灵运喜好游山玩水，“登蹑常著木屐，上山则去前齿，下山去其后齿”。谢灵运上山时去掉前齿，下山时则去掉后齿，非常实用。

唐代诗人李白在其《梦游天姥吟留别》一诗中写道，“脚著谢公屐，身登青云梯”，表明这种适用于山路的谢公屐直到唐朝时仍然被使用。

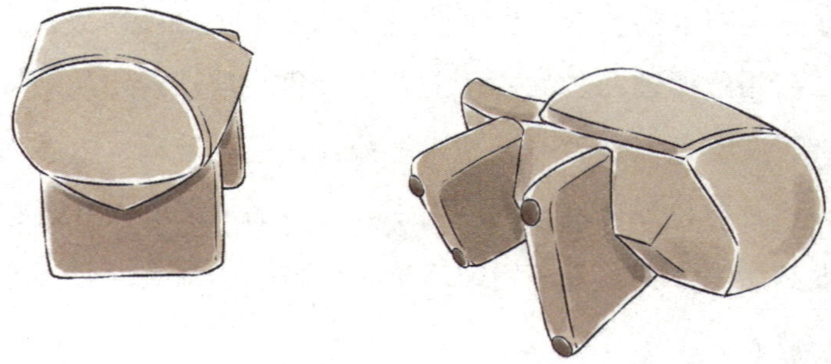

28. 什么是云头锦履

唐朝流行穿“云头锦履”，为翘头履的一种，是以布、帛为材料，鞋首蓄以棕草，使其高翘翻卷，形似卷云。这种鞋男女均可穿，高高上翘的鞋头称为“鞋翘”，被认为有步步高升之意。

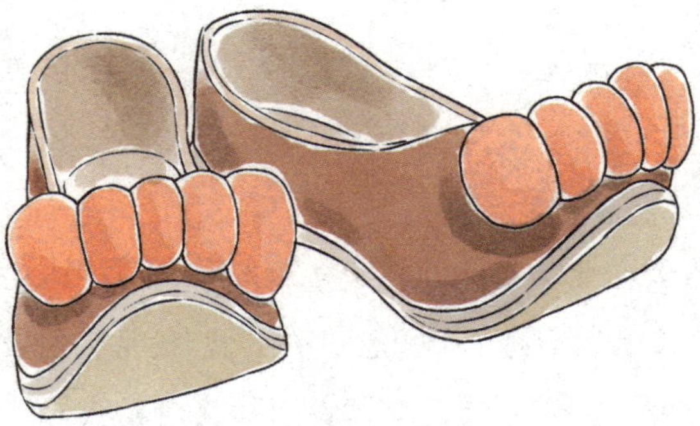

29. 什么是重台履

唐朝的贵夫人常穿“重台履”，也是一种高头鞋履，具有各种各样装饰精美的高耸履头，最高达 30 厘米。因履头高翘，为圆弧形，也叫“笏（hù）头履”。穿这样鞋可以托住裙边或袍边，避免走路时踩到摔倒。

30. 什么是官靴

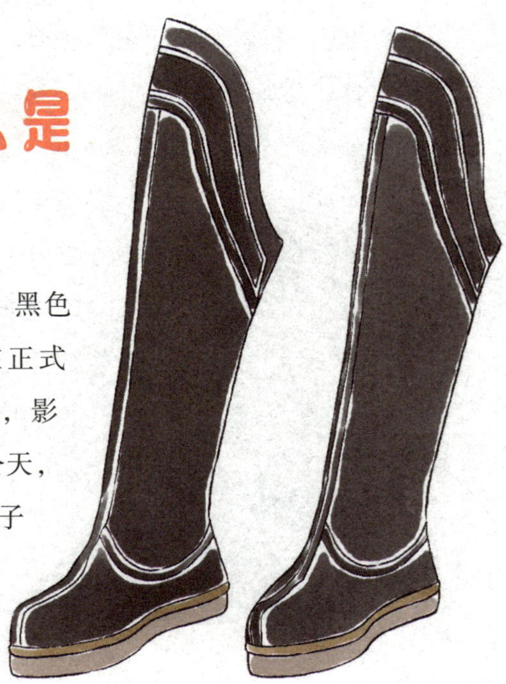

从唐代开始，黑色靴子成为官员在正式场合的标准用鞋，影响了后世，直至今天，在正式的场合男子也要穿黑皮鞋。明朝官员穿的鞋子必须染成黑色，俗称“皂履”。鞋底用木头做成一定厚度，外涂一层白粉，因而又称“粉底皂靴”。到了清朝，由于满族属于北方游牧民族，黑色靴子仍被定为官鞋。

31. 什么是缠足履

自宋朝开始，缠足之风愈演愈烈，女性鞋子开始走向畸形。缠足履（又名“三寸金莲”）应运而生，把唐朝崇尚的“小头鞋履”推到了三寸为美的程度。

• 小头鞋履

三寸金莲的起源

一般认为，“三寸金莲”始于五代时期。南唐李后主令舞女以帛缠足，形成弓状或者新月形，在六尺高的莲花台跳舞，以营造出飘飘然如仙子的形象，这样的缠足履被称为“金莲”。自此之后，缠足履开始盛行。

一双纤细的小脚，也逐渐就成为女性的审美标准。社会风气驱使后来的女性以拥有一双“金莲”为荣，以至于缠足的风气愈演愈烈，直至成了病态的审美标准，女性深受其害。

32. 什么是旗鞋

清朝满族女子喜欢一种带高底的“旗鞋”，人们习惯称之为“花盆鞋”或“马蹄鞋”。其鞋底为木制，裹以白布，鞋帮与鞋面上缀以各种刺绣图案。关于这种鞋的来源，一种说法认为，是防止旗袍拖地又不暴露双脚；还有一种说法认为，用这种方式既可以增高，又可以使女性走路时手臂摆动幅度较大，以体现女性婀娜的身姿。

33. 什么是足衣

古代的袜子称为“足衣”，或叫“足袋”，经过数千年的演变，才发展到现在形式的袜子。民间的袜子一般用棉布制成，贵族则用绸缎制袜。故宫博物院所藏皇帝的袜子多以金缎为边，通绣纹彩。

34. 什么是角韈

最早的袜子称“角韈（wā）”，见于《中华古今注》：“三代及周著角韈，以带系于踝。”“三代”是指我国最早有记载的夏、商、周时期，距今已有三四千年历史。“角韈”应该是用兽皮制作的原始袜子，所以写作“韈”。后来，随着纺织品的出现，袜子由兽皮发展到用布、麻、丝绸制作，“韈”也相应地改为“襪”，最后步步简化为今天我们所说的“袜”。

35. 什么是罗袜

魏晋南北朝时期的袜子多用麻布、帛、熟皮制成。传说魏文帝曹丕有个美丽聪明的妃子，她觉得角韈粗拙，样子难看，穿着不便，就试着用稀疏而轻软的丝编织成袜子，并把袜样由三角形改成了类似现代的袜型。当然这样的故事未必可信，但此时确实出现了丝织的袜子，叫作“罗袜”。曹植作《洛神赋》中就有关于这种袜子的描写：“凌波微步，罗袜生尘。”

36. 什么是锦袜

唐代的袜子多用锦织成，多见于贵族女子穿着，比传统的袜子轻便许多，也更符合审美观。唐冯贽《记事珠》中曾记述，杨贵妃死后在马嵬驿遗落锦袜一只：“杨贵妃死之日，马嵬媪得锦袎（yào）袜一只，遇过客一玩百钱，前后获钱无数。”意思是说，杨贵妃死亡当天，住在马嵬驿附近的一个老妇捡到了一只锦袜，她把这只袜子给路过的客人观赏、把玩，每次收费一百钱，因此获利无数。

37. 什么是裤袜

到了宋代，袜子不仅用来裹在脚上，有一些爱美的女孩子将袜子制成裤子的形状，也被称为“裤袜”。从江西德安出土的绸女裤袜来看，这种袜子一般呈圆头形，靿（yào，指靴或袜子的筒儿）后开口，并钉有两根丝带，袜脚下缘缝有一周环绕的丝线，中间用丝线织成袜底。

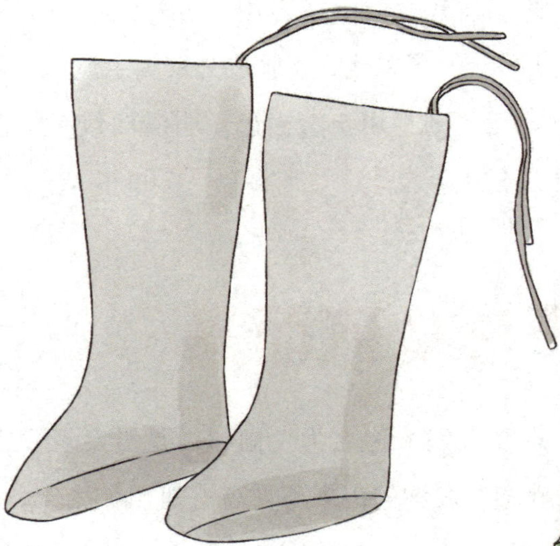

38. 什么是笄

笄(jī)是古人用以束发的首饰，与簪子相似。古代女子年满十五岁称“及笄”，意味着已成年，可以嫁人了。

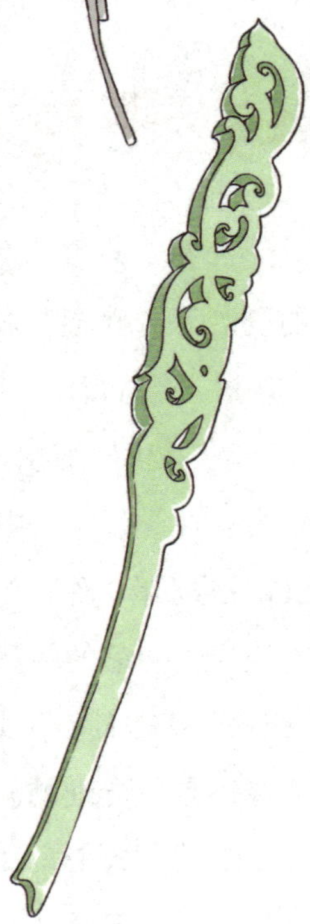

39. 什么是簪

簪由笄发展而来，是古人用来固定和装饰头发的一种首饰，可用金、玉，牙、玳瑁等制成。

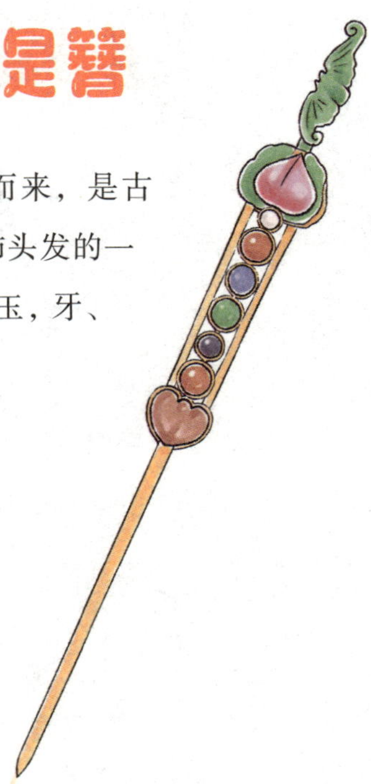

40. 什么是钗

钗是由两股簪合成的一种首饰，用来绾住头发。也可以用来将钗帽子别在头发上，或者用来装饰，材质以金、银、玉、玛瑙等为多。

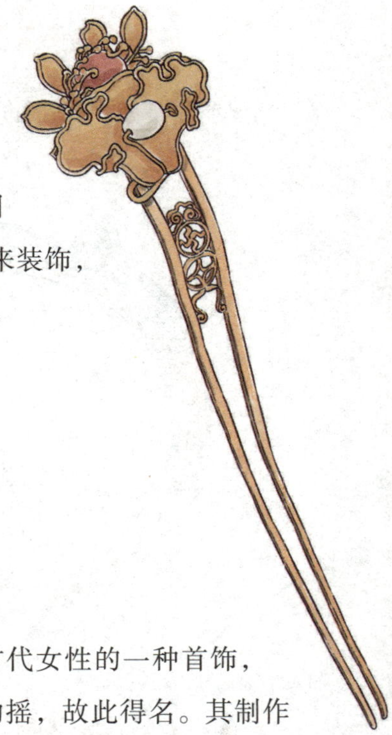

41. 什么是步摇

步摇是古代女性的一种首饰，取其行步则动摇，故此得名。其制作多以黄金屈曲成龙凤等形，其上缀以珠玉。

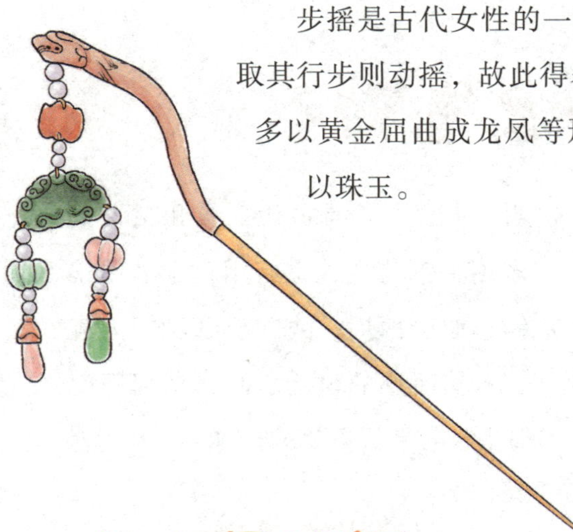

42. 什么是抹额

抹额，也称“额带”“头箍”“抹头”等，是将布帛、织锦等物折叠或裁制成条状围勒于额前，多饰以刺绣或珠玉。抹额起源可以远溯到商周时期，但“抹额”一词始于唐代，于明清时期较为流行。

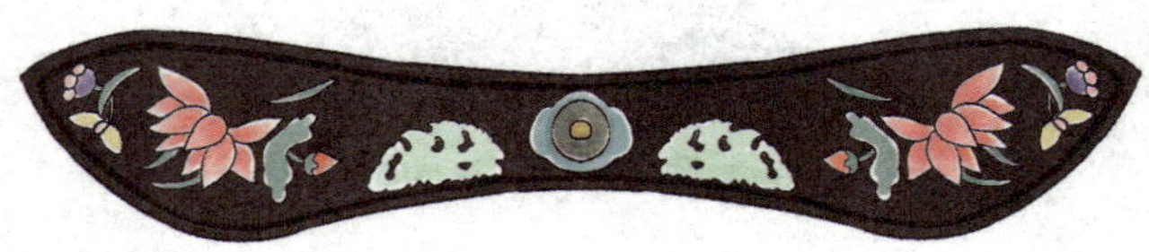

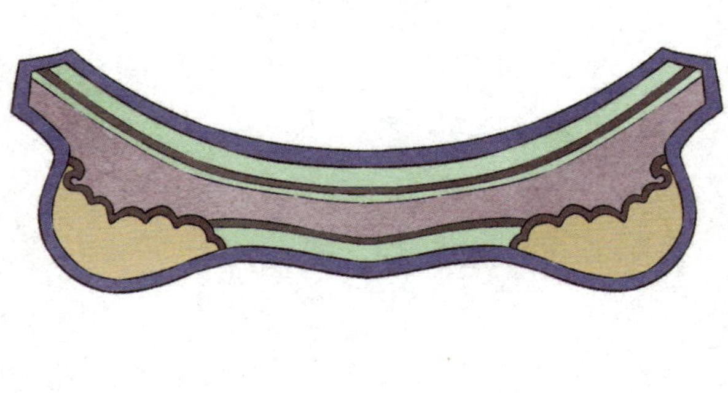

43. 什么是项圈

项圈是戴在颈部的环形饰物，多用金银等制成。

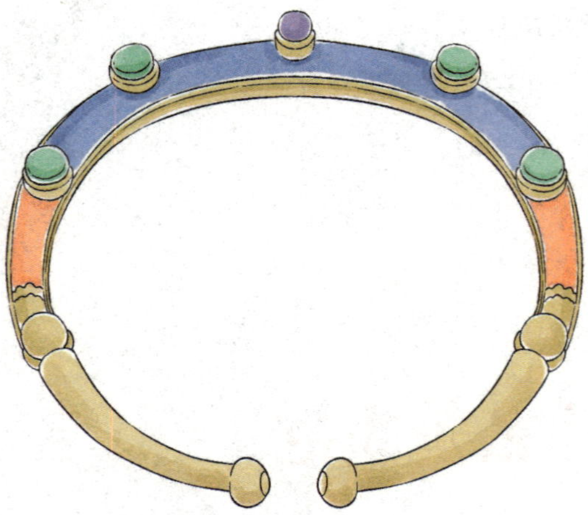

44. 什么是带钩

带钩，也叫“犀比”，是古代贵族和文人武士所系腰带的挂钩，多用青铜铸造，也有用黄金、白银、铁、玉等制成。带钩起源于西周，战国至秦汉广为流行。带钩是身份象征，带钩所用的材质、制作精细程度、造型纹饰以及大小都是判断带钩价值的标准。

45. 中国古代流行的服色

中国各个朝代都流行不同的颜色。夏代流行黑色，商代流行白色，周代流行红色，这些颜色在当时都具有正统地位。春秋时齐国风行紫色，齐桓公钟爱紫袍，以致紫色服饰价格暴涨。而孔子却一直以红色为正统，对紫色嗤之以鼻。秦始皇认为自己是以水德得天下，提倡穿用皆黑色。汉高祖刘邦从南方起兵并夺得天下，是火德兴邦，又提倡穿红。隋代则以白底配青色、绿色，显得沉着、文静。唐代社会兴盛，用色五彩缤纷、富丽堂皇，以紫色为贵。到了宋代，素雅成为审美主流，多青、绿等冷色调。元代则喜用金、银色。明清两代，服色复杂艳丽，层出不穷。

46. 汗衫从何而来

汗衫，现在人们又称之为T恤衫，是男女老少常穿的夏装。“汗衫”名称的由来与汉高祖刘邦有关。

在我国古代，汗衫最初被称为“中衣”和“中单”，是一种用纱与绢制成的内衣。五代后唐人马缟著的《中华古今注》说：“中单，衫衣也。汉高祖始改名汗衫。”汉高祖刘邦要称之为“汗衫”的原因，据宋代学者高承《事物纪原》一书的解释是：“汉高祖与项羽战，汗透中单，遂有汗衫之名。”此说是否可靠，现已无从考证，但其解释还是较合理的。

古代“汗衫”的式样和质地自然与现代的针织汗衫大不一样，但“汗衫”一词则一直沿用至今。

第十二篇

饮食医药

1. 五谷指的是什么

“五谷”一词最早见于《论语》，有学者认为，指的是“稻、稷、菽、麦、黍”，即稻子、谷子、豆子、麦子、黍子，泛指粮食作物。《管子》中曾将“稷”改为“秫”（指高粱）；《素问》中曾将“菽”改为“豆”，仍与之相同。五谷在古籍中还有不同的说法。例如《礼记·月令》中把五谷解释为：麻、黍、稷、麦、豆；《楚辞章句》中则说是：稻、稷、麦、豆、麻。

在比《论语》更古的《诗经》《书经》等书里，没有“五谷”的记载，只提到“百谷”，意思也只是说明谷物品种数量很多，并非真指一百种谷物。目前，人们普遍将“稻、黍、稷、麦、豆”称为“五谷”。

谷： 是指有壳的粮食，像稻、稷、黍等外面都有一层壳。

稻： 又称“水稻”“稻米”“大米”等，是人类重要的粮食作物之一，耕种与食用的历史都相当悠久，全世界有一半的人口食用。它不仅是食粮，还可以作为酿酒、制造饴（yí）糖的原料。

最早的稻米

2006 年，我国考古人员在浙江省浦江县上山遗址的地层中，发现了一些已经碳化了的稻米。专家认定这些米粒是人工栽培的，是迄今考古发现的世界上最早的栽培稻米，距今大约有一万年了。也就是说，上山的先民们是已知世界上最早开始人工栽培水稻的一群人。

知识加油站：什么是碳化？

有机化合物在缺氧或无氧条件下，因为高温，分子中的氢元素和氧元素生成水和二氧化碳挥发之后仅剩余黑色的碳元素，即为碳化。如日常生活中，炒菜时如不注意翻动，菜变得焦黑，这就是碳化了。

黍：又称“大黄米”“黄米”，煮熟后有黏性，可以酿酒、做糕。由于不好消化，现在基本上不用黍作为主食了。

稷：又称“粟”“小米”，为人类最早的栽培谷物之一，耐旱，适应性强，是中国北方主要粮食作物。其谷粒富含淀粉，供食用或酿酒，秆叶可为牲畜饲料。

麦：通常指小麦，原产于北非或者西亚，是世界上最早栽培的农作物之一，我国在4000多年前开始种植小麦。其籽粒磨成面粉后，可以制作馒头、面条等多种面食。

知识加油站：

麦有很多种类，如小麦、大麦、燕麦等，都属于常见的粮食作物，含有大量的淀粉类物质，并且含有丰富的维生素、膳食纤维以及各类矿物元素。这些成分能够快速为机体提供大量的能量，有助于维持各个器官的正常功能。

日常中，很多人分不清小麦、大麦和燕麦的区别，其实从外形就能分辨。小麦的外形为椭圆、长圆或卵圆形；大麦的外形为长椭圆，两头带尖；燕麦的外形为长圆，顶端带尖。

	小麦	大麦	燕麦
顶端有无茸毛	有，较少	无	有茸毛
籽粒表面	光滑	光滑或有皱纹	有茸毛易擦去
形态	椭圆、长圆或卵圆	长椭圆，两头尖	长圆，顶端尖
颜色	白、红	黄	黄

菽：豆类的总称，主要有大豆、蚕豆、红豆、绿豆、黄豆、黑豆、豇豆、豌豆、刀豆、扁豆、芸豆、鹰嘴豆、木豆等。豆类制品是中国人很喜欢的食物。

红豆：具有清热解毒、健脾益胃的功效。

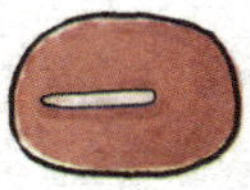

绿豆：含丰富的维生素，有清热解毒、消暑利水的功效。

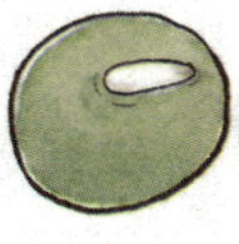

黄豆：又称大豆，含有丰富的蛋白质、脂肪，还有卵磷脂及多种维生素。

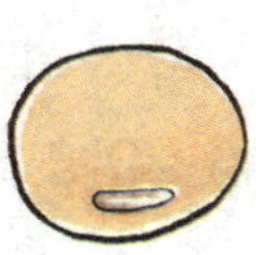

豌豆：有补中益气、利小便的功效，但吃多了容易腹胀。

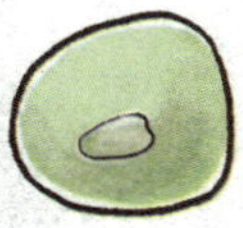

蚕豆：有健脾利湿的功效，但不可生吃。

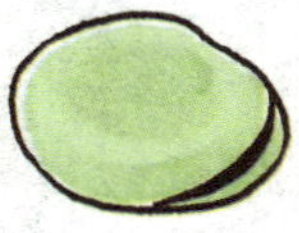

2. 六畜指的是什么

“六畜”一般指马、牛、羊、猪、狗、鸡，是古人摄食肉类的主要来源。

关于“六畜”的起源，最早可以追溯到远古时期。生活在远古时期的先民，主要以采集、狩猎、捕鱼为生存方式。他们在狩猎的过程中发现，如果能够将自然界中的动物驯服，就可以省去很多麻烦，也可以保障基本生活需求。

南宋王应麟编写的《三字经》中就有：“马牛羊，鸡犬豕。此六畜，人所饲。”在《三字经训诂》中，对“此六畜，人所饲”有精辟的评述，“牛能耕田，马能负重致远，羊能供备祭器”，“鸡能司晨报晓，犬能守夜防患，猪能宴飨速宾”，还有“鸡羊猪，畜之孳生以备食者也”。

“六畜”各有所长，在悠远的农业社会里，为人们的生活提供了可靠保障。

马：在古代，马主要用于运输，属于重要的物资，用作肉食的机会相对较少。

秦穆公厚待食马人

春秋时期，秦穆公乘车出行，行至半路时车坏了，拉车的马跑了一匹。秦穆公亲自带人去找，后来在岐山之南找到。然而，这匹马被一群流民捉住，已经被杀掉吃肉了。秦穆公的部下抓住这帮食马之人（共有三百人），按秦法要处死他们。秦穆公知道后说：“算了，就是一匹马而已。古人云，有德才的人是不会因畜生而去杀人的。此外，我听说吃马肉是一定要喝酒的，否则会伤及身体。来！拿酒给他们喝。”

就这样，秦穆公不但没杀那些食马之人，还赐给他们酒。

一年后，秦国与晋国大战于韩原。战斗刚开始，秦国失利，秦穆公的马车被围，周围的秦兵已经被冲散，秦穆公也负了伤。在这危险关头，曾在岐山之南吃秦穆公马肉的那三百人突然从树林中冲出，协助他奋力死战。最终，秦穆公率秦军战胜晋军，还俘虏了晋惠公。

一顿马肉，不但救了秦穆公的性命，还改变了一场战争的结果。

牛：上古时期，牛主要用于食用或祭祀。春秋中后期，随着牛被用来耕田，其肉食作用下降，故《礼记》中有“诸侯无故不杀牛”的记载。

《史记》记载，有一位名叫魏尚的将军抵御匈奴时，为了激励士气，五天杀一头牛给军士吃。于是，军士奋勇杀敌，以致“匈奴远避，不近云中之塞”。

汉唐时期，一方面，“以农为本”的基本国策使养牛业倍受重视；另一方面，北方和西部游牧民族的频繁内迁，使大批牛、羊进入内地，养牛业和养羊业都迅猛发展，并从此长盛不衰。

综观中国古代社会，牛肉在整个肉食资源中的比重始终稳定地排在羊肉、猪肉之后，牛肉属于上等肉。

羊： 距今4000多年前的龙山时代，人们的膳食中就有了家羊烹调的美味。先秦时期，羊是贵族阶层最平常的肉食，他们在祭仪中也广泛用羊作牺牲。

据《战国策》记载，一次中山国君宴请士大夫们，一个名叫司马子期的人由于在宴席上没有吃到喜爱的羊肉羹而怀恨在心。他一气之下跑到了楚国，请楚王派兵讨伐中山国。兵临城下，中山国君弃国出逃，中山国灭亡。一碗羊肉羹竟然导致灭国，实在令人唏嘘。

古代的“羹食”在膳食中占有很大比重。“羹”字上“羔”下“美”，也许是古人觉得用羊羔肉煮出的羊羹味道最为鲜美，所以也成就了这“羹”字。居延汉简中有大量关于羊的买卖记录，说明河西屯戍地区的吏卒有大量的羊肉可供食用。长沙马王堆汉墓出土遣册上记载了关于“羊膳”的名称，如“羊大羹”“羊逢羹”“羊腊”等，但具体做法已经无从得知。

羊是隋唐时期最大宗、最受欢迎的肉类，宫廷、官僚均以羊肉为食，羊的消费量很大。据史籍记载，唐代有一种专门庆祝士子登科或者官员升职的宴席，叫“烧尾宴”，一共58道菜，15道都是关于羊肉的。唐中期名将李抱真任昭义节度使时，每日消费羊的数量多达30余只。

《宋史·仁宗本纪》中记载了这么一个故事：有一天半夜，宋仁宗想吃羊肉了。但宋考虑到，如果自己今天开了头，之后每天半夜御膳房都会烤着羊肉以备自己要吃，这多浪费啊！所以只能忍着了。

“涮羊肉”的由来

相传，“涮羊肉”的问世与忽必烈有关。

700多年前，元世祖忽必烈前往和林征讨其弟阿里不哥。宿营途中，忽必烈突然想起草原的美味——清炖羊肉来，于是就命令厨师宰羊，谁知正当厨师准备将羊肉下锅的时候，忽然探兵来报，敌军大队人马蜂拥而来，已离此不远。

按照正常的烹调过程，清炖羊肉要有一个多小时的时间，然而在这大敌当前的紧急关头，哪能坐等进餐呢？

饥饿难忍的忽必烈一面下令部队开拔，一面喊着：“羊肉！羊肉！”

厨师在这个时候急中生智，手持菜刀，将一块生羊肉切成薄片，放在沸腾的水中，搅拌了几下，待肉色一变，马上捞入碗中，再加了些调料，送到忽必烈的面前。

忽必烈饥不择食，连吃几碗后，翻身上马率军迎敌，结果旗开得胜，生擒敌将。

忽必烈得胜还朝，嘉奖了这位厨师，并让他做羊肉片大宴群臣。

这位厨师便选取了上等的羊肉，又精心调配了多种作料，使羊肉片的味道更加鲜美。群臣大饱口福后，赞不绝口。忽必烈高兴无比，便赐名为“涮羊肉”。

猪： 猪在古代又被称为“彘”（zhì）、“豕”（shǐ）、“豚”（tún）等。史籍记载，西汉时期我国已出现大规模的养猪专业户，并由此发家致富。由于养猪业的迅速发展，猪成为汉晋时期人们饮食中的重要肉食来源。

从古至今的文献，凡是提及“肉”字，大多情况只指猪肉而言。为何猪肉可以打败其他肉类，成为一般人餐桌上最重要的肉食种类呢？

这个原因是多方面的，比如马是重要的军事物资；牛有拉犁耕田的大用；羊的饲养则与农业的发展有冲突；犬则个体不大，成为人们看家的宠物良伴。只有猪的饲养不妨害农业的发展，供肉的经济价值一直保持不变。于是，秦汉以后，猪就成为中国人重要的肉食来源并一直延续至今。

东坡肉的来历

猪肉可以做辣椒炒肉、红烧肉、回锅肉；猪骨头可以炖各种大骨汤；猪肋骨可以做蒸香芋排骨、红烧排骨、青梅小排；猪肥肠也是一道不可多得的美食，可以做干锅肥肠、红烧肥肠；猪耳朵、猪心等下水做卤菜最为入味……就连宋代大文豪苏东坡都难以抵挡猪肉的美味，写了首《猪肉颂》。

但苏东坡写的《猪肉颂》中也有这么一句：“黄州好猪肉，价贱如泥土。贵者不肯吃，贫者不解煮。”也就是说，在古代只有下等人才会吃猪肉，有一定身份地位的人都不吃这玩意。到底是为什么呢？

因为猪是杂食动物，古代的猪圈又和厕所连在一起，贵族阶级很少吃猪肉，主要是嫌其脏。因为贵族阶级很少吃，所以猪肉的相关烹饪技术也就极少。下层平民一方面受到主流价值观的影响，另一方面也不会烹饪，所以才导致了猪肉在肉食界的地位很低。

苏东坡被贬黄州时，喜爱上了一道菜，这道菜后世命名为“东坡肉”，就是指苏东坡爱吃的红烧肉。《猪肉颂》也记载了“东坡肉”的做法：“净洗铛（chēng），少著水，柴头罨（yǎn）烟焰不起。待他自熟莫催他，火候足时他自美。”

随着苏东坡《猪肉颂》的口碑效应，猪肉居然在民间大打翻身仗。史载“临安城内外，肉铺不知其几”“每日不下宰数百口”“每群万数，止数十人驱逐”，猪肉的食用，虽然不如羊肉，但呈现上升趋势。

“黑猪”和“白猪”

你知道吗，如今我们所食用的猪肉 95% 都是洋白猪，而不再是中国本土的黑猪。

20 世纪 50 年代，为了让大家都吃上肉，我国开始从国外引进“猪”，也就是洋白猪。虽然大家都觉得白猪没有我们本土黑猪好吃，可白猪长得快、养得胖。本土黑猪生长缓慢，一般一年出栏，而洋白猪只需 6 个月。相当于养一批黑猪的时间，可以养两批洋白猪。洋白猪自然成了香饽饽，谁还管什么口味好不好吃，所以黑猪逐渐被大家“遗忘”。

黑猪，又称“土猪”“草膘猪”等，全身体毛呈黑色。苏东坡的“东坡肉”，就是用黑猪肉烹饪而成的。《西游记》中的猪八戒，也是一头黑猪。

狗： 狗是我国最早驯化的动物之一。早在商周时期，狗肉便是宫廷宴席、祭祀活动中不可缺少的美味，秦汉时已有专业的屠狗者出售狗肉。

战国四大刺客之一的聂政就长期从事屠狗工作，他的雇主第一次来请他刺杀时，聂政表示卖狗肉的收入足以养家，且家有老母需奉养，因此拒绝了对方百金高价。

西汉开国虎将樊哙发迹之前也是开狗肉铺子的，可见当时狗肉生意相当兴旺。马王堆汉墓遣册中记载了许多关于狗肉的料理，如“狗巾羹”（狗肉芹菜羹）、“狗苦羹”（狗肉苦菜羹）、“犬肝炙”（烤狗肝）等。

秦汉以后，中国绝大部分地区逐渐弃绝食用狗肉之习。据学者推测，原因有以下几点：其一，一般人在节庆、祭祀时才能吃到肉，狗不是祭祀的大牲，故吃它的机会较少；其二，狗是人们最忠实的伙伴，人们不忍杀害这种忠诚度极高的动物；其三，狗生长的速度相对缓慢，成本较可以放养自行啄食的鸡、鸭要高，其供肉量又远不及猪。鉴于以上种种原因，人们渐渐放弃了狗肉。

爱吃狗肉的汉高帝

传说汉高帝刘邦还是泗水亭长的时候，酷爱吃狗肉，他常常到后来成为大汉名将的屠夫樊哙那里买狗肉，买得多了干脆赊起账来。

为了躲避刘邦，樊哙偷偷地搬到其他村子继续做屠狗生意，没想到还是被刘邦找到了，继续赊狗肉吃。

这个故事虽然只是传说，但史籍记载樊哙确实是以“屠狗为业”。刘邦的老家徐州沛县一带至今仍有很多名店专营狗肉，这一传统名馔历代受人喜爱。

鸡： 鸡是“六畜”中唯一的禽类，可见古人对其的重视。我国的养鸡业自先秦以来常盛不衰，汉晋时期养鸡技术较此前有了很大的提高，由放养转为圈养，使死亡率降低，成熟期缩短。由于量多价低，鸡肉成为普通百姓餐桌上的首选肉食。而且，鸡蛋也好吃。

祝鸡翁养鸡

中国养鸡的技术也是世界一流。在中国最早的诗歌总集《诗经》里，就已经有诗歌写道“鸡栖于埘（shí）”（埘：指凿在墙上的鸡窝），“鸡栖于桀（jié）”（桀：指木桩）。从这两句诗可以看出，3000 年前古人就已经将家鸡养在了墙洞中、树桩上。

西汉时期，有一个叫祝鸡翁的人，他是中国历史上养鸡第一人。这个祝鸡翁养鸡很有一套方法，历史记载他曾养了 1000 多只鸡，这些鸡“暮栖树上，昼放散之”，祝鸡翁将千余只鸡一一取名，每念到一只鸡的名字，这只鸡就会主动飞过来，像狗一般听话。祝鸡翁将他养鸡的方法写成了书，后来这种养鸡的方法叫作“相鸡法”。

杀鸡为黍

南北朝时期的家禽饲养技术，较此前有了很大的提高。贾思勰在《齐民要术·养鸡》篇中批评了“任之树林”的旧式方法，提出笼养、圈养，加强保暖，保持清洁，饲料合理搭配等科学合理的方法，使当时的家禽饲养获得了显著的发展。特别是鸡的饲养量大，味道鲜美，加工方便，价格便宜，因此成为普通百姓主要的肉食来源。百姓们除年节外，还常杀鸡、做黍米饭招待客人，名曰“杀鸡为黍”。

闻鸡起舞

西晋末期政治黑暗，豪强纷争，社会矛盾急剧加深，人民生活在水深火热之中。那时有个叫祖逖的人，他还有一个好友叫刘琨，二人同在司州当主簿。见到当时社会的黑暗，复兴晋国、建功立业就成了二人共同的理想。二人志同道合，意气相投，都希望为国家出力，干出一番事业。他们白天一起在衙门里供职，晚上合盖一床被子睡觉。

当时，西晋皇族内部互相倾轧，争权夺利，各少数民族首领乘机起兵作乱，国家安全受到严重威胁。祖逖和刘琨对此都很焦虑。

一天半夜，祖逖被远处传来的鸡叫声惊醒，便把刘琨叫醒，说："你听到鸡叫声了吗？"

刘琨侧耳细听了一会儿，说："是啊，是鸡在啼叫。不过，半夜的鸡叫声可不吉利啊！"

祖逖一边起身，一边反对说："这不是不吉利的声音，这鸡叫可以提醒我们早点儿起床，我们不如以后听到鸡叫就起床练剑，怎么样？"

刘琨欣然同意，跟着穿衣起床。两人来到院子里，只见满天星斗，月光皎洁，于是拔出剑来对舞。直到曙光初露，他们才汗流涔（cén）涔地收剑回房。

功夫不负有心人，经过长期的刻苦学习和训练，他们终于成为能文能武的全才。祖逖和刘琨都为收复北方竭尽全力，做出了自己的贡献。祖逖被封为镇西将军，实现了他报效国家的愿望；刘琨做了征北中郎将，兼管并、冀、幽三州的军事，也充分发挥了他的文才武略。

三千年不腐的鸡蛋

1974年，江苏省句容市的一支生产队在浮山果园劳作时，无意中发现了一批西周古墓群。闻讯而来的考古专家根据埋葬方式推断，这些古墓的主人应该是西周平民，出土珍贵文物的概率不大。

果真，在接下来的挖掘中，别说青铜器了，就连一两件铜首饰都没见着，然而当这件学名为"西周几何印纹硬陶瓿"的文物出土时，却令在场的所有人都惊呆了。

这个"陶罐"像是刚刚烧制的一般，工艺精湛，花纹复杂，全身包裹着一层特殊形状的几何图案，根本不像是来自近3000年前的西周器皿。更令专家震撼的是，陶罐中居然还盛放着西周时期的鸡蛋，个个饱满，与现在的鸡蛋无异。

经过科学检测，这些鸡蛋距今已有2800年的历史，直径在3.1厘米至4.2厘米，是迄今为止中国考古发现年代最早的鸡蛋实物。鸡蛋整体都已石化，蛋壳也比较薄，应是长时间放置而导致钙质流失的结果。

这一发现不仅惊艳了考古界，更令人大惑不解：鸡蛋本就是易腐食品，历经2800年不腐的鸡蛋是怎么保存至今的呢？实际上，这种奇迹只有在极为偶然的条件下才能出现。2800年前，墓主人去世后将鸡蛋作为陪葬品带入墓葬，隔绝了外界，闭塞了水源，保证了一个绝对密闭且空气不流通的特殊环境，这才使得鸡蛋能够在特殊条件下完成石化，石化效果深入内部的蛋清与蛋黄，最终让鸡蛋完美地保存了下来。

出于保护文物的考虑，专家没有将鸡蛋从陶罐中取出，而是连同陶罐整体迁移进了南京博物院历史馆，保持着出土时的原貌。

3. 五味指的是什么

五味指酸、苦、甘、辛、咸5种味道，烹调上讲究“五味调和”。五味之中以甘（甜味食物）最多，咸味与酸味次之，辛（辣）味更少，苦味最少。

酸：酸味是由有机酸产生的，如醋酸、乳酸、柠檬酸等。

醋

醋的发明可以追溯到中国古代，传说是由酒圣杜康的儿子黑塔发明的。杜康被尊为酒的发明者，而他的儿子黑塔在酿酒过程中，因为觉得酒糟扔掉可惜，便将其存放起来。经过二十一天的发酵后，黑塔发现缸内产生了具有浓郁香气的液体，尝了一口后发现酸甜兼备，味道极佳，于是便将其储存起来作为调味浆。黑塔将这种调味浆命名为“醋”，由“酉”和“昔”组成，“酉”是酿酒作醋的坛子，“昔”拆开为“二十一日”，指的是酿醋所需的时间。

吃醋：比喻产生嫉妒情绪。

据说唐太宗为了笼络人心，要为当朝宰相房玄龄纳妾，房夫人出于嫉妒，横加干涉，就是不让。太宗无奈，只得令房夫人在喝毒酒和纳小妾之中选择其一。没想到房夫人确有几分刚烈，宁愿一死也不在皇帝面前低头，端起那杯“毒酒”一饮而尽。当房夫人含泪喝完后，才发现杯中不是毒酒，而是带有甜酸香味的浓醋。从此，“嫉妒”便和“吃醋”联系起来，“吃醋”成了嫉妒的比喻语。

甜：蜂蜜、蔗糖和麦芽糖是中国古代三大主要甜味原料。

糖

糖的起源可以追溯到新石器时代，当时人们开始利用甘蔗和其他植物提取甜汁制作糖。中国最早的糖出现在西周时期，称为饴糖，是一种以米、淀粉和麦芽经过糖化熬煮而成的糖。汉代甘蔗的加工提取已趋近完善，东汉时期出现了砂糖的雏形。唐代是中国制糖的一个大发展时期，冰糖的生产技术趋于成熟，砂糖的提炼技术也迅速发展。宋代“糖霜”一词已屡见于文人著作，糖霜即绵白糖，在当时已被广泛食用。糖在古代不仅是一种调味品，还体现了社会地位和财富的象征。

蜂蜜

蜂蜜又称“甘蜜”，是蜜蜂酿制的蜜。

蔗糖

蔗糖发源于古印度，是通过丝绸之路传入中国的。其制作方法是从甘蔗中榨出甘蔗汁，用火熬炼而成。

麦芽糖

麦芽糖也叫“饴糖”，是由糯米、粳米、麦面、粟或玉米等经过蒸煮、发酵，加入麦芽经发酵糖化制成的糖类食品。

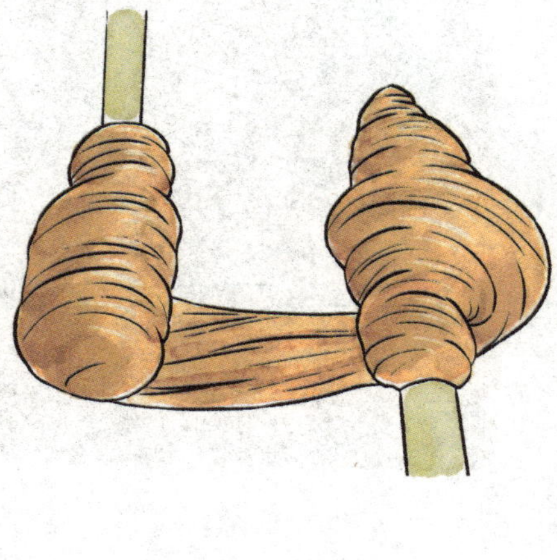

苦：古人认为，苦味能够清热祛火、解毒消暑，并调和味觉，平衡人体水火阴阳。苦味是一种较为强烈的口感，通常与某些植物性食材或药物有关。苦味食物在口中会产生一种独特的刺激感，有时带有一定的涩味或清凉感。常见的苦味食物有茶叶、苦瓜、莴笋、黄连等。

辛：古人认为，辛味有发散、行气、活血等作用，有发汗、理气之功效。《黄帝内经》中有"辛甘淡属阳、酸苦咸为阴"的说法。日常生活中常见的辛味食物包括生姜、大蒜、韭菜、葱、辣椒等。

辣椒的历史

辣椒在古代被称为"卡晏辣椒"，原产于南美洲的圭亚那卡晏岛的热带雨林中，据说是在明代传入中国的。不过，一开始辣椒的名称还不叫"辣椒"，叫"番椒"，因为当时大家并不了解这样的"外来物"，并没有人敢食用，只是作为观赏性植物存在。

直到明朝末年，由于天灾和战乱造成食物紧缺，辣椒才真正进入中国人的食谱。后来，由于战乱和疫病导致四川人口急剧减少，而沿海则存在较严重的人多地少的问题，当时的政府通过"湖广填四川"政策向四川迁入大量人口。此前四川人已有用大蒜、生姜和胡椒来刺激味蕾的习惯，当辣椒到来时，他们将其完美地融入传统的味道中。而随着这次"大移民"，吃辣椒的习惯也很快在内陆传播开。

但在古代时期，吃辣是被上流社会所排斥的，加上地域的限制，辣椒一直没有被广泛传播。辣椒真正席卷全国是在改革开放以后，随着中国务工潮和瓶装食品的工业化发展，当时中国人口大规模流动，打破了地域差异，而瓶装食品工业化的发展也让辣椒得以广泛传播。

很多人觉得辣味是一种味道，但其实辣是一种痛觉。那大家为什么会喜欢吃辣，追求这样的"痛"呢？

这一方面和辣椒的营养价值有关。研究表明，辣椒中含有丰富的维生素成分，是身体不可缺少的营养素。除此之外，辣椒还有开胃、辅助降血压、消炎止痛等功效。另一方面，吃辣会让人变得快乐和减压。因为辣椒素会刺激大脑释放"内啡肽"，让人觉得情绪愉悦，压力也得以释放，所以有些人压力一大就想吃辣。

咸：咸味主要源自盐。盐被誉为"五味之首"，它不仅能为食物增添味道，还能增强食物原本的口感和风味。此外，盐是人体必需的物质之一，对于维持人体正常的生理功能具有重要作用。在古代，盐被视为珍贵的资源，甚至被用作货币和交换媒介。政府通过垄断食盐的生产和销售，获取了大量的财政收入。这些收入被用于支持国家的各项建设和民生福利，如修建道路、疏通水利等。

古代的盐

盐是对人类生存具有重要意义的物质之一，有百味之王的美称。中国古代的盐主要来源于湖盐、井矿和海盐。

解州盐池

解州盐池位于山西省运城市南部，地处黄河以东、中条山北麓，是中国历史上最悠久、最著名的盐池。

相传，黄帝与蚩尤大战，即历史上著名的涿鹿之战，就是围绕盐池而展开的。传说，蚩尤被杀后，鲜血流入了盐池，因为血是咸的，变成了盐池的卤水。因为蚩尤的尸体被肢解，人们就将盐池命名为“解池”。

宁厂盐泉

宁厂盐泉，位于重庆市巫溪县宁厂古镇，是中国早期制盐地之一，有4000多年的制盐史。含盐的泉水从古镇北边的宝源山洞流出，至今不衰。

试想在这样一个高山峡谷，古代先民不耕不织而生活富庶，俨然人间乐园，唯一的解释就是依托当地的天然盐泉。

长江三峡地区，早期人类赖以生存的重点区域都是以盐泉为中心的。

山东盐场

“盐宗”夙沙氏煮海为盐的想象图

传说，夙沙氏是黄帝的重臣，也是居住在山东半岛的部落首领，他首创了“煮海为盐”的方法，遂被后世尊为“盐宗”。

今天的山东寿光盐田

而山东省北部地区的古城、古国，上至史前的大汶口文化时期、龙山文化时期，下至夏、商、周、秦、汉，延绵数千年，皆是因盐业而兴。

4. 馒头的由来

馒头又称“馍”“馍馍”“蒸馍”，是以小麦面粉为主要原料，将面团发酵，蒸制而成，是中国人日常主食之一。中国人吃馒头的历史，至少可追溯到战国时期，当时称为“蒸饼”。

馒头的历史

相传，馒头是三国时的诸葛亮发明的。有一次，诸葛亮带领军队，经过泸水的时候，遭遇了非常恶劣的情况。当时水面上波浪滔天，队伍无法过河，这可愁坏了诸葛亮。

当地人孟获跟诸葛亮说：“河里有神灵，必须要用南蛮人的头颅祭奠，河面才能恢复正常。”诸葛亮听后，觉得这个方法太残忍，伤害无辜的生命不可取。于是，他想来想去，决定用“馒头”替代“蛮头”。

诸葛亮吩咐厨师把牛羊肉剁成馅儿，然后用面团把馅儿包裹住，做成圆滚滚的样子。紧接着，他又让士兵们把一个个“蛮头”投入江中。不一会儿，泸水的水面就恢复平静了，诸葛亮也就带领军队安全渡河了。

后来，人们觉得“蛮头”的叫法太吓人，于是改成了“曼头”，最后变成了我们今天常说的“馒头”。

馒头和包子

“馒头”最早是有馅的，即今天北方人所说的“包子”。“包子”一词始于宋代，“包子”和“馒头”的称谓，到清代才渐渐分化。而一些南方地区仍保留古称，如“生煎馒头”“蟹粉馒头”等，都是含馅儿的。

5. 面条的由来

面条起源于中国，是一种制作简单、食用方便，口味多样的食物。制作时，先用谷物或豆类磨成的粉加水和成面团，之后制成条状（或窄或宽，或扁或圆）或小片状，最后经煮、炒、烩、炸而成。

各种各样的面

经过煮沸的面条最为洁净，可以极大地减少肠胃疾病的发生，因此面条成为中国最常见的食品之一。由于原料、调味、粗细的不同，中国各地出现了数以千计的面条品种，如北京的炸酱面、山西的刀削面、河南的烩面、上海的阳春面等。

最早的面条

目前发现的最早的面条距今约 4000 年。2002 年，我国的科学家考察地质时，在青海省喇家村地下三米处，发现了一个倒扣的碗，碗中装有黄色的面条，最长的有 50 厘米。根据当时的现场，推断出这应该是一家人做好了面条，正要吃的时候发生了地震，一碗面条倒扣在地上，因为地震被封存在地下，得以完好地保存。

长寿面

因为面条绵长有营养，中国人过生日的时候经常吃“长寿面”，以示延年益寿的美好祝愿。一般来说，长寿面整碗只有一根面条。吃的时候最好不要弄断，这一习俗沿袭至今。

6. 饺子的由来

饺子又称“水饺”，由馄饨演变而来，多用面皮包馅，水煮而成。它深受中国人的喜爱，是北方大部分地区春节必吃的食物。

祛寒娇耳汤

饺子起源于 1400 多年前，据说为东汉人张仲景首创。当时饺子是作药用，名叫“祛寒娇耳汤”，张仲景用面皮包上一些祛寒的药材用来治病，避免病人耳朵上生冻疮。

7. 粽子的由来

粽子是由粽叶包裹糯米蒸煮而成的食品，是中国传统节庆食物之一。它由来久远，最初是用来祭祀祖先神灵的贡品。古时候北方地区用黍米做粽，成角状，故又称“角黍”。

屈原和粽子

传说公元前 278 年五月初五这一天，楚国大夫、爱国诗人屈原听到秦军攻破楚国都城的消息后，悲愤交加，抱石投入汨罗江自尽。沿江百姓纷纷引舟竞渡，为屈原招魂，并将粽子投入江中，以免鱼虾咬食他的身体。这一习俗绵延至今，已有 2000 多年的历史。

甜粽子和咸粽子

粽子种类繁多，从馅料看，北方有包小枣的北京枣粽；南方则有绿豆、五花肉、豆沙、八宝、火腿、冬菇、蛋黄等多种馅料，其中以广东咸肉粽、浙江嘉兴粽子为代表。

8. 豆腐的由来

豆腐是一种营养丰富又历史悠久的食材，它由黄豆制成，素有“植物肉”之美称。

传统豆腐的制作过程，首先是浸泡黄豆使其软化，再将软化后的黄豆磨碎，接着将豆渣过滤，获得豆浆，然后蒸煮豆浆，最后加入石膏等凝固剂使蛋白质凝固成型。

豆腐的起源

相传西汉时，淮南王刘安的母亲喜欢吃黄豆。有一次刘母因病不能吃整粒黄豆，刘安就叫人把黄豆磨成粉，怕粉太干，便冲入些水熬成豆乳，又怕味淡，再放些盐卤，结果凝成了块状的东西，即豆腐。刘母吃了很高兴，病势好转，于是豆腐就流传了下来。

事实上，豆腐很可能是刘安在组织方士们炼丹时发明的。方士们在炼丹中使用了许多矿物和无机盐，偶尔发现石膏或其他盐类可以凝固豆乳做成豆腐。

9. 驴打滚的由来

驴打滚是中国东北地区、老北京和天津卫的传统小吃之一，成品黄、白、红三色分明，十分好看。因其制作工序最后一步撒上的黄豆面，犹如老北京郊外野驴撒欢打滚时扬起的阵阵黄土，因此而得名“驴打滚”。

小驴儿打滚

据说有一次，慈禧太后吃烦了宫里的食物，想尝点儿新鲜玩意儿。御厨左思右想，决定用糯米粉裹着红豆沙做一道新菜。

新菜刚一做好，便有一个叫小驴儿的太监来到了御膳房，谁知这小驴儿一个不小心，把刚刚做好的点心碰到了装着黄豆面的盆里，这可急坏了御厨，但此时再重新做又来不及，没办法，大厨只好硬着头皮将这道菜呈到慈禧太后的面前。

慈禧太后一吃这新玩意儿觉得味道还不错，就问大厨：“这东西叫什么呀？”大厨想了想，都是那个叫小驴儿的太监闯的祸，于是就跟慈禧太后说：“这叫‘驴打滚’。”从此，就有了“驴打滚”这道小吃。

10. 菜系分别是哪些

菜系是在选料、切配、烹饪等技艺方面，经长期演变而自成体系，具有鲜明的地方风味特色，并为社会所公认的中国饮食的菜肴流派。

在清朝初年，川菜、鲁菜、淮扬菜、粤菜，成为当时最有影响的地方菜，被称作“四大菜系”。到了清朝末年，浙菜、闽菜、湘菜、徽菜四大新地方菜系分化形成，共同构成汉民族饮食的“八大菜系”。

鲁菜：发源于山东地区，口味以咸鲜为主，精于制汤，善烹海味。代表菜品有葱烧海参、糖醋鲤鱼、九转肥肠等。

川菜：发源于四川、重庆一带，口味以麻辣为主，菜式多样，善用麻辣调味。代表菜品有鱼香肉丝、宫保鸡丁、回锅肉等。

粤菜：发源于广东地区，口味以鲜香为主，选料精细，清而不淡，油而不腻。代表菜品有烤乳猪、烧鹅、白切鸡等。

淮扬菜：发源于江苏地区，口味以清淡为主，讲究选料和刀工，善用蔬菜。代表菜品有松鼠鳜鱼、蟹粉狮子头、软兜长鱼（黄鳝）等。

闽菜：发源于福建地区，口味以鲜香为主，尤以“香”“味”见长，善用糖醋。代表菜品有佛跳墙、淡糟香螺片、爆炒双脆等。

佛跳墙：又名“满坛香”“福寿全”，是福建省福州市的一道特色名菜，属闽菜系。通常选用鲍鱼、海参、鱼唇、牦牛皮胶、杏鲍菇、蹄筋、花菇、墨鱼、瑶柱、鹌鹑蛋等，加入高汤和福建老酒，文火煨制而成。成菜后，软嫩柔润，浓郁荤香，又荤而不腻，味中有味。

佛闻弃禅跳墙来

传说清朝道光年间，福州官钱局的官员宴请福建布政使周莲。席间有道叫作“福寿全”的菜，是用鸡、鸭、羊肘、猪蹄、排骨、鸽蛋等以慢火煨制成的。周莲吃后很满意，回家后即命厨师郑春发依法仿制。郑春发在原菜基础上，减少了肉类用量，又加入了多种海鲜，使成菜内容更加丰富，鲜美可口。后来，郑春发离开布政使衙门，到福州东街上开了一家“三友斋”菜馆，在一次文人聚会的筵席上送上此菜。文人们品后纷纷叫好，有人即席赋诗曰：“坛启荤香飘四邻，佛闻弃禅跳墙来。”从此，这道菜得名“佛跳墙”。

浙江菜：发源于浙江一带，口味以清淡为主，菜式小巧玲珑，烹调技法丰富，善于烹制海鲜、河鲜。代表菜品有东坡肉、西湖醋鱼、龙井虾仁等。

湘菜： 发源于湖南地区，口味以香辣为主，品种繁多，讲求实惠，重视原料互相搭配，滋味互相渗透。代表菜品有辣椒炒肉、剁椒鱼头、麻辣豆花鱼等。

徽菜： 发源于安徽地区，口味以鲜辣为主，擅长烧、炖、蒸，重油、重色，重视火功。代表菜品有臭鳜鱼、一品锅、毛豆腐等。

11. 什么是茶文化

茶文化是中国制茶、饮茶的文化。中国是茶的故乡，是世界上最早发现和栽培茶树的国家。对中国人而言，茶不仅是一种饮料，更是一种清静、静心的精神象征。数千年来，茶已经渗透到中国人生活的各个层面，形成了博大精深的茶文化。

茶的历史

茶，在中国古代有很多种叫法，比如“荼（tú）”“槚（jiǎ）”“荈（chuǎn）”“茗（míng）”等。但在唐代以前，茶叶是拿来当药用或当菜吃的。

到了唐代，受经济、文化的影响，饮茶非常盛行。陆羽作《茶经》，让茶拔高于生活，开始成为一门学问，也形成了真正的茶文化。

当时将茶叶做成饼状的“团茶”，喝茶时先将茶饼碾末，置于鍑（fù）中煎煮，而后再加盐调味，以去除苦味。煎好的茶，要用长柄勺舀至小茶碗中饮用。

唐朝民族沟通融合，西部民族如吐蕃、回鹘（hú）开始接受了茶文化，形成了对后世影响深远的茶马贸易。如今再观西藏、内蒙古的饮茶方式，是否觉得宛若大唐遗风？

“茶兴于唐而盛于宋”，唐代积淀下来的成果，在宋代完成了升华。宋代喝的依旧是“团茶”，当时点茶法盛行，斗茶成了一种风潮。

宋代点茶法步骤如下：

1. 碎茶： 将茶饼用干净的纸密密包裹起来，放在木质茶臼里捣碎。

2. 碾茶： 把敲碎的茶块放入碾槽或石磨中，快速有力地将其碾成粉末。

3. 罗茶： 将磨好的茶粉放入罗绢做的筛网中，细筛几遍到“绝细”。

4. 茶末置盒：将筛好的茶末置入盒中保存。

5. 撮末于盏： 取清洁流动的活水，烧至第二沸，冲涤茶盏，趁着茶盏还有温度，拨入茶粉。

6. 点茶（注汤入盏）： 用执壶注入少量的水，先将茶粉调成均匀的茶膏。

7. 击拂（搅拌茶末）： 一边注水，一边用茶筅击拂茶汤，使茶汤出现稳定而持久的泡沫，乃至咬盏挂杯，幻化出花草虫鱼之类现象。

8. 置茶托： 汤花呈现出美丽颜色之后，将茶盏置于漆器或其他材质的茶托之上。

茶筅（xiǎn）：是以精细切割的竹子制作而成，用以调搅粉末茶，是点茶的必备工具。

到了明代，开国皇帝朱元璋禁止了“团茶”的进贡，于是未压制成饼的“散茶”逐渐流行，延续至今。

清代，中国茶风靡世界，独步世界茶市，出现了绿茶、白茶、黄茶、青茶（乌龙茶）、红茶等品种。当时我们的茶园面积不断扩大，茶叶产量迅速增加，有力促进了对外贸易。直到现在，茶对于中国人来说依旧是不可或缺的一部分。中国茶文化对于全世界都产生了重要影响，不论是英国茶文化、韩国茶文化，还是日本的茶道，都起源于中国。

12. 中国的茶叶之最

（1）中国是茶树的发源地，是最早发现和利用茶叶的国家。

（2）种茶和饮茶世界最早。

（3）茶树品种资源最丰富。我国茶树种类超过350个。

（4）茶树选种活动最早。始于晋朝（265—420）。

（5）商品茶种类最多。

（6）我国唐代陆羽所著的《茶经》是世界上最早的茶叶专著。

（7）茶园面积最大。

（8）绿茶生产量和出口量最大。

13. 什么是酒文化

酒文化就是中国制酒、饮酒的文化，是中国饮食文化的重要组成部分。中国制酒历史源远流长，品种繁多，它不仅是一种饮品，还具有很高的文化价值。

武松酒后打虎

武松回乡探望哥哥，途经景阳冈，在“三碗不过冈”酒铺喝了18碗酒。店家劝告武松山上有猛虎，不要上山。武松不信，执意上山，结果真遇到了老虎。几经搏斗，老虎被武松乱拳打死。经此一事，武松威名大震。

14. 酱油的来历

酱油是把豆、麦煮熟，使其发酵后加盐酿制而成的液体调味品。制作酱油时，黄豆的蛋白质经发酵分解为氨基酸，其中的谷氨酸又会与盐作用生成谷氨酸钠。谷氨酸钠实际就是今天的味精，所以酱油具有一种特殊的鲜美味道。

酱油最早是由中国发明的。据史料记载，在距今2000多年前的西汉，中国就已经比较普遍地酿制和使用酱油了。唐代时，由于对外交流的增多，中国的酱油酿制技术传到了日本、东南亚和印度，在这些地方又形成了富有民族风味的酱油。

15. 什么是色、香、味

“色”指的是菜肴的颜色、造型。中国的厨师们在颜色的搭配上、材料的雕刻设计上常能达到艺术家的水准。他们所烹饪的菜肴往往绘形具色，犹如精美的艺术作品，令人赏心悦目，不忍下箸。

“香”指的是菜肴上桌后，未食之前就已异香扑鼻，让人食欲大开。中国人很早就知道利用调料炸出香味，制出浓香型的菜式，如酥香、油香、熏香、奶香、辛香、霉香、焦香、辣香、麻香、椰香、麻辣香、葱蒜香等。

“味”指的是菜肴的味道。中国人对食物味道的要求，更甚于营养。对于某些非家常的烹调来说，食物甚至只是味道的载体。人们享受的是味道，是一种精神上的愉悦，就如同对抽象美的体验。正因如此，西方人不会对枯瘦的鸡脚感兴趣，而中国人却视其为美味。李笠翁自称为“蟹奴”，就是因为蟹需细细品尝。过去有个笑话，讲的是上海人乘火车赶往外地，一天一夜的行程刚够吃完一只蟹。这种态度就源于对“味”的极端重视。

16. 什么是满汉全席

满汉全席其实就是南北名菜名点的“组合大餐”，它集满族宴与汉宴于一席，规模大，礼仪隆重，用料珍贵，菜目繁多。点心也不限于满点，创新的品种均可入席。它的一般规格为：名菜百种以上，点心50种左右，果品、小菜20余种，水陆杂陈。筵席一般要分三次进行，称“三撤席”，要吃上一整天。

满汉全席集中国名肴名食之大成，代表了清代烹饪技艺的最高水平，是中国烹饪文化的珍贵遗产。

17. 宫保鸡丁的由来

“宫保鸡丁”是久负盛名的四川名菜，始于清朝光绪年间，因当时四川总督丁宝桢十分偏爱此菜而得名。丁宝桢是贵州平远（今贵州毕节）人，咸丰三年（1853）进士，曾任山东巡抚、四川总督等职。贵州平远素以善

满汉全席

制炒鸡丁而著称，而丁本人一直很喜欢吃用鸡肉和辣椒相爆之类的菜肴。他在山东任职时，经常命家厨制作“酱爆鸡丁”等菜。当上四川总督后，他又特别爱吃用天府花生、嫩鸡肉、辣椒制作的炒鸡丁。每遇设宴请客，他总要厨师必上此菜。即使在回贵州省亲时，当亲朋为他接风洗尘，他总是说：“各位不必破费，只上炒鸡即可。”并吩咐加上花生、辣椒同炒。久而久之，丁宝桢爱吃花生辣椒炒鸡丁的嗜好广为人知。因丁宝桢在山东任按察使时，剿捻有功，曾被清廷加封“太子少保”之衔，故人们便把他爱吃的这道菜称为“宫保鸡丁”（“宫保”是对太子少保的尊称）。此菜鸡肉细嫩，花生酥香，辣而不燥，肥而不腻，在丁宝桢任四川总督期间便风靡省内。至清末民初，随着川菜普及到全国各大城市，“宫保鸡丁”也闻名全国，驰誉中外，现已成为川菜中最著名的一道特色菜。1986 年，北京西来顺饭庄特级厨师乔春生烹制的“宫保鸡丁”荣获布拉格第五届国际烹饪大赛金牌。

18. 北京烤鸭的由来

烤鸭创始于南京，因南京湖鸭用稻谷喂养，肥厚多肉，烹制菜肴极佳。1368 年，朱元璋称帝，建都南京。宫廷御厨烹制此鸭，采用炭火烘烤，使鸭子酥香味美，肥而不腻，取名“烤鸭”。朱元璋死后，他的第四子燕王朱棣用武力夺取了其侄子建文帝的帝位，并将都城迁到北京。这样，烤鸭技术也随之来到北京，并得到进一步发展。宫廷取北京玉泉山所产的填鸭烤制，皮薄肉嫩，滋味更佳。到了清朝，烤鸭便成为乾隆皇帝、慈禧太后以及王公大臣们所喜爱的宫廷菜。从此，正式命名为“北京烤鸭”。

19. 筷子的由来

筷子也称“箸(zhù)”，还称“梜(jiā)”，《礼记·曲礼》中曾有记载。筷子的发明至少可以追溯到 3500 年前的商朝。以前人们用手抓取食物，但滚烫的饭菜无法用手抓取，于是折取草茎木棍来辅助，久之，便练出了使用筷子的技术。

筷子在历史上有很长时间被称为“箸”，直到宋代才有了“筷子”这一名称。陆容《菽园杂记》记载，因民间舟行忌说“住”，所以将与“住”同音的“箸”改称为“快子”，意思是行舟如飞。又因为那时大多数“快子”是用竹子制成，便在“快”字上添个“竹”字头，就是“筷”了。这就是筷子之名的来历。

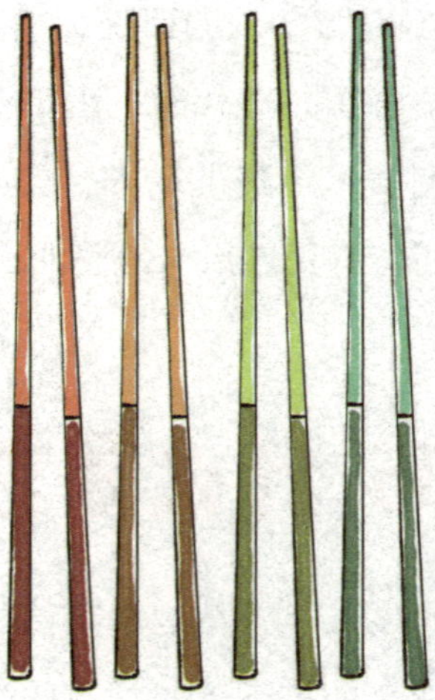

受中国文化的影响，日本、朝鲜、越南等亚洲国家，都以筷子为餐具。据专家考证，早在唐朝以前，筷子就传入这些国家了，如今在日本，每年 8 月 4 日还举办“筷子节”。

20. 什么是脏腑

脏腑是人体内脏的总称，古人把内脏分为五脏和六腑两大类：五脏是心、肝、脾、肺、肾；六腑是胆、胃、大肠、小肠、膀胱和三焦。五脏的作用是储藏精气津液，六腑则负责出纳转输。但是脏腑的功能，并不是各自为政，而是在相互依存、互相制约的情况下，各负其责，构成一个完整的机体。

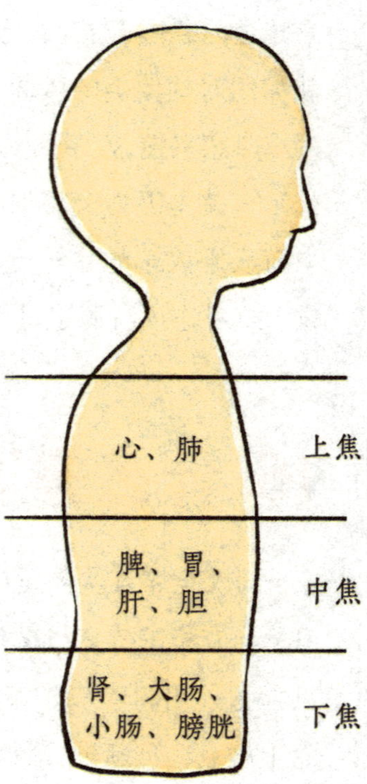

三焦

三焦是上、中、下三焦的合称。古人将躯干划分为三个部位，横膈以上内脏器官为上焦，包括心、肺；横膈以下至脐内脏器官为中焦，包括脾、胃、肝、胆等内脏；脐以下内脏器官为下焦，包括肾、大肠、小肠、膀胱。

21. 什么是经络

中医上说，经络是运行气血、联系脏腑和体表及全身各部的通道，是人体功能的调控系统。它包括经脉和络脉两部分，其中纵行的干线称为经脉，由经脉分出网络全身各个部位的分支，称为络脉。经络学是人体针灸和按摩的基础，也是中医学的重要组成部分。

针灸

针灸是针法和灸法的总称。

针法是用针具（通常指毫针）按照一定的角度刺入患者体内，运用捻转与提插等针刺手法来对人体特定部位进行刺激，从而达到治疗疾病的目的。据统计，人体共有361个正经穴位。

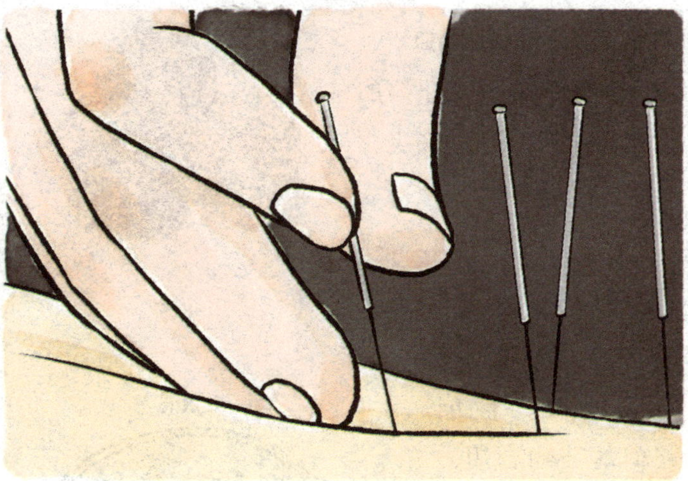

灸法是以预制的艾叶在体表一定的穴位上烧灼、熏熨，利用热的刺激来预防和治疗疾病。通常以艾草最为常用，故而称为“艾灸”。

按摩

用手或器械来回摩擦、揉捏或敲打身体的表面部分的行为，用于治疗和保养。

22. 什么是气血

气与血是人体内的两大类基本物质，在人体生命活动中占有很重要的地位。气对人体有推动调控作用、温煦凉润作用、防御作用、固摄作用和中介作用，血对人体有濡养作用和化神作用。

气

气是人体内活力很强、运行不息的极精微物质，是构成人体和维持人体生命活动的基本物质之一。气运行不息，推动和调控着人体内的新陈代谢，维系着人体的生命进程。气的运动停止，则意味着生命的终止。

血

血，即血液，是循行于脉中而富有营养的红色液态物质，由血浆和血细胞组成，是构成人体和维持人体生命活动的基本物质之一。

脉

脉，即血管，是血液运行的管道，又称“血府”。脉起着约束血液运行的作用，血液循脉运行周身，内至脏腑，外达肢节，周而复始。

23. 什么是六淫

所谓六淫，是风、寒、暑、湿、燥、热六种外感病邪的统称，又称“六邪”。

风邪

风邪致病多见于春季，但一年四季均可发病，是由自然界风邪侵入而致，如风寒、风热、风湿等。

寒邪

寒邪致病多在冬季，是由外界的寒气侵犯人体而导致，伤于肌表，称为伤寒，直中脏腑的称中寒。

暑邪

暑为火热之气所化，暑气太过，伤人致病，称为“暑邪”。它有明显的季节性，主要发生于夏至以后，立秋之前。

湿邪

多由环境潮湿所致，夏季居多，但四季均可发生，常见头身沉重、四肢困倦、关节和肌肉疼痛等症状。

燥邪

燥是秋天的主气，燥邪伤人多见于气候干燥的秋季，故又称“秋燥”，常见症状如口鼻干燥、皮肤皲裂等。

热邪

致病特点是出现热性的实症，多与火邪并称或混称，临床多见发热气粗、红肿、便秘等。

24. 什么叫配伍

配伍就是根据病情、治法及药物性质，按照一定的组合原则，有目的、有选择性地将两味以上的药物配合应用。配伍的目的是增加疗效，扩大治疗范围，减少毒副反应。

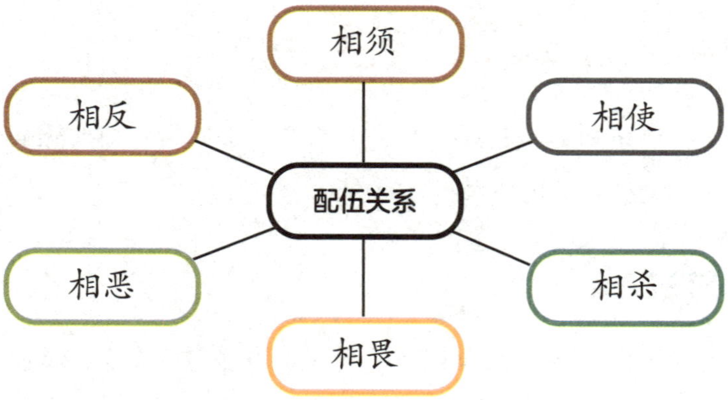

25. 什么是七情

古人把单味药的应用以及药与药之间的配伍总结成七种情况，称为“七情”，包括单行、相须、相使、相杀、相畏、相恶和相反。其中，单行是单味药的应用，其他是药与药之间的配伍关系。

三七

单行： 即单味药的应用，就是只用一种药，通常用于简单的病症。中药的处方一般分为单味和复方，复方是指几种药组成一剂良方，用于一些疑难杂症。

常见的单味药有三七，可以止血、止痛、消除水肿，主要用于治疗心肌梗塞和冠心病。单味药还有山药，可以除湿、补血、益肺、健脾，主要治疗低血糖。单味乌梅具有止泻的作用，用于治疗结肠炎，平时还能泡水喝。

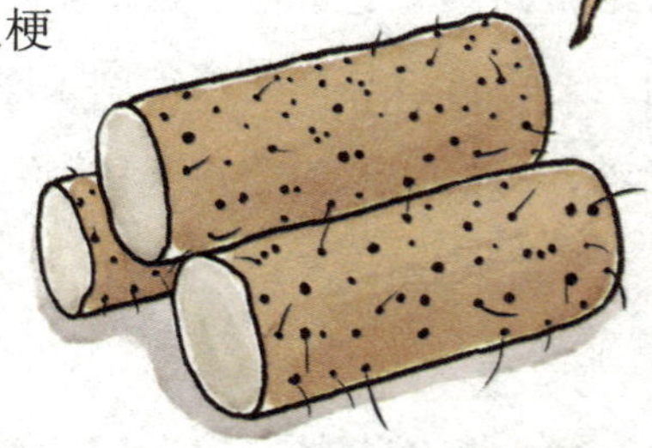
山药

乌梅

相须： 性能相似的药物合用，起协同作用，增强原有疗效。如石膏与知母配用后，能显著增强清热泻火作用；金银花与连翘配用后，增强清热解毒作用。

金银花

连翘

相使： 性能与功效有某些共性的药物，以一药为主，一药为辅，合用以提高主药疗效。如黄芪与茯苓配伍同用，茯苓增强黄芪补气利水作用。

相杀、相畏： 两药合用，一种药物能抑制另一药物的毒副作用。制它者称相杀；被制者称相畏。如半夏和南星的毒性能被生姜减轻或消除，所以说生姜杀半夏、南星；半夏、南星畏生姜。

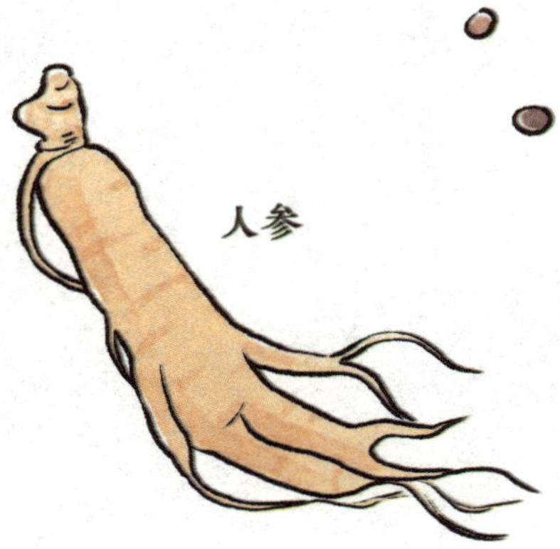

相恶： 两药合用，可使药效降低或消失。如人参恶莱菔子。

莱菔，又名萝卜，全国各地均有栽培，具有消食、下气、化痰、利尿之功效，常用于消化不良、食积胀满等。

相反： 两药合用，可发生不良反应或毒性增加。如甘遂反甘草。

知识加油站：

相须、相使可协同增效，应充分利用；相杀、相畏在应用毒性药或烈性药时可考虑选用；相恶与相反属配伍禁忌，一般不宜同用。

26. 中国的烹饪方法

炒： 通过在锅里不断翻拨使食物熟。

蒸： 利用蒸气的热力使食物变熟。

煎： 锅里放少量油，把食物放入其中使其表面变黄。

炸： 把食物全部放在较多的沸油里，通过高温将其熬熟。

炖： 在有汤的情况下煮烂食物。

煲： 广东方言。用文火将食物慢慢煮熟。

爆： 把鱼或肉放在烧热的油里炸。

焖： 通过紧盖锅盖，在封闭的状态下把食物用文火煮熟。

煨： 用文火将食物慢慢炖熟。

煸： 在热油中将菜肴炒到半熟，再加水烹煮或加作料。

炝： 把菜肴稍煮或在热油中略炸一下后立即取出，然后再加上其他调味品。

炙： 即烤。

烩： 一种杂合多种口味的烹调法。

烙： 在烧热的器物上通过高温将食物烙熟。

炮： 一种古代烹饪法，“裹物而烧之谓之炮”，就是把肉用泥包好在火上烧烤。

27. 什么是灵芝

灵芝在古代被人们视为灵药，在现代也是一味名贵中药。

灵芝含有丰富的锗。锗是一种金属元素，它对人体生理功能有着很重要的作用。然而，锗的效用却迟迟不为人知，甚至一向被误解，认为它对人体有毒害。直到20世纪70年代，人们才知道它具有与体内“氢离子”结合的本领，以尿或汗液的方式排出，从而增强了体内氧的供应，有利于加速新陈代谢及延缓细胞的衰老。而且，锗在人体内停留的时间极为短暂，不到24小时便排出体外，对人体不会有毒害。学者们在研究中发现，不少一直被人们视为有补益作用的中药都含有锗，如枸杞子、淮山、人参，越名贵的含量越多。而灵芝的含锗量竟比人参高四五倍。

28. 云南白药是谁研制的

相传，云南白药是云南江川人曲焕章研制出来的。曲焕章二十岁时，开始在家乡独立行医。他曾见过断蛇吞食一种不知名的野草后，能将断端接上；受伤的老虎吃了一种野草后，伤口很快止住血。因此，他将这些草药采集回家，经过实验，发现治疗损伤效果奇佳。后来，曲焕章经多方搜集和整理民间有效的治疗草药，结合自己的经验，反复筛选配制，于1914年正式生产出“曲焕章白药”，当时也称“百宝丹”。问世百余年来，云南白药以其独特、神奇的功效被誉为“中华瑰宝，伤科圣药”。

29. 万金油是什么

万金油与今天的清凉油相似，全称为“永安堂虎标万金油”。万金油的创始人是民国年间一个叫胡文虎的华侨。胡文虎的父亲胡子钦，原籍福建永安，在缅甸仰光开了一个叫“永安堂”的中药铺。胡文虎十四岁后，协助父亲经营中药铺。他学得不少医道，善于对症下药。胡文虎为了医治当地民众易发的头昏病，千方百计想制造一种价格低、疗效快、携带方便的大众化药品。为此，他到泰国、日本等国去了解制药业的情况，并聘请了好几位有名望的中医、西医、化学专家，最终研制成万金油。胡文虎精通广告术，通过自办的《星岛日报》《星洲日报》《虎报》的广告宣传，使万金油扬名天下。1954年，胡文虎在美国檀香山溘然长逝。30多年后，风靡一时的万金油王国由于管理不善最终倒闭，代之而起的是配料更为科学的清凉油。

第十三篇

建筑遗迹

1. 宫殿突显王权尊严

宫殿是古代帝王举行朝会和居住的地方，规模宏大、形象壮丽、格局严谨，给人强烈的精神震撼，突显王权的尊严，常被视为传统建筑艺术的最高水平。

宫殿常依托城市而存在，以中轴对称、规整严谨的城市格局，突出宫殿在都城中的地位。

2. 天下第一宫——阿房宫

阿房宫位于今陕西省西安市境内，被誉为“天下第一宫”，是中国历史上第一个统一的多民族中央集权制国家——秦帝国修建的皇宫，始建于秦始皇三十五年（前212）。1961 年，阿房宫遗址被国务院公布为第一批全国重点文物保护单位。1991 年，阿房宫遗址被联合国确定为世界上最大的宫殿基址，属于世界奇迹。

阿房宫其实并未建成

2002—2004 年，由中国社会科学院考古研究所与西安市文物保护考古所组成的阿房宫考古工作队，对秦阿房宫遗址进行了全面考古勘探。在进行深入的考古勘探和发掘之后，确认阿房宫并没有完全建成，当年它只是完成了部分建筑而已。至于司马迁《史记》和杜牧《阿房宫赋》中记载的项羽火烧阿房宫一事，可能并不属实。

3. 中国历史上最恢宏的宫殿之一——咸阳宫

咸阳宫是秦帝国的皇宫，位于今陕西省西安市和咸阳市境内。秦孝公十二年（前 350），秦国迁都咸阳，营建宫室，至迟到秦昭王时，咸阳宫已建成。最初咸阳宫位于秦都咸阳城的北部阶地上，在秦始皇统一六国过程中，不断进行扩建。秦末，项羽攻入咸阳，屠城纵火，咸阳宫大半夷为废墟。

4. 中国历史上最有名的宫殿之一——未央宫

未央宫位于汉朝长安城的西南隅，又称“西宫”，是皇帝举行朝会的地方。西汉、新朝、东汉、西晋、前赵、前秦、后秦、西魏、北周等各朝代都有皇帝曾在此处理朝政，是中国历史上最有名的宫殿之一。“未央”意为无尽，截取于“长乐未央”。汉代有两座宫殿分别名为“长乐宫”“未央宫”，“长乐未央”意为长久快乐，没有穷尽。

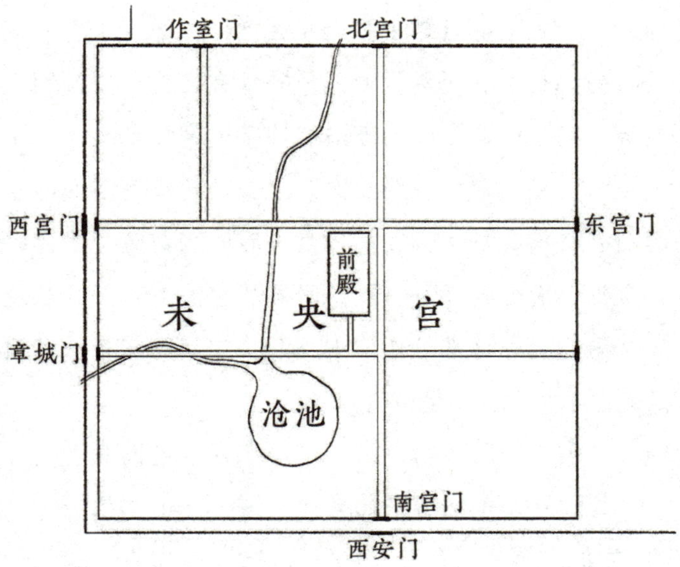

5. 长乐宫意为“长久快乐”

长乐宫位于西汉长安城的东南隅，始建于高帝五年（前 202）。汉高帝刘邦在位时居于此宫，汉高帝之后为吕太后居所。因其位于未央宫东，又称“东宫”。长乐宫总面积约6平方千米，约相当于8个北京故宫的面积。长乐宫是中国汉代的“三宫”之一。

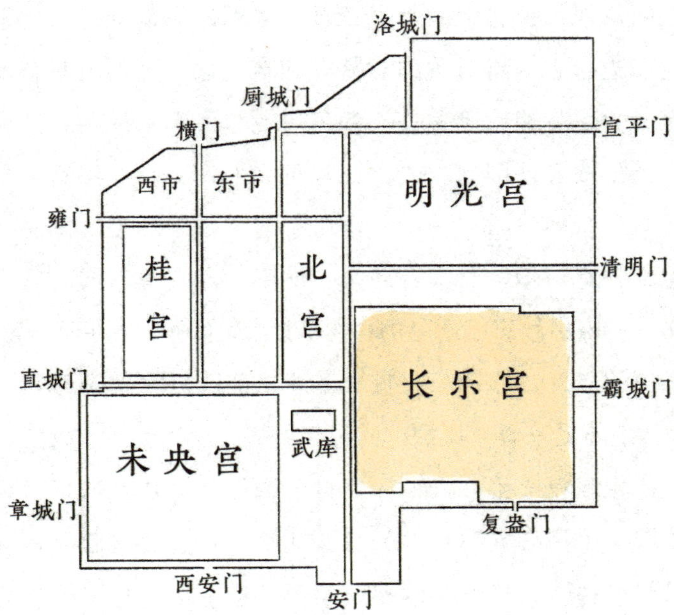

6. 大兴宫可不在北京大兴

大兴宫位于今陕西省西安市境内，为隋朝皇宫，由建筑师宇文恺主持修建，开皇三年（583）建成。唐睿宗景云元年（710），改称“太极宫”。宫城坐落在隋大兴城中轴线北端，唐大明宫之西。

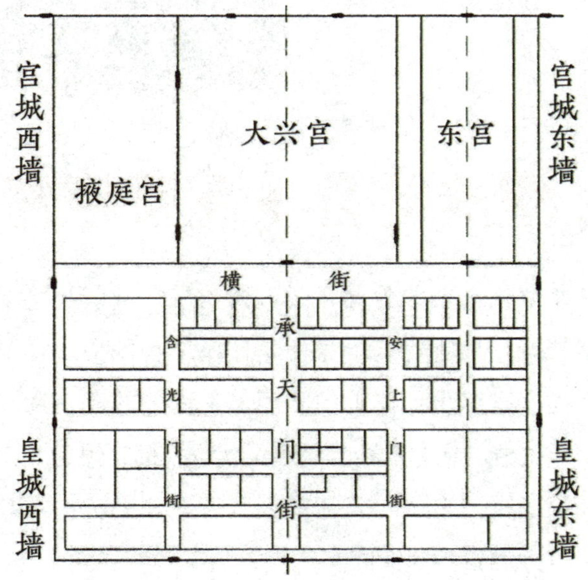

7. 大唐帝国的大朝正宫——大明宫

大明宫位于唐长安城东北部的龙首原，是唐帝国的政治中心，是世界史上最宏伟、最大的宫殿建筑群之一。自唐高宗起，先后有 17 位唐朝皇帝在此处理朝政，历时 240 余年。大明宫是唐帝国最壮丽的宫殿建筑群，也是当时世界上面积最大的宫殿建筑群。

8. 李隆基的兴庆宫

兴庆宫原是唐玄宗李隆基做藩王时的府邸，唐玄宗登基后大规模扩建，成为长安城三大宫（太极宫、大明宫、兴庆宫）之一。开元、天宝年间，唐玄宗和杨贵妃常在兴庆宫内举行大型国务活动、文艺演出，因而在唐诗中留下无数佳作名句，李白那首脍炙人口的《清平调》便起源于兴庆宫的沉香亭。

9. 明清皇宫是北京故宫吗

北京故宫现称为北京故宫博物院，其前身是明清皇宫紫禁城。故宫建筑本身就是这座博物院中最重要的历史文物。它综合形体上的壮丽、工程上的完美和布局上的庄严秩序，成为世界上一组最优异、最辉煌的建筑物。它是我们祖国多少年来劳动人民智慧和勤劳的结晶，有很高的历史和艺术价值。

全宫由“前朝”和“内廷”两大部分组成；四周有城墙围绕，墙下是一周护城河，城四角有角楼，四面各有一门：正南是午门，门楼壮丽，称五凤楼；正北称神武门；东西两门称东华门、西华门，全组统称紫禁城。隔河遥望，红墙、黄瓦、宫阙、角楼的任何一角都宏伟秀丽，气象万千。

前朝正中的三大殿是宫中前部的重点，阶陛三层，结构崇伟，为建筑造型的杰作。东侧是文华殿，西侧是武英殿，这两组与太和门东西并列，左右衬托，构成三殿前部的格局。

内廷是封建皇帝和他的家族居住、办公的部分。因为是皇帝起居的地方，所以借重了许多严格部署的格局和外表形式上的处理来强调皇帝的“至高无上”。内廷的布局仍是左右对称的形式，并且在部署上象征天上星宿等。例如内廷中间，乾清、坤宁两宫象征天地，中间过殿名交泰，取“天地交泰”之义。乾清宫前面的东西两门名日精、月华，象征日月。后面御花园中最北一座大殿——钦安殿，内中还供奉着“玄天上帝”的牌位。故宫博物院称这部分作“中路”，它是前三殿中轴线的延续，也是全城中轴的一段。

“中路”两旁两条长夹道的东西，各列六个宫，每三个为一路，中间有南北夹道。这十二个宫象征十二星辰。它们后部每面有五个并列的院落，称东五所、西五所，也象征众星拱辰之义。十二宫是内宫眷属，即妃嫔、皇子女等的住所，中路“后三宫”是紫禁城后半部的核心。“西路”的西六宫曾经改建，储秀和翊坤两宫之间增建一殿，成了一组。长春和太极之间，也添建一殿，成为一组，格局稍变。“东路”的东六宫中的延禧，曾参考西式改建“水晶宫”而未成。

三路之外的建筑是比较不规则的，主要有两种。一种是在中轴两侧，东西两路的南头，十二宫前面的重要宫殿。西边是养心殿一组，它正在“外朝”和“内廷”之间偏西的位置上，是皇帝日常实际起居的地方。中轴线东边与它约略对称的是斋宫和奉先殿。这两组与乾清宫的关系就相当于文华、武英两殿与太和殿的关系。另一类是核心外围规模较十二宫更大的宫殿。这些宫殿是建给皇帝的母后居住的，每组都有前殿、后寝、围廊、配殿、宫门等。西边有慈宁、寿康、寿安等宫殿。其中夹着一组佛教庙宇雨花阁，规模极大。总称为“外西路”。东边的“外东路”只有贯通南北、范围巨大的宁寿宫一组。它本是玄烨（康熙）的母亲所居，后来弘历（乾隆）准备将政权交给儿子，计划自己退休养老住在这里，因此增建了许多繁缛巧丽的亭园建筑。它是故宫后部核心以外最特殊也最奢侈的建筑组群，且是清代日趋烦琐的宫廷趣味的代表作。

故宫后部虽然“千门万户”，建筑密集，但它们仍是井然有序的布局。中轴之外，东西两侧的建筑物也是以几条南北轴线为依据的。各轴线组成的建筑群以外的街道形成了细长的南北夹道。主要的东一长街和西一长街的南头就是通到外朝的“内左门”和“内右门”，它们是内廷和前朝联系的主要交通线。

除这些“宫”与“殿”外，紫禁城内还有许多服务单位，如上驷院、御膳房和各种房屋及值班守卫之处。但威名煊赫的“南书房”和“军机处”等宰相与大臣办公的地方，实际上只是乾清门旁边的几间廊庑房舍。军机处还不如上驷院里的一排马厩！封建帝王残酷地驱役劳动人民为他建造宫殿，养尊处优，享乐排场无所不至，而即使是对待他的军机大臣也仍如奴隶。这类事实可由故宫的建筑和布局反映出来。紫禁城全部建筑也是最丰富的历史材料。

10. 世界上海拔最高的宫殿——布达拉宫

布达拉宫坐落于西藏自治区首府拉萨市西北的玛布日山上，创建于公元 7 世纪，是吐蕃王朝赞普松赞干布为远嫁西藏的唐朝文成公主而建。藏语称之为“赞姆林坚吉”，意思是价值抵得上半个世界。布达拉宫是当今世界上海拔最高、规模最大的宫殿式建筑群，它是拉萨城的标志，也是西藏人民巨大创造力的象征。

11. 皇家园林博物馆——颐和园

颐和园前身为清漪园，坐落在北京西郊，全园水面约占四分之三。它是以昆明湖、万寿山为基址，以杭州西湖为蓝本，汲取江南园林的设计手法而建成的一座大型山水园林，也是保存最完整的一座皇家行宫御苑，被誉为“皇家园林博物馆”。

12. 清代大型皇家园林——圆明园

圆明园位于北京市海淀区，始建于康熙四十六年（1707），由圆明园、长春园、绮春园三园组成。占地 350 公顷，其中水面面积约 140 公顷，有园林风景百余处，建筑面积逾 16 万平方米，是清朝帝王在 150 余年间创建和经营的一座大型皇家宫苑。1860 年，英法侵略者纵火焚烧圆明园；1900 年，八国联军侵占北京，圆明园的建筑和古树名木遭到彻底毁灭。

13.“夏宫”——承德避暑山庄

承德避暑山庄，又名“承德离宫”“热河行宫”，位于河北省承德市双桥区。它于康熙四十二年（1703）开始大规模修建，是清朝皇帝为了实现安抚、团结边疆少数民族，巩固国家统一的政治目的而修建的一座夏宫。承德避暑山庄不同于其他的皇家园林，它继承和发展了中国古典园林“以人为之，美入自然，符合自然而又超越自然”的传统造园思想，按照地形地貌特征进行选址和总体设计，完全借助于自然地势，因山就水，顺其自然。

14. 陵墓是什么

陵墓也称“陵寝”，是指帝王的坟墓，例如，秦始皇陵便是一个典型代表。

古代对坟墓的称呼

中国古代对坟墓的称呼一般有五种，分别为：坟、墓、冢、陵、林。其中，封土成丘者为“坟”，平者为“墓”，两者对称有别，合称相通。王侯的坟墓称“冢”，规模比较大；皇帝的坟墓叫“陵”，规模最大；林，专指圣人的坟墓，如孔子的坟墓叫“孔林”，关羽的坟墓叫“关林”。

15. 黄帝陵的主人是轩辕

黄帝陵古称“桥陵”，是轩辕黄帝的陵寝，位于陕西省延安市黄陵县城北桥山。自汉武帝元封元年（前110）亲率18万人祭祀黄帝陵以来，桥山一直是历代王朝举行国家大祭之地，保存着汉代至今的珍贵文物。陵前的“黄帝手植柏”距今5000余年，相传为黄帝亲手所植，是世界上最古老的柏树。

16. 秦始皇陵

秦始皇陵是中国历史上第一位皇帝嬴政的陵寝，位于陕西省西安市的骊山北麓。它始建于秦王政元年（前246），秦二世二年（前208）竣工，历时39年，是中

国历史上第一座规模庞大、设计完善的帝王陵寝。据史料记载，秦陵中还建有各式宫殿，陈列着许多奇异珍宝。秦陵四周分布着大量形制不同、内涵各异的陪葬坑和墓葬，已探明的有 400 多个，其中就包括被称为“世界第八大奇迹”的兵马俑坑。

17. 汉武帝的茂陵

茂陵是汉武帝刘彻的陵寝，位于陕西省咸阳市境内，其北面远依九嵕（zōng）山，南面遥屏终南山。它于建元二年（前 139）至后元二年（前 87）间建成，历时 53 年，是汉代帝王陵墓中规模最大、修造时间最长、陪葬品最丰富的一座。

18. 乾陵“因山为陵”

乾陵位于陕西省咸阳市乾县北部，为唐高宗李治与武则天的合葬墓。它建成于光宅元年（684），神龙二年（706）加盖，采用“因山为陵”的建造方式，陵区仿京师长安城建制。除主墓外，乾陵还有 17 座小型陪葬墓，葬有其他皇室成员与功臣。乾陵是“唐十八陵”中主墓保存最完好的一座，也是唐陵中唯一没有被盗的陵墓。

19. 西夏文化遗址——西夏王陵

西夏王陵，又称“西夏帝陵”“西夏皇陵”，营建年代约自 11 世纪初至 13 世纪初，是西夏历代帝王陵和皇家陵墓。王陵位于宁夏银川市西，西傍贺兰山，东临银川平原，是中国现存规模最大的一处西夏文化遗址。西夏王陵受到佛教建筑的影响，使汉族文化、佛教文化、党项族文化有机结合，构成了中国陵园建筑中别具一格的形式，有“东方金字塔”之称。

20. 明孝陵

明孝陵位于江苏省南京市紫金山南麓，是明太祖朱元璋与其皇后的合葬陵寝。它始建于洪武十四年（1381），至永乐三年（1405）建成，先后调用军工 10 万余人，历时 25 年。明孝陵代表了明初建筑和石刻艺术的最高成就，直接影响明清两代 500 余年 20 多座帝王陵寝的形制，在中国帝陵发展史上有着特殊的地位，故而有“明清皇家第一陵”的美誉。

21. 明十三陵内只有十三人吗

明十三陵位于北京市昌平区天寿山麓，地处东、西、北三面环山的小盆地之中，陵区群山环抱，中部为平原，陵前有小河曲折蜿蜒。自永乐七年（1409）五月始作长陵，到明朝最后一帝崇祯葬入思陵止，十三陵共有 13 座帝王陵墓。此外，还有陪葬墓 8 座。十三陵是世界上保存完整、埋葬皇帝最多的帝王墓葬群。

陵区内共葬有皇帝 13 人、皇后 23 人、皇贵妃 1 人，以及数十名殉葬妃嫔。

22. 清东陵

清东陵位于河北省遵化市西北，是中国现存规模最宏大、体系最完整、布局最得体的帝王陵墓建筑群。它于顺治十八年（1661）开始修建，历时 247 年，陆续建成大小 15 座陵园。陵区南北长 12.5 千米、宽 20 千米，埋葬着 5 位皇帝、15 位皇后、136 位妃嫔、3 位皇子、2 位公主，共 161 人。

23. 清西陵

清西陵位于河北省易县永宁山下，是清代自雍正起四位皇帝的陵寝之地。它始建于雍正八年（1730），最后一座陵墓完工于民国四年（1915），历时 185 年，是现存规模宏大、保存最完整、陵寝建筑类型最齐全的古代皇室陵墓群。

24. “三孔”之一——孔林

孔林，又称“至圣林”，位于山东省曲阜市城北，是孔子及其后裔的家族墓地，与孔府、孔庙统称“三孔”。

25. 关林埋葬着关羽

关林，位于河南省洛阳市洛龙区关林镇，为埋葬三国时蜀将关羽头颅之地。前为祠庙，后为墓冢，为海内外三大关庙之一，是中国仅有的冢、庙、林三祀合一的古代经典建筑。

26. 西北黄土高原上的窑洞

窑洞是中国西北黄土高原上古老的住宅形式，这一“穴居式”民居的历史可以追溯到4000多年前或更早。《诗经·緜（mián）》记载：“古公亶（dǎn）父，陶复陶穴，未有家室。”说的是，周人的太王古公亶父来，率民挖窑又开窑，还没筑屋建厅堂。

窑洞分布区域

窑洞广泛分布于黄土高原的山西、陕西、河南、河北、内蒙古、甘肃以及宁夏等省区。特别是在陕甘宁地区，黄土层非常厚，厚达几十米，甚至达到千米级，中国古人创造性利用高原有利的地形，凿洞而居，创造了被称为绿色建筑的窑洞。

窑洞的类型

窑洞可分为三大类：明庄窑、土坑窑、箍（gū）窑。

明庄窑：也叫“崖庄窑”，一般是建在山畔或沟边，利用崖势，先将崖面削平，然后修庄挖窑。“陶复陶穴”中的“复”，指的就是明庄窑，有一庄三窑和五窑的，也有五窑以上的。

土坑窑：这种窑都在平原大坳（ào）上修建，先在平地上挖一个长方形的大坑，一般深5至8米，将坑内四面削成崖面状，然后在三面崖壁上挖窑洞，另一面则修一个长坡过道或斜洞子，作为人行道。“陶复陶穴”中的“穴”，即为这种下沉式地坑庄。这种窑洞实际上是地下室，冬暖夏凉的特点更为显著。

箍窑：一般是用土坯和麦草黄泥浆砌成基墙，拱圈窑顶而成。窑顶上填土呈双坡面，用麦草泥浆抹光，前后压短椽（chuán）挑檐，有钱的人家还在坡面盖上青瓦，远看像房，近看是窑。用长方形或正方形石块箍的窑洞称“石箍窑”。

27. 什么是四合院

四合院又称“四合房”。所谓“四合”，“四”指东、西、南、北四面，“合”即四面房屋围在一起，形成“口”字形。四合院一般依东西向的胡同而坐北朝南，大门辟于宅院东南角“巽（xùn）”位。四合院中间是庭院，院落宽敞，庭院中或植树栽花，或备缸饲养金鱼，它是四合院布局的中心，也是人们穿行、采光、通风、纳凉、休息、家务劳动的场所。

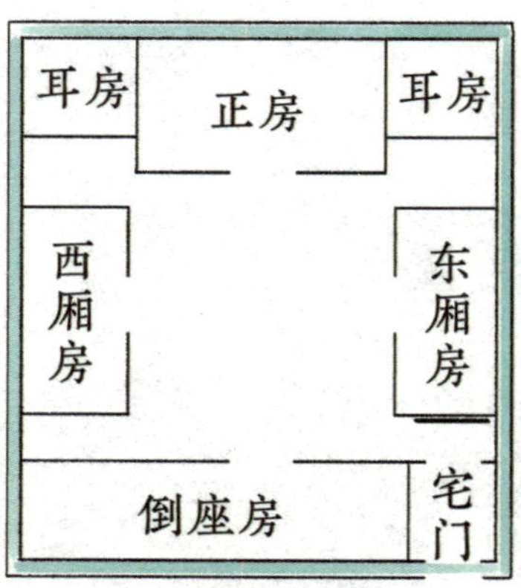

一进院落

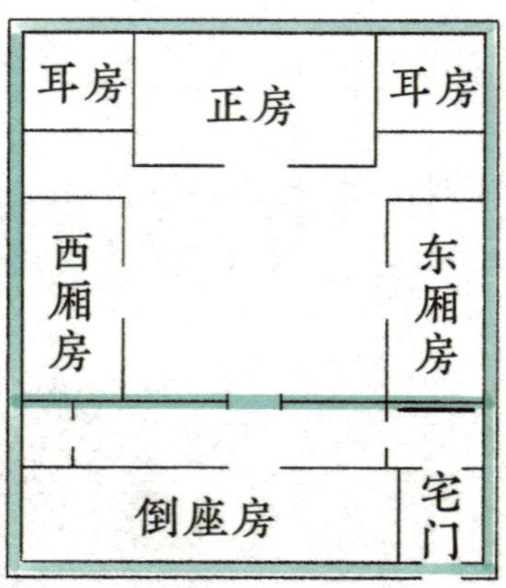

二进院落

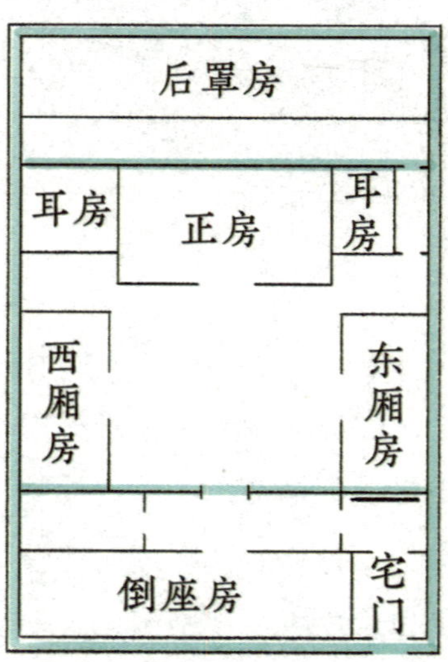

三进院落

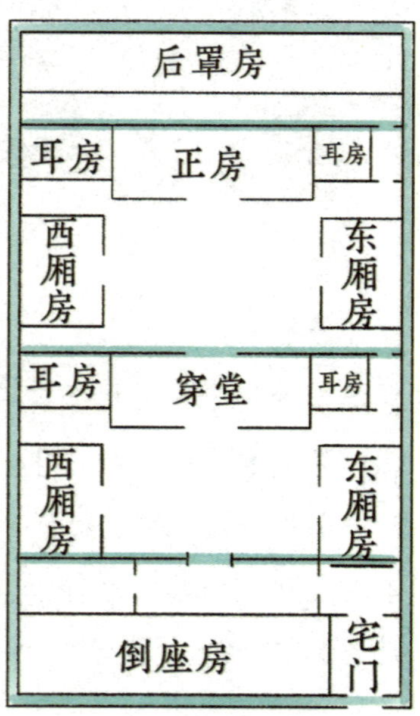

四进院落

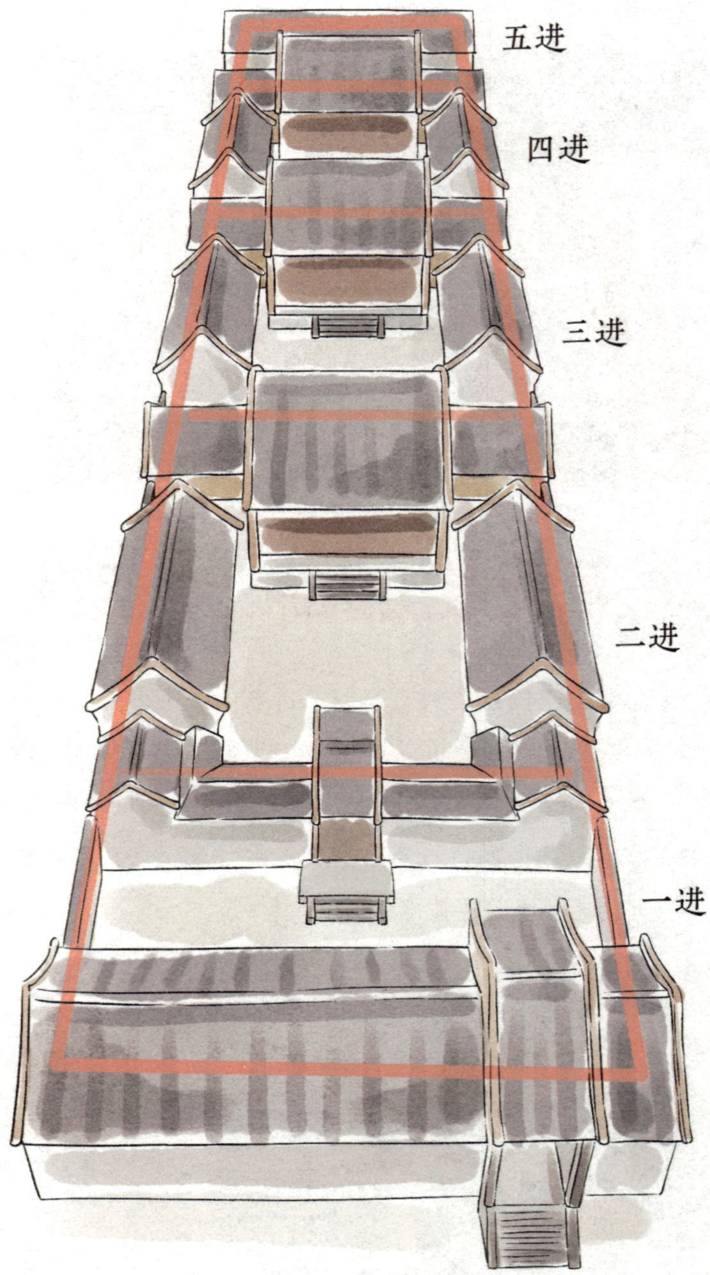

五进院落

四合院的布局

中国传统的家族礼制观念表现为长幼有序、尊卑有等、男女有别，这样的观念充分地折射到了四合院建筑的布局上。四合院内房屋的分配极为讲究，如：正房给一家之主、年长者、地位尊贵的人居住；东西厢房为晚辈们的居所，以东侧为尊，西侧为卑，长子住东厢房，次子住西厢房。而倒座房，也就是院南的一排房子，常为仆人所住。

另外，后罩房设在最里的一进院子里，一般作为家中女儿的居所。古语常说的“深闺大院”，也就是富贵人家的姑娘所住的闺房，通常指的便是最里面的院子。

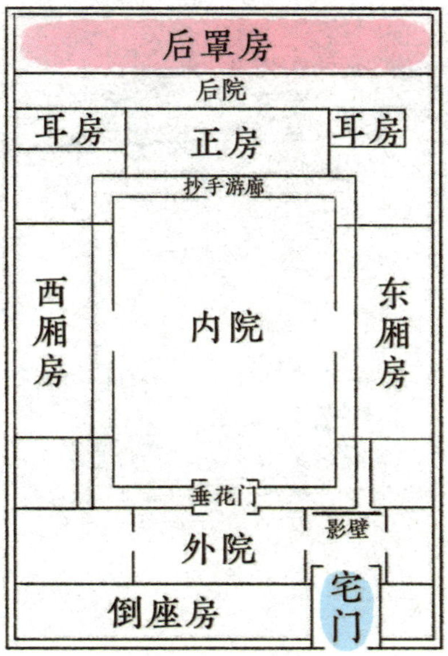

最早的“四合院”

2011 年，考古学家在河南偃师二里头遗址发现了中国最早的中轴线布局的大型“四合院”式宫室建筑群，以及中国最早的多进院落宫室建筑群，距今约有 3800 年至 3500 年，处于中国历史上的夏朝时期。建筑群规模宏大、形制规整、排列有序，昭示着政治和宗教权力的高度集中。

最大的四合院

北京故宫是明清两代的皇家宫殿，旧称紫禁城，位于北京中轴线的中心。北京故宫以三大殿为核心，占地面积约 72 万平方米，建筑面积约 15 万平方米，有大小宫殿 70 多座，房屋 9000 余间。可以说，北京故宫是现存最大的四合院。打开北京故宫的平面图，我们看到的是一个由大小不一的各种四合院所构成的四合院群，只是它的形式和用途比较独特。

28. 苏州园林的特点是什么

苏州园林，亦称“苏州古典园林”，是位于江苏省苏州市境内的中国古典园林的总称。苏州素有“园林之城”的美誉，境内私家园林始建于公元前 6 世纪，到清末时城内外有园林 170 多处，现存 50 多处。苏州园林宅园合一，可赏，可游，可居。这种建筑形态的形成，是在人口密集且缺乏自然风光的城市中，人类依恋自然、追求与自然和谐相处、美化和完善自身居住环境的一种创造。

三座代表性园林

沧浪亭位于苏州城南三元坊内，是苏州现存最古老的一座园林，为北宋庆历年间（1041—1048）诗人苏舜钦所筑，南宋初年曾为军事将领韩世忠家宅。沧浪亭虽因朝代更迭有兴废，已非宋时初貌，但其古木苍老郁森，还一直保持旧时的风采，部分反映出宋代园林的风格。园内有一泓清水贯穿，波光倒影，景象万千。沧浪亭清幽古朴，适意自然，如清水芙蓉，洗尽铅华，无一丝脂粉气息。

狮子林位于苏州潘儒巷内，东靠园林路，元至正二年（1342）天如禅师为纪念其师中峰和尚而建。因中峰和尚原住在浙江天目山狮子岩，而园内石峰林立，多状似狮子，故名“狮子林”。该园平面呈长方形，面积约15亩，东南多山，西北多水，四周高墙峻宇。狮子林主题明确，景深丰富，个性分明，假山洞壑（hè）匠心独运，一草一木别具神韵。

拙政园位于苏州娄门内的东北街，占地62亩，是苏州最大的一处园林，也是苏州园林的代表作。明正德四年（1509），官员王献臣仕途失意归隐苏州后将其买下，聘请著名画家文徵明参与设计，历时约16年建成。后多次改建，现存园貌多为清末时所形成。拙政园布局以水为主，忽而疏阔、忽而幽曲，山径水廊起伏曲折，处处流通顺畅。风格明朗清雅、朴素自然。

29. 福建土楼的特点是什么

福建土楼特指分布在闽南和闽西山区的那种适应大家族聚居、具有明显防卫功能，并且采用夯土墙和木梁柱共同承重的多层巨型居住建筑。一般来讲，一座标准的土楼布局规整，四周由厚1～2米的外墙和0.5米左右的承重内墙围合，起到最主要的外围抵御作用。

福建土楼产生于宋元时期，是客家人在辗转迁徙中，发扬古老建筑技术创造的“世界建筑奇迹”。

多姿多彩的土楼

福建土楼的类型主要有三种：圆形土楼、方形土楼与五凤楼。

圆形土楼是福建土楼中最引人注目、最有特色，也最普遍、最常见的一种形式。圆形土楼大致可以分为“通廊式”与“单元式”两种。但无论是哪一种，圆楼都是全封闭围合，没有拐角，易守难攻，并且同等周长下，圆楼的面积是方楼的1.2倍，这意味着用等量的建筑材料，可以得到更宽敞的院内空间。

方形土楼与圆形土楼布局类似，只是平面上看，由圆形变成了方形。方形土楼的四周楼房全部升至相同高度，围墙高耸、屋檐四角相连，从外部完全看不到里面的景象。除唯一的大门外，整栋楼再无其他出口。和圆楼一样，各门各户平均分配空间，形制上也有“通廊式”与“单元式”之分。

在福建土楼中，**五凤楼**是一种独特的建筑方式，它脱胎于北方的四合院，其“三堂两横”的空间布局，与中原建筑非常相似。

30. 开平碉楼的特点是什么

开平碉楼位于广东省开平市境内，主要由海外华侨兴建于20世纪二三十年代，它是乡土建筑中较为特殊的类型，是一种集居住、防卫于一身的塔楼式建筑。现今，在开平还保存着1800多座碉楼。2007年6月，开平碉楼在第31届世界遗产大会上“申遗”成功，成为中国第35处世界文化遗产，也是国内首个体现华侨文化的世界文化遗产项目。

碉楼的分类

从建筑材料上看，开平碉楼分为石楼、夯土楼、砖楼和混凝土楼。

石楼主要分布在低山丘陵地带，当地人称之为“垒石楼”。墙体有的是用加工过的石材砌筑而成，有的则是采用天然石块垒放，石块之间填土黏结。

夯土楼主要分布在丘陵地带，当地人称之为“泥楼”或“黄泥楼”。这种楼虽由泥土筑成，但经几十年风雨侵蚀，依然十分坚固。

砖楼是由砖砌筑而成的，在丘陵和平原地区都有分布。砖楼所用的砖有三种类型：一种是以明朝土法烧制的红砖，二是清代及民国时期的青砖，三是近代红砖。其中，用明朝土法烧制的红砖砌筑的碉楼，目前开平已很少见。

混凝土楼又称“石米楼”，多建于 20 世纪二三十年代，是华侨吸取世界各国建筑不同特点设计建造的，造型最能体现中西合璧的建筑特色。整座碉楼使用水泥、砂、石子和钢筋建成，极为坚固耐用。

31. 亭台楼阁的“亭”

亭子是建在路旁或花园里供人休息、避雨、乘凉用的建筑物，面积较小，大多只有顶，没有墙。

亭顶的基本建筑形式是攒尖顶，平面设计可以是圆形、扇形、方形、六角形、八角形等，也可以用双圆或双方构成连环亭或鸳鸯亭。亭顶也可以采用重檐结构。在园林和风景区建的亭，大多立于山间（山顶或山腰）、水边、路口，以充分发挥供人赏景、小憩、游乐的作用，因此有很多湖心亭、半山亭等，这样既点缀了山水，美化了环境，又陶冶了人的性情，给人以美的享受。

醉翁亭

北宋庆历五年（1045），欧阳修被贬到滁州，认识了琅琊山琅琊寺主持僧智仙和尚，并很快成为知音。庆历七年（1047），为了便于欧阳修游玩，智仙特意在山麓建造了一座小亭，欧阳修亲为作记——《醉翁亭记》。从此，欧阳修常同朋友到亭中游乐饮酒，“太守与客来饮于此，饮少辄醉，而年又最高，故自号曰醉翁也”。“醉翁亭”因此得名。

32. 亭台楼阁的“台”

《尔雅》曰：“四方而高曰台。”但实际上，人们把高出平地的一块较为平坦的地方也称作“台”。传说中的黄帝住在“轩辕之台”，所以李白有诗云：“燕山雪花大如席，片片吹落轩辕台。”（《北风行》），台的概念在我国也出现得很早。据《左传·昭公四年》记载，禹的儿子启继位，成为天下共主，“有钧台之享”，就是在“钧台”上举行仪式，设宴庆贺，这相当于中国历史上最早举行的大典和国宴，后世在台上举行的各种庆典活动都来源于此。

邺城三台

邺城三台位于河北省邯郸市临漳县（邺城遗址内的三台村），包括金凤台、铜雀台、冰井台，邺城是“建安文学”的发祥地。三台建筑精美，风格独特。其中，铜雀台为三台之主台，建安十五年（210）由曹操所建，台高十丈，有屋百余间，为曹操与文人骚客宴饮赋诗之所，也是兵家战略要地。曹操在其上平定严才叛乱，并接见和宴请了从匈奴归来的著名诗人蔡文姬。曹植也曾于此挥笔立就《登台赋》，至今传为美谈。后赵、北齐时铜雀台又加以修筑，素有“铜雀飞云”之美称。该台驰名中外，历代名人题咏甚多，唐代诗人杜牧在他的《赤壁》中曾有“东风不与周郎便，铜雀春深锁二乔”的名句。

33. 亭台楼阁的“楼阁”

楼阁是古代的一种多层建筑物，多为木结构。早期“楼”“阁”并无多大区别，都是指两层以上的房屋建筑。它们的区别在于，阁通常在四周开窗，或设置栏杆回廊；楼则三面为墙，一面开窗。但实际情况又非如此，有些叫楼的建筑物也四面开窗。最早的楼都是两层，所以《说文解字·木部》云：“楼，重屋也。”楼阁作为居住用房，是贵族女子专用的，故有“绣楼”“闺阁”之称。

此外，楼阁还可以用来悬钟挂鼓、藏书供佛、装饰城门，故有“钟楼”“鼓楼”“城楼”“藏书阁”“观音阁”“玉皇阁”等。旧时皇宫里常把楼阁建于台上，作为宰相等人的办公场所，因而有“内阁”之称。但是，作为观赏风景的建筑物，楼阁一般都建在山水胜地，讲究的是“危楼跨水，高阁依云”“飞阁流丹，下临无地”，以便让人们在登高览胜之时，能把四周风光尽收眼底。唐诗说：“白日依山尽，黄河入海流。欲穷千里目，更上一层楼。”诗中表现的正是这种如临天境的美学境界。

四大名楼

四大名楼，是指江西南昌的滕王阁、湖北武汉的黄鹤楼、湖南岳阳的岳阳楼和山西永济的鹳雀楼。

滕王阁位于江西省南昌市赣江东岸，始建于永徽四年（653），为唐太宗李世民之弟滕王李元婴任洪州都督时所修。此阁因初唐诗人王勃所作《滕王阁序》而闻名于世，为南昌市地标性建筑、豫章古文明之象征。

黄鹤楼位于湖北省武汉市蛇山之巅，濒临万里长江，始建于三国吴黄武二年（223），历代屡加重修。此楼因唐代诗人崔颢登楼所题《黄鹤楼》一诗而名扬四海，为武汉市地标性建筑。

岳阳楼位于湖南省岳阳市古城西门城墙之上，紧靠洞庭湖畔，始建于东汉建安二十年（215），历代屡加重修。因北宋滕宗谅（字子京）重修岳阳楼，邀好友范仲淹作《岳阳楼记》，使其著称于世。自古有“洞庭天下水，岳阳天下楼”之美誉。

鹳雀楼又名鹳鹊楼，因时有鹳雀栖其上而得名，位于山西省永济市蒲州古城西郊外的黄河岸边。唐代诗人王之涣的一首《登鹳雀楼》，使其名扬天下、声播四海，为黄河流域的标志性建筑。

34. 什么是坛

坛是古代用于举行祭祀、誓师等大典用的高台。

北京天坛

北京天坛，原名“天地坛”，位于北京市东城区，始建于明永乐十八年（1420），明嘉靖九年（1530）改名为“天坛”，是明清两代皇帝祭天、祈求丰收的场所，总面积273公顷，是中国现存最大的古代祭祀性建筑群。

北京地坛

北京地坛，又称“方泽坛”，位于北京市东城区，与天坛遥相对应，始建于明嘉靖九年（1530），是明清两朝帝王祭祀“皇地祇”神的场所。

35. 什么是寺庙

寺庙一般是指佛教进行宗教活动的场所。它是佛教信徒顶礼膜拜的地方，也是出家僧众修行的所在，后来逐步发展为具有多种综合功能的建筑群。

少林寺

少林寺位于河南省登封市境内，始建于北魏太和十九年（495），是孝文帝为了安顿印度高僧跋陀落迹传教而兴建的一座寺院，因坐落于嵩山腹地少室山茂密丛林之中，故名“少林寺”。少林寺不仅是禅宗的发祥地，还是中国功夫的发祥地，有“禅宗祖庭，功夫圣地”之称，被誉为“天下第一名刹”。

白马寺

白马寺位于河南省洛阳市白马寺镇，始建于东汉永平十一年（68），是佛教传入中国后兴建的第一座官办寺院。

36. 什么是道观

道观是道士修炼的地方，其建筑原则与平面布局和宫殿建筑相似，只是规模较小。观要保持清静、整洁和庄严。

白云观

白云观位于北京市西便门外，为道教全真龙门派祖庭，享有“全真第一丛林”之誉。中国道教协会、中国道教学院等道教界的全国性机构均曾设立在白云观。

37. 四大石窟

四大石窟是以中国佛教文化为特色的巨型石窟艺术景观，按照石窟建造年代依次为甘肃敦煌莫高窟、甘肃天水麦积山石窟、山西大同云冈石窟、河南洛阳龙门石窟。

莫高窟坐落于河西走廊西部尽头的敦煌，开凿时间从十六国时期至元代，前后延续约1000年，这在中国石窟中绝无仅有。它既是中国古代文明的一个璀璨的艺术宝库，也是古代丝绸之路上曾经发生过的不同文明之间对话和交流的重要见证。莫高窟现有洞窟735个，保存壁画4.5万多平方米，彩塑2400余尊，唐宋木构窟檐5座，是中国石窟艺术发展演变的一个缩影，在石窟艺术中享有崇高的地位。

麦积山石窟位于甘肃省天水市麦积区，是小陇山中的一座孤峰，高142米，因山形似农家麦垛而得名。它始建于十六国后秦时期，历经1600余年的开凿和修缮，现存窟龛221个。麦积山石窟保存的造像以泥塑为主，保留有大量的宗教、艺术、建筑等方面的实物资料，体现了千余年来各个时代塑像的特点，反映了中国泥塑艺术发展和演变过程，有“东方雕塑陈列馆”的美誉。

云冈石窟位于山西省大同市西郊武州山南麓，武州川北岸。此石窟的主要部分皆完成于北魏迁都洛阳之前，约自和平元年(460)至太和十八年(494)。石窟依山开凿，东西绵延1千米，现存主要洞窟45个，附属洞窟209个，雕刻面积达18000余平方米。造像最高17米，最小为2厘米，佛龛约计1100多个，大小造像59000余尊。

龙门石窟位于河南省洛阳市，是世界上造像最多、规模最大的石刻艺术宝库，被联合国教科文组织评为“中国石刻艺术的最高峰”。石窟始凿于北魏孝文帝年间，盛于唐，终于清末，历经十多个朝代陆续营造，长达1400余年，是世界上营造时间最长的石窟。现存洞窟像龛2345个，造像11万余尊，建造时采用了大量彩绘，今大多已褪色。

38. 什么是华表

华表一般立于宫门口、桥头、墓前。关于它的产生，现在有多种说法。一说与天文学有关，认为古人常用一根直立的杆子测定冬至和夏至，后来又用于在建筑时测定南北方向，久而久之，以石杆代替木杆，加以装饰，成为建筑的一种附属物。另一种说法是，它由远古时期的“诽谤木”演变而来。据说，尧舜时代曾在交通大道路口设立木桩，上边用两根横木相交，让人们“书其善否”，这就是“诽谤木”，用来表示君王纳谏的诚意，同时也便于人们识别方向。“诽谤”二字，本义为“言其过失”，后来才转化为“无中生有、捏造罪名”之意。

当然，尧舜设诽谤木只是一种传说，很难确认它就是华表的始祖。不过，古代确有一种叫“木铎”的东西，是一种可以敲击的木制音响工具。有的说天子用它征求百姓的意见，百姓敲击它以示有事求告于天子；有的说它是天子用来宣示政令的工具，由天子派出的官员敲击它以警示百姓，后来立于宫门口张贴告示。华表的形成可能与这种“木铎”有关。

从史书记载和出土的画像砖可以知道，华表在汉代已经比较常见了，有的设于路口，有的立于墓前。汉代的华表用木制成，“高丈余，有大板，贯柱四出”，很像一朵花，古时“华”“花”可借用，所以叫“华表”。东汉时开始以石柱作表，立在墓前作为神道的标志。南北朝时开始在柱顶雕刻圆盘，并在盘上雕一个蹲着的小神兽——辟邪，造型已近于我们今天所看到的华表。从《洛阳伽蓝记》的记载看，华表在北魏时又出现在桥头，其高 20 丈，上作凤凰，似欲冲天。在宋代的《清明上河图》中可以看到，虹桥两端共有四座华表，顶端立白鹤。这说明，华表在宋代已是桥头的一种装饰性建筑了。

现在，我们在北京地区看到的华表最多。一是卢沟桥两头共立四座，石制，上端横贯云板，柱顶为莲座圆盘，上蹲石狮子。二是天安门前后共立四座，柱身雕蟠龙，柱上贯云板，顶端圆盘，上蹲犼，是一种传说中的动物，性忠和正直。后面一对华表向北，俗称“望君出”，是吁请皇帝出宫体察民情；前面一对华表向南，俗称“望君归”，是提醒在外巡视、游乐的皇帝早日回京理事。三是北京大学西门内办公楼前有一对，为圆明园的遗物，后迁建于此。四是北海文津街北京图书馆旧址内有一对。

39. 什么是牌坊

牌坊，又名“牌楼”，是古代社会为表彰功勋、科第、德政以及忠孝节义所立的门洞式纪念性建筑物。

贞节牌坊

贞节牌坊特指为了表彰古代女性对自己的丈夫坚贞不渝，一生恪守贞节而建立的牌坊。

40. 古代的城市为什么叫作“城池”

这“城池”二字很能体现古代城市的建筑设计思想。“城”指城墙；“池”指城外环绕城墙的河池，俗称“护城河”。这种设计可以看作封闭式的防御性设计。在氏族社会，它是为了保护本部落的成员不受侵扰；在奴隶社会则是为了保护奴隶主贵族的安全；而在封建社会是为了保护各级政权的合法地位。为此，要求城市的建设“固若金汤”，即所谓“金城汤池”。

在具体设计上，首先把城市分作“城”“郭”两部分，城内供统治者居住，郭内供老百姓居住。郭或附于城的一边，或围于城的四周，即古书所说的“内之为城，外之为郭”。其次是采用高墙深池的办法，同时在城门上设置瓮城（即二道门），以确保城市的安全。第三是在城墙上建造城楼、城垛（俗称“女墙”）和矩形墩台，以利于战时守卫和杀敌。这种设计造成了古代城市的封闭状态：一是城市的整体性封闭，即用高墙深池把整个城市与外界隔绝开来，只辟若干城门在规定的时间里供人们出入；二是城市的分体性封闭，即由春秋至隋唐时期在城内实行“里坊制度”，把城内居住区划成许多里坊，里坊内的街巷用高墙隔开，设门把守，夜间关闭，禁止通行。到了北宋，由于商业经济的发展，里坊制度才被迫取消，但整体性的封闭状态并没有改变。

41. 历史上最大的古城——隋大兴城

我国历史上最大的古城是隋大兴城（后名唐长安城），全城面积为84.1平方千米，约为现存西安古城（明代建）的7倍半以上，比早它100年建城的拜占庭古城也大7倍多。隋大兴城建于开皇二年（582），总设计师是宇文恺。唐朝建立后，沿袭旧制，改名“长安”。全城由郭城、皇城和宫城三部分组成。东、西、南、北四面各开三个城门，其中以南边正中的“明德门”为最大，是全城的正门。城内划分为108个里坊（唐代增为110个）和都会（东市）、利人（西市）两个市场。南北向有11条大街，东西向有14条大街，其中六条主干道宽100米以上，由皇城朱雀门通往明德门的朱雀大街宽达150米。其宏伟规模反映了隋唐时期国家的兴盛气象。

42. 万里长城

长城，也称“万里长城”，是中国古代的军事防御工事，它是一道高大、坚固而且连绵不断的长墙，用以限制敌人骑兵的行动。长城不是一道单纯孤立的城墙，而是以城墙为主体，同大量的关城、烽燧、敌楼相联结的防御体系。长城不仅是中国也是世界上修建时间最长、工程量最大的古代防御工程，自西周时期开始，延续不断地修筑了2000多年，分布于中国北部和中部的广大土地上，总计长度达2万多千米。

长城有多长

2012年6月5日，国家文物局在北京居庸关长城宣布，历经近5年的调查认定，中国历代长城总长度为21196.18千米，包括长城墙体、壕堑、单体建筑、关堡和相关设施等长城遗产43721处。这是中国首次科学、系统地测量历代长城的总长度。

长城的基本情况

公元前221年，秦始皇消灭了六国，统一了中国，为了防御匈奴的进攻，巩固新建立的中央集权制度，他派大将蒙恬“将三十万众，北逐戎狄，收河南，筑长城，因地形，用险制塞，起临洮，至辽东，延袤万余里”。这项工程耗时十年，把原有的秦、燕、赵三国的长城连在一起，形成了一个强

大的军事防御体系。从此，“万里长城”就在我国的北方出现了。因此，正确的说法应该是，秦始皇修筑了万里长城。秦始皇以后，仍有十个王朝陆续修建长城，如汉、北魏、东魏、北齐、北周、隋、辽、金、宋、明。其中以汉、明两代修筑的规模最大。

西汉长城一般分为内外两重，并沿城墙建立了许多亭、障、烽、燧等军事建筑物，形成“五里一燧，十里一墩，卅里一堡，百里一城”的整体防御体系。今天在甘肃境内还可以看到汉长城的遗址，尤以敦煌市玉门关附近的保存较好。汉长城的功用，除抵御匈奴之外，还保护了“丝绸之路”的畅通以及西域和长城沿线的屯田。

明代修长城从明太祖朱元璋开始，延续了270多年。明朝刚刚建立，朱元璋就派大将军徐达修筑居庸关等处长城。明成祖朱棣迁都北京以后，因靠近北部边界，更重视长城防务，用大量物力、人力、财力，修筑长城达12700余里。一些著名将领如戚继光、谭纶等，曾负责长城防务，督兵修建长城。今天我们看到的从山海关到居庸关的长城，都是由戚继光监修的，其中包括天津黄崖关长城、河北滦平金山岭长城、北京密云古北口长城、怀柔慕田峪长城、延庆八达岭长城等，工程之艰巨、建筑之精巧，均让人惊叹不已。

43. 古建筑为什么常出现狮、鱼、鹿等形象

汉朝时，狮子由西域传入中国。随着佛教传入中国，被佛教推崇的狮子成了人们心目中高贵、威严的灵兽。狮子的雕塑形象随之开始出现在重要建筑物的正门两侧。事实上，在深宅大院和陵寝神道中之所以常出现狮子的雕塑形象，不仅是因为狮子形象威武，也是因为“狮”和“事”谐音。所以，古代府第大门两侧的石狮子象征着该户人家事事如意。

按照传统习俗，成对的狮子雕像是左雄右雌。这也可以从狮子雕像脚下所踩之物来辨别：脚下踩球的，象征统一寰宇和拥有无上权力，为雄狮；脚下踩着幼狮的，象征子孙绵延，为雌狮。若是狮子与铜钱互配，则象征财源茂盛；狮子佩彩带，象征好事不断；将狮子与瓶接连的剪纸图案贴在窗上，象征事事平安。

此外，在古建筑装饰中，鱼的造型应用则是取“鱼”与“裕”或“余”的谐音，象征丰裕有余；“鹿”谐“禄”，鹿的造型装饰象征俸禄多多；“蝠”与“福”同音，“扇”与“善”同音，于是蝙蝠与扇子的形象也常出现在古建筑装饰中，用以表达人们的美好意愿。

44. 古代的村落房屋为何要坐北朝南

早在原始社会，中国先民就按照坐北朝南的方向修建村落房屋。考古发现的绝大多数房屋都是大门朝南。这是因为中国处于北半球，亚欧大陆东部，大部分陆地位于北回归线以北，一年四季的阳光都是由南方射入，朝南的房子便于采光。

坐北朝南，不仅便于采光，还能避风。中国大部分地区属季风型气候，一年四季风向多有变换，而风又分为阴风和阳风。清末何光廷在《地学指正》中指出：“平阳原不畏风，然有阴阳之别，向东向南所受者温风、暖风，谓之阳风，则无妨。向西向北所受者凉风、寒风，谓之阴风，宜有近案遮拦，否则风吹骨寒，主家道败衰丁稀。”这就是说，要避免吹西北风，防寒保暖。

综上所述，坐北朝南的建筑原则，体现了人们对自然现象和规律的正确认识。坐北朝南，顺应天道，得山川之灵气，受日月之光华，颐养身体。

45. 出租房屋者为何称“房东”

现在，出租或出借房屋的人常被称为“房东”，而不是“房南”“房西”“房北”。这是什么缘故呢？这要从古时的房屋建构说起。

中国自古以东为上、为大，所以东房就是上房。中国的老式房屋组成一般都是一座朝南的主屋，主屋的前面两侧再造东、西向的厢房，主屋的东首房间是上房，为主人或家中最受尊重的人居住，上房连主人家晚辈和下人都不能住，更别说让外人住了。所谓的“房东”，就是住在东首上房的人，也就是主人的意思。

至于古时为何以“东”为“主”，在《礼记·曲礼》中有相关记载：“主人就东阶，客就西阶。”说的就是当主人和客人一起进门时，主人会走东边的台阶，客人则走西边的台阶。由此可知，“东”位代表主人，词语“做东”“东道主”中的“东”也包含“主人”之意。

46.“走后门”的来源

“走后门”的典故源于隋朝。隋朝承袭汉制，官府衙门都是坐北朝南。如果职位高到可携带家眷上任，那么这位官员的妻儿老小通常会被安置在衙门后宅。平素公务往来，客人走的全是前门，只有私交甚好的朋友或者自家晚辈才从后门入内。之后，官场贪佞之风大行，“走后门”一词也由此而生。

另有一说，认为“走后门”典出北宋年间。相传宋哲宗死后，宋徽宗继位，以蔡京为相。蔡京拼命贬谪和排斥旧吏，并规定其子女不得出仕和入京，甚至连其诗文也不准流传，人们对此甚为不满。一次，朝廷设宴，艺人们在宴间演出了这样一幕：一个大官居案中坐；有个和尚要求离京出游，因其戒牒是哲宗年间的，即被令还俗；一个道士遗失度牒要求补发，因为道士是哲宗年间出家的，立即被剥下道袍，复为百姓。这时，一个属官上前低声对大官说：“今国库发下的俸钱一千贯，皆为旧时钱文，如何处置？”大官略作沉思，低声说：“那就走后门，从后门搬进来吧！”

47. 古代的州县衙门为什么又叫“六扇门”

在历史小说或古装剧中，常可以看见“六扇门的人”。那么，这个“六扇门”是如何得来的？又有什么典故和含义呢？

古时候，整个衙门外墙唯一的出入口是位于中轴线正南方位的大门。它也叫“头门”，并不是一个简单的门洞，而是一座有屋顶的建筑物。这种屋宇式大门是中国古代建筑的一大特点，它的建筑形制受到法律、礼制的严格限制，无论多大的州县，大门都只能是三开间（开间是指建筑物正面的宽度，在古代木结构建筑中指平行于桁檩方向两柱间的水平距离）。每间各安两扇黑漆门，总共有六扇门，所以州县衙门也往往俗称“六扇门”。俗谚说：“衙门六扇开，有理无钱莫进来。”衙门的差役、书吏之类的人员俗称为“六扇门里的勾当”。

为了突出大门的重要性，大门前面建有照壁，两侧建有“八字墙”，有的门口还放置一对龇牙咧嘴的石狮。也有的州县把门屋升高为两层或三层的门楼，兼为全城报时的鼓楼或谯楼。（“谯”字原义同“瞧”字，有“瞭望”之意。）

48. 为什么佛寺古塔悬铃铎，而北京天坛设回音壁

中国古塔上往往悬挂铃铎，风动铃响，象征“梵音到耳”的佛法大意。比如，历史上著名的洛阳永宁寺，“角角皆悬金铎……宝铎和鸣，铿锵之声，闻及十余里”（《洛阳伽蓝记》）。佛寺铎音在佛教徒听来自有一番梵界的意境，可以唤起人们意识上的神秘感。

在天坛之圜丘坛的第三层太极石上轻声呼唤，能听到四方传来的回声。这本是声学原理在圜丘建筑上的应用，却被赋予了封建礼教与神学的浓重色彩。当一朝帝王在此祭天时，四方回应犹如“昊天上帝”的“训谕”，象征天赋王权，其实质是强化帝王统治的正统权威。天坛回音壁的象征意义正是如此，在中央甬道的“三音石”上能听到多重回音，以此显示“天人合一”以及天帝与皇帝的“明察秋毫”。

第十四篇

地理山河

1. “中国”一词从何而来

上古时期，华夏族建国于黄河流域，自以为居天下之中心，与生活于四方的异族相对，因而自称“中国”。后也用来泛指中原地区。

“中国”最早见于何尊

在出土文物中，“中国”一词最早见于西周初年的青铜器“何尊”上的铭文。这一国宝级的重器 1963 年出土于陕西宝鸡。长达 122 字的铭文讲到周武王在灭商之后就有营建东都的重大决策，他曾祭告上天说，“余其宅兹中国，自之薛（乂）民”，意欲建都于天下的中心，从这里统治人民。这篇铭文把“中国”的最早地理范围确指为洛邑所在的洛阳盆地及以其为中心的中原地区。

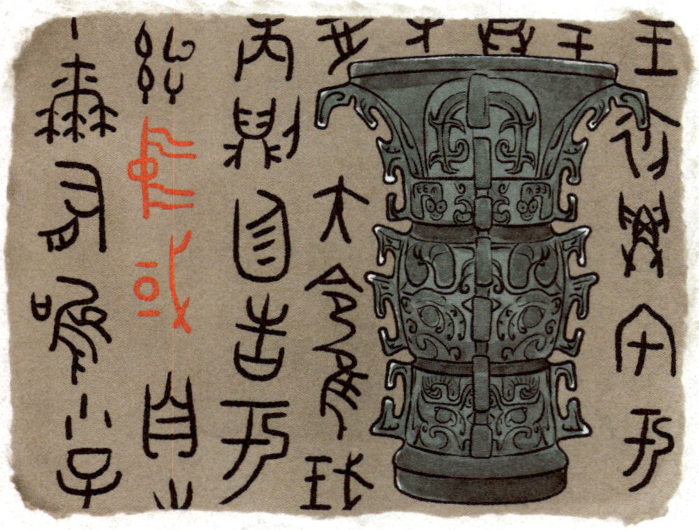

为西周王朝所青睐，被认为是“天下之中”而营建东都的洛阳盆地，在长达 2000 余年的时间里，先后有十余个王朝建都于此。司马迁的《史记》中即有“三代之居皆在河洛之间”的记载；其后，又有东汉、曹魏、西晋、北魏、隋、唐等朝代在此营建都邑。这在世界文明史上也是极为罕见的。

其中，二里头遗址就是洛阳盆地这一最早的“中国”区域内最早的一座大型都邑。

二里头遗址

二里头遗址位于洛阳盆地东部的偃师市境内，遗址上最为丰富的文化遗存属二里头文化，其时代距今 3800~3500 年，相当于古代文献中的夏、商王朝时期。著名的“二里头文化”即由此而得名。

知识加油站：

在古代中国，“国”字的含义是“城”或“邦”。从字形上可以看出，一个邦国是以都城为中心而与四域的农村结合在一起的，它又是以都城的存在为标志的。“中国”即“中央之城”或“中央之邦”。“中国”一词出现后，仅在古代中国就衍生出多种含义，如王国都城及京畿地区、中原地区、国内或内地等。

“中国”成为具有近代国家概念的正式名称，始于“中华民国”，是它的简称，英文为 CHINA；现在是“中华人民共和国”及其所属疆域的简称。

2. 华夏的由来

古时候，在黄河流域一带的先民自称“华夏”，或简称“华”“夏”。从字义上来讲，“华”字有美丽的含义，“夏”字有盛大的意义，连起来的确是个美好的词。“华夏”原指中原诸侯，后作为汉族的代谓，现为中国的别称。

3. 九州是指什么

传说中国上古时期划分为九个地理区域，州名分别为：冀州、兖州、青州、徐州、扬州、荆州、豫州、梁州、雍州。后来“九州”成为中国的别称。

知识加油站：

南宋陆游《示儿》一诗中，就有“死去元知万事空，但悲不见九州同”一句。陆游一生致力于抗金斗争，一直希望能收复中原。虽然屡遭挫折，却仍然未改变初衷。从这句诗中可以领会到诗人的爱国激情是何等执着、深沉、热烈、真挚！

九州分别指哪里？

荆州：大体相当于今湖北、湖南两省及周边区域。

兖州：今河北省东南部、山东省西北部和河南省东北部。

雍州：今陕西、宁夏全境及青海、甘肃、新疆、内蒙古的部分地区。

青州：东至大海而西至泰山，在今山东省东部一带。

冀州：今北京市、天津市、河北省、山西省、河南省北部，以及辽宁省与内蒙古部分地区。

徐州：今山东省东南部和江苏省北部及附近区域。

豫州：今河南省大部，兼有山东省西部和安徽省北部。

扬州：大体相当于淮河以南、长江流域及岭南地区。

梁州：今陕西南部、四川盆地，以及云贵部分地区。

4. 赤县神州是指什么

“赤县”“神州”之称，最早见于《史记・孟子荀卿列传》，其中提到，战国时齐国有个叫邹衍的人说，“中国名曰赤县神州”。后来人们就称中国为“赤县神州”。但更多的是分开来用，或称“赤县”，或称“神州”。

5. 为什么说“得中原者得天下”

中原又称“中土”“中州”，一般指的是河南省及其周边的一些地区。这里可以说是中华文明的重要发源地，是华夏民族的摇篮。

得中原者得天下

常言道，“得中原者得天下”。所以在历代战争中，中原地区成为兵家必争之地。中国历史上无数英雄帝王为了统一天下，先要逐鹿中原。

之所以“得中原者得天下”，是因为中原地区有着富饶的民生经济和重要的地理位置：

（1）中原地区自古以来物产丰富，地形平坦，农业相当发达。

在以农桑为主的古代，中原地区一般是饿不死人的，家家户户都可以种粮食，当地的土壤适合种植小麦、大豆等农作物，一年有两季的收成。至今河南地区依旧是中国重要的粮食产地。虽然在南宋以后南方经济超过北方，但中原地区依旧相当繁荣。

（2）从战略上讲，中原地区可以说位于“天下”的中心地带。

如果能够占据中原，对外作战半径会极大缩小。作战半径变小，意味着后勤运输压力就会小，能够极大地节约军队开支。

（3）“人口”可以说是最重要的原因，古代中原地区人口稠密、集中。

古代江南地区虽然人口也多，但过于分散。在冷兵器时代，军队数量就是最重要的战力标志，谁的兵多，谁胜的机会就大。中原地区庞大的人口能够提供充足的兵源。古代的统治者一旦占据中原，第一件事情基本都是召集兵员，扩充军队。

中原是四战之地

中原的地理位置处在天地之中，周围并没有特别大的山川河流作为屏障。虽然有黄河可以防御，但一到冬天，黄河就会结冰，完全可以轻松渡河。中原东部和中部的大平原地区让河南地区四面受敌，很容易被敌人攻破。再加上中原地区一直遭人眼红，一旦爆发战争，这个作为天地之中的四方之地就会立马变成“四战之地”。

6. 海内指哪里

海内是指国境之内。古人认为，头上是天，脚下是地，天是半圆形罩在四方形的大地上，大地的四周是四海，因此，古人称国境之内为海内。后来，中国称自己为“海内”，称外国为“海外”。

海内存知己，天涯若比邻。

这一诗句出自唐代王勃的《送杜少府之任蜀州》，意思是说：四海之内若有交心的知己，即使远在天边也如近在比邻。此句情怀豪迈，表现友谊不受时间的限制和空间的阻隔，是永恒的、无所不在的，所抒发的情感是乐观豁达的。

7. 四海八荒分别是指什么

四海八荒即天下、全国。“四海”指东海、南海、北海、西海；“八荒”指东、西、南、北、东南、东北、西南、西北等八个方向，指离中原极远的地方。

8. 六合是指什么

六合是上、下以及东、西、南、北四方，泛指天下。

秦王扫六合

出自唐李白《古风五十九首·其三》：“秦皇扫六合，虎视何雄哉。”意思是说秦始皇横扫天下，虎视眈眈，何等威武！

9. 江河分别指什么

在古代，“江”专指长江，“河”专指黄河，而普通河流以“水”命名，如淮水、汾水、汉水等。后来泛指大江大河。

长江

长江发源于“世界屋脊”——青藏高原的唐古拉山脉各拉丹冬峰西南侧。干流流经青海、西藏、四川、云南、重庆、湖北、湖南、江西、安徽、江苏、上海市共 11 个省级行政区，于崇明岛以东注入东海，全长 6397 千米，在世界大河中长度仅次于非洲的尼罗河和南美洲的亚马孙河，居第三位。

黄河

黄河发源于青藏高原巴颜喀拉山北麓的约古宗列盆地，自西向东分别流经青海、四川、甘肃、宁夏、内蒙古、山西、陕西、河南及山东 9 个省区，最后流入渤海。全长约 5464 千米，是中国第二长河。

黄河中上游以山地为主，中下游以平原、丘陵为主。由于河流中段流经黄土高原地区，因此夹带了大量的泥沙，所以它是世界上含沙量最多的河流，每年都会携带 16 亿吨泥沙，其中有 12 亿吨流入大海，剩下 4 亿吨留在黄河下游，形成冲积平原。

黄河流域是中华文明最主要的发源地，中国人称其为“母亲河”。但在中国历史上，黄河下游的改道给人类文明带来了巨大的影响。

10. 三山五岳分别是哪里

三山五岳泛指华夏大地各大名山。

“三山”有三种说法：第一种说法是指华夏远古神话传说中的三条龙脉，即喜马拉雅山脉、昆仑山脉和天山山脉；第二种说法是指道教传说中的三座仙山，即蓬莱山、方丈山和瀛洲山；第三种说法：是指今人所喜欢的三座旅游名山，即黄山、庐山和雁荡山。

“五岳”指东岳泰山、西岳华山、中岳嵩山、北岳恒山和南岳衡山。

11. 五湖四海

五湖四海是指全国各地，有时也指世界各地。

在中国，“五湖”一般指鄱阳湖、洞庭湖、太湖、洪泽湖和巢湖，“四海”一般指渤海、黄海、东海和南海。

12.“两肋插刀”中的“两肋”指哪里

“为朋友两肋插刀”，本来说的是秦琼（字叔宝）为救朋友染面涂须去登州冒充响马，路过两肋庄时，在岔道口想起老母和妻儿，岔道有三条，一条通历城，一条通登州，一条通家乡，秦琼犹豫片刻，最终还是为救朋友视死如归去了登州。

两肋庄走岔道体现出秦琼的深重义气，后被人们传为“两肋岔道，义气千秋”。如今，很多人误以为是在两肋上插刀，实属误传。

13.“楚河汉界”以今天的哪个地方为界

中国象棋棋盘上有“楚河汉界”。史书记载，历史上的“楚河汉界”指的是河南省荥阳市黄河南岸广武山上的鸿沟一带。现在，鸿沟两边还有当年楚军与汉军对垒的城址，东边是霸王城，西边是汉王城。鸿沟沟口宽约 800 米，深达 200 米。

荥阳鸿沟一带，北临黄河，西靠邙山，东连平原，南接嵩山，为历代兵家兴师动众的战场。楚汉相争时，刘邦和项羽仅在荥阳一带就有“大战七十，小战四十”。公元前 203 年，刘邦出兵攻打项羽，项羽粮缺兵乏，不得已提出“乃与汉约，中分天下，割鸿沟以西为汉，以东为楚”的要求，从此就有了“楚河汉界”的说法。

14.“西出阳关无故人”中的“阳关”在哪里

《渭城曲》是唐代王维的诗作。诗中写道：“渭城朝雨浥轻尘，客舍青青柳色新。劝君更尽一杯酒，西出阳关无故人。”诗中提到的“阳关”位于现在的哪个省份呢？据考证，“阳关”位于甘肃省敦煌市西南古董滩附近。

阳关居玉门关之南，古以南为阳，故称“阳关”。阳关为汉武帝开辟河西时“列四郡，据两关”的两关之一，是汉武帝设在河西走廊西端的重要关隘，在军事上有着极为重要的地位，更是古代中西陆路交通的咽喉之地，自古为丝绸之路西出敦煌、通西域南道的必经关卡，为西部边境之门户。

其实，王维还有一首提到“阳关”的诗作：“绝域阳关道，胡沙与塞尘。”因为当时的阳关是西域和内地的分界线，出了阳关就是茫茫沙漠，视觉上同中原腹地有很大差异，人的心理状态也相应会发生变化。

15.“明修栈道，暗度陈仓”中的“陈仓”是哪里

公元前 207 年，秦朝被推翻后，项羽拥兵自重，迫使先入秦都咸阳的刘邦退出咸阳，自己率兵进入咸阳，自称“西楚霸王”。接着，项羽封刘邦为汉王，让他统治偏远的汉中（今陕西南部）和巴蜀（今四川）地区。为防备刘邦再次入关，项羽还派秦军降将把守关中。刘邦在去封地的途中，采用张良的计策，烧掉长达好几百里的栈道，以示再无回关中之意，以蒙蔽项羽。

同年八月，有人起兵反抗项羽。刘邦认为这是个出兵关中的良机，于是采纳韩信的建议，一方面派人修复栈道，以迷惑敌方；另一方面暗地里为攻打陈仓积极地做准备。不久，韩信迅速出兵，攻下了陈仓。守卫关中的秦国降将章邯得知后非常恐慌，但为时已晚。刘邦军队借道于陈仓，攻打并占领了关中，为以后建立汉朝奠定了基础。

以上便是成语“明修栈道，暗度陈仓”的由来。“栈道”，是在陡峭的崖壁上凿孔支架木桩、铺上木板而成的路。“陈仓”，古地名，在今陕西省宝鸡市东。

16. 山水的阴阳之分

古代以山南、水北为阳，以山北、水南为阴。中国许多地名与此有关，如江阴、淮阴、汉阳、汉阴、华阳、华阴等。

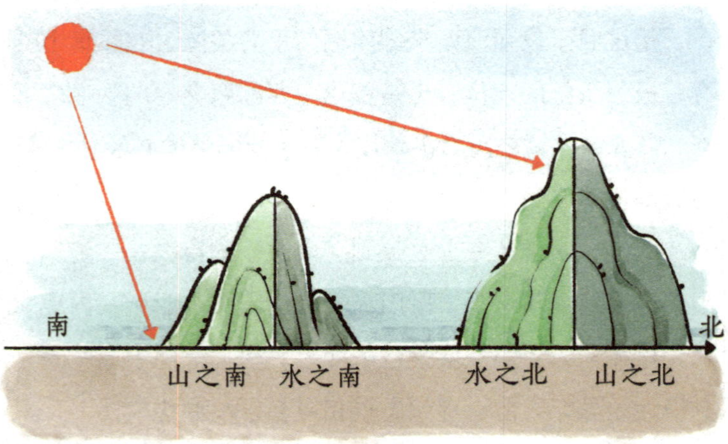

江阴，因地处“大江（长江）之阴”而得名；淮阴，因地处“淮河之阴”而得名；汉阳，因地处“汉水之阳”而得名；汉阴，因地处“汉水之阴”而得名；华阳，因地处“华山之阳”而得名；华阴，因地处“华山之阴”而得名。

17. 京畿是指什么

京畿是国都及其附近的地区，也叫王畿、帝畿、畿内等，也就是现在的“首都圈”。

“京畿者，天下之根本。”由于京畿的特殊性和重要性，各个王朝除在军事、经济上重视外，在行政区划设置和管理体制上也采取了一些特殊措施。如京畿地区的官员品级要明显比其他地方高。

18. 河东、河西是哪里

河东位于黄河“几”字右笔画的右半部分（东边），就是现在山西省的西南部，包括运城、临汾等地区；河西与河东相对，位于黄河“几”字右笔画的左半部分（西边），洛水东侧，是现在陕西省中部，主要是渭南市。

三十年河东，三十年河西

在古代，由于黄河河床较高，泥沙淤积严重，河道不固定，经常改道。改道后，原来在河东的地方很可能就变到河西去了。

按照历史记载，以往黄河改道的周期约为 30 年，于是就有了“三十年河东、三十年河西”的说法。这句话最早是用来形容黄河河道的变化无常，后来则被引申为表示世事无常和人生无常。

河西之战的“河西”

河西地跨陕北高原与关中平原，人口众多，农业发达，西为洛水，东为黄河，是秦国和晋国两个大国之间的重要战略根据地。在这里，秦国、晋国之间发生多次大战，史称“河西之战”。

河西走廊的“河西”

河西走廊位于甘肃省西北部，被祁连山和合黎山夹着，是中原通向西域的必经之路，汉武帝在河西走廊上设置武威郡、张掖郡、酒泉郡、敦煌郡，这四个郡名沿用至今。

知识加油站：

“河西之战”的“河西”可不是“河西走廊”的“河西”，它们是不同的地理区域。历史上，与“河东”相对应的“河西”，也称为“西河”，即“河西之战”的发生地。而汉代以后的“河西”，一般而言是指甘肃、青海黄河以西的地区(黄河“几”字左“丿”笔画的左侧)，即“河西走廊”的所在地。

19. 不肯过江东的“江东”是哪里

长江在自安徽芜湖至江苏南京一段向东北方向斜流，以此段江流为标准而确定两岸地区的东西或左右。“江东”所指区域有大小之分，可指南京一带，也可指安徽芜湖以下的长江下游南岸地区，即今江苏南部、浙江北部和安徽南部等地区。

不肯过江东

宋代词人李清照《夏日绝句》：“生当作人杰，死亦为鬼雄。至今思项羽，不肯过江东。”意思是说：生时应当做人中豪杰，死后也要做鬼中英雄；到今天人们还在怀念项羽，因为他不肯苟且偷生，退回江东。

根据史料记载，项羽是泗水郡下相县（今江苏宿迁）人，此地位于长江以北，因此我们可以断定，江东不是项羽的家乡。但项羽年轻的时候，曾和叔父项梁逃亡到江东地区，后来他们又在那里起兵反秦，他们的士兵也多为江东子弟。

20. 古今“江南”可不同

现在，江南一般指长江中下游以南的地区。历史上，人们在使用“江南”一词时，却赋予它不同的地域范围。它有广义和狭义之分，广义包括江苏、浙江、安徽、江西、湖北、湖南、上海等省市，狭义是指上海、江苏南部、浙江北部、安徽南部和江西东部等地区。

唐朝韦庄的《菩萨蛮》中有一句：“人人尽说江南好，游人只合江南老。”意思是说：人人都说江南好，让游人只想在江南待到老去。这句词表现了作者对江南水乡的依恋之情，也抒发了诗人漂泊难归的愁苦之感。

21. 淮左、淮右是哪里

古人看地图与我们今天看地图的方式正好相反，是“上南下北，左东右西”，所以“淮左”就是江淮东部，大致相当于现在的江苏，“淮右”就是江淮西部，大致相当于现在的安徽。

明太祖朱元璋是现在安徽凤阳人，属于江淮西部，他一提起自己的出身就说：“我本淮右布衣……”

22. 山东之“山”是哪里

山东，顾名思义，是在山的东面。但需要注意的是，“山东”之“山”，可指崤（xiáo）山、华山、太行山、泰山等数座不同的山，而所指的地域也不尽相同，可不仅指现在的“山东省”。

崤山

崤山因古崤县而得名，在今河南省三门峡市境内，是中国古代军事战略重地，以地势险峻、关隘坚固、易守难攻著称。

华山

华山位于陕西省华阴市，在省会西安以东 120 千米处。它南接秦岭山脉，北瞰黄（河）渭（河），自古以来就有“奇险天下第一山”的说法。

太行山

太行山是中国中东部地区的重要山脉和地理分界线，位于山西省与华北平原之间。它是中国地形第二阶梯的东缘，也是黄土高原的东部界线。

泰山

泰山位于山东省泰安市，有“五岳之首”“天下第一山”之称。主峰玉皇顶海拔约 1545 米。

山东省

山东省位于中国东部沿海、黄河下游，境域包括半岛和内陆两部分。山东半岛突出于渤海、黄海之中，同辽东半岛遥相对峙；内陆部分自北而南与河北、河南、安徽、江苏四省接壤。

23. 三辅是指什么

三辅是指西汉京畿地区的三个地方长官，也用以指其所管理的京畿地区。

西汉景帝二年（前 155）分内史为左、右内史，与主爵中尉同治长安城中，所辖皆京畿之地，故合称“三辅”。《汉书·景帝纪》中提到：“三辅举不如法令者，皆上丞相、御史请之”。

武帝太初元年（前 104）改左、右内史与主爵都尉为左冯翊、京兆尹、右扶风，辖境相当于今陕西中部地区。以后政区分划虽有更改，但直至唐代，习惯上仍称这一地区为“三辅”。

24. 三秦大地

今天说到陕西，往往会有“三秦”的说法，如“三秦大地”“三秦父老”等。那么为什么会用“三秦”指代陕西呢？这要从“秦”的来历说起。

公元前 221 年，秦王嬴政吞并六国，建立了中国历史上第一个大一统王朝——秦王朝。于是，关中地区的平原称“秦川”，关中南部的山脉被称为“秦岭”，当时的人称为“秦人”。

“三秦”有什么来历呢

秦朝末年，群雄四起，攻占了秦朝国都咸阳，推翻了秦朝。反秦领袖项羽自立为西楚霸王，封赏功臣。对于原秦国的核心区域关中一带，项羽将其一分为三，分封三位秦军降将镇守：章邯为雍王、董翳（yì）为翟王、司马欣为塞王。可见，“三秦”最初是指关中一带。

刘邦统一天下后，建立汉朝，关中地区被分为三个郡：京兆、左冯翊、右扶风，仍然一分为三，从而巩固了“三秦”的说法。

中华人民共和国成立后，陕西省建立，从地域上包括特征差异明显的三大地理板块：关中、陕北、陕南。秦国故地——以西安为中心的关中地区，成为陕西省的核心区域。于是，“秦”就成为陕西省的别称、简称，“三秦”的概念也随之扩大，不仅指关中一带，而是指代整个陕西省。

25. 关中为何是兵家必争之地

“关中”这个称谓，最早始于战国时期。由于这块土地地处暖温带，气候温和，四季分明，水草丰美，是原始农业最发达的地区，自古为兵家必争之地。在那个诸侯割据、群雄争霸的年代，为了便于攻守，统治者在这片属于秦国的土地的四周设立了关卡，西面设有大散关，东面设有函谷关，南面设有武关，北面设有萧关，所以围拢在这四关之中的地方就被称为“关中”。后来东面又增设了潼关，北面增设了金锁关。

关中平原

关中平原是指陕西省秦岭北麓的渭河冲积平原，亦称“渭河平原”，平均海拔约 500 米，居关中盆地的中部、晋陕盆地带的南部，其北部为陕北黄土高原，向南则是陕南盆地（安康盆地）、秦巴山脉，西起宝鸡，东至渭南，为工农业发达、人口密集的富庶之地。春秋战国时期，这里为秦国辖地，所以又称“八百里秦川”。

26. 关东地区是指哪里

古代指函谷关或潼关以东地区，近代指山海关以东的东北地区。

函谷关

函谷关位于河南省灵宝市函谷关镇王垛村，该关西据高原，东临绝涧，南接秦岭，北塞黄河。因其地处“两京（长安、洛阳）古道”，紧靠黄河岸边，关在谷中，深险如函（古代装物用的匣子），故称函谷关。

潼关

潼关位于陕西省渭南市潼关县北，北临黄河，南踞山腰，是关中的东大门，历来是兵家必争之地。

山海关

山海关位于河北省秦皇岛市东北 15 千米处，是明长城的东北关隘之一，素有“天下第一关”之称，与万里之外的嘉峪关遥相呼应，闻名天下。

“闯关东”到底闯的是哪里

旧时山东、河北一带的人到山海关以东的地方谋生，就叫作闯关东。这里的“关东”是指吉林、辽宁、黑龙江三省，因东北三省位于山海关以东，故得名。

27. 关西与关东相对

关西，一说为函谷关或潼关以西地区，即与“关东”相对；一说为大散关以西地区。

大散关

大散关为周朝时散国之关隘，故称“散关”，位于陕西省宝鸡市南郊秦岭北麓，自古为“川陕咽喉”。它是四川、陕西两省之间的一个交通枢纽，具有很重要的战略地位。

28. 陇右又称“陇西”

陇右又称“陇西”，泛指陇山以西地区。古代以西为右，故名。约当今甘肃省陇山、六盘山以西，黄河以东一带。

陇西李氏

陇西李氏为中国古代一个以陇西郡为郡望的李姓家族，唐朝的李姓皇帝就声称出自这一家族。

郡望

“郡望”一词，是“郡”与“望”的合称。“郡”是行政区划，“望”是名门望族，“郡望”连用，即表示某一地域或范围内的名门大族。

29. 西域指哪里

古代称今中国新疆及其以西地区为“西域”，那里曾有莎车、于阗（tián）、楼兰、乌孙、精绝等古国。

楼兰古国

楼兰古国是古代丝绸之路上的一个小国，位于罗布泊西部，处于西域的枢纽。王国的范围东起古阳关附近，西至尼雅古城，南至阿尔金山，北至哈密。楼兰古国大约在公元前 176 年建国，公元 630 年却突然神秘消失，共持续 800 多年。它在古代丝绸之路上占有极为重要的地位，但现今只留下了一片废墟遗迹。

精绝古国

精绝古国是西汉时期西域一个比较小的城邦国家，位于尼雅河畔的一处绿洲之上，也是著名的西域 36 国之一。精绝古国故址在今新疆的民丰县。

30. 朔漠是什么意思

朔漠指北方的沙漠地带。“朔”泛指北方；“漠”指沙漠地区。古人常用“朔漠”指北方的沙漠，“朔气”指北方的寒气，“朔雪”则指北方极寒的大雪。

31. 五岭是哪五岭

五岭是长江与珠江流域的分水岭及周围群山。在今天的江西、湖南与广东、广西四省的边境，有一条东北西南走向的山脉，由西到东，分别为越城岭、都庞岭、萌渚（zhǔ）岭、骑田岭、大庾（yǔ）岭，被称为“五岭”。

五岭逶迤

“五岭逶迤”出自毛泽东的《七律·长征》：“五岭逶迤腾细浪，乌蒙磅礴走泥丸。”意思是说：绵延不断的五岭，在红军看来只不过是微波细浪在起伏，而气势雄伟的乌蒙山，在红军眼里也不过是一颗泥丸。

32. 百越是指哪里

“百越”之称谓源于先秦古籍对南方沿海一带古越部族的泛称，又称“古越族”或“越族”等，分布区域主要包括现今行政区划的江苏、浙江、安徽、江西、福建、广东等省的全境或部分地区。因这些古越部族众多，故谓之“百越”。后来，古文中常用以泛指中国南方地区。

百越有很多分支，包括吴越、邗越、扬越、瓯越、闽越、南越、西瓯、骆越等。百越族虽然在历史发展的进程中被分化、消融，但其诸多的文化因素一直影响至今。

南越国

南越国是赵佗（tuó）在公元前 204 年建立的，比刘邦的西汉王朝还早两年。南越国全盛时疆域包括当今中国广东、广西（大部分地区）、福建（一小部分地区）、海南、香港、澳门等省区和越南（北部、中部的大部分地区）。从开国君主赵佗至亡国君主赵建德，一共历经五任国王，享国93年。

33. 古城也有别称

古代的很多城市都有别称，如南京又称“建康”“金陵”“江宁”，扬州又称“广陵”“维扬”，杭州又称“临安”“武林”，苏州又称“姑苏”“平江”，福州又称“三山”，成都又称“锦官城”。

姑苏城（苏州）

姑苏城始建于公元前514年，是吴王阖闾命大夫伍子胥所建，距今已有2500多年的历史了。春秋时期，这里是吴国的都城。隋开皇九年（589）始称“苏州”，并沿用至今。唐朝诗人张继的《枫桥夜泊》诗中“姑苏城外寒山寺，夜半钟声到客船”，使得“姑苏”的名字家喻户晓，人人皆知。

姑苏以其独特的园林景观被誉为“中国园林之城”，在中国四大名园中，拙政园、留园就占有两席；而虎丘更是有“吴中第一名胜”之称；城市内水渠纵横，水网密布，素有“东方威尼斯”的美誉，被联合国教科文组织列为世界文化遗产之一。

锦官城（成都）

在三国时期，成都蜀锦名扬天下，成为蜀汉政权的重要财政收入，故蜀汉王朝专门设置锦官以管理蜀锦生产，并且特别筑城以保护蜀锦生产，因此成都被称为“锦官城”。后世也常以“锦城”和“锦官城”作为成都的别称。唐代杜甫《春夜喜雨》中的“晓看红湿处，花重锦官城”，描写的就是繁花似锦的成都。

34. 京杭大运河沟通了哪五大水系

京杭大运河北起北京，南达杭州，流经北京、天津、河北、山东、江苏和浙江六省市，沟通了海河、黄河、淮河、长江和钱塘江五大水系，全长约1794千米，相当于苏伊士运河的10倍多，巴拿马运河的22倍，是世界上最长的人工运河，也是世界上古老的运河之一。它和万里长城并称为“中国古代两项伟大工程”，闻名于全世界。

京杭大运河的大规模开凿经历了三次：公元前486年，吴王夫差首次在扬州开挖邗沟，沟通了长江和淮河；到隋炀帝时期和元明时期，又出现了两次大规模的开凿，终于建成了这条沟通中国南北漕运的大动脉。

35. 山西五台山的“五台”分别指什么

五台山位于山西东北部，由五座顶如平台、屹立环抱的山峰组成。五座山峰以“台”命名：东台望海峰，西台挂月峰，南台锦绣峰，北台叶斗峰，中台翠岩峰。五峰之外称台外，五峰之内称台内，台内以台怀镇为中心。

《清凉山志》记载：“五峰耸出，顶无林木，有如垒土之台，故曰五台。”《五台新志》记载：“五台之名，北齐始见于史，北齐以前则称清凉山。”根据两书记载，“五台山”之称始于北齐，以前称“清凉山”。

地质学家根据考察认为，在两三千万年以前，这些台子的顶面原是地面，后来山地慢慢上升，地面被高高抬起，再经长期风化和各种剥蚀，形成了如今的高山台顶。

五台山以其神奇的传说与诗情画意交织的美景吸引着各地的游客前来游览。

36.“塞外”指的是哪些地方

“塞外”中的“塞”是指长城要塞，“塞外”为长城以北地区。如宁夏平原为中国水稻集中产区之一，且河湖众多，颇似江南风光，所以叫作“塞上江南”。

唐代王昌龄曾作有《出塞》诗：“秦时明月汉时关，万里长征人未还。但使龙城飞将在，不教胡马度阴山。”诗中提到的“阴山”，位于今内蒙古自治区中部及河北北部，在汉代为北方天然屏障。诗人抓住月照关塞的典型环境，高度概括地从秦汉时代的边境战争写到唐代的边塞战事，又借对历史上的名将的怀念，表现了自己对朝廷不能平定边患的不满。全诗音韵铿锵，气势雄浑壮阔。

37.“曲阜三孔”指什么

在山东省的西南部，有一个孔姓人口占五分之一的县级市，它就是有着五千多年悠久历史的“东方圣城”——曲阜。“千年礼乐归东鲁，万古衣冠拜素王”，曲阜因其是中国儒家学派创始人孔子的故乡而闻名遐迩。

孔府、孔庙、孔林合称为曲阜“三孔”。“三孔”是中国历代纪念孔子、推崇儒学的表征，以其丰厚的文化积淀、悠久的历史、宏大的规模、丰富的文物珍藏、很高的科学与艺术价值而著称。因其在中国历史和东方文化中具有显著的地位而被联合国教科文组织列为世界文化遗产，于 1994 年被收入《世界文化遗产名录》。曲阜也因此被世人尊崇为“世界三大圣城”之一。

既然提到孔庙，就顺便说一下，相传孔子和孟子去世时的虚龄分别是七十三岁、八十四岁，后来人们就把这两个圣人去世的年龄看作两道坎，普通人很难超越。所以，民间有“七十三，八十四，阎王不请自己去”的谚语。

38. “三宫六院”指什么

一提起中国古代帝王骄淫奢华的生活，很多人都会联想到“三宫六院七十二嫔妃”。据考证，“三宫六院”确实存在。下面以中国现存的最完整的古建筑群故宫为例，阐释一下什么是“三宫六院”。

故宫以乾清门为界，南为外朝，北为内廷。内廷即皇帝和嫔妃们生活起居的地方，范围从乾清宫一直到神武门。乾清宫是皇帝的寝宫，坤宁宫是皇后的寝宫，在这两宫之间，有一个小殿叫交泰殿。上述三处总称为“后三宫”。

在“三宫”两侧，有“东六宫”和“西六宫”。“东六宫”为景仁宫、承乾宫、钟粹宫、景阳宫、延禧宫及永和宫；“西六宫”为储秀宫、翊坤宫、永寿宫、长春宫、咸福宫及启祥宫。因各宫均为庭院格局建筑，故总称“六院”。六院是嫔妃们的住所。

39. “姑苏城外寒山寺，夜半钟声到客船”写的是哪处名胜

唐代著名诗人张继在途经寒山寺时，写下了千古名诗《枫桥夜泊》：“月落乌啼霜满天，江枫渔火对愁眠。姑苏城外寒山寺，夜半钟声到客船。”枫桥，在今苏州市阊（chāng）门外；江枫，指寒山寺旁边的两座桥——江村桥和枫桥（又作封桥）；姑苏，苏州的别称，因城西南有姑苏山而得名。自此诗问世后，寒山寺的大名便逐渐响彻大江南北，成为游览胜地，更使得在除夕之夜听钟声成为苏州迎新年的传统节目。

寒山寺，又称“枫桥寺”，始建于南朝梁天监年间，旧名“妙利普明塔院”。相传，因唐代高僧寒山曾住于此，更名为“寒山寺”。南宋绍兴四年（1134），僧人法迁重建寺院。该寺曾多次毁于战火。现存殿宇多为清代重建。1954年曾进行全面整修，并移建宋仙洲巷某宅花蓝楼于寺中，恢复“枫江第一楼”旧额。

40. “大雅之堂”在什么地方

北宋时期，文学家黄庭坚因为编撰《神宗实录》，被扣上了“类多附会奸言，诋斥熙宁以来政事”（隐没先帝的良法美德，并暗含讽刺）的罪名，遭贬谪至涪州（今重庆市涪陵区）。在涪州期间，他“欲尽将杜子美两川双峡诸诗，刻碑藏蜀中”。眉州丹棱县名士杨素听说后，专门去请黄庭坚挥毫落墨，由他在家乡丹棱笔架山刻碑建堂珍藏。

元符三年（1100），大堂建成。黄庭坚为大堂题名“大雅堂”，并作《大雅堂记》。他认为杜诗与《诗经》《离骚》一脉相承，只有这些作品才是“大雅”之作，才有资格登堂入室，书写杜诗，刻碑建堂，是为了使“后之登大雅堂者，能以余说而求之”。此举一经传扬开来，震动诗坛文苑。此后，人们遂借能不能“登大雅之堂”来评说一件作品是高雅还是粗俗。

41. 何谓“社稷”

社，古代指土地之神；古代又把祭土地的地方、日子和祭礼都叫社。稷，指五谷之神。故“社稷”从字面来看是说土谷之神。

由于古时的君主为了祈求国事太平，五谷丰登，每年都要到郊外祭祀土地神和五谷神，社稷也就成了国家的象征，后来人们就用“社稷”来代表国家。“社稷之忧”“社稷之患”“社稷之危”都指的是“国家”的忧虑、隐患、安危。这个代称在一般现代白话文中已经很少用了。

42. 汉族的起源及其名称的由来

汉族，是中国的主体民族，有着悠久的历史。汉族的先民，经历夏商周三代长期发展，至春秋战国，已经形成了以“华”“夏”单称或“华夏”联称的族体，以与周边各族相区别。尤其战国，七雄兼并，共称“诸夏”。公元前221年，秦始皇完成了统一诸夏的事业，又出现了“秦人”的族称，直到汉代，匈奴、西域等处各族，仍称中原人民为“秦人”。汉继秦而兴，巩固并发展了秦开创的统一国家，前后传四百余年。汉以后，周边各族即以“汉人”称呼中原人民，逐渐地汉族成为中国主体民族百世不易的族称。

由上可见，汉族是因汉朝而得名。它是以先秦华夏为核心，在秦汉时期形成的统一、稳定的民族，复经秦汉以来2000余年的繁衍生息，并不断吸收其他民族的血统与文化，得以发展成为拥有灿烂古文明和众多人口的民族。

中国自秦汉以来，虽经过统一、分裂、再统一的多次反复，然而总的趋势是越来越发展成为更高度统一的多民族国家。因而汉族与各少数民族在全国范围内形成了交错杂居的分布特点。长期的历史发展，实际上已经形成了汉族离不开少数民族，少数民族离不开汉族的内在联系。

43.《地理诗》

周恩来同志曾把中国30个省市自治区的名称，编成一首七言诗：两湖两广两河山，五江云贵福吉安，四西二宁青甘陕，还有内台北上天。诗的首句指的是湖北、湖南、广东、广西、河南、河北、山东、山西；第二句指的是江苏、浙江、江西、黑龙江、新疆（谐音）、云南、贵州、福建、吉林、安徽；第三句指的是四川、西藏、宁夏、辽宁、青海、甘肃、陕西；末句指的是内蒙古、台湾、北京、上海、天津。这里还没包括后来所设的海南省和重庆市。

44. 中国历代都城

商（后期）：殷（今安阳）
西周：镐京（今西安西南）
东周：洛邑（今洛阳）
秦：咸阳
西汉：长安（今西安）
东汉：洛阳
三国之魏：洛阳
蜀：成都
吴：建业（今南京）
西晋：洛阳
东晋：建康（今南京）
隋：大兴（今西安）
唐：长安（今西安）
北宋：东京（今开封）
南宋：临安（今杭州）
西夏：兴庆府（今银川）
辽：上京（辽宁巴林左旗）
金：中都（今北京）
元：大都（今北京）
明：北京
清：北京

（辽、金等政权，都有多个都城，这里只列其一。）

45. 城市雅号

蓉城、锦城——四川成都市
榕城——福建福州市
牡丹城——河南洛阳市
花果城——山西临汾市
油城——甘肃玉门市
盐城——四川自贡市
锡都——云南个旧市
煤都——辽宁抚顺市
酒城——四川泸州市
纺织城——陕西咸阳市
英雄城——江西南昌市
龙城——山西太原市
瓷都——江西景德镇市
汽车城——吉林长春市
雨城——四川雅安市
花园城——浙江杭州市
刺桐城——福建泉州市
钢都——辽宁鞍山市

烟城——河南许昌市
日光城——西藏拉萨市
泉城——山东济南市
水城——江苏苏州市
江城——湖北武汉市
冰城——黑龙江哈尔滨市
羊城、花城——广东广州市
塞上煤城——宁夏石嘴山市
镍都——甘肃金昌市
青城——内蒙古呼和浩特市
春城——云南昆明市
山城——重庆市
瓜果城——甘肃兰州市
草原钢城——内蒙古包头市
化学城——吉林吉林市

46. 四川为何称“天府之国”

四川被誉为“天府之国”已有2000多年的历史。“府”在古文里有“聚”和“藏”的意思，以后人们把聚财富的地方也称作“府”。

早在秦、汉以前，以重庆为中心的巴国和以成都为中心的蜀国（简称巴、蜀），因土地肥沃，物产丰富，地形险恶，被誉为“天府”，在古人的心目中，这就是“天聚”“天赐”的意思。用“天府”二字喻巴、蜀，初见于史书《战国策·秦策一》，苏秦对秦惠王说，“大王之国，西有巴、蜀、汉中之利”“田肥美，民殷富”“沃野千里”“此所谓天府”。

47. “上有天堂，下有苏杭”的由来

“上有天堂，下有苏杭”，这一谚语广为传诵。苏杭之所以被人并称“天堂”，一个重要原因是名胜古迹、风景园林多而且美：杭州主要以湖山胜，苏州则主要以园林胜。

唐代大诗人白居易似乎是“苏杭比较论”的始作俑者。他既当过杭州刺史，又当过苏州刺史，《咏怀》开篇第一句就是“苏杭自昔称名郡”，也就是说自古以来这两个名郡就相提并论、等量齐观。宋代范成大在《吴郡志》中写道：“谚曰：‘天上天堂，地下苏杭。’又曰：‘苏湖熟，天下足。’湖固不逮苏，杭为会府，谚犹先苏后杭……”

元代，“天堂”之谚进入了《双调蟾宫曲·咏西湖》：“西湖烟水茫茫，百顷风潭，十里荷香。宜雨宜晴，宜西施淡抹浓妆。尾尾相衔画舫，尽欢声无日不笙簧。春暖花香，岁稔时康。真乃上有天堂，下有苏杭。”明代苏州才子唐寅写《江南四季歌》，第一句就是“江南人住神仙地”。所谓“神仙地”，也可视作“天堂”的同义词。

现代作家曹聚仁在《吴侬软语说苏州》中写道：“‘上有天堂，下有苏杭，杭州西湖，苏州山塘。’前天晚上，杨乃珍琵琶一响，呖呖莺声，唱出了七里山塘的风光……”

以上一系列描述具体、形象生动的诗文，可看作“上有天堂，下有苏杭”的历史注脚。

48. 为什么说“桂林山水甲天下”

“桂林山水甲天下”这句话的成文，有一个漫长的历史过程。最早赞美桂林山水的文字，是南北朝时宋文帝元嘉初年（424）诗人颜延之的“未若独秀者，峨峨郛邑间”，只是着眼独秀峰，没有提到水。唐代杜甫的“宜人独桂林”，一个“独”字把桂林与外地作了比较。到了宋代嘉祐七年（1062），广西转运使李师中说：“桂林天下之胜，处兹山水……”第一次在“天下”的范围内去说桂林。以后，类似的说法逐渐增多。如张洵的“桂林山水冠衡湘”，邓公衍的“桂林岩洞冠天下”，曾几的“江山清绝胜中原”，张孝祥的“桂林山水之胜甲东南”等。

到了南宋乾道、淳熙年间，曾任桂林地方官的诗人范成大，写下了“桂山之奇，宜为天下第一”的赞语，把对桂林山水的评价提高到一个前所未有的高度。过了84年，南宋末年的李曾伯沿着范成大的思路，在《重修湘西楼记》中就直书“桂林山川甲天下”了。清代的诗人金武祥把“桂林山川甲天下”中的“川”字改为“水”字，就成了流传至今的名句：桂林山水甲天下。

49.《西游记》中的火焰山真有其地吗

《西游记》中描写的火焰山一般被认为指的是现在新疆吐鲁番的“赤石山”，维吾尔语称“克孜勒塔格”（意为红山）。因为其山体由红色砂岩构成，远远望去一片红色，因而得名。火焰山位于吐鲁番盆地的北缘，古丝绸之路北道，全年几乎没有什么降水，夏季烈日炎炎、气候干热，炙热的阳光暴晒着裸露的红色山岩，热浪滚滚，就像燃烧的火焰一般。除此之外，还有一种说法认为，火焰山是新疆某处的露天煤矿山。这座煤矿山距乌鲁木齐不远，名字叫硫磺沟，沟内由于地壳变动，煤层暴露地表，所产生的气体长年自燃，所以被称为火焰山。

50.“九天”和“九泉”

“九天”与“九泉”这两个词在古诗词中屡见不鲜，如“飞流直下三千尺，疑是银河落九天”“冥冥九泉室，漫漫长夜台”。

“九”是个位数中最大的数字，因此中国古代常用“九”表示多、大、极的意思。古医书《素问》中说：“天地之至数，始于一，终于九焉。”九天便是指高不可测的天空，极言其高；九泉便是指深不见底的地下，极言其深。

当然，关于“九天”还有其他的说法。例如古时认为“九”为阳数，天属阳，九天就是指上天。《淮南子》则将天空分为九方，即东、南、西、北、东北、西北、东南、

西南、中央九方，这称为“九天”。还有人将“九天”说成“九重”：即日、月及金、木、水、火、土五星为七重，二十八宿是第八重天，第九重天叫作“宗动天”（即在各种天体所居的各层天球之外的无天体天球）。

“九泉”这个词也是有来历的。古代劳动者从打井的经验中获知：当掘到地下深处时，就会有泉源。地下水从黄土里渗出来，常常带有黄色，所以古人就把很深的地下叫作“黄泉”。古时有种迷信，认为人死后要到“阴曹地府”去，“阴曹地府”在很深的地下，于是就把“九”字和“泉”字相搭配，成为“九泉”。

51.中国的名特产之乡

1.**“茶乡”**——湖北蒲圻（现赤壁市）；

2.**“葵乡”**——广东新会（这里的“葵”指的是蒲葵，可用于编织扇子等工艺品）；

3.**“橘乡”**——浙江黄岩；

4.**“酒乡”**——贵州仁怀；

5.**“当归之乡”**——甘肃岷旗；

6.**“黄酒之乡”**——浙江绍兴；

7.**“木耳之乡”**——湖北房县；

8.**“香蕉之乡”**——广东新会；

9. **“宣纸之乡”**——安徽泾县；
10. **“柞蚕之乡”**——辽宁丹东；
11. **“绿茶之乡”**——安徽歙（shè）县；
12. **“人参之乡”**——吉林抚松；
13. **“枸杞之乡”**——宁夏中宁；
14. **“椰子之乡”**——海南省；
15. **“李子之乡”**——浙江桐乡；
16. **“乌枣之乡”**——山东茌（rěn）平；
17. **“柿子之乡”**——陕西富平；
18. **“木瓜之乡”**——云南大理；
19. **“榨菜之乡”**——重庆涪陵；
20. **“花炮之乡”**——湖南浏阳；
21. **“瓷器之乡”**——江西景德镇；
22. **“苎麻之乡”**——湖北阳新；
23. **“红松之乡”**——黑龙江小兴安岭；
24. **“玫瑰之乡”**——山东平阴；
25. **“牡丹之乡”**——山东菏泽；
26. **“银耳之乡”**——福建古田；
27. **“矿泉之乡”**——山东崂山；
28. **“红枣之乡”**——山西稷山；
29. **“荔枝之乡”**——广东增城；
30. **“蜜橘之乡”**——江西南丰；
31. **“白果之乡”**——广西兴安；
32. **“陶器之乡”**——江苏宜兴；
33. **“毛竹之乡”**——浙江安吉；
34. **“桂花之乡”**——湖北咸宁；
35. **“大豆之乡”**——黑龙江黑河；
36. **“烤烟之乡”**——福建永定；
37. **“黄芪之乡”**——山西浑源；
38. **“蔗糖之乡”**——福建仙游；
39. **“水仙花之乡”**——福建漳州；
40. **“骆驼之乡”**——内蒙古阿拉善盟；
41. **“口蘑之乡”**——河北张家口；
42. **“江南蚕乡”**——浙江海宁；
43. **“禽蛋之乡”**——福建永定；
44. **“养兔之乡”**——江苏吴江；
45. **“珍珠之乡”**——广西合浦；
46. **“哈密瓜之乡”**——新疆鄯善；
47. **“黄连之乡”**——重庆石柱。

52. 中国大地的骨骼

中国是一个多山国家。在祖国的辽阔大地上，如果把一条条河流比喻成祖国母亲的血液，那么，纵横交错的山脉就像大地隆起的脊梁，构成了中国地形的“骨骼”。

这些“骨骼”要怎么看呢？一般根据山脉的走向，我们可以把它们大致分为“三横三竖三小段”共九系列山脉。

横向的山脉主要有三行，自北向南依次是：

1. 北边的天山—阴山—燕山；

2. 中间的昆仑山—秦岭—大别山；

3. 南边的喜马拉雅山—苗岭—南岭。

纵向的山脉主要有三列，自西向东依次是：

1. 西边的贺兰山—横断山；

2. 中间的大兴安岭—太行山—巫山—雪峰山；

3. 东边的长白山—泰山—黄山—武夷山。

另外，还有三个比较重要的山脉环绕祖国的四周，它们分别是：位于西北的阿尔泰山，位于东北的小兴安岭，位于东南的玉山。

其中，喜马拉雅山脉是世界上最雄伟的山脉之一，绵延 2400 多千米，宽 200 ~ 300 千米，雪峰林立，非常壮观。

53. 中国最大的沙漠

塔克拉玛干沙漠，地处中国新疆的塔里木盆地，维吾尔语是“进去出不来的地方”的意思，当地人通常称它为“死亡之海”。整个沙漠东西长约 1000 余千米，南

北宽 400 多千米，总面积 337600 平方千米，是中国境内最大的沙漠，面积仅次于非洲撒哈拉大沙漠，故被称为“塔克拉玛干大沙漠”，也是全世界第二大流动沙漠。

54. 海市蜃楼现象

有时候，在海面、江面、湖面、雪原、沙漠或戈壁等地方，偶尔会在空中或“地下”显现出高大楼台、城郭、树木等虚幻的景象，这就是海市蜃楼。其实，它是当光线穿过密度不同的气层时，经过折射造成的结果。海市蜃楼一般有上现、下现和侧现三种。

55. “碎石圈”现象

“碎石圈”是沙漠中的一种怪现象，表现为地面上一个个碎石形成的圆环，猛地看上去很像故意排列的作品。实际上，这是一块大石头经过数百年热胀冷缩后一次次碎裂，是自然形成的。

56. 神秘的罗布泊

罗布泊位于新疆维吾尔自治区若羌县境东北部，是一个干涸的耳朵形状的湖泊，海拔 780 米，面积 2400 ~ 3000 平方千米，因地处塔里木盆地东部的古“丝绸之路”要冲而著称于世。现在罗布泊是一个大洼地，曾经是塔里木盆地的积水中心，古代发源于天山、昆仑山和阿尔金山的河流，源源注入罗布洼地形成湖泊。注入罗布泊的诸水，主要有：塔里木河、孔雀河、车尔臣河和米兰河等，同时也部分地受到祁连山冰川融水的补给，融水从东南通过勒河流入湖中。这里现已成为一望无际的戈壁滩，没有一棵草，一条溪，夏季气温高达 70℃。天空不见一只鸟，没有任何飞禽敢于穿越。

57. 五彩缤纷的九寨沟

九寨沟位于中国四川省阿坝藏族羌族自治州的九寨沟县境内，是嘉陵江上游白水江源头的一条大支沟。顾名思义，它是以有九个藏族村寨（又称何药九寨）而得名的。九寨沟海拔在 2000 米以上，遍布原始森林，沟内分布 108 个湖泊。九寨沟内有五花海、五彩池、树正瀑布、诺日朗瀑布等著名景观，风景绝佳，五彩缤纷，有“童话世界”之誉；并栖息着大熊猫、金丝猴、扭角羚、梅花鹿等珍贵动物。九寨沟为国家级风景名胜区，并被列入世界遗产名录。2007 年 5 月 8 日，阿坝藏族羌族自治州九寨沟旅游景区经国家旅游局正式批准为国家 5A 级旅游景区。

58. 绿色宝地神农架

神农架位于中国中纬度北亚热带季风区，本地区立体气候十分显著。独特的地理环境和立体小气候，使神农架成为中国南北植物种类的过渡区域和众多动物繁衍生息的交叉地带。这里拥有当今世界北半球中纬度内陆地区唯一保存完好的亚热带森林生态系统。境内森林覆盖率 88%，保护区内达 96%。这里保留了珙桐、鹅掌楸、连香等大量珍贵古老孑遗植物。神农架成为世界同纬度地区的一块绿色宝地，对于森林生态学研究具有全球性意义。

神农架的奇幻、神秘、引人入胜还在于它拥有一种传奇性动物——“野人”（亦称“雪人”或“大脚怪”）。20世纪50年代以来，神农架不时有“野人”存在的报告传来。

59. 三江并流是哪三江

三江并流中的三江，指的是怒江、澜沧江和金沙江这三条同发源于青藏高原的大江。三江在云南省境内自北向南并行奔流170多千米，穿越担当力卡山、高黎贡山、怒山和云岭等崇山峻岭，形成世界上罕见的“江水并流而不交汇”的奇特自然地理景观。其间澜沧江与金沙江最短直线距离为66千米，澜沧江与怒江的最短直线距离不到19千米。三江并流自然景观由怒江、澜沧江、金沙江及其流域内的山脉组成，涵盖范围达1.7万平方千米，它包括位于云南省丽江市、迪庆藏族自治州、怒江傈（lì）僳族自治州的9个自然保护区和10个风景名胜区。它地处东亚、南亚和青藏高原三大地理区域的交汇处，是世界上罕见的高山地貌及其演化的代表地区，也是世界上生物物种最丰富的地区之一。

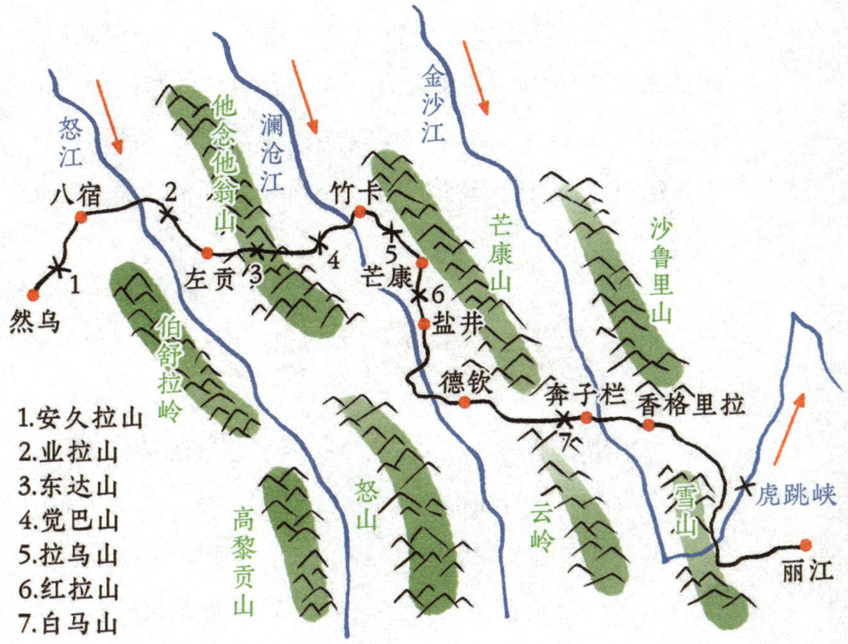

60. 古代建都最多的地域是今天的哪个省

文献记载，历代帝王、诸侯曾在河南境内建立的都城有数十处之多。

古代都邑现为城市的有十三个：郑州市，是商朝仲丁迁“隞（áo）”和西周管国、春秋战国时期郑、韩建都之地；洛阳市，曾是自夏桀至五代计十三朝建都之地；开封市，曾是自东周魏（又称梁）至宋金八朝的国都；安阳市，曾是自殷商盘庚到后赵、北齐共七朝的都邑；许昌市，曾是周代许国和东汉献帝的都城；商丘市，曾为商汤和春秋宋国的都城；濮阳市，曾为春秋时卫国的都城；南阳市，曾为周代申、吕国的都城；三门峡市，曾是南虢建都之地；辉县市，曾是共国的都城；济源市，曾为古原、樊国的都城；禹州市，曾是夏初和战国时代韩国建都之地；汝州市，曾为春秋时代戎蛮子国的都城。

建都处的现址在城镇的有三十余处。例如，淮阳曾是西周、春秋战国时陈国和秦末陈胜建都之地；新郑曾为郑国、韩国建都之地；上蔡县城曾为周代蔡国之都城；杞县曾为杞国之都城；息县城曾为息国都城；新密市曾为密国之都等。

综上可知，中国古代建都最多的地域是今天的河南省。

61. 中国古代帝王为什么喜欢在长安定都

长安（今西安），是公认的中国历史上在此建都的朝代最多、最大的城市。据统计，先后有十三个朝代在此建都。长安由于历史的原因有过迁徙，但都位于现在中国陕西省的西安和咸阳附近的渭河平原腹地。

班固在《西都赋》中曾这样描述长安：左据雄伟险峻的函谷和崤山，以及成为一方标志的华山与终南山；右与褒谷、斜谷、龙首山相毗连，绕着黄河、泾水、渭水等河川。众河曲折蜿蜒，汧（qiān）水涌流西面。这儿的植物花果繁茂，有九州最丰饶的良田；这儿的防御固若金汤，是最宜于定居的地点。

要知道，在科学技术不太发达的古代，地理位置往往是一个王朝选址建都所要考虑的最重要的条件。由班固的描述可知，长安具有得天独厚的地理位置，这正是诸多帝王喜欢在此定都的关键。而且，长安取“长治久安”之意，亦在主观上符合帝王治国的心态。

62. 中国历史上的“六大古都”指的是哪些城市

中国历史上的“六大古都”，通常是指西安、洛阳、北京、南京、开封和杭州。

据记载，在“六大古都”中，被作为都城（包括陪都）次数最多的是洛阳。其中将洛阳作为都城的朝代有：东周、东汉、三国曹魏、西晋、北魏、隋、唐、武周、后梁、后唐和后晋等；将洛阳作为陪都的朝代主要有：西周、新莽、唐、后梁、后晋、后汉、后周和北宋等。

西安据记载约有十七次被作为都城，在西安建都的朝代主要有：西周、秦、西汉、新莽、东汉、西晋、前赵、前秦、后秦、西魏、北周、隋和唐等。另外，东汉末绿林、赤眉和唐末黄巢及明末李自成均在此建都。

在南京建都的朝代主要有：三国东吴、东晋、南朝的宋齐梁陈、五代十国的南唐、明朝、太平天国和中华民国等。

在北京建都的朝代主要有：春秋战国时的燕国；辽时为陪都，叫“燕京”；金时称“中都”；元时称“大都”；明清时通称“北京”。

在开封建都的朝代有：战国时魏国，称“大梁”；五代十国的后梁、后晋、后汉、后周；北宋；宣宗以后的金。

杭州先是五代十国的吴越之都，后来是南宋王朝的都城，称“临安府”。

除了“六大古都”，有人又把安阳（殷商都城，即殷墟）加上，称“七大古都”，又有人再加上秦代的咸阳，称“八大古都”。

63. 九华山是“中国佛教四大名山”之一吗

坐落于安徽省境内的九华山，素有“东南第一山”之称。它与山西五台山、浙江普陀山、四川峨眉山合称“中国佛教四大名山”。

九华山原名“九子山”。《太平御览》说，九华山奇秀，高出云表，峰峦异状，其数有九，故名“九子山”。唐朝大诗人李白在诗中说：“昔在九江上，遥望九华峰。天河挂绿水，秀出九芙蓉。”从此九子山更名为“九华山”。

唐开元年间（一说永徽年间），新罗国王近亲金乔觉（金地藏）来到九华山，辟地藏王道场，大规模建筑庙宇，历经宋、元、明、清各代兴建，日益鼎盛。鼎盛之时，仅佛寺便达三百余座，僧众四千余，香烟缭绕，常年不绝，所以九华山又有“佛国仙城”“蓬华佛国”之称。今日九华山已辟为游览区和佛教朝拜圣地。

64. 黄山因何称“天下第一奇山”

被誉为“天下第一奇山”的黄山因何而得名？众说纷纭，莫衷一是。近千年来，因黄帝炼丹而定名黄山一说流传甚广，影响深远。

黄山古名“黟（yī）山”，因峰岩青黑，遥望呈苍黛色而得名，唐改名为黄山。北宋景祐年间（1034—1038），黄山祥符寺住持释行明刻印的《黄山图经》解释说：“东南黟山，据得其中；云凝碧汉，气冠群山，神仙止焉……”唐玄宗崇尚道教，特于天宝六载（747）六月十七日敕改为黄山。

还有人认为，元人赵访依据阴阳五行学说，结合黄山盘踞于崇山之中，而中央正色是黄色，故而起名黄山。

明清两朝，又有黄山即黄檗（bò）山一说。康熙八年（1669）印行的《黄山志》附录《黄山辨》一文中说：“今乡俗称为黄檗山，山川出黄檗也。曰黄山，省辞也。”提出因山产黄檗而得名，黄檗是一种落叶乔木。

65.“不敢越雷池一步”中的“雷池”在哪儿

雷池位于安徽省望江县雷池乡境内，是由一条名为雷水的河汇积而成的。古时的雷水源自湖北省黄梅县境，经安徽宿松县入泊湖，穿湖后流至望江县城东南十五里处，积而为池，故曰“雷池”。因雷池居于九江至南京的长江水道要冲，扼黄梅、宿松、太湖内河航运之咽喉，形势险要，历来是兵家必争之地。

然而，雷池并不是靠这个而家喻户晓的，而是因为那句“不敢越雷池一步”的成语。这则成语讲述的是：东晋咸和二年（327），历阳（今安徽和县）镇将苏峻叛乱，举兵进犯建康（今南京），江州刺史温峤欲领兵东下，中书令庾亮恐荆州刺史陶侃乘虚而入，在《报温峤书》中说：“吾忧西陲，过于历阳，足下无过雷池一步也。”庾亮写信叫他切勿越过雷池一步，因为雷池一旦失守，历阳也就保不住了。

66. “无事不登三宝殿”中的“三宝殿”是什么地方

中国有句“无事不登三宝殿”的俗语。意思是没有重要的事情不登门，或是没有重要的事情不敢去麻烦对方。那么，何谓“三宝”？“三宝殿”指的又是什么地方？

所谓“三宝”，指的是佛、法、僧。其中的佛是指大知大觉的人，即释迦牟尼；法是指佛法及佛所说的道义；僧是指继承和宣扬佛教教义的人。

明代学者归有光解释说：“‘三宝殿’是佛、法、僧三大活动场所。佛的活动场所，指佛教徒办事的地方；法的活动场所，指佛家珍藏经书的楼阁；僧的活动场所，指和尚睡觉的禅房。这三处地方，外人不能随便进去，进出的都是佛门弟子，故称‘三宝殿’。”

还有一种说法，“三宝殿”在佛教寺庙中被称为“寺中之寺”，只有规模较大的寺庙才有三宝殿，像普陀寺、少林寺等。“佛殿”即大雄宝殿，是供奉释迦牟尼佛的重要殿堂；“法殿”是存放佛学书籍的藏经楼；“僧殿”是用于僧侣修行和居住的禅房。

67. 湖南和湖北的“湖”是指哪个湖

湖南、湖北两省在清代属于湖广行省，这里的湖是指“洞庭湖”。我们在地图上可以看到，洞庭湖处于两省疆域的中心位置，是中国第二大淡水湖，湖水由东面的城陵矶附近注入长江，是长江最重要的调蓄湖泊。昔日的洞庭湖曾是中国第一大淡水湖，昔日号称“八百里洞庭”。清顺治年间到道光年间，洞庭湖面积最大，一度达到约六千平方千米，由于近代以来的围湖造田，以及自然的泥沙淤积，湖面骤减到不足原先面积的三分之一。

洞庭湖孕育了深厚的湖湘文化。战国时期，屈原放逐沅湘成为中国传统文化中的一个重要历史事件，他的诗词也成了湖湘文化的源泉之一。湘君、湘夫人二妃的传说故事，更增加了湖湘文化的浪漫主义色彩。屈原的那首《湘夫人》描写出的哀婉惆怅至今让人唏嘘感慨，后来这里留下了许多关于二妃传说的故事。现在的君山又名湘山，君山上的斑竹又名湘妃竹，均得名于二妃。屈原在此地流放时接触了大量的下层社会民众，创作了《九章》《九歌》系列作品，还有鸿篇巨制《天问》等。以后历代文人多有在湖湘地区的经历，他们或沉郁、或悲愤、或佯狂，用饱含深情的笔调创作出了感人的作品。政治上受冤枉陷害被流放的屈原，被派遣到偏远的湖南为官的贾谊、王昌龄、辛弃疾等，流放贬谪路过湖湘的李白、韩愈等，这些不同时期的历史人物，处于人生道路的低谷，他们在湖湘地区，把个人的遭遇用文艺的形式表达流传下来，增加了湖湘文化的厚重。范仲淹的经典名篇《岳阳楼记》更使得“巴陵胜状，洞庭一湖”名闻天下，他所倡导的“先天下之忧而忧，后天下之乐而乐”的精神成为湖湘文化的精髓。

第十五篇

车马交通

1. 车的历史

车最初是指陆地上有轮子的交通运输工具，从它的古文字形可以看出，最初的车有两个轮子，由马来拉。

许慎《说文解字》：“车，舆轮之总名。”“舆”指车厢，“轮”指车轮。在古代车的构造当中，车厢和车轮是最重要的两个部件，因此许慎将“车”定义为以舆和轮为主要部件的交通工具的总称。

古代马车的结构

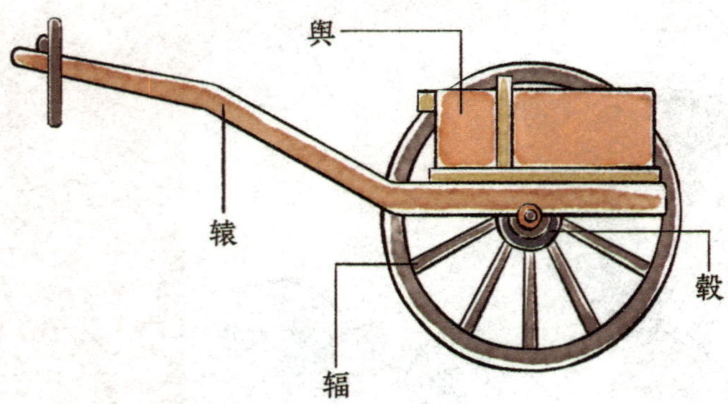

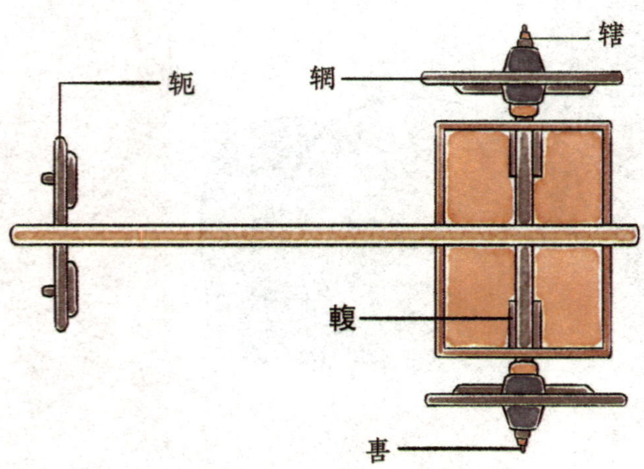

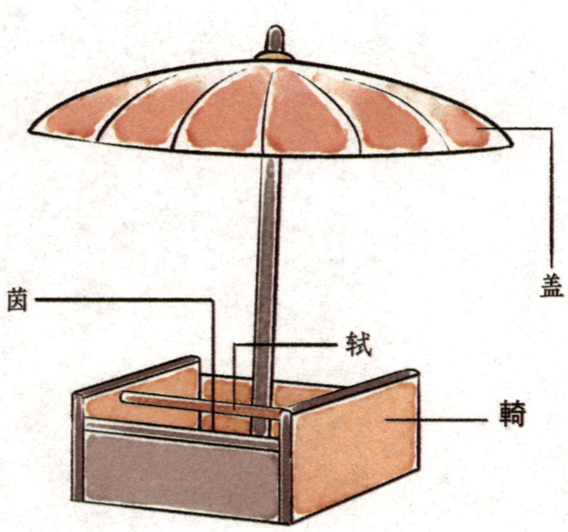

【舆】车厢。

【輢（yǐ）】舆左右两边的木板和栏杆，可以作为依凭。

【轼】舆前边的横木，用作扶手。行车途中对人表示敬意时即扶轼低头，这个动作本身也叫轼。

【辕】又叫辀（zhōu），为一根直木或稍曲的木杠。

【轭】又叫衡，辕的前端拴着一根横木。轭要卡在马颈上，因此分成弯曲的两杈，弯曲的部分叫作軥（qú）。

【辐】车轮的辐条，一般有 30 根。

【毂（gú）】车轮中心有孔的圆木，用来贯轴。

【軎（wèi）】车轴露在毂外的部分。

【辖】车轮贯在轴端上后，为防其脱落，要用辖插在軎里，而辖是可以拔下来的，没有辖车就不能行驶。

【輹（fù）】又叫伏兔。车轴横在舆下，固定的方法是在舆的底部安上两块木头，把轴用绳索绑在上面，其形象像伏着的兔子，故称。

【辋（wǎng）】车轮的边框，叫辋。

【盖】舆上可以立盖，用一根木头支撑，形似大伞，为车所专用。古人用“冠盖”指官宦，即源于此。

【茵】舆中可以铺席，车席就叫茵。

“车”字的流变

“车”在甲骨文和金文当中有很多种写法，描绘的都是一辆古代车子的样子。多数字形中都有表示车辕、两个车轮和车轴的部分。不过，无论是甲骨文还是金文当中，“车”字都存在一些较为复杂或相对简单的字形。

比如，在较为复杂的字形中，有的两轮之间有车厢，甚至细致描绘出车轭、车衡乃至一些装饰性的部件，而较为简单的金文字形则只有一个车轮。另外，我们今天所使用的“车”字的简化字字形并不是现代人的创造，而是源自东晋以来很多书法家所写的“车”的草书字形。

甲骨文： 

金文： 

小篆： 車

隶书： 車

楷书简化字： 车

战车

与今天不同的是，早期的车除供贵族出行或狩猎使用外，更主要的用途是军事作战。所以，“车”有时专指战车。

千乘之国

古代通常用“乘”作为战车的数量单位，四匹马拉一辆车为“一乘”。因为战车的数量标志着一国国力的强弱，所以有“千乘之国”“万乘之国”等说法。

各种各样的“车”

“车”表示陆地上有轮子的交通运输工具这个意义从古代一直沿用至今。随着时代的发展，车的形制发生了巨大变化，“车”所涵盖的范围也随之不断扩大。从古代以牲畜或人为动力的车，到今天的自行车、摩托车、汽车、火车，乃至无人驾驶汽车等，车的种类多种多样。

不仅如此，跟“车”具有共同特征的利用轮轴转动来工作的工具也可以用“车”来称呼，如水车、纺车等。

辅车相依

成语“辅车相依”源自《左传·僖公五年》中的一段记载：春秋时期，晋国想越过虞国去消灭虢国，于是派使者向虞国借道。虞国大夫宫之奇认为，虞国和虢国是互相依存的近邻，虢国如果灭亡了，虞国也会跟着遭殃。他引用当时的谚语“辅车相依，唇亡齿寒”来说明虞、虢两国之间这种互相依存的关系。

在这里，“辅”指颊骨，“车”指牙床。颊骨和牙床互相依靠，关系密切。而之所以用“车”来称呼牙床，是因为牙床对牙所起的承载作用就像车载物一样。

马车的历史

相传大约在4600年前，黄帝时代的人们已经创造了车，据说黄帝看到天上旋转的蓬草，就想到发明车以节省人力。

然而，马车是在商代才突然出现的，而且一出现就已经呈现出一种非常成熟的形态，由两轮、一辕、一衡、两轭和一个长方形的舆以及约18至20根辐条组成。这样成熟的交通工具可以坐2—3人，由两匹马驾辕。

马车具有快速、灵活的特点，作为交通工具一直被普遍使用。在汉朝以前，马车不仅是交通工具，还被当成战车使用。春秋战国时代，战车的多少成为一个国家强弱的标志，例如，秦国曾经拥有“车千乘，骑万匹”。“一乘”代表一个基本作战单位，由一驾马车、马车上的甲士三人，以及跟车作战的步兵72人构成。

中国古代的马车虽然都是两个轮子，作为牵引力的马匹数量却有多有少。二马驾一车称“骈”；三马驾一车称“骖”；四马驾一车称“驷”，没错，就是那个“驷马难追”的“驷”。“驷”的四匹马不是平行的，外面的两匹马要稍微靠后一点儿，四匹马呈梯形布局，叫作“雁行”，驾辕的二马称为“服马”，两旁拉车的叫“骖马”。当然还有规格更高的驾六马的马车。另外，马也有讲究，如果六匹马都是毛色统一的雄马，那就是最高档次了。

汉朝以前的马车都是单辕车，至少需要两匹马拉车，这对于并非良马原产地的中原地区而言是有问题的。到了汉朝，出现了双辕车，这使单马拉车成为可能。这项改进对马匹短缺的古代中国意义重大，至西汉中晚期双辕车逐渐开始普及。汉代的马车有多种类型，当时已经不太用于作战了，而是多用于载人装货。根据乘坐者的地位高低和用途不同，细分为皇帝乘坐的“辂（lù）车”和“金根车”，高级官吏乘坐的“轩车”，皇太子与诸侯王乘坐的“王青盖车”，贵族妇女乘坐的“辎车”等。

古代马车上往往还有一些装饰性的金属附件，如装在衡和轭上的响铃，叫作“銮”。西周时期，最高级的马车要装八个銮，走起来声音很好听。大多数高级马车之上还有很多其他制作精美的部件，如用金银丝镶嵌成的美丽纹饰，而普通百姓的马车通常连侧面的挡板都没有。

由于中国古代的马车都是由一根轴穿两个轮子，所以两轮的转速始终一致，这种构造直行是没问题的，但拐弯时就有点麻烦了，因为拐弯时需要外侧轮子的转速大于内侧轮子。这就使驾驶马车成为一项有难度的技术，只能缓慢拐弯并掌握一定技巧，驾车成了一门重要的学问，甚至被孔子放进自己的教学体系中，称为“御”。

另外，赶马的鞭子也分两类，竹条制成的叫“策”，皮条制成的叫“鞭”，“鞭策”一词就是这么来的。

2. 轿子的历史

轿通常称轿子，又名肩舆，是古代的一种特殊交通工具。简单来说，没有轮的“车”，由人抬着走，这便是轿子。据史书记载，轿子的雏形早在夏朝时期就已经存在。

轿子的历史

1978 年，河南省固始县侯古堆发掘的春秋战国古墓中曾出土三乘木质肩舆，制作已较为精巧，说明在此之前，肩舆已有了一段较长的发展过程。

从先秦到两晋时期，帝王和官员们虽主要是乘车外出，但皇室贵族中的一些人已开始使用轿子。晋顾恺之所画的《女史箴图》中，就生动地描绘了西汉成帝与班婕妤同乘一驾肩舆（即“八扛舆”）的情景。但是直到唐朝，肩舆除帝王乘坐之外，一般仅为妇女和老弱有病的官员所享用。

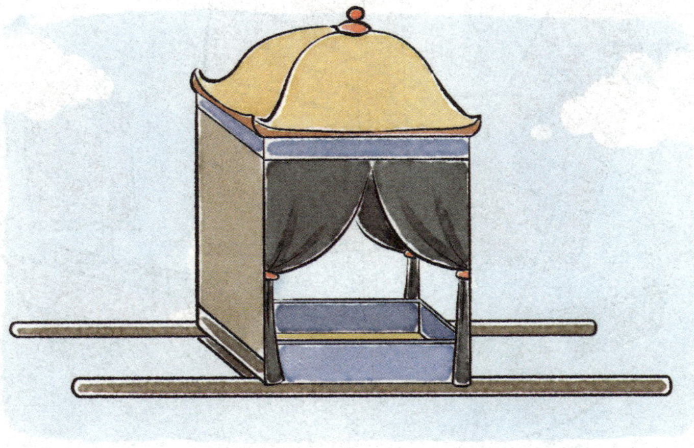

唐朝画家阎立本的《步辇图》，画的就是唐太宗乘轿的情形。不过，这种肩舆在山区用得比较多。唐朝大诗人白居易年老退休后，与香山如满和尚结香火社，“每肩舆往来”，便说明唐人对轿子的使用已多起来了。

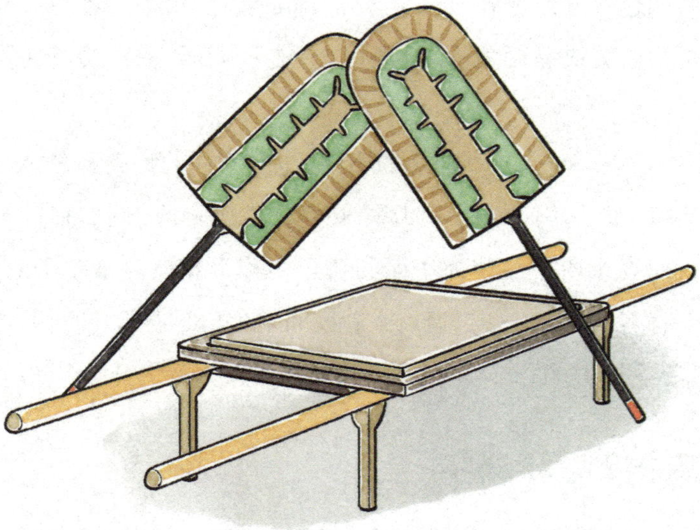

轿子作为一种交通工具，开始普及是在宋朝。《清明上河图》中，繁华的北宋京城汴梁大街上就有许多乘轿子的人出游。这些轿子虽仍是两人抬扛，但选材精良，造型美观，样子和近代见到的大致相同。南宋时，轿子的使用进一步推广。

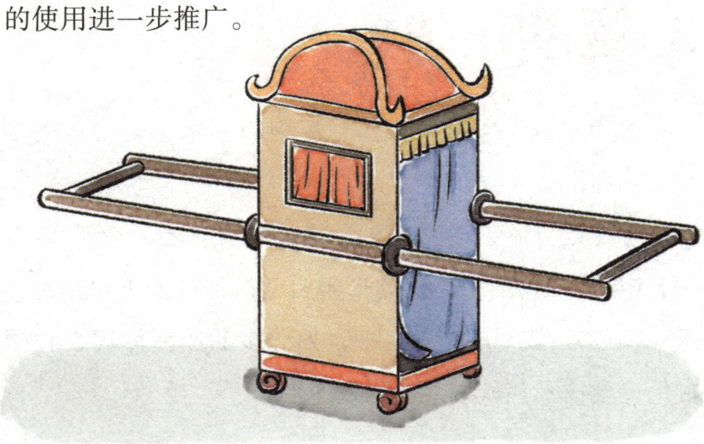

到明朝后期，连中小地主也“人人皆小肩舆，无一骑马者”。不过明清时期的轿子已大都发展为“四人抬”或“八人抬”。王公贵族之所以越来越宠爱轿子，是因为坐在这种特殊的交通工具上，无车马劳顿之苦，安稳舒适。正如清朝诗人王渔洋诗中所写：“行到前门门未启，轿中安坐吃槟榔。”于是，轿子便成为一种比较普遍的代步工具。

轿子的分类

古代的轿子，大致有两种形制或类型：一种是不上帷子的凉轿，也称亮轿或显轿；一种是上帷子的暖轿，又称暗轿。不同的官品，在轿子的形制类型、帷子的用料颜色等方面都有严格的区分。如明清时期的一般官吏，得用蓝呢或绿呢做轿帷，所以有“蓝呢官轿”“绿呢官轿”之称。

另外，轿子按其用途的不同，也有不同的种类和名字：皇室王公所用的，称为舆轿；达官贵人所乘的，叫作官轿；人们娶亲所用的装饰华丽的轿子则称为花轿。抬轿子的人有多有少，一般二至八人；民间多为“二人抬”便轿，官员所乘的轿子有“四人抬”和“八人抬”之分。

清朝怎么抬轿子

如清朝规定，凡三品以上京官，在京城乘“四人抬”，出京城乘“八人抬”；外省督抚乘“八人抬”，督抚部属乘“四人抬”；三品以上的钦差大臣乘“八人抬”，等等。至于皇室贵戚所乘的轿子，则有多到 10 人乃至 30 人抬的。

3. 船的历史

船为水运工具，古称舟，后引申为水上主要运输工具的总称。

中国是世界上造船历史最悠久的国家之一。到 20 世纪 50 年代，我国所出现的木船船型估计有上千种左右，海洋渔船船型约有二三百种，如此多的船型体现了我国古代造船技术和航海事业的发达。

沙船

沙船方头方尾，俗称“方艄”；甲板宽敞，型深小，干舷低；采用大拱梁，使甲板能迅速排浪。沙船采用平板龙骨，比较弱。由于采用多水密隔舱以提高船的抗沉性，在 7 级大风天可以平稳航行，所以沙船最远可以到达非洲。

沙船出现于唐朝的东南沿海地区，其前身可以追溯到春秋时期。沙船在宋代称为“防沙平底船”，在元代称为“平底船”，直到明代才统称为“沙船”。所以说沙船这种船型不是一开始就有的，而是经过人们的不断改进发展过来的。

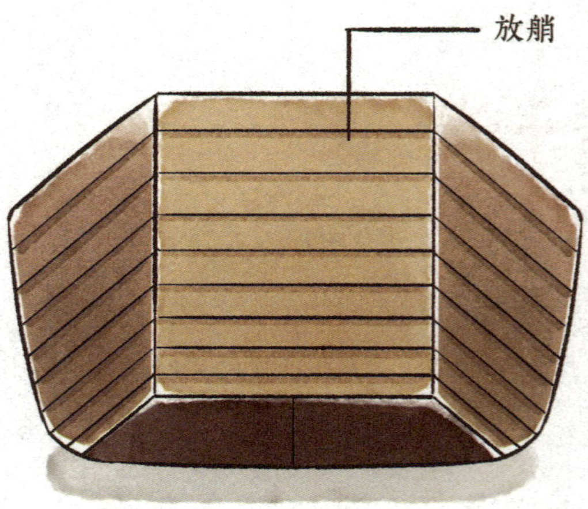

清朝道光年间，仅上海就有沙船 5000 多艘，估计当时全国沙船总数在万艘以上。沙船运用范围十分广泛，沿江沿海都有沙船踪迹。

福船

福船是福建、浙江一带沿海尖底海船的通称，在明朝使用较多，它以行驶于南洋和远洋著称。

明初，造船业分布极广，范围也在不断扩大。福州是明代南洋航运的主要根据地之一。当时明朝政府与海外诸国进行朝贡贸易，曾在闽江口外五虎门建立市舶提举司，并建有进贡厂、交盘厅、库房等，通商的海船就在闽江口外修造。这为福船（即福州所造的船）的出现提供了有利条件。

明朝嘉靖年间的《筹海图编》中，描述福船“高大如楼，其底尖，其上阔，其首昂而口张，其尾高耸”。明朝水师也以福船为主要战船。

•《筹海图编》中的福船

古代福船高大如楼，看起来有一种富贵大气的感觉。全船分为四层，下层装土石压舱，二层住士兵，三层是主要操作场所，最上层是作战场所。福船首部高昂，又有坚硬的冲击装置，所以乘风下压能够击沉敌船。福船吃水深四米，是深海作战的优良战舰。

广船

广船主要制作于广东，故得名“广船”，它的基本特点是头尖体长，梁拱小，甲板脊弧不高，船体的横向结构由紧密的肋骨跟隔舱板构成，纵向强度依靠龙骨支持。

广船有着自己的“独门秘籍”。福船的材质以杉木为主，广船采用的是产于东南亚的珍贵阔叶树种铁力木，具有质重坚韧、耐磨损、耐腐蚀、不易变形、抗虫蛀等特点，不过价格是杉木的两倍。广船的龙骨均是铁力木的，有了这套坚硬的“骨骼”，广船的适航性和耐用性远高于福船。

楼船

汉代造船技术的不断发展，为楼船的出现提供了有利条件，奠定了良好基础。

汉代楼船高十余丈，船上的各种建筑都有专名。楼船的甲板上有三层建筑，每一层的周围都设置半人高的防护墙。每一层的四周又用木板围成“战格”，防护墙与“战格”上都开有若干箭孔和洞穴，既能远攻，又可近防。甲板建筑的四周还有较大的空间和信道，便于士兵往来，甚至可以行车、骑马。

楼船不但外观高大巍峨，而且列矛戈、树旗帜，戒备森严，攻防兼具，是一座真正的水上堡垒。由于楼船身高体大，极具威慑力，一般用作指挥船，不过它的行动不够灵便，在水战中必须与其他战船相互配合。

大龙舟

大龙舟是隋炀帝三次巡游江都所乘，高约 15 米，长约 60 米，共四层。上层是皇帝驻所以及料理朝政事务所用，第二、第三层为随行官员、嫔妃用房，下层供内侍使用。

大龙舟高数层，船体要用很多大木料。木料的长度有限，因此需要把许多较小较短的木料连接起来。这对船体的骨架与木板之间、船体与上层建筑之间的连接的技术要求非常高，所以在龙舟的结构设计中，连接是极其重要的。

郑和宝船

在郑和下西洋庞大的船队中，有一类被称作宝船的大型船舶，其规模之大引人注目，在许多典籍中都有详细的记录。大型的木船不宜造得过于狭长，以避免因海中风浪冲击而导致断裂。当时最大的宝船长 148 米，宽 60 米，这样可以保证船在行驶过程中的横向强度，符合科学原理和我国古代造船的传统。

郑和宝船是当时世界上最大的木质帆船，供郑和船队的指挥人员、使团人员及外国使节乘坐。同时，它还被用来装运宝物，有明朝皇帝赏赐给西洋各国的礼品、物品，也有西洋各国进贡给明朝皇帝的特产、珍品，还有郑和船队在海外通过贸易交换得来的货物。因此，称之为“宝船”，即“运宝之船”的意思。

4. 什么是司南

司南是中国古代辨别方向用的一种仪器，是古代劳动人民在长期的实践中对物体磁性认识的结果。遗憾的是，司南实物极少存世。据考古学家猜测，司南是将天然磁铁矿石琢成勺形，放在一个光滑的盘上，盘上刻着方位，利用磁铁指南的原理来辨别方向。

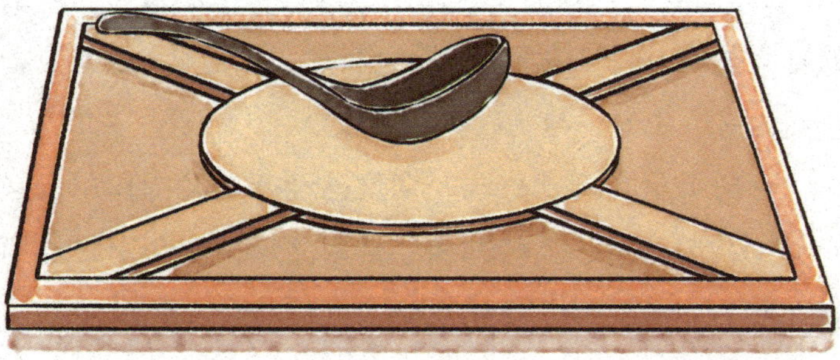

5. 什么是罗盘

罗盘又叫作罗经、罗庚、罗经盘等，是现代指南针的前身。罗盘主要由位于盘中央的磁针和一系列同心圆圈组成，每一个圆圈都代表着古人对于宇宙大系统中某一个层次信息的理解。

古人认为，人的气场受宇宙的气场控制，人与宇宙和谐就是吉，人与宇宙不和谐就是凶。于是，他们凭着经验把宇宙中各个层次的信息，如天上的星宿、地上以五行为代表的万事万物、天干地支等，全部放在罗盘上。风水师则通过磁针的转动，寻找最适合特定人或特定事的方位或时间。

6. 什么是驿站

驿站是中国古代供传递官府文书和军事情报的人或来往官员途中食宿、换马的场所。中国是世界上最早建立组织传递信息的国家之一，邮驿历史长达3000多年。

鸡鸣驿城

鸡鸣驿城位于河北省张家口市怀来县鸡鸣驿乡鸡鸣驿村，是一处建于明代的驿站遗存。该驿因山而得名，因驿而设城，以驿名定城名。据考证，鸡鸣驿城是全国现存规模最大、最富有特色的邮驿建筑群，具有重要的历史、艺术、科学价值 。

7. 什么是关隘

关隘是指险要的关口，即在交通要道设立的防务设施，又称关卡。在古代，由于交通不便，行军打仗所能选择的道路极为有限，因此中原王朝往往会在一些交通要道上，选择地势险要之处修建关隘。这些关隘无疑都扮演着“一夫当关，万夫莫开”的重要角色。

紫荆关

紫荆关又称上古关、五阮关、金坡关，始建于战国时期，位于今河北省保定市易县西北45千米的紫荆岭上，与居庸关、倒马关合称“长城内三关”。紫荆关城东为万仞山，城西有犀牛山，城北为拒马河，城南是黄土岭，被称为“畿南第一雄关”“京畿咽喉”。

在长达千余里的太行山脉之间，有8个自然形成的峡谷，被称为“太行八陉（xíng）”，是翻越太行山脉的重要通道，紫荆关便扼守着其中的蒲阴陉。蒲阴陉作为沟通河北平原与太行山的交通要道，是明朝京师西部的重要关隘。因此明成祖朱棣时期对紫荆关进行了系统性的修整，将关城、城堡、隘口连成一个整体，形成了以紫荆关为中心的防御体系，使其成为拱卫北京的第一道防线。

剑门关

剑门关位于今四川省剑阁县城南 15 千米处的剑门山中断处，该地两旁断崖峭壁，直入云霄，峰峦倚天似剑；绝崖断离，两壁相对，其状似门，故称“剑门”，享有“剑门天下险”之誉，而剑门关也因此得名。

与古代其他关隘不同的是，剑门关几乎是纯天然形成的一道屏障，其隘口垂直高度近 300 米，底部最窄处则是个宽仅 50 米的天然隘口。诸葛亮担任蜀汉丞相时，见此处地势凶险，便垒石为关，以为屏障，称剑阁，又称剑阁关。

剑门关最为险要的地方在于，它不仅呈现北高南低的形态，而且北坡是极为陡峭的悬崖峭壁，几乎呈 90°，而南坡地势则相对较为缓和。因此，从北向南攻简直难如上青天，而从南向北攻则相对简单。而且由于地形狭窄，即使军队再多，也根本施展不开，蜀地的守军却可以居高临下，占据极大优势。

雁门关

雁门关始建于唐朝时期，位于今山西忻州市代县县城以北约 20 千米处的雁门山中，因此得名。作为长城上的重要关隘，雁门关素以“险”著称，又有“天下九塞，雁门为首”之说，与宁武关、偏关合称为“外三关”。

雁门关早在春秋战国时期便已经开始发挥作用，赵武灵王胡服骑射，大败林胡、楼烦之后，便命李牧长期驻守雁门防备匈奴。秦始皇统一六国后，亦曾派蒙恬率兵 30 万自雁门出塞，大败匈奴。

雁门关北通晋北重镇大同，远至蒙古高原；南通晋中重镇太原，可直达中原和关中。无论是北方游牧民族想要南下中原，还是中原政权北伐游牧民族，雁门关往往都是兵家必争之地，战略地位十分重要。

居庸关

居庸关始建于明洪武元年（1368），相传秦始皇当年修筑长城时，曾将一批民夫、囚徒迁徙于此，取“徙居庸徒”之意，居庸关因此得名。居庸关的城垣东达翠屏山脊，西驰金柜山巅，周长达 4000 余米。

居庸关扼守着“太行八陉”中的“军都陉”，“军都陉”是游牧民族自蒙古高原攻入华北平原的重要通道。而居庸关处于太行山脉与燕山山脉交会处，几乎是该条通道最为狭窄处。居庸关作为进入北京的西北门户，地理位置可谓极度重要，是守护京师的重要关隘。

居庸关同样号称“天下第一雄关”，与嘉峪关相似，但是两关的东西位置不同，且居庸关比嘉峪关修筑时间更早。

嘉峪关

嘉峪关始建于明洪武五年（1372），因修筑在嘉峪山旁而得名。嘉峪关位于今甘肃省嘉峪关市西五千米最狭窄的山谷中部，北连黑山悬壁长城，南接天下第一墩，是明长城最西端的关口，历史上曾被称为“河西咽喉”。因地势险要，建筑雄伟，又有“连陲锁钥”之称。

在古代，夹于祁连山和北山之间、长达1000千米的河西走廊，便是沟通中原与西域的重要通道。而这条道路到了嘉峪山隘口处，更是因狭谷穿山、危坡逼道变得极为凶险，因此明朝在此处修建了嘉峪关。

山海关

山海关又称榆关、渝关、临闾关，始建于明洪武十四年（1381年），因其北倚燕山，南连渤海，故得名“山海关”。山海关位于河北秦皇岛东北15千米处，是明长城的东北关隘之一，素有“天下第一关”“边郡之咽喉，京师之保障”之称。

由于山海关距离明朝首都北京只有不到300千米，而且两地之间一马平川，一旦山海关被攻破，敌军便可驰骋于华北平原，直抵京城之下，因此山海关对于护卫明朝京师可谓十分重要。

8. 中国的十大名桥

桥梁，一般指架设在江河湖海上，使车辆行人等能顺利通行的构筑物。

卢沟桥

北京的卢沟桥始建于金大定二十九年（1189），以后虽有修补而原貌未变，至今已有800多年的历史。它是经《马可·波罗游记》介绍到西方的第一座中国石拱桥，被称为“世界上最好的、独一无二的桥”。俗话说，“卢沟桥上的狮子数不清”。据记载，卢沟桥上的石狮原有627个，现存501个，多为明清之物，也有少量金元遗存。

广济桥

广济桥，古称康济桥、丁侯桥，位于广东省潮州市古城东门外，横跨韩江，是潮州八景之一。它集梁桥、浮桥、拱桥于一身，在我国古代众多的桥梁中绝无仅有，被著名桥梁专家茅以升誉为世界上最早的启闭式桥梁。

安平桥

安平桥是福建省泉州市境内连接晋江市和南安市的一座桥梁，属于连梁式石板平桥，是中国现存最长的海港大石桥，也是古代桥梁建筑的杰作，享有“天下无桥长此桥”之誉。此桥始建于1138年，历时14年建成，桥梁全长约五华里，故俗称“五里桥”。

赵州桥

赵州桥位于河北省赵县的洨河上，横跨37米多宽的河面，桥体全部用石料建成，当地称作“大石桥”。赵州桥建于隋朝，由著名匠师李春设计建造，距今已有1400多年的历史，是当今世界上现存第二早、保存最完整的古代单孔敞肩石拱桥。赵州桥的建筑巧夺天工，体现了科学性和艺术性的高度结合，因此历代文人学者对它赞不绝口，认为“奇巧固护，甲于天下”，以至产生了此桥为鲁班所造的传闻。

五亭桥

五亭桥位于江苏省扬州市瘦西湖内，是扬州市的地标建筑，始建于1757年，仿北京北海的五龙亭和十七孔桥而建。该桥建筑风格兼具南方的秀丽和北方的雄伟，所以它被称为“中国最美的桥”。

风雨桥

风雨桥既可行人，又可避风雨，故称“风雨桥”，它的代表是位于广西三江的程阳桥。这座桥始建于1912年，是一座四孔五墩伸臂木梁桥，由桥墩、桥跨、桥面和屋顶四部分组成，长廊和楼亭的瓦檐头均有各种人物、山水雕刻绘画，色泽鲜艳、栩栩如生，是侗乡人民智慧的结晶。

风雨桥除具有交通及遮风避雨的功能外，还可供人乘凉小憩。平时寨中老人在此谈古论今，小孩在此嬉戏游玩；节日期间各寨的芦笙队在此比赛；每逢宾客来临，妇女们身着盛装云集桥头，唱拦路歌，把盏敬客，好不热闹。随着旅游业的发展，很多人慕名而来，这就使风雨桥又具有了观赏性，人们不论是在桥内或是在桥外，皆能移步见景，景画相融，如同置身于民族建筑艺术的殿堂之中。

十字桥

十字桥位于山西省太原市晋祠内，始建于北宋崇宁元年（1102），因桥梁为十字形而得名。全桥由 34 根铁青八角石支撑，柱顶有柏木斗拱与纵、横梁连接。因此桥构造奇巧，民间传说是鲁班建造的，桥梁距今已有近千年历史，但依然非常坚固。

泸定铁索桥

泸定铁索桥位于四川省泸定县大渡河上。1705 年，康熙皇帝为了解决通往藏区道路上的梗阻，下令在大渡河上修建一座桥梁。因为大渡河之上到处都是悬崖峭壁，无法修建石桥，所以能工善建者建议，在这个地方修建一座铁索大桥。工匠们便铸造了 13 根碗口粗的铁链，准备架于桥上，每根铁链的重量约为 2.5 吨，由 890 个扁环左右扣联在一起。

但是在这样一个高崖之上，下面又是波涛汹涌的大渡河，怎样把这么沉重的铁链拉过河铺成铁索桥呢？工匠们个个都感到很为难。

其实在修建此桥时，四川泸定周边的荥经、汉源、天全等县的能工巧匠都云集在这里，一起商量牵链渡江的方法。

几十个工匠想了三天三夜，最后采用了索渡的原理，即以粗竹索系于两岸，每根竹索上穿有 10 多个短竹筒，再把铁链系在竹筒上，然后从对岸拉动原已拴好在竹筒上的绳索，如此巧妙地把竹筒连带铁链拉到了对岸。

玉带桥

玉带桥位于北京颐和园昆明湖长堤上，建于清乾隆年间，距今已有两百多年的历史，因为桥拱高而薄，形若玉带而得名。该桥单孔净跨 11.4 米，高约 7.5 米，全部用汉白玉琢成，桥面是双反向曲线，组成波形线桥型，显得格外富丽堂皇。

五音桥

五音桥位于河北省遵化市清东陵顺治帝孝陵神道上，全长 110.6 米、宽 9.1 米。桥上有石望柱 128 根，抱鼓石 4 块，两边安设有方解石栏板 126 块，每块栏板的形状和大小相同，如果顺着敲击，会发出五音，因此得名。

9. 京杭大运河的变迁

京杭大运河始建于春秋时期，是世界上里程最长、工程最大的古代运河，也是最古老的运河之一，与长城、坎儿井并称为中国古代的三项伟大工程。

京杭大运河南起余杭（今杭州），北到涿郡（今北京），途经今浙江、江苏、山东、河北四省及天津、北京两市，贯通海河、黄河、淮河、长江、钱塘江五大水系，全长约1797千米。运河对中国南北地区之间的经济、文化发展与交流，特别是对沿线地区工农业经济的发展起了巨大作用。

大运河的历史

京杭大运河位列世界十大运河之首，是世界上最长的运河。在历史上的不同时期，其长度也有所不同，隋唐时达到最长，为2700千米。京杭大运河在中国历史上扮演着至关重要的角色，在沟通南北、保持国家统一等方面发挥了重要的作用。

在京杭大运河的整个历史上，两个时期最为重要，一个是隋唐时期，另一个是宋元时期。隋唐时期实现大运河的南北贯通，宋元时期则是将以洛阳为中心的大运河取直，使得漕运更为高效。

对于京杭大运河，我们最熟知的是隋炀帝开凿大运河，我们也总以为是在隋朝开凿了整条运河，其实不然。这就如同我们将万里长城与秦始皇不自觉地联系起来一样，秦始皇没有独自修筑万里长城。同样，隋炀帝也只是将京杭大运河的各部分连接起来，从而形成一条贯穿南北的经济与交通大动脉。

• 京杭大运河端点（杭州拱宸桥）

京杭大运河从最早开凿的一段开始计算，距今已有2500多年的历史，而至今它的一部分仍在发挥作用。

隋唐以前

公元前486年的春秋时期，吴王夫差在击败楚国与越国之后，准备北伐齐国，他调集民夫开挖了从扬州经射阳湖到淮安的这段运河，以沟通淮河与长江。这段运河因途经邗（hán）城，故得名“邗沟”（现称这段运河为里运河），全长约170千米。

公元前361年的战国时期，为了国家的安全与经济发展，魏惠王将魏国都城从安邑（今山西夏县）迁至大梁（今河南开封）。之后又于次年对大梁城西边的圃田泽进行改造，引黄河水南下入泽，将其改造成了方圆300里的巨型湖泊，再从圃田泽引水到大梁。在此后20多年间，魏国向东南继续开凿运河，通过颍水连接淮河。如此，就形成了一条沟通黄河和淮河两大河流的运河，这就是历史上著名的“鸿沟”。这条“鸿沟”就是历史上刘邦与项羽对峙的分界线，现在象棋棋盘上的“楚河汉界”因此而来，大梁城也因其而兴盛。

到了汉朝，由于漕运简化，鸿沟的作用下降，因年久失修，渐趋淤塞和破坏。直到东汉明帝时，水利专家王景多次治理黄河并恢复鸿沟故道，但他并未能恢复整个鸿沟，只是恢复了一部分，鸿沟因此演变成“汴渠”。到隋唐时期，这段鸿沟又演变为通济渠。

京杭大运河（苏州段）

隋唐时期

隋朝建立以后，隋文帝杨坚于584年利用汉朝留下的河渠，令宇文恺率民夫开广通渠（又称“富民渠”“永济渠”），从渭水之南，沿着南山向东，到潼关连接黄河。587年，隋文帝又下令开凿山阳渎，实际上就是恢复吴国的邗沟故道。

604年，隋炀帝杨广即位后，迁都洛阳。次年，隋炀帝诏发河南诸郡民夫百余万，开凿从洛阳到清江（今江苏淮安）的通济渠，直接连接黄河与淮河，全长约1000千米。

608年，隋炀帝诏发河北诸郡男女百余万开凿1000千米的永济渠。永济渠大部分也是利用之前的运河故道与天然河流疏浚而成。从黄河（今河南武陟）至汲县一段，用沁水、清水（今卫河）疏浚而成；自汲县至馆陶一段，主要利用曹操修的白沟故道而成；从馆陶与沧州一段，部分地利用了汉代屯氏河、大河故道修筑而成；沧州至涿郡段，又部分地利用漳水，至独流口而另辟新道与潔水相接，经潔水到达涿郡（今北京西南）。

610年，隋炀帝下令开凿从镇江到杭州的江南运河，全长约400千米，同时恢复邗沟故道。至此，北段从涿郡到洛阳约1000千米，南段从洛阳到杭州约1700千米，总长约2700千米的京杭大运河横空出世。京杭大运河主要分为四大段，从北到南依次为：永济渠、通济渠、邗沟、江南河。

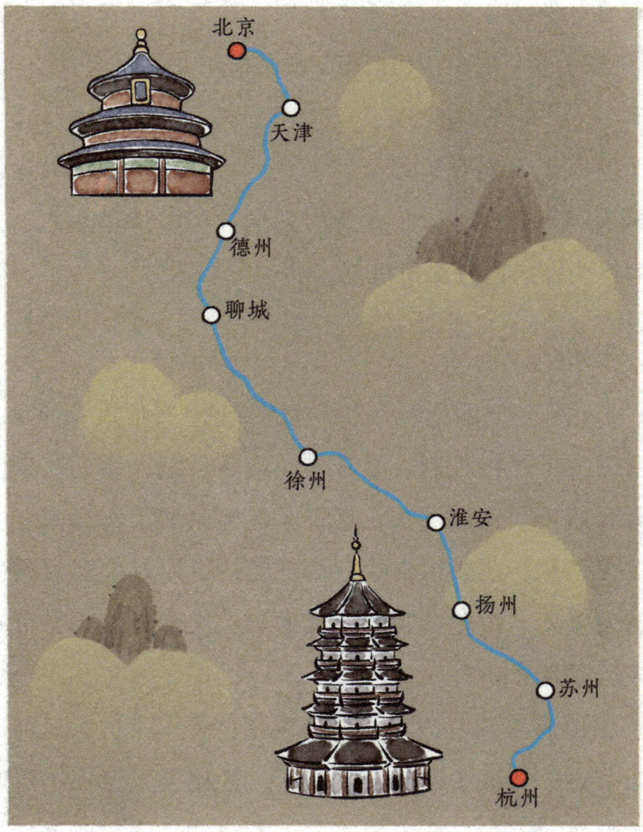

京杭大运河

京杭大运河很容易淤塞，唐朝时期对大运河进行了不断的疏浚、修整和开凿。唐后的五代时期与北宋都经常开凿、疏浚、整修，才使得京杭大运河能继续使用。

宋元时期

1128年，南宋东京留守杜充一意孤行掘开黄河，企图抵挡金军凌厉的攻势，最后非但没有阻挡住金军南下的步伐，反而导致黄河经常肆虐黄淮流域，在此后的800

年间给黄淮流域的百姓带来了深重的灾难，也使得京杭大运河受到严重的影响。这一时期，由于宋、金南北分治，京杭大运河沟通南北的作用与地位下降。

元朝建立后，京杭大运河的作用再次凸显出来，再加上元朝定都于北京，不再需要以洛阳为中心，忽必烈于1281年下令修建京杭大运河，也就是改造隋唐以来的大运河。元朝花了10年时间，开挖济州河与会通河，把通州至清江（今江苏淮安）之间打通，清江以南直接利用邗沟和江南运河。

济州河南起济州任城（今山东济宁）南的鲁桥镇，北到须城（今山东东平）的安山，长约75千米。会通河南起须城的安山，接济州河，经聊城，到临清接卫河，总长约125千米。这样，就将原来以洛阳为中心的大运河取直，形成了新的京杭大运河。新的京杭大运河全长1700多千米，比隋唐时期的大运河足足缩短了近1000千米。

但由于元朝时期黄河的水患严重，使得京杭大运河的运力得不到保证，于是当时就形成了以海运为主、运河漕运为辅的南北交通机制。

宋元以后

朱元璋建立明朝后，为了休养生息，提倡重农抑商。同时，为了严格控制百姓迁徙、防备倭寇，明朝初期实行海禁政策。这样一来，京杭大运河又成了沟通南北交通的大动脉。明成祖朱棣定都北京后，京杭大运河的地位越发重要。由此，明清两代的水运大多时候都是以京杭大运河为主。

1840年，鸦片战争爆发，英军占领了京杭大运河的重要节点——镇江，封锁了漕运，这相当于卡住了清政府的咽喉。道光皇帝不得不与英军议和，清政府最后与英军签订了《南京条约》。1851年以后，太平天国运动爆发，太平天国占领长江流域及以南区域，使得京杭大运河的漕运中断。1855年，黄河水患导致运河山东段废弃。此后，清政府将漕运改为海运。

1911年以后，铁路成了南北交通的大动脉，京杭大运河的往昔作用已不再。如今的京杭大运河只有江南段及山东段少部分还在发挥着航运的作用，其他部分的河道虽然还在，但仅作为河流而存在。

10. 丝绸之路的形成

丝绸之路，简称“丝路”，一般指陆上丝绸之路，广义上包括陆上丝绸之路和海上丝绸之路两部分。

陆上丝绸之路

陆上丝绸之路起源于西汉时期，是由汉武帝派张骞出使西域开辟的，它是以首都长安（今陕西西安）为起点，经甘肃、新疆，到中亚、西亚，并连接地中海各国的陆上通道。东汉时期丝绸之路的起点在洛阳。它的最初作用是运输中国古代出产的丝绸，到明朝时期成为综合贸易之路。

1877年，德国地理、地质学家李希霍芬在其著作《中国》一书中，把“从公元前114年至公元127年间，中国与中亚、中国与印度间以丝绸贸易为媒介的这条西域交通道路”命名为“丝绸之路”，这一名词很快被学术界和大众所接受，并正式运用。

李希霍芬
（1833—1905）

陆上丝绸之路的作用

1. 陆上丝绸之路上的商队从西方运来稀有动物、植物、皮货、药材、香料、珠宝首饰，再从中国运出丝绸、茶叶、瓷器等货物，这些商品丰富了各国人民的日常生活。

2. 陆上丝绸之路开通后，中原的铸铁、冶炼、凿井等技术传入西域，推动了西域社会生产水平的提高，促进了经济的发展；中国的四大发明、丝织技术、漆器工艺等也经由陆上丝绸之路传向世界各地，加快了世界文明进程。

3. 陆上丝绸之路开通后，西域各国派使节来中原朝见，密切了中原王朝与西域的政治联系；同时波斯、罗马等帝国也遣使来中国，促进了中西文化交流。

4. 佛教、拜火教、摩尼教和景教也随着陆上丝绸之路来到中国，成为很多人的信仰，并沿着陆上丝绸之路的分支，传播到朝鲜半岛、日本与其他亚洲国家。

5. 陆上丝绸之路在促进民族交融、艺术文化交流等方面，也有重大意义。

“丝绸之路：长安—天山廊道的路网”

2014 年 6 月 22 日，中、哈、吉三国联合申报的陆上丝绸之路的东段“丝绸之路：长安—天山廊道的路网”成功申报为世界文化遗产，成为首例跨国合作而成功申遗的项目。

“丝绸之路：长安—天山廊道的路网”线路跨度近 5000 千米，沿线包括中心城镇遗迹、商贸聚落遗迹、交通及防御遗迹、宗教遗迹和关联遗迹 5 类代表遗迹，共计 33 处，中国境内有 22 处考古遗址和古建筑（包括玉门关遗址、西安大雁塔、张骞墓、麦积山石窟、交河故城、克孜尔尕哈烽燧等），哈萨克斯坦、吉尔吉斯斯坦境内各有 8 处和 3 处遗迹。

交河故城中心大道

玉门关遗址

克孜尔尕哈烽燧重要建筑

西安大雁塔

交河故城，位于新疆吐鲁番市

海上丝绸之路

海上丝绸之路是古代中国与外国交通贸易和文化交往的海上通道，该路主要以南海为中心，所以又称“南海丝绸之路”。海上丝绸之路形成于秦汉时期，发展于三国至隋朝时期，繁荣于唐、宋、元、明时期，是已知的最为古老的海上航线。

海上丝绸之路从中国东南沿海，经过中南半岛和南海诸国，穿过印度洋，进入红海，抵达东非和欧洲，推动了沿线各国的共同发展。中国输往世界各地的主要货物，从丝绸到瓷器和茶叶，形成一股持续吹向全球的东方文明之风。

瓷器和茶叶

通过海上丝绸之路，中国传播了民族工艺和儒道思想，对沿线国家和地区以及欧洲各地产生不同程度的影响，甚至掀起了“中国热”。其中，瓷器和茶叶对世界有着很大的影响。

俄国、法国、埃及等很多国家都崇尚收藏中国瓷器或以之为外交礼品，也曾把中国的瓷器作为身份的象征或类似黄金的代货币。在中国瓷器的影响下，世界各国的制瓷工业得到发展，从阿拉伯国家仿制中国式的瓷坛，到波斯结合中国瓷器造型的波斯陶器，之后泰国、越南、埃及、荷兰、法国、德国、俄国、丹麦、英国、西班牙等国也都掌握了制瓷技术，甚至通过中国瓷器工艺与本国文化的结合，创新出许多产品。随着这些国家崇尚中国瓷器之风的盛行，他们的生活方式和审美观念也有了一定的改变，崇尚中国瓷器的观念也融合到了宗教文化之中。

茶文化也传播到世界各地，从生活方式到思维理念对许多国家产生了一定影响。9 世纪日本刮起一股“弘仁茶风”，贵族间出现了模仿中国人品茶的风潮。12 世纪，日本僧人到中国将茶种带回日本种植，此后经过长期的本土化，最终形成独特的日本茶道。17 世纪初，荷兰率先通过海上丝绸之路将茶叶输入欧洲，开始推行饮茶之风。18、19 世纪，茶叶在英国开始由奢侈品转变为大众饮品，饮茶也成为英国传统文化的组成部分。

11. 茶马古道是一条路吗

茶马古道是指唐代以来为顺应中国西南地区人民生产、生活需求，在当地形成的以茶叶和马匹为主要交易内容、以骡马和人为主要运输工具的商品贸易通道。它主要分布于四川省、云南省和西藏自治区境内，以川藏道、滇藏道等几条大道为主线，辅以众多的支线、附线，构成一个庞大的交通网络。

茶马古道主要有三条

第一条是陕甘茶马古道，被认为是中原茶叶西行并进行茶马交易的主道。

第二条是陕康藏茶马古道，同样是陕西人开辟的，“康”指的是四川康定。陕康藏茶马古道也叫作唐茶古道，也是一条北上的路线。

第三条是滇藏茶马古道。

这三条古道大致形成一个网络，陕、康、藏、滇相互连接。

茶马互市

藏族人需要茶叶，而在内地，民间役使和军队征战使得马匹供不应求，恰恰藏区盛产良马。于是，具有互补性的“茶”和“马”的交易，即“茶马互市”便应运而生。

爱喝茶的西藏人

茶马古道的一端是西藏，因为藏族人酷爱喝茶，有着“一日无茶则滞”的说法。在藏语中“茶”的发音是“jiɑ”，藏族有句谚语：“加察热！加霞热！加梭热！”意思就是：“茶是血！茶是肉！茶是命！”

西藏高原平均海拔超过 4500 米，属高寒地区，当地的藏族人需要摄入含热量高的食物，于是糌粑、奶类、酥油、牛羊肉成为他们的主食。没有蔬菜，糌粑又燥热，过多的脂肪在人体内不易分解，而茶叶既能够分解脂肪，又防止燥热，因此藏族人生活中真的是离不开茶。

酥油茶

公元 641 年，唐太宗将 16 岁的文成公主许配给了吐蕃王朝首领松赞干布。据说，文成公主在远嫁西藏时，嫁妆里有很多箱各种名茶。藏族同胞的饮食以牛肉、牛奶和糌粑为主，水果、蔬菜极少，这使得文成公主很不适应。一开始她用茶水解腻，感觉舒服了很多。可是几年后她带来的茶叶不多了，长安路途遥远，担心一时供不上，她就在牛奶里掺些茶水饮用，这就形成了奶茶。后来，文成公主又将酥油和少许盐巴加入茶中一起烹煮，酥油茶由此诞生。

12. 黄河第一桥在哪里

黄河第一桥是明代洪武(1368—1399)年间建造的“镇远桥”。当时，大将徐达决意要在黄河上建造一座大桥。

根据勘察，桥址选在兰州城北通济门外的黄河之上。设计的是铁链连结浮桥，先在两岸各打下两根大铁柱子，用六根一百三十丈长的粗铁链，连结两岸的铁柱。在河中并列 24 艘大船，将船的两端牢牢地系在铁链上，船上铺设木板，设立栏杆。这样，黄河上的第一座浮桥就建成了。到了清光绪三十一年（1905），甘肃巡抚升允筹集白银三万六千两，委托德商承建铁索桥，至宣统二年（1910）六月竣工。桥长七十丈，宽二十二尺四寸，共五孔，仍名“镇远桥”。两端立有“三边利济”“九曲安澜”两座大石碑。民国十七年（1928），为纪念孙中山先生，始称“中山桥”。

13. 中国的第一艘轮船

我国第一艘轮船，是由无锡人徐寿、徐建寅父子和华蘅芳等人制造的。1863 年，他们试制了一艘螺旋桨推进的小轮船，但“苦无法程”，没有成功。1864 年，徐寿等人在南京“金陵军械所”继续努力，终于造出我国第一艘轮船“黄鹄”号。这艘船由华蘅芳负责设计和绘图，徐寿负责发动机和船体的制造。“全用汉人，未雇洋匠”，“皆由手造，不假外人”。当时年仅 19 岁的徐建寅，也“屡出奇思以佐之”，积极协助父叔辈工作。据上海《士林西报》记载：“黄鹄”号“船重二十五吨，长五十五华尺，高压引擎，单汽缸”，“逆水时速十六里，顺水时速约二十八里”。后来，这艘轮船在安徽采石矶江面上触礁沉没。

14. 中国最早的铁路

1865 年，有一个叫杜兰德的英国商人，出于商业上的需要，曾出面在北京宣武门外修了一条长约一里的小小铁路，这是在我国最早出现的铁路。1876 年，英商怡和洋行偷偷把筑路器材运到我国上海，在那儿新修了窄轨铁路（长 14 千米，轨距 762 毫米）。它是我国最早出现的一条营运铁路（也称淞沪铁路），经营时间虽不满一年，客运量却达 16 万人次。这两条铁路寿命都不算长，相继被清政府下令拆除。

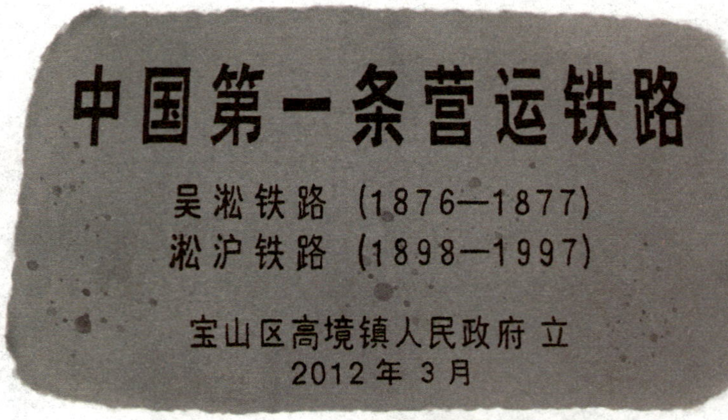

1887 年，开平矿务局投资筑成了一条唐胥铁路（唐山—胥各庄）。该铁路长 10 千米，为我国第一条自建的标准轨铁路。1905—1909 年，在中国铁路工程师詹天佑亲自设计和主持下，我国修建了一条起于北京，终达张家口的京张铁路。这是我国自行设计和修建的第一条铁路。

15. 火车汽笛声的含义

一声长鸣：机车启动或将到站；前方有道口、桥梁、隧道等。发现有人在铁轨上行走，火车也会长鸣示警。

一长三短：发现危险情况或列车出了大事故的救援信号。

连续短鸣：发现意外情况向邻线火车报警；1 短声是通告车距有 3 车远；2 短声为 5 车远；3 短声为 10 车远。

二长声：火车要后退了。

第十六篇

什物度量

1. 什么是陶器

陶器是以黏性较高、可塑性较强的黏土为主要原料烧制而成，质地疏松，渗水，表面不光滑，敲击声音沉闷。陶器的发明是人类最早利用化学变化改变天然性质的开端，是人类社会由旧石器时代发展到新石器时代的标志之一。早在新石器时代，我国已有风格粗犷、朴实的彩陶和黑陶。

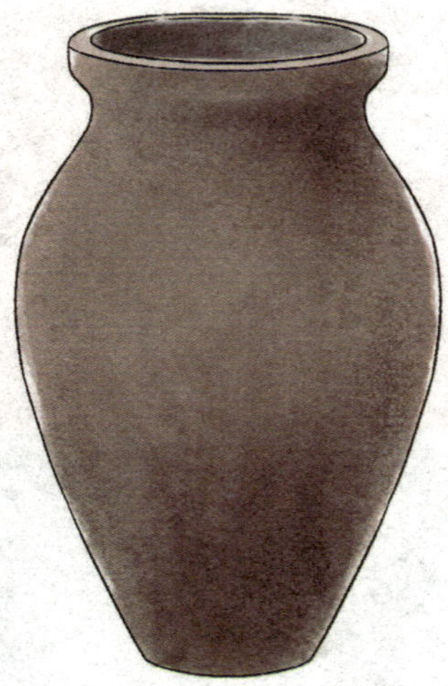

唐三彩

唐三彩，全名“唐代三彩釉陶器”，是盛行于唐代的一种低温釉陶器，釉有黄、绿、白、褐、蓝、黑等色彩，而以黄、绿、白三色为主，所以人们习惯称之为“唐三彩”。因洛阳唐三彩出土最早、最多，亦有“洛阳唐三彩”之称。

2. 什么是瓷器

瓷器是以高岭土为主要原料烧制而成，质地细腻，表面光滑，不渗水，敲击声音清脆。中国是瓷器的故乡，瓷器是中国劳动人民的一个重要的创造。瓷器的发明是中华民族对世界文明的伟大贡献，在英文中“瓷器（china）”与“中国（China）”同为一词。

陶器与瓷器的区别

名称	原料	温度	釉	物理特性	代表器型
陶器	黏土	800° C 左右	有的有釉有的无釉	质地松脆有微孔	唐三彩
瓷器	瓷土（高岭土）	1200° C 左右	有釉	致密、坚实、不漏水、敲击有金属声	青瓷、白瓷、彩瓷

青花瓷

青花瓷是中国瓷器的主流品种之一，属釉下彩瓷。青花瓷是用含氧化钴的钴矿为原料，在瓷坯上描绘纹饰，再罩上一层透明釉，经高温还原焰一次烧成。钴料烧成后呈蓝色，具有着色力强、发色鲜艳、烧成率高、呈色稳定的特点。原始青花瓷于唐宋已出现，

成熟的青花瓷则出现在元代景德镇的湖田窑。明代青花成为瓷器的主流。

3. 什么是玉器

玉器是指使用天然玉石加工制成的器物。中国早在9000多年前就有了玉器，并不间断地延续到现在。以玉器为中心载体的玉文化，贯穿了中华文明史，深深地影响了古人的思想观念，成为中国文化不可缺少的一部分，也是中华文明有别于世界其他文明的一个标志。

四大名玉

我国的四大名玉，是指新疆的“和田玉”、陕西西安的“蓝田玉”、河南南阳的“独山玉”和辽宁岫岩的“岫岩玉”。

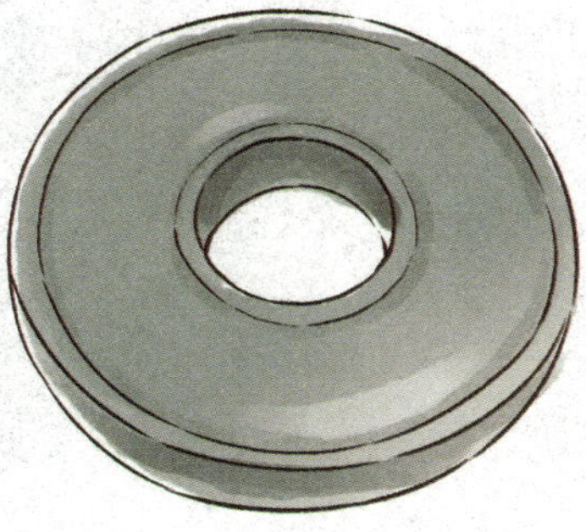

大禹治水图玉山子

大禹治水图玉山子，高224厘米，宽96厘米，座高60厘米，重5000千克，新疆和田青玉制。原料玉石重达6吨多，于乾隆四十六年（1781）发往扬州，乾隆五十二年（1787）玉山雕成，共用6年时间。其用料产自我国新疆和田密勒塔山，为致密坚硬的青玉。玉上雕成峻岭叠嶂，瀑布急流，遍山古木苍松，洞穴深秘。在山崖峭壁上，成群结队的劳动者在开山治水，此景描绘的是夏禹治水之故事。这件玉山子标志着清代玉雕艺术的巅峰，其本身更是一件无与伦比的工艺珍品。

4. 什么是漆器

用漆涂在各种器物的表面所制成的日常器具及工艺品、美术品等，称为“漆器”。生漆是从漆树割取的天然液汁。用它作涂料，有耐潮、耐高温、耐腐蚀等特殊功能，又可以配制出不同色漆，光彩照人。在中国，人们从新石器时代起就认识了漆的性能并用以制器。历经商周直至明清，中国的漆器工艺不断发展，达到了相当高的水平。

5. 什么是青铜器

青铜器在古时被称为“金”或“吉金”，是红铜与其他化学元素锡、铅等的合金。刚刚铸造完成的青铜器是金色，但出土的青铜因为时间流逝产生锈蚀后变为青绿色，因而被称为“青铜”。中国青铜器制作精美，在世界青铜器中享有极高的声誉和艺术价值，代表着中国五千多年青铜工艺发展的高超技术与文化。

6. 什么是鼎

鼎是青铜器中最重要的器种之一，是用以烹煮肉和盛贮肉类的器具。从夏、商、周三代到秦汉两千多年间，鼎一直是最常见却最神秘的礼器。一般来说，鼎有三足圆鼎和四足方鼎两类，又可分有盖的和无盖的两种。鼎有很小的，也有极大的。

后母戊鼎

方形鼎中，最著名的就是后母戊鼎，又称“司母戊鼎”“司母戊大方鼎”，是商朝晚期铸造的，于 1939 年出土于河南省安阳市武官村，现藏于中国国家博物馆。后母戊鼎重 832.84 千克，是已知中国古代最重的青铜器，足以代表高度发达的商代青铜文化。

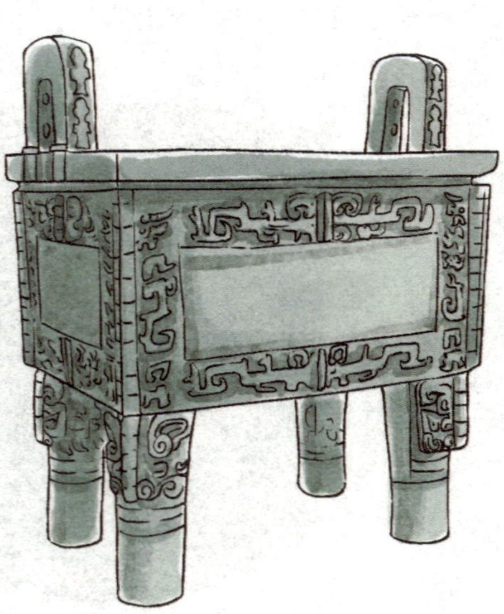

7. 什么是镬

镬（huò）是无足的鼎，与现在的大锅相仿，主要用来烹煮鱼肉之类的食物。后来它又发展成对犯人施行酷刑的工具，即将人投入镬中活活煮死。

一镬之味

《吕氏春秋·察今》有一个词语叫作“一镬之味”，意思是：尝一点儿就知道全鼎食物的味道。比喻从已知的一部分，可以推知全部。

8. 什么是甑

甑（zèng）是古代用来蒸饭的器具，和现在的蒸笼、蒸屉相似，利用蒸汽将食物蒸熟，多为圆形。

9. 什么是簋

簋（guǐ）是用来盛放煮熟饭食的器具，形状一般是圆口，两边各一个耳，相当于现在的碗。它盛行于商朝到东周时期，是标志性古代青铜器之一。

10. 什么是簠

簠（fǔ）的用途和簋差不多，只是形状不一样，簋是圆形，簠则是长方形。据考证，簠出现于西周早期，主要盛行于西周末到春秋初，战国晚期以后消失。因和簋用途一样，故有“簠簋对举”之说。

11. 什么是豆

豆的造型类似高足盘，上部呈圆盘状，有盖，盘下有柄，柄下有圈足。最早用于盛放黍、稷等食物，后演变为专门盛放腌菜、肉酱等调味品的器物。

12. 什么是皿

皿是对碗、碟、杯、盘一类用器的统称。

13. 什么是匕

匕是餐勺在古代的通用称呼。秦汉以后的文献中，餐勺均以“匕”为通称。汉代时已开始称“匕”为“匙”，许慎《说文解字》记载，“匙，匕也”；扬雄《方言》记载，“匕谓之匙”。这表明在古代中国，“匕”与“匙”的名称是能够互换的，但比较而言，“匕”的使用更为广泛一些。

14. 什么是耳杯

耳杯是古代的一种盛酒器具，外形椭圆、浅腹、平底，两侧有半月形双耳，有时也有饼形足或高足。因其形状像爵，两侧有耳，就像鸟的双翼，故又名“羽觞”。

曲水流觞（shāng）

“曲水流觞”是中国古代流传的一种游戏。每年的三月人们举行祓（fú）禊（xì）仪式之后，大家坐在河渠两旁，在上游放置耳杯，耳杯顺流而下，停在谁的面前，谁就取杯饮酒。东晋永和九年（353）三月初三的上巳节，会稽内史王羲之偕亲朋谢安、孙绰等 41 人，相聚会稽山阴（今浙江绍兴）的兰亭，修禊祭祀仪式后，举行曲水流觞的游戏。42 人饮酒咏诗，所作诗句结成了《兰亭集》，王羲之为该集作《兰亭集序》。从此曲水流觞，咏诗论文，饮酒赏景，历经千年而盛传不衰。

15. 什么是俎

俎（zǔ）是长方形砧板，两端有足支地。古人食肉常用匕把鼎中肉取出，置于俎上，然后用刀割着吃。故古人常以刀匕、刀俎并举，并以“俎上肉”比喻受人欺凌、任人宰割的境遇。《鸿门宴》中“人为刀俎，我为鱼肉”说的就是这种境遇。

16. 什么是箸

箸是古代夹食的用具，与“住”谐音，含有停步之意，因避讳故取反义为“快”。又因以竹制成，故加个“竹”字头为“筷”，沿用至今。

象箸之忧

《韩非子》中有一则“象箸之忧”的故事：纣王使用象牙筷子吃饭，其叔父箕子见后，忧虑万分，预感天下将有祸患。箕子认为，纣王用了象牙筷子，必然不会再用粗陋的陶杯，而会改用精美的犀角杯，也必然不会再吃粗粮菜蔬，而是改吃山珍海味。吃山珍海味必然不能穿着粗布短衣坐在茅屋里，只会穿着华贵的衣服，坐在宽广的屋子或高高的亭台上。果不其然，不久后纣王就设置酒池肉林，骄奢淫逸至极，将殷商引向覆灭。

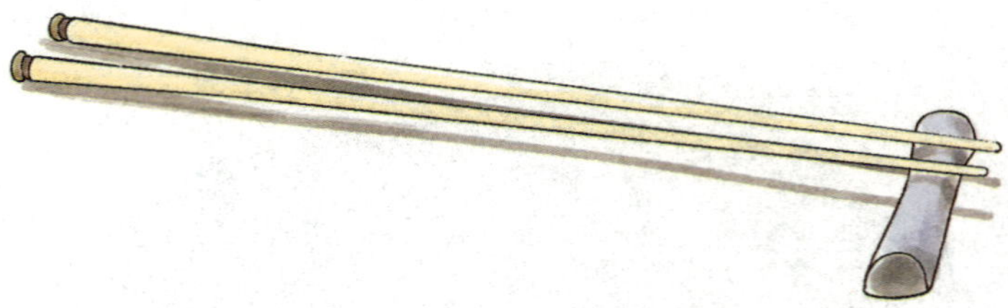

17. 什么是席

席是用草或竹篾等编成的供坐卧铺垫的用具。古人常“席地而坐”，足见席子的应用是很广泛的。

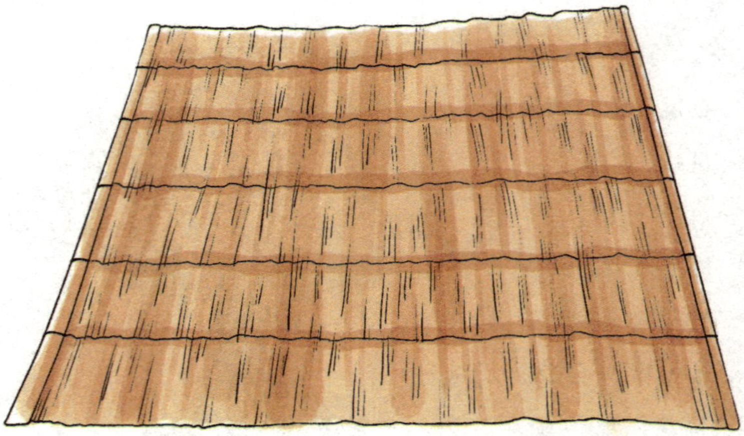

18. 什么是床

床是席以后出现的家具。一开始，床极矮，古人读书、写字、饮食、睡觉几乎都在床上进行。和这种矮床配合用的家具有几、案、屏风等。

胡床

西汉时期，张骞出使西域，丝绸之路由此开始，中原地区和中亚地区进行了广泛的文化和物质的交流。胡床由胡人传入中原，这种双腿交叉，上绷粗布或麻绳的小型坐具，满足了人们垂足而坐的需要，且可以折叠，方便实用，受到了民间的欢迎。

胡床的出现，对后世产生了巨大的影响。李白的《静夜思》中说："床前明月光，疑是地上霜。举头望明月，低头思故乡。"诗中的床，指的可能就是胡床。杜甫的《树间》中"满岁如松碧，同时待菊黄。几回沾叶露，乘月坐胡床"，同样有胡床的影子。胡床经过民间的再加工，演变为古代常见的交椅。

架子床

明清时期，架子床采用黄花梨、紫檀、酸枝木等名贵木材，精雕细琢，清新雅致，别具一格。地域不同，床屉也有不同。南方温湿，床屉以藤或棕为原料，不仅能去除湿气，还富有弹性。北方干冷，用木板作为床屉，铺上垫褥，保暖舒适。

19. 什么是榻

榻的形制十分简单，下面四条或六条腿，托着一块木板，上面没有顶。秦汉时期的榻专供坐用，后来逐渐演变为可坐可卧。

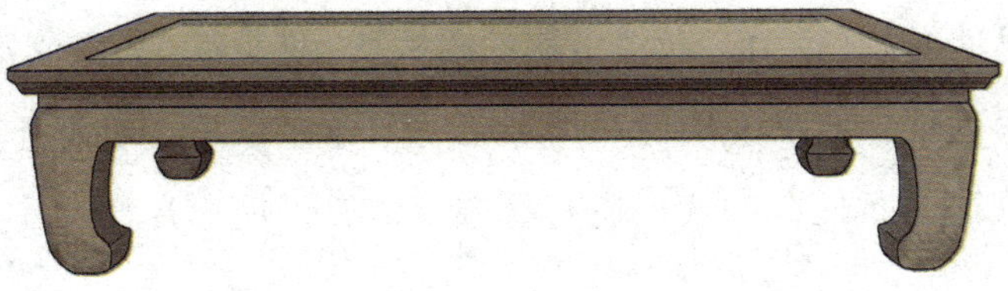

下榻

下榻，今指贵宾停歇住宿之义。为什么"下榻"指贵宾住宿呢？这源于《后汉书》中记载的一个故事。

东汉时，豫章郡（今江西南昌）有个太守叫陈蕃，他为官清廉且重视贤才，他平时是不接待宾客、不参加应酬的。只有一个很穷但很有骨气、不肯做官的徐稺（zhì）来访，他才热情接待，并且留宿。徐稺一告辞，陈蕃便将徐稺睡过的榻吊起来，如下次徐稺再来，陈蕃便将榻放下来。后人便称陈蕃这种举动为"下榻"。"下榻"一词便有了对贤者、贵客的尊重之义，一直沿用至今。

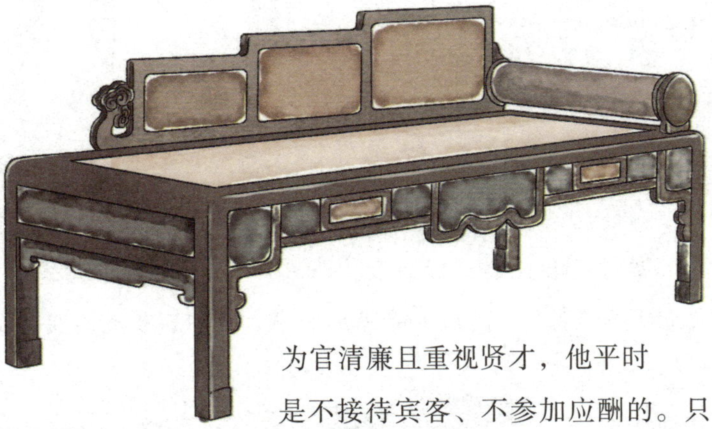

20. 什么是屏风

屏风是中国传统建筑物内部挡风用的一种家具，所谓"屏其风也"。屏风一般陈设于室内的显著位置，起到分隔、美化、挡风、协调等作用。它与古典家具相互辉映，相得益彰，浑然一体，成为中式家居装饰不可或缺的一部分，呈现出一种和谐之美、宁静之美。

21. 什么是几

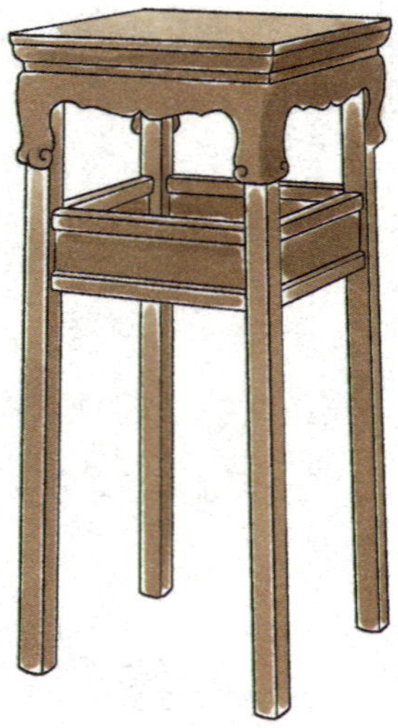

几在早期是一种用来倚靠的家具，古人坐时常用几作为凭依，后来逐渐演变为摆放小件器物的家具。随着社会的发展，几类家具日益完善，品种越来越丰富，除了传统的凭几，还有花几、香几、茶几等。

22. 什么是案

案最初和托盘一样，是用来盛放食物的。随着分餐制变为合餐制，案已经不能满足一家人共同进餐的需要，发展出了其他用途。如用来读书学习的“书案”，用来烧香上供的“香案”，用来放置乐器的“琴案”等。

23. 什么是桌

最早桌子的“桌”写作“卓”，有卓然高立之意。案和桌在形制上有本质区别。一般来讲，腿的位置决定了它的名称，而与高矮、大小、功能都无关。通常腿的位置缩进来的为案，腿的位置顶住四角的为桌。根据功能，可分为供桌、炕桌、琴桌、棋桌、茶桌、酒桌和书桌等。

24. 什么是笔墨纸砚

笔、墨、纸、砚，是中国独有的书法绘画工具，又称“文房四宝”。

笔

最早的毛笔，可追溯到两千多年之前。虽然迄今尚未见到西周以前毛笔的实物，但从发现的史前彩陶花纹、商代的甲骨文等上可觅到些许用笔的迹象。秦始皇统一全国以后，“笔”就成了定名，一直沿用至今。传说毛笔是由秦国大将蒙恬发明的。

墨

在人工墨品发明之前，一般利用天然墨或半天然墨来作为书写材料。史前的彩陶纹饰、商周的甲骨文、竹木简牍、缣帛书画等到处留下了原始用墨的遗痕。经过这段漫长的历程，至汉代，终于开始出现了人工墨品。这种墨原料取自松烟，最初是用手捏合而成，后来用模制，墨质坚实。

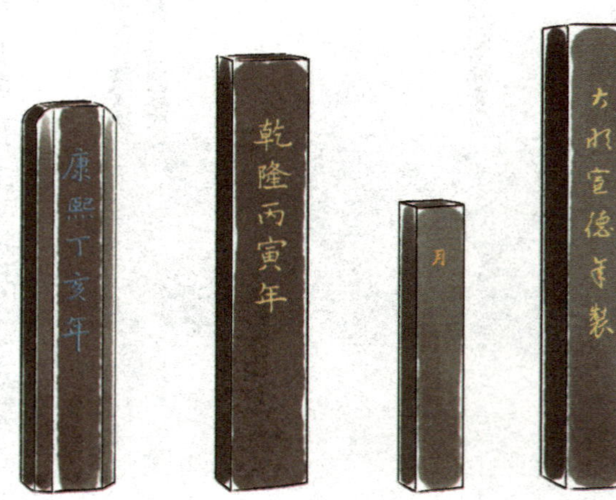

纸

纸，是中国古代四大发明之一。一般认为，纸是东汉的蔡伦发明的。考古发掘却对此提出了疑问，如西汉早期的放马滩纸，西汉中期的灞桥纸、悬泉纸、马圈湾纸、居延纸，西汉晚期的旱滩坡纸等，这些纸不但都早于蔡伦纸，而且有些纸上还有墨迹字体，说明已用于文书的书写。可见，造纸术的发明不晚于西汉初年。东汉的蔡伦只是在此基础上改进了造纸术，使得书写工具得以普及，为世界文化的传播做出了贡献。

砚

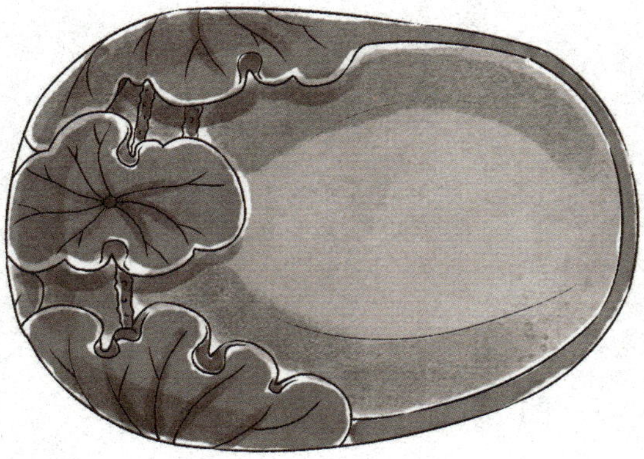

砚是磨墨的用具。汉代由于发明了人工制墨，墨可以直接在砚上研磨，于是砚台开始发展起来。砚材的运用也极为广泛，其中以山东青州的红丝砚、广东肇庆的端砚、安徽古歙州（今黄山）的歙砚、甘肃卓尼的洮河砚最为突出，称“四大名砚”。

25. 什么是团扇

团扇，又称“宫扇”“纨扇”，是一种圆形或近似圆形的有柄扇子，多为女性随身佩带。宋以前称扇子，一般都指团扇。

26. 什么是火镰

火镰是一种比较久远的取火器物，一般由火钢、火石、艾绒这三部分组成，它利用摩擦起火的原理，使用时反复让火钢与火石摩擦使之发热，然后用力向下猛击火石，产生的火花点燃垫在火石下面的艾绒，以此得到火种。

火钢：大众化的就用一小块硬度不太强的普通钢条，经热处理及打造成弯弯的镰刀形状，成为火镰的主件，火镰之名也是因之而来。

火石：通常指燧石，若无燧石也可用鹅卵石充当。

火绒：将艾蒿的嫩叶阴干后揉成的絮，蓬松易燃。

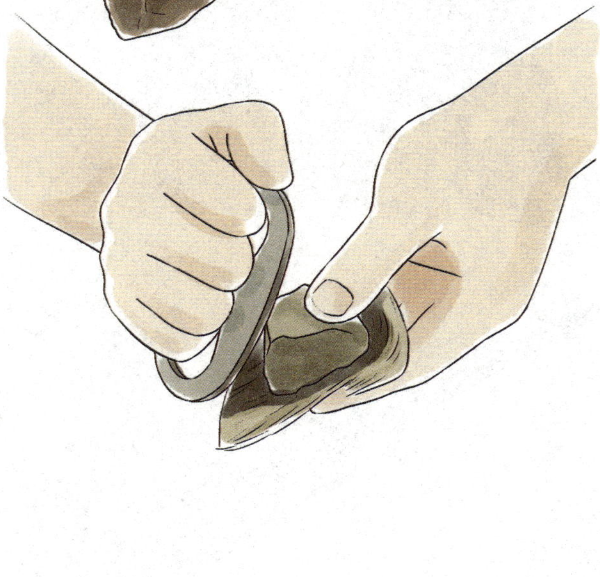

27. 什么是耒耜

耒（lěi）耜（sì）为先秦时期的主要农耕工具，用于农业生产中翻整土地、播种庄稼。

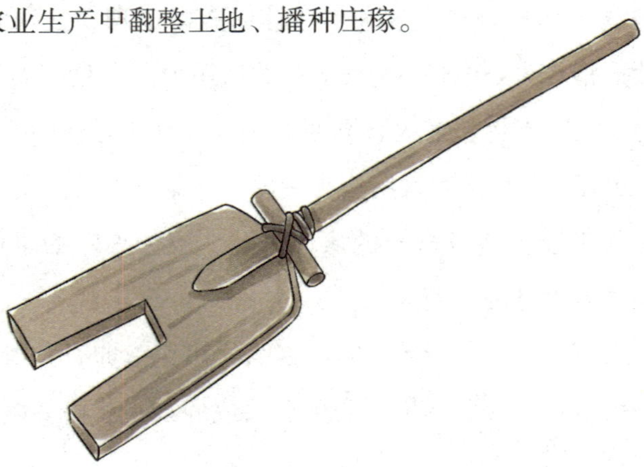

“耒”和“耜”的区别

汉代学者认为“耒耜”为一物，如许慎认为“耒”为上部，“耜”为下部，但都属于木制；郑玄也认为上为“耒”，下为“耜”，所不同的是，认为“耜”为金属刃口的专称。根据《管子·海王》等记载来看，战国时期，“耒”“耜”为两种农具，而且也为出土的实物所证实。

“耒”为木制的双齿掘土工具，起源甚早。双齿之上有一横木，表明使用时以脚踏之，以利于耒齿扎入土中，即古人所说的“跖耒而耕”。“耜”类似“耒”，但双齿成了扁头（即耜冠），类似锹、铲。其材料从早期的木制发展出石质、骨质或陶质。

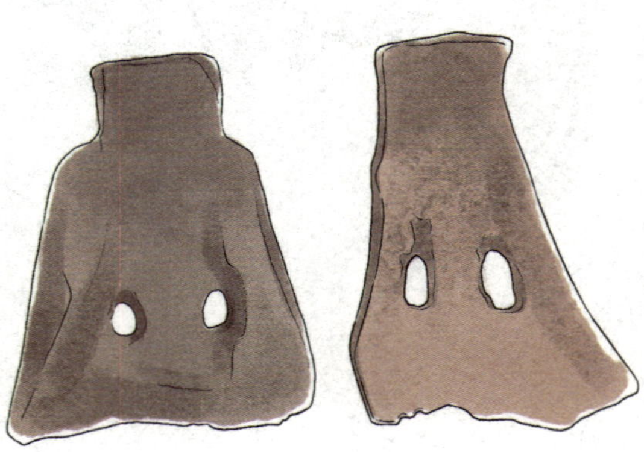

28. 什么是犁耙

犁耙，指两种农业用具，是犁与耙的合称。它们的用法是：耕种前先用犁把硬结的土壤耕一下，再用耙弄平整，完成后才可以播种。

直辕犁

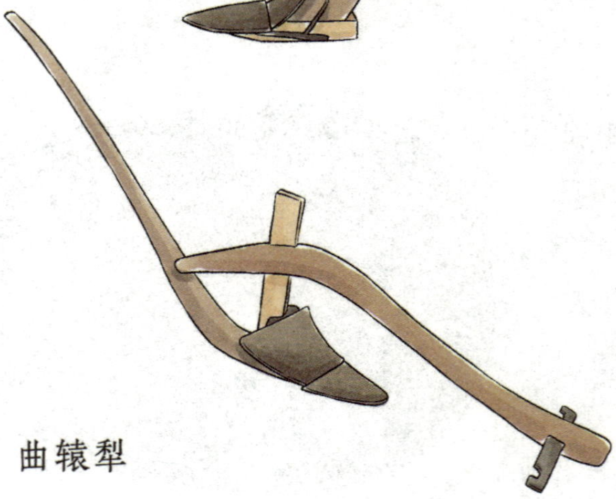

曲辕犁

29. 什么是桑蚕

桑蚕原产于中国，由古代栖息于桑树的原始蚕驯化而来，其吐的丝是重要的纺织原料。桑蚕养殖在中国有着非常悠久的历史，中国因丝绸闻名于世，所以被誉为“丝绸之国”。

30. 什么是刀币

刀币是春秋战国时期的青铜铸币之一，由当时的农具、手工工具和日常用具——刀演变而成。其种类不一，按其文字或形状，有齐刀、即墨刀、安阳刀、潭邦刀、针首刀、尖首刀、明刀、平首刀、直刀等。主要流通于春秋战国时期的齐、燕、赵等国。

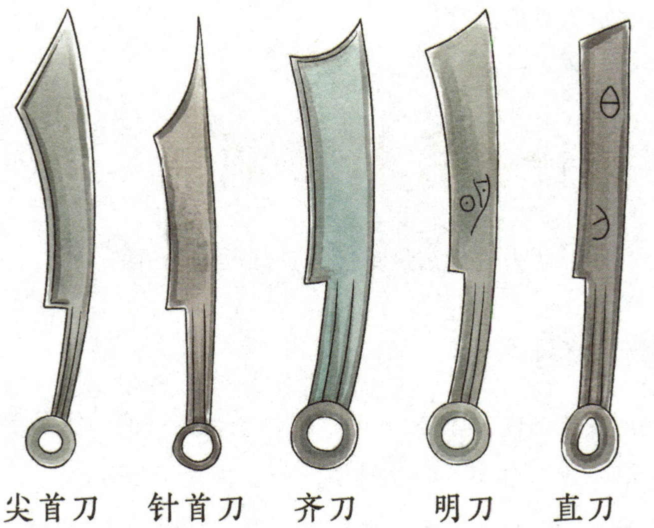

31. 什么是交子

交子是中国最早的纸币，也是世界上最早使用的纸币，流行于宋代的四川地区。交子的出现，便利了商业往来，弥补了现钱的不足，是我国货币史上的一大发展。后来，宋朝又发行了会子、关子等纸币。

交子的起源

据史料记载，宋代铜钱和铁钱并用。四川地区盛行铁钱，但铁钱极为笨重，例如买一匹马要用铁钱两万枚，重 100 多斤，携带极不方便。宋真宗时，成都 16 家富户联合起来，共同发行交子，使用交子的人可向交子铺兑换现钱，每千钱扣除 3% 作为手续费。交子是四川地方俗话，也是票证、票券的概称，有交合之意，即合券取钱。这是我国使用纸币的开始。

32. 什么是通宝

通宝是中国自唐初至清末铜币的一种名称，一直流通了 1300 多年，在我国货币史上占主导地位。

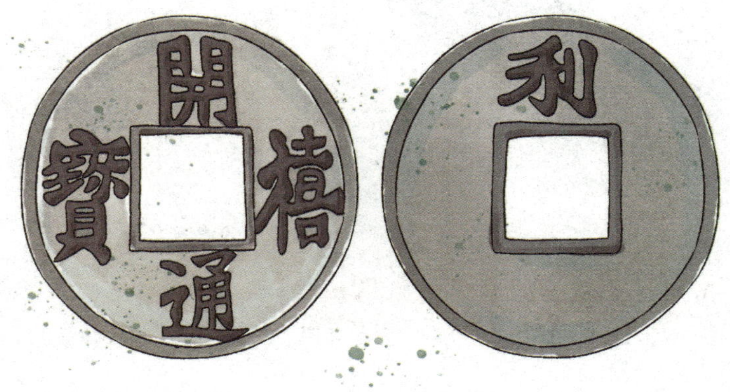

开禧通宝是宋宁宗时期铸造的铜钱

“通宝”的由来

中国早期多以重量作为钱币名称，如半两、五铢，另有元宝、重宝、之宝等钱。唐代改变了秦、汉以来钱币以重量命名的习惯，唐高祖武德四年（621）废五铢钱，开始铸造开元通宝，币面上下右左有“开元通宝”四字。“开元”意为开辟新纪元，“通宝”意为通行宝货，这也成为后世铜币以“通宝”命名的由来。

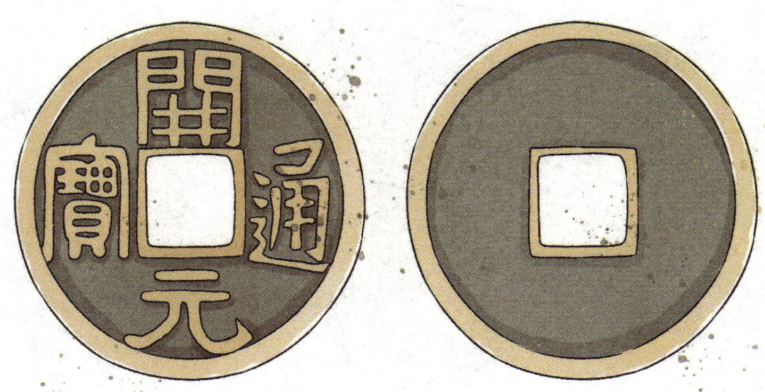

33. 什么是尺和寸

尺、寸为古代基本的长度单位，一尺为 10 寸。不同的时代和地区，尺、寸的长度有所不同。现在的一尺约为 33.3 厘米，一寸约为 3.33 厘米。

一尺有多长

中国尺度的演变，自秦汉以来，屡增无减。秦始皇统一天下度量衡时的一尺约等于现在的 23 厘米。经过各朝演变，至明代时增至 32 厘米，清代甚至出现了长达 35.3 厘米的尺。

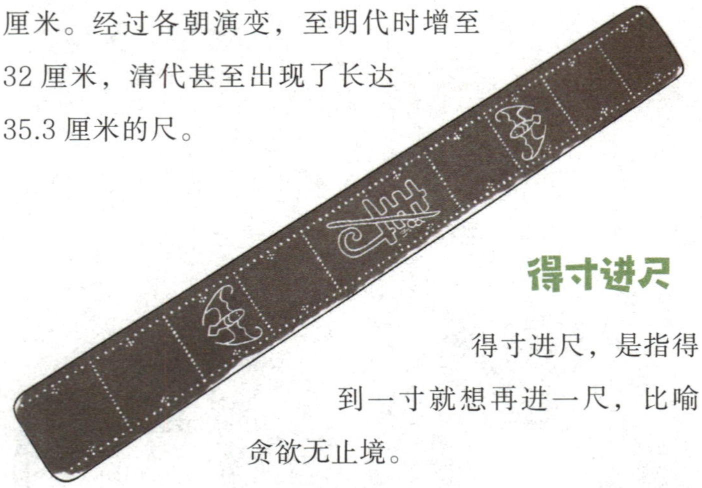

得寸进尺

得寸进尺，是指得到一寸就想再进一尺，比喻贪欲无止境。

34. 什么是升和斗

升、斗是古代重要的容量单位，10 升为一斗，其名称源于称粮食使用的容量器具升和斗。以粮食为例，古代一升稻子大约重 0.75 千克，一斗稻子大约重 7.5 千克。

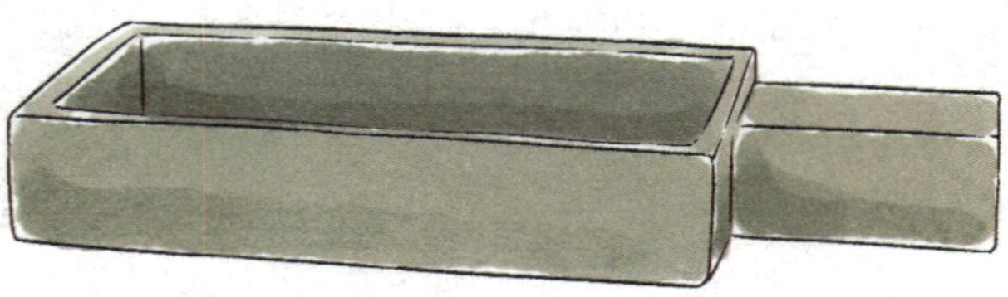

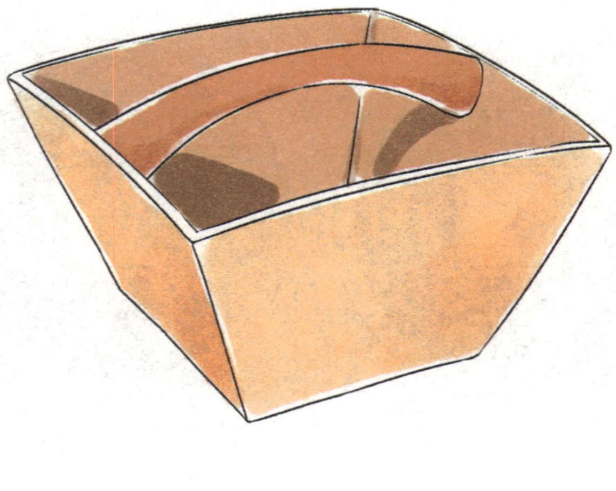

不为五斗米折腰

在古代，官吏的薪俸有时就按多少斗米计算，如晋代县令官俸有“五斗米”之说。《晋书》记载陶渊明清高，说自己“不为五斗米折腰”，意思是“不愿为微薄的薪水向权贵弯腰低头”，因其用语生动，得以在后世流传。

“五斗米”相当于现在的 37.5 千克粮食，虽然不多，但这是陶渊明的日薪，并非月薪。如此算来，陶渊明的薪水也不算微薄呀！

35. 什么是斤和两

斤、两为古代重量单位，一斤等于 16 两。

古代的斤两

虽然古代一斤是 16 两，但每个朝代一两的实际重量并不一致：秦朝、西汉时期，一斤相当于 258.24 克，一两等于 16.14 克；新朝及东汉、魏晋南北朝时期，一斤相当于 222.73 克，一两约等于 13.92 克；隋朝初年，一斤相当于 668.19 克，一两约等于 41.76 克；隋朝末年，一斤相当于 222.73 克，一两约等于 13.92 克；唐至清代，一斤相当于 596.82 克，一两约等于 37.30 克。

半斤八两

现在的一斤是 10 两，采取十进制，而古代的一斤是 16 两，采取十六进制。一斤等于 16 两，故“半斤”就是“八两”。后来，“半斤八两”用来形容彼此不相上下，实力相当。

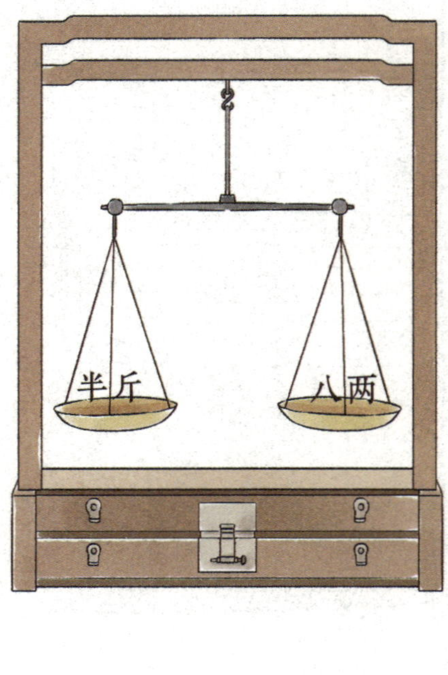

第十七篇

音律乐器

1. 雅乐，“雅”在哪儿

雅乐就是优雅的音乐，是中国古代的宫廷音乐，跟俗乐对称，用于祭祀天地、祭祀祖先、朝贺、宴享等各种仪式典礼中。西周建立后，周公制礼作乐，其中一部分就是雅乐。周朝把礼、乐、刑、政并列，政权、法律、礼仪和雅乐构成了西周奴隶主贵族统治的支柱。周秦时的《韶》《武》即属雅乐。自汉代起，雅乐均由太常和太常寺掌管。各代均曾因前代雅乐散佚而吸收民间音乐重新制订。元、明以来，雅乐、俗乐的区别虽还存在，但这两个名称已日渐少用。

2. 俗乐，“俗”在哪儿

俗乐是古代各种民间音乐和外来音乐的泛称，跟雅乐相对。宫廷中的宴会时也用俗乐，称为“燕乐”。一般也把散乐（百戏）包括在俗乐之内。历代俗乐都很流行。唐玄宗时设教坊管理俗乐，并在梨园教练俗乐乐工。

3. 曲牌是什么

曲牌俗称“牌子”，是对元、明以来南北曲、小曲、时调等各种曲调名的泛称。每种曲牌各有专名，都有一定的曲调、唱法，字数、句法、平仄等也都有基本定式，可以填写新的曲词。曲牌大都来自民间，一部分由词发展而来，故曲牌名也有与词牌名相同的。元曲中曲牌名有《端正好》《滚绣球》《二煞》《一煞》《煞尾》等。

4. 乐调：宫商角徵羽

乐调指音乐的声调。宫、商、角、徵、羽，是中国五声音调中五个不同音的名称，五个音级中，古人通常以宫作为音阶的第一级音。音阶的第一级音不同，调式就不同。以宫为音阶起点的是宫调式，意思是以宫作为乐曲旋律中最重要的居于核心地位的主音；以商为音阶起点的是商调式，意思是以商作为乐曲旋律中最重要的居于核心地位的主音；其余由此类推。这样，五声音阶就可以有五种主音不同的调式，同样，七声音阶就可以有七种主音不同的调式。

gōng	shāng	jué	zhǐ	yǔ
宫	商	角	徵	羽
1、	2、	3、	5、	6
Do	Re	Mi	So	La

5. 古代较通行的工尺谱

工尺（chě）谱是中国传统的记谱法之一。约产生于隋唐时代，由一种管乐器的指法记号逐渐演变而成。常见的是用上、尺、工、凡、六、五、乙，依次记写七声。高八度各音加“亻”旁作标记，如“仩、伬、仜”等；低八度各音除六、五、乙分别改为合、四、一外，其余均在末划带撇表示，节奏则用板眼记号“、”“x”“·”“0”等表示。

6. 八音竟然不是音

八音是中国古代八种制造乐器的材料，分别是金、石、土、革、丝、木、匏（páo）、竹。钟、铃等属金类，磬等属石类，埙（xūn）等属土类，鼓等属革类，琴、瑟等属丝类，柷（zhù）敔（yǔ）等属木类，笙（shēng）、竽（yú）等属匏类，管、箫等属竹类。

金　石　土　革

丝　木　匏　竹

7. 什么是管弦

管，管乐器，是用铜、竹等制成的管状乐器，属古代八音之一的竹类。弦，弦乐器，是乐器上用来发音的丝线、铜丝或钢丝，属古代八音之一的丝类。管、弦并用常泛指音乐。

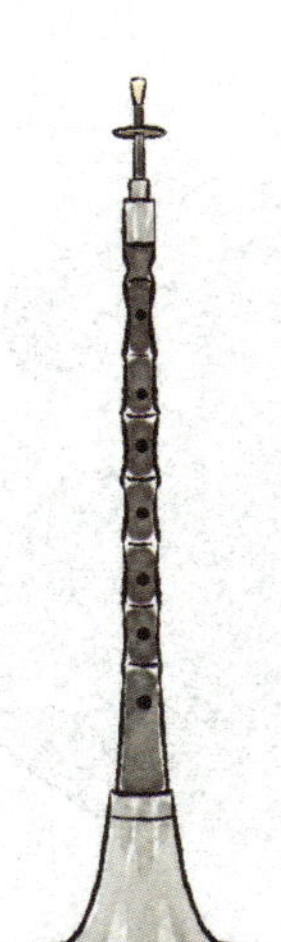

8. 律管是什么

古人用管、钟、弦定音，所以有管律、钟律、弦律之说。律管是用来定音的竹管（后世又用铜管），用12个长度不同的律管吹出12个高度不同的标准音，来确定乐音的高低。律管的长度是固定的，长管音调低，短管音调高。

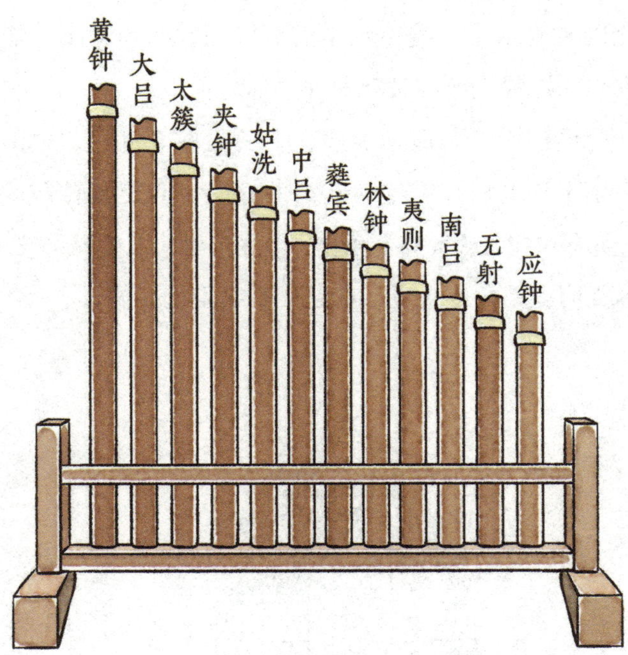

9. 钟也是一种乐器吗

钟确实是古代的一种乐器，属八音之一的金类。青铜制，悬挂在木架上，用木槌敲打奏乐。西周中期开始有用十几个大小不等的钟组成的编钟。也有单一的，称为“特钟”。有的口缘平，有悬纽，又叫“镈（bó）”，盛行于东周时代，是从钟发展来的形式。

• 编钟

1978 年，湖北随州发现了战国时代（约前 433）的曾侯乙墓，当中出土的编钟，是至今为止所发现的成套编钟中最引人注目的一套，共由 65 件钟组成。这套编钟之大，足以占满一个现代音乐厅的整个舞台。

在中国古代，编钟是上层社会专用的乐器，是等级和权力的象征。曾侯乙编钟上还标有和乐律有关的铭文 2800 余字，记录了许多音乐术语，显示了中国古代音乐文化的先进水平。编钟音乐清脆明亮，悠扬动听，能奏出歌唱一样的旋律，又有歌钟之称。

曾侯钟无可辩驳地表明，在公元前 5 世纪，中国已经有了七声音阶，有绝对音高的概念，有旋宫转调的能力。所有这些，从世界音乐史、世界数学史、世界科技史、世界文明史的角度来看，都是最高级别的震撼。

特钟

镈

10. 磬是石头吗

磬是古代的一种石制乐器，属八音之一的石类。用美石或玉雕成，悬挂在架子上，用木槌敲打奏乐。商代已有单一的“特磬”，周代常有以十几个大小不等的磬依次组成的“编磬”。另外，佛寺中有形状如磬的器物，叫“云板”，也算磬的一种，用来敲击召集僧人。

曾侯乙编磬的磬石材料主要是石灰石，仅有极少数采用了大理石。编磬下层左起第十一块磬石上还能看到三叶虫化石，非常有趣。

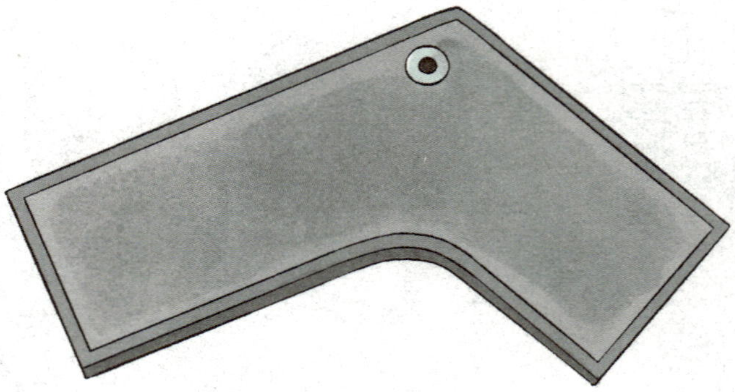
特磬

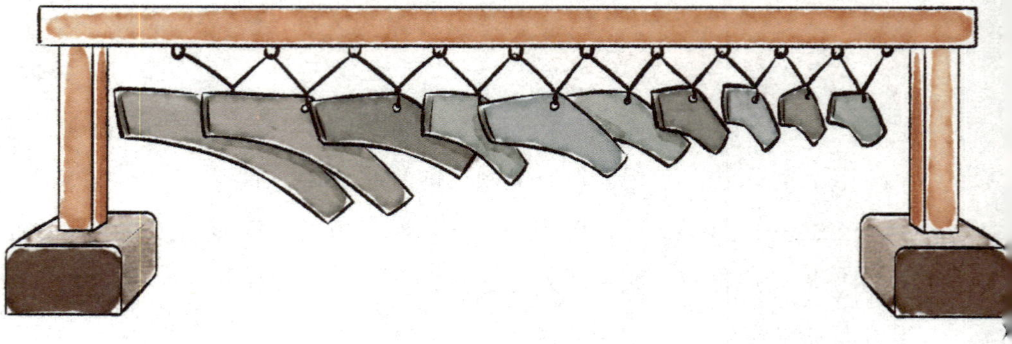
编磬

云板

11. 高山流水觅知音的古琴

古琴，又称“瑶琴”“玉琴”“七弦琴”，是中国传统拨弦乐器，音域宽广，音色深沉，余音悠远，有三千多年的历史，属于八音中的丝。

古琴最早是五根弦，按照宫、商、角、徵、羽定弦，代表五行，也对应五脏、五色、五方。后来传说周文王、周武王各加了一个低音，变成现在的七弦琴。

古琴的面板一般为桐木或杉木制，疏松清透有利于发音；底板为梓木或者楠木制，用材致密有利于声音的反射。琴面板呈圆弧形，象征着天圆，底板平直，象征着地方。

古琴长约 3 尺 6 寸 5 分，象征一年有 365 天；宽约 4 寸到 6 寸，象征四季和六合（天、地、东、南、西、北）；琴面上有标示音位的 13 个徽，象征着一年中的 12 个月与每 4 年一次的闰月。

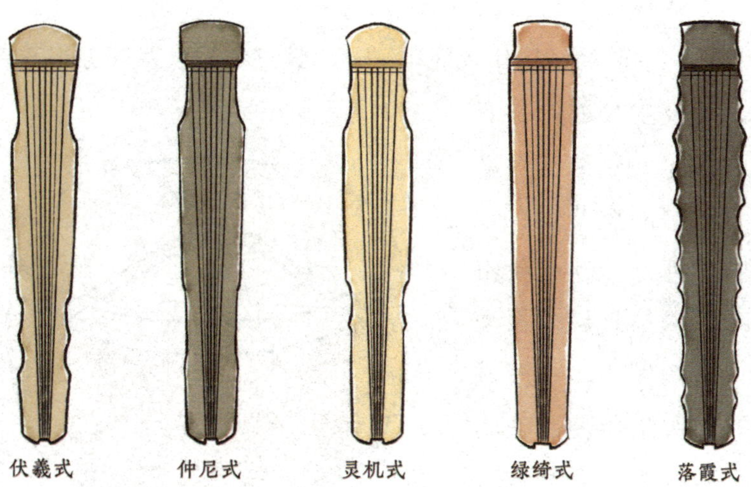

古琴从上到下分琴头、琴颈、琴肩、琴腰、琴尾、雁足，像一位高士顶天立地，与六合为伍、与四季同游。

2003 年，中国古琴艺术被联合国教科文组织列入第二批“人类口述和非物质遗产代表作”。2006 年，古琴艺术列入第一批国家级非物质文化遗产名录。

古琴造型优美，常见的为伏羲式、仲尼式、连珠式、落霞式、灵机式、蕉叶式、神农式、师旷式等。

古琴谱

古琴谱最早是用文字来记录的，也就是文字谱。现存最早的文字谱是唐代的手抄本《碣石调·幽兰》，现藏于日本东京国立博物馆。

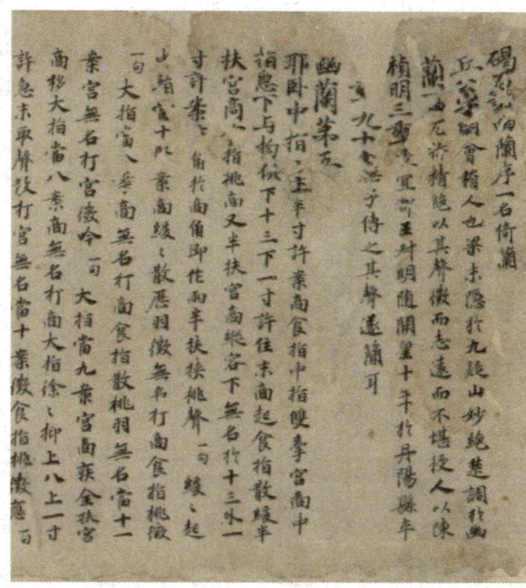
碣石調幽蘭序一名倚蘭
丘公字明會稽人也梁末隱於九疑山妙絕楚調於幽
蘭一曲尤特精絕以其聲微而志遠而不堪授人以陳
禎明三年授宜都王叔明隋開皇十年於丹陽縣卒
年九十七無子傳之其聲遂簡耳
幽蘭第五
耶臥中指十上半寸許案商食指中指雙牽宮商中
指急下與構俱下十三下一寸許住未商起食指散緣半
扶宮商食指挑商又半扶宮商縱容下無名於十三外一
寸許案商角食指散緣商角即作兩半扶挟挑聲一句 緣緣起
大指當十外案商緣緣散歷羽徵無名打商食指挑徵
一句 大指當八案商無名打商食指散挑羽無名當十一
案宮無名打宮徵吟 一句 大指當九案宮商蘸全扶宮
商移大指當八案商無名打商大指徐徐抑上八上一寸
許急未平聲散打宮無名當十案徵食指挑徵應 一句

由于文字谱过于繁复，使用不便，经唐代琴家曹柔简化，发展成为减字谱。

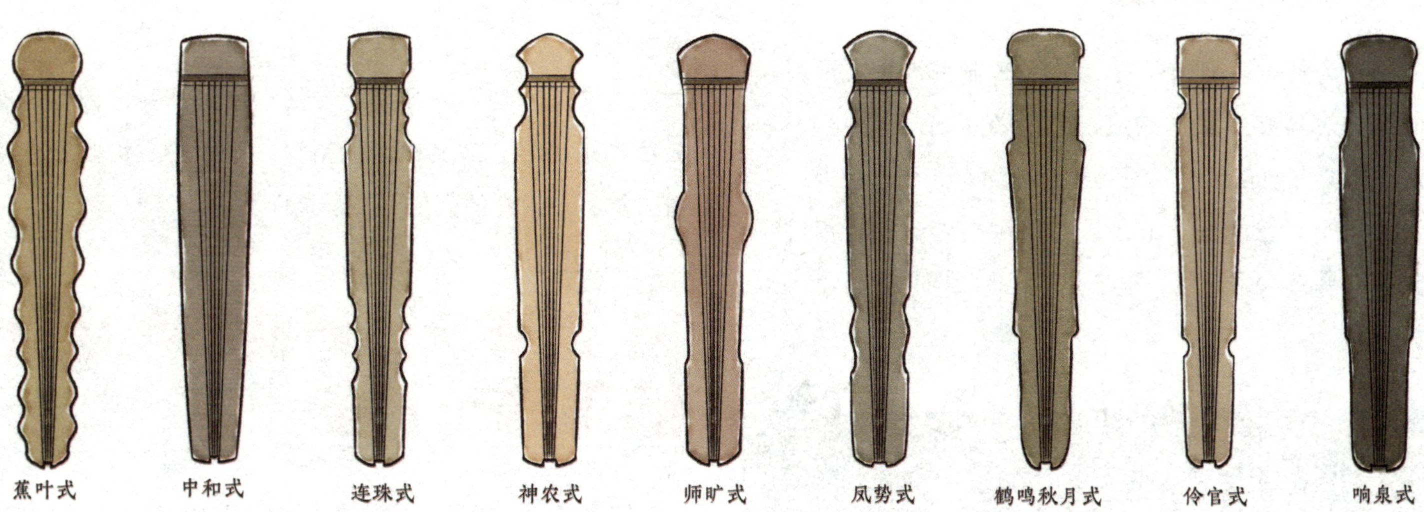

古琴的故事

春秋时代，有一个著名的琴师叫俞伯牙，他精通音律，琴艺高超。

一次，俞伯牙回楚国探亲，中途乘船来到汉阳江口停下来休息。正值八月十五中秋夜，面对清风明月，俞伯牙思绪万千，便独自在船舱中弹奏起来。渐入佳境时，忽听得岸上有人连声叫好。只见一个樵夫站在岸边，头戴斗笠，身披蓑衣，背着扁担，手拿板斧。

俞伯牙不相信一个樵夫能听懂自己的琴声，便请他进船舱探讨琴理，没想到他竟能对答如流。樵夫告诉俞伯牙，自己名叫钟子期。俞伯牙弹奏起赞美高山的曲调，钟子期赞叹道："弹得真好啊！我仿佛看到了巍峨的泰山！"俞伯牙凝神思索一阵，又换了一曲表现奔腾澎湃的流水。钟子期听后说道："真妙啊！我好像看到了滚滚而来的河水！"只这两句，俞伯牙就已认定钟子期是自己千载难逢的知音，二人便约定第二年中秋夜重逢。

第二年中秋，俞伯牙早早就来到了去年二人相约的江边，可是等了一夜都没见钟子期的身影。后来，江边的老者告诉伯牙，钟子期已经在几个月前身亡了，临死前，还说起和俞伯牙的约定。

俞伯牙听到这个消息后，伤心欲绝，在钟子期坟前弹奏了一首哀伤的曲子。之后，俞伯牙伏在地上嚎啕大哭，说："先生不在了，再也没人能听懂我的乐曲，我还弹琴干什么？"说完，双手举琴将其狠狠地摔在地上，琴被摔得粉碎。从此以后，俞伯牙果然再也不弹琴了。

12. 古老的乐器——瑟

瑟是古老的汉族弹弦乐器，共有 25 根弦。古瑟形制大体相同，瑟体多用整木制成，瑟面稍隆起，体中空，体下嵌底板。瑟面首端有一长岳山，尾端有 3 个短岳山。尾端装有 4 个系弦的枘（ruì）。首尾岳山外侧各有相对应的弦孔。另有木质瑟柱，施于弦下。

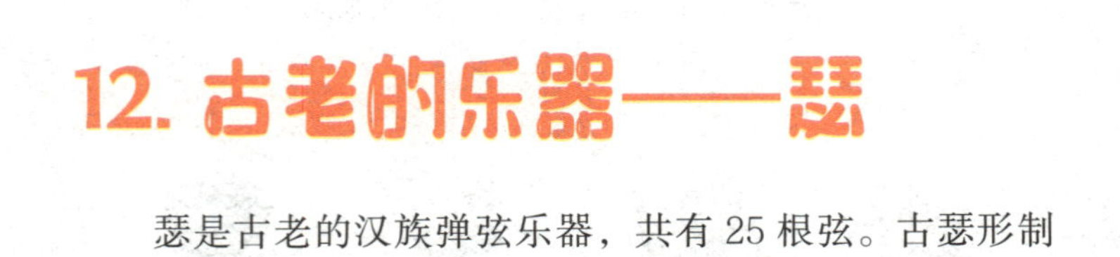

曾侯乙墓共出土瑟 12 具，多用梓木或梓木斫成，全长 150 ~ 170 厘米，宽约 40 厘米。通体髹（xiū）漆彩绘，色泽十分艳丽。

最早的瑟有 50 根弦，故又称"五十弦"，唐代李商隐的《锦瑟》中说："锦瑟无端五十弦，一弦一柱思华年。"

13. 鼓的历史极为悠久

鼓的出现比较早，从如今发现的出土文物来看，可以确定鼓大约有 4500 年的历史。《礼记·明堂位》记载，传说伊耆氏（神农，一说尧）时就已有"土鼓"，即用陶土制作的鼓。远古时期，鼓被尊奉为通天的神器，其用途主要是作为祭祀的器具。在古代，鼓不仅用于祭祀、乐舞，还用于打击敌人、驱除猛兽，并且是报时、报警的工具。

随着社会的发展，鼓的应用范围更加广泛，民族乐队、各种戏剧、曲艺、歌舞、赛船舞狮、喜庆集会、劳动竞赛等都离不开鼓类乐器。

鼓的结构比较简单，是由鼓皮和鼓身两部分组成。鼓皮是鼓的发音体，通常是用动物的皮革蒙在鼓框上，经过敲击或拍打使之振动而发声。中国鼓类乐器的品种非常多，有腰鼓、大鼓、同鼓、花盆鼓等。

古文献所谓"鼓琴瑟"，就是琴瑟开弹之前，先有鼓声作为引导。鼓文化博大精深，雄壮的鼓声紧紧伴随着人类，自远古的蛮荒一步步走向文明。

14. 世界上最早使用自由簧的乐器——笙

笙古称"卢沙"，是源自中国的簧（huáng）管乐器，是世界上最早使用自由簧的乐器，利用每根管子中的簧片发声，是吹管乐器中唯一的和声乐器，也是唯一能吹吸发声的乐器，其音色清晰透亮，音域宽广，感染力强。

在传统器乐和昆曲里，笙常常被用作其他管乐器，如笛子、唢呐的伴奏，为旋律加上纯四度或纯五度和音。在现代国乐团中，笙可以起到旋律或伴奏的作用。

笙的形制多样，音色明亮、浑厚，富有浓郁的地方特色，民间常用于芦笙舞伴奏和芦笙乐队合奏。经过改革，已在民族乐队中应用，可独奏、重奏或合奏，有着丰富的表现力。

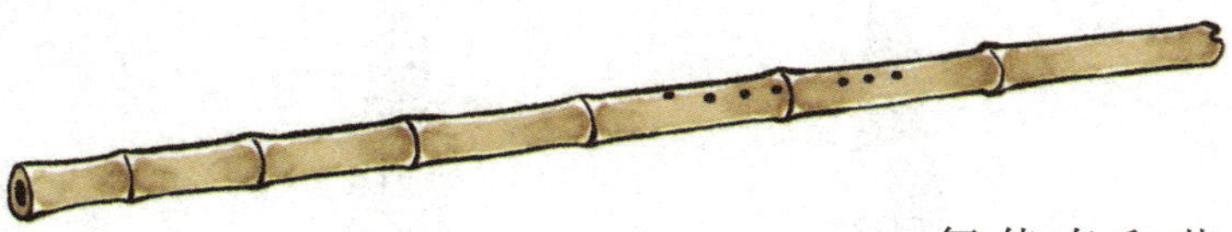

15. 从“骨哨”到箫

箫的历史可以追根溯源到远古时期。中国考古学表明，目前出土文物中发现了距今7000多年的骨质发声器，考古学家称之为“骨哨”。

箫，分为洞箫和琴箫，皆为单管、竖吹，是一种非常古老的汉族吹奏乐器。箫的音色圆润轻柔，幽静典雅，适于独奏和重奏。它一般由竹子制成，吹孔在上端，有六孔箫和八孔箫之分。

“吹箫引凤”的传说

相传秦穆公之女小名弄玉，不仅如花似玉，还擅长吹笙，自成音调，其声宛如凤鸣。某天夜里，弄玉在凤楼上吹笙，远远地听到好似有人在吹箫，音调美妙。自那以后，弄玉茶饭不思，只想再次听到那“美妙的箫声”。秦穆公知道后派人找来了那个吹箫的少年——萧史，弄玉的病不治而愈。从此，弄玉天天在凤楼和少年合奏笙箫，十分恩爱。又在某天夜里，两人正在皎洁的月光下合奏，忽然有一龙一凤应声飞来，于是萧史乘赤龙，弄玉乘紫凤，双双飞升而去。

16. 中国最古老的吹奏乐器——埙

埙（xūn）是古代人为诱捕猎物所发明的一种陶制气鸣乐器，最早产生于河姆渡文化时期，距今已有7000多年的历史，是中国最古老的吹奏乐器之一。

埙器型特征浑圆、端庄、质朴、典雅，音色古朴、幽深、绵绵不绝，古人在长期的艺术实践中，赋予了埙乐演奏典雅、高贵的精神气质。自周以后，埙在雅乐中独占八音之土音，为乐家所重视，而且古今常有雅士以吹埙来修身养性。

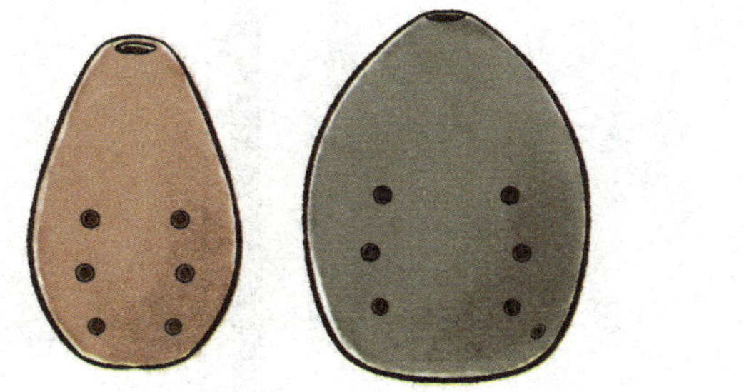

17. 最古老的汉族乐器——笛子

笛子是迄今为止发现的最古老的汉族乐器，也是汉族乐器中最具代表性、最有民族特色的吹奏乐器。笛子常在中国民间音乐、戏曲、中国民族乐团、西洋交响乐团和现代音乐中运用，是中国音乐的代表乐器之一。在民族乐队中，笛子是举足轻重的吹管乐器，被当作民族吹管乐的代表。

大部分笛子都是竹制的，但也有石笛、玉笛及红木做的笛子，古时还有骨笛。不过，制作笛子的最好原料仍是竹子，因为竹笛声音效果较好，制作成本较低。

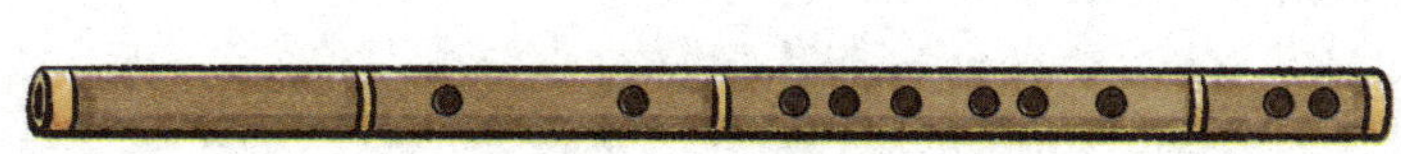

18. 二胡又称“胡琴”

二胡又名“胡琴”，唐代就已经出现了，称“奚琴”，宋代称“嵇琴”。一般认为今之胡琴由奚琴发展而来，现已成为中国独具魅力的拉弦乐器。它既适宜表现深沉、悲凄的内容，也能表现气势壮观的意境。

唐朝便出现了“胡琴”一词，当时将西方、北方各民族的人称为“胡人”，胡琴成为西方、北方民族传入乐器的通称。

二胡名曲有《二泉映月》《良宵》《听松》《赛马》《葡萄熟了》等。

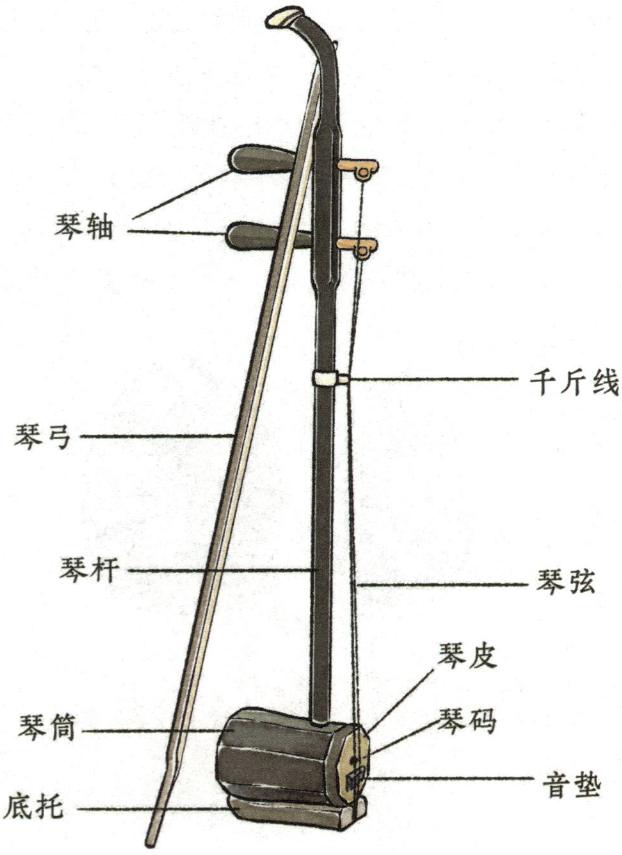

二胡名曲《二泉映月》，是中国民间音乐家华彦钧（艺名阿炳）的代表作。该曲于20世纪50年代初由音乐家杨荫浏先生根据阿炳的演奏，录音、记谱、整理，灌制成唱片后很快风靡全国。

这首乐曲自始至终流露的是一位饱尝人间辛酸和痛苦的盲艺人的思绪情感，作品展示了独特的民间演奏技巧与风格，以及无与伦比的深邃意境，显示了中国二胡艺术的独特魅力，它拓宽了二胡艺术的表现力，曾获“20世纪华人音乐经典作品奖”。

华彦钧（1893—1950），即阿炳，出生于江苏无锡，因患眼疾而双目失明，是一位杰出的中国民间音乐家。

19. 弹拨乐器之王——琵琶

琵琶被称为“弹拨乐器之王”，属于拨弦类弦鸣乐器。木制，音箱呈半梨形，上装四弦，原先是用丝线，现多用钢丝、钢绳、尼龙制成，颈与面板上设用以确定音位的“相”和“品”。演奏时竖抱，左手按弦，右手五指弹奏，是可独奏、伴奏、重奏、合奏的重要民族乐器。

琵琶本作“批把”，汉代刘熙《释名·释乐器》一书中曾有记载：“批把本出于胡中，马上所鼓也。推手前曰批，引手却曰把，象其鼓时，因以为名也。”意思是：琵琶是骑在马上弹奏的乐器，向前弹出称作“琵”，向后挑进称作“琶”；根据它演奏的特点而命名为“批把”（琵琶）。在古代，敲、击、弹、奏都称为“鼓”。当时的游牧人骑在马上好弹琵琶，因此为“马上所鼓也”。

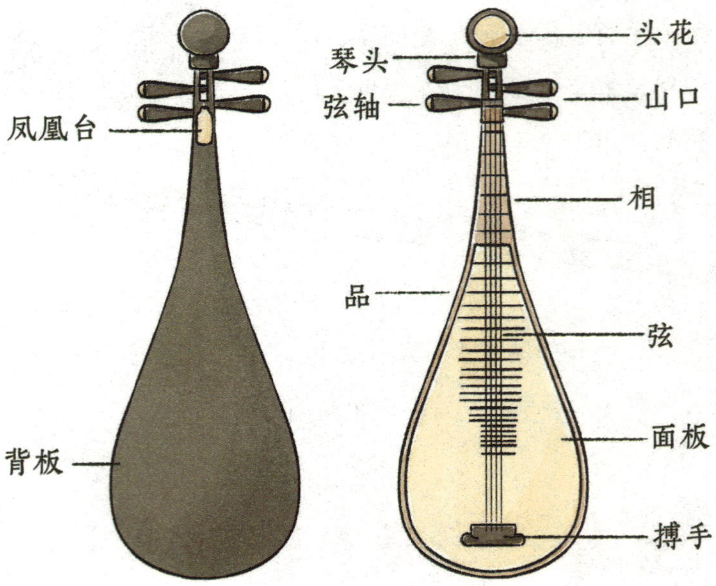

《琵琶行》是唐代诗人白居易创作的长篇叙事诗。此诗通过对琵琶女高超的弹奏技艺和她不幸经历的描述，揭露了唐朝社会官僚腐败、民生凋敝、人才埋没等不合理现象，表达了诗人对琵琶女的深切同情，也抒发了诗人对自己无辜被贬的愤懑之情。全诗叙事与抒情紧密结合，塑造出完整鲜明的人物形象；语言流转匀称，优美和谐，特别是描绘琵琶的演奏，比喻贴切，化虚为实，呈现出鲜明的音乐形象。

20. 筝为何俗称“古筝”

筝，又称“古筝”“秦筝”，是中国传统拨弦乐器，流传至今已有两千多年的历史，故被俗称为“古筝”。筝在汉、晋以前设十二弦，后增至十三弦、十五弦、十六弦及二十一弦。筝是由其自身发出的“铮、铮”音响而得以命名的。古筝名曲有《渔舟唱晚》《高山流水》《寒鸦戏水》《汉宫秋月》等。